【제2판】

최신 지역사회복지론

이원주

KNOWLEDGE COMMUNITY 공동체

Preface

21세기는 새로운 지역사회복지의 시대이다. 최근 들어 지역사회는 지방자치와 지방분권화 등의 영향으로 사회복지실천의 장으로서 관심과 기대와 역할이 어느 때보다 높아지고 있다. 이러한 실천의 장인 지역사회는 다양한 이해관계자들이 함께 어우러져 살아가는 공간이다. 이러한 공간은 '아주 편안한 공간'이 되어야 한다. 이러한 욕구가 충족되기 위해서는 주민들의 주체적인 시각에서 욕구가 성취될 수 있도록 보장하는 사회적 정책과 수단들이 뒷받침되어야 한다. 지역사회복지서비스의 정책적인 확대는 지역주민들의 삶에 영향을 미치는 모든 사안들을 분석하여 지역주민들이 행복하고 안정적인 삶을 영위할 수 있도록 하는 것이다. 이러한 과정은 지역사회 내에서 사회복지 추진 및 전달체계에서의 다양한 실천기법과 실천모델의 재정립이 필요함을 역설하는 것이다. 이러한 '바로 세움'은 실천현장에서 적용할 수 있는 다양한 이론들과 기법들이 체계적으로 선행되어야 하며, 특히 무엇보다 중요한 것은 최근의 지역사회복지 동향들과 추진체계, 그리고 실천현장에서 요구하는 인력상들을 꼼꼼히 살펴보는 것이라 하겠다.

본 서를 접한다는 것은 지역사회를 이해하고 지역사회에 대한 보다 나은 목적지를 찾아가는 여정에서 경험 많은 기사(다양한 실천개입

방법과 이론들, 그리고 실천모델과 기술들)와 최근에 출고된 버스(최근의 지역사회에서 운영되거나 현장에서 요구되는 제반 추진체계들)에 함께 승차하는 것이다.

이러한 여정으로 본 서의 구체적인 내용을 살펴보면, 제1부에서는 지역사회복지 기초로서 지역사회와 지역사회복지(제1장), 지역사회복지의 역사(제2장), 그리고 공공복지와 지역사회복지(제3장)를 다루고 있다. 특히 다른 서에서는 보이지 않는 공공복지를 다루는 것은 지역사회복지 실천현장에서 요구하는 인력상에 대한 요구 때문이다. 즉, 현재의 교육과정과 업무현장에서 필요한 인력의 미스매치(mismatch) 현상은 구직자와 구인현장에서 모두 문제점으로 발생되고 있다. 이러한 가운데 정부는 능력중심의 사회로 변화시키고 실천현장에서 즉시에 직무를 수행하기 위해 요구되는 지식과 기술, 그리고 태도를 연마하여 책임과 역할을 다할 수 있는 인재를 양성할 수 있도록 국가직무능력표준(NCS : National Competency Standards)을 등장시켰기 때문이다. NCS는 모든 직종에 종사하는 사람에게 요구되는 지식이나 능력을 국가 차원에서 표준화해 제시한 것이다. 따라서 본 서의 제3장에서는 공공복지 차원의 NCS 직무모듈을 추가하여 교수자와 학습자가 지역사회복지 교과 전반에서 수준별 능력단위를 체크하여 중점적으로 학습하여야 할 사항들을 사전에 인지하고, 다양한 내용들을 심화학습할 수 있는 계획표로서의 역할을 하도록 제시하였다. 그리고 지역사회복지의 기본 이론들(제4장)을 다루었다. 제2부에서는 지역사회복지실천 모델과 기법의 이해로 지역사회복지실천의 모델(제5장), 지역사회복지실천 전략과 전술(제6장)을, 제3부에서는 지역사회복지실천의 과정 및 기술로 지역사회복지실천의 과정(제7장), 지역사회복지실천의 기술(제8장), 지역사회 자원 개발 및 동원기술(제9장), 옹호와 임파워먼트기술(제10장)을 다루었다. 그리고 제4부에서는 공공지역사회복지실천의 추진체계를 제11~12장에, 제5부에서는 사회서비스 제도화와 민간지역사회복지실천의 추진체계를 제13~19장에 최근의 동향을 반영하여 제시하였다.

본 서는 전문대학, 대학, 대학원에서 지역사회복지론 교재로 활용할 수 있도록 최근의 자료를 세밀하게 검토하여 다루었으며, 특히 최근 지역사회의 전달체계 및 추진체계를 통합적으로 다룰 수 있는 실천적인 교재에 대한 필요성에서 집필하게 되었다. 끝으로 본 서를 통해 지역사회복지를 이해하고자 하는 학생들과 현장실무자, 그리고 지역사회복지연구자들이 지역사회를 조금이나마 이해하는 데 기초자료로서 작은 도움이 되었으면 한다.

2020년 1월
송현로 연구실에서
이원주

Contents

Chapter 3 공공복지와 지역사회복지 / 65

Chapter 9 지역사회 자원 개발 및 동원기술 / 245

Chapter 10 옹호와 임파워먼트 기술 / 261

PART 04 공공지역사회복지실천의 추진체계

Chapter 11 지방자치와 지역사회복지 / 273

Chapter 12 공공지역사회복지 전달체계와 개편과정 / 289

PART 05 사회서비스 제도화와 민간지역사회복지실천의 추진체계

Chapter 17 지역아동센터 / 375

Chapter 18 공동모금제도 : 사회복지공동모금회 / 383

Part 01

지역사회복지 기초

제1장 지역사회와 지역사회복지

제2장 지역사회복지의 역사

제3장 공공복지와 지역사회복지

제4장 지역사회복지의 기본 이론들

Chapter 01

지역사회와 지역사회복지

제1절 지역사회의 개념

1. 지역사회란?

지역사회(community)라는 용어는 라틴어의 'communis'에서 유래된 것으로 'communis'는 com(함께)과 munis(봉사하는 일)의 합성어로 'commune(친하게 교제한다)'의 의미에 ~ity를 붙여 공동체, 공동사회라는 뜻을 가진 명사가 된 것이다. 중세 라틴시대에는 'communis'는 '동료나 성곽 내에 거주하는 사람들의 총체'를 의미하는 용어로 사용되기 시작했으나 우리나라에서는 지역사회, 공동체, 공동사회의 의미로 사용하고 있다. 이처럼 지역사회는 대체로 지리적인 경계를 기준으로 언급되는 듯 보이는데, 다소 모호하고 가변적인 특성을 지니고 있어 지역사회라고 정의할 수 있는 지역적 범위를 어떻게 규정할 수 있는가의 문제가 제기되기도 한다. 이와 같이 가변적인 사회에서 지역사회라는 개념은 다음과 같은 특성으로 요약될 수 있다.

첫째, 지역사회는 역사적으로 그 의미가 변천하여 왔다.
둘째, 지역사회는 지리적 의미와 기능적 의미를 함축하고 있다.
셋째, 전통적 의미의 지역사회와는 다른 새로운 형태의 지역사회가 나타나고 있다.

넷째, 공동의 관심과 이해관계를 강조하는 기능적 의미의 지역사회는 공동체라는 성격을 가지고 그 의의가 부각되었다.

다섯째, 지역사회는 구성원의 동질적 정체성에 기초한 강한 정서적 유대를 가지고 있어서 인간의 감정이나 행동으로 표출될 수 있다.

지역사회는 공동의 장소, 이해, 정체감, 문화와 활동에 기반하는 사람들이 구성한 사회단일체(Fellin, 1995)로 일정한 지리적 공간 안에서 서로 사회·심리적 인연을 가지고 있는 사람들(Mattessich, Monsey & Roy, 1997)로 정의될 수 있다. 또는 지역사회란 일정한 지리적 공간인 생활권 안에서 상호작용을 통해 공통된 이해관계나 문화 등을 형성하여 공통의 경험과 공동생활을 향유하는 일정지역의 범위라 할 수 있다(강준렬, 1997). 이러한 공동체 개념으로 볼 경우 지역사회는 공동의 관심과 이해관계를 가진 사람들이나 집단적 모임의 특성이 강조되며, 현대사회에서의 지역사회는 지리적 특성을 넘어 기능적 특성이 강조되고 있다.

이상과 같은 지역사회의 특성들을 기반으로 미루어 볼 때, 지역사회란 하나의 장소에 살고 있는 사람들의 조직체로 공동의 관심과 공동의 이익행동을 추구하는 곳이 된다. 즉, 장소적인 개념을 강조하여 지역사회가 도시, 농촌, 이웃 등과 같은 지리적인 경계(Heitkamp & Jacobson, 1998)와 지리적 장소의 기능과 함께 공유하는 이익과 관심으로 지역사회를 바라보는(Kemp, 1995) 것으로 분류될 수 있다. 이러한 개념들을 통합하여 볼 때 지역사회란 지리적인 영역을 바탕으로 하여 구성원들이 집합적 동질성을 가지고 상호 행동하여 공동의 욕구를 충족시키고 공동의 목적을 성취해 가는 기능적인 사회적 단위로 개념지을 수 있다(지은구, 2003).

다음에서 이러한 지역사회의 의미와 새롭게 등장하는 지역사회에 대하여 살펴보고자 한다.

1) 지리적 의미의 지역사회

지리적 의미의 지역사회는 전통적인 견해로 교역권 및 공동 생활권과 같은 지역주민의 공통적인 생활 기반인 일정한 지리적 공간을 중심으로 살고 있는 사람들의 집단을 의미한다. 즉, 사회적으로 동질성을 띤 지역으로서 주민들 간의 합의성, 일체감, 공동생활 양식, 공통적인 관심과 가치, 공동노력을 강조하며, 지리적인 특성과 지역 내에 거주하는 사람들의 상호작용에 있어서의 동질성을 동시에 고려하는 개념이다.

2) 기능적 의미의 지역사회

기능적 의미의 지역사회는 현대적 견해로 공통의 이해관계나 특성 등에 따라 모인 사람들의 집합체를 의미한다. 지역사회가 어떠한 기능을 수행하는가의 관점으로 지역사회의 목적, 기능, 또는 욕구가 해결되어야 하는 문제의 측면에서 정의된다. 특정한 생활방식이나 이념, 종교, 민족, 신앙, 사회계층, 성적 지향성, 취미활동 등을 중심으로 구성되는 동질성을 지닌 공동체를 의미하며, 구성원들의 공동이익을 중심으로 형성되는 이익공동체의 성격을 지닌다. 특히 담당기능의 특이성을 기준으로 도시를 분류하면 종합도시, 행정도시, 광업도시, 공업도시, 상업도시, 교육도시, 섬유도시, 연구도시, 군사도시 등으로 구분이 가능하다.

3) 새로운 형태의 지역사회

인터넷의 등장으로 새로운 형태의 지역사회가 나타나고 있다. 시간과 공간을 뛰어넘는 사이버 공간에서의 새로운 지역사회로 부상한 사이버공동체, 가상공동체(virtual community) 시대의 지역사회가 등장하고 있다.

2. 지역사회의 유형

지역사회의 유형으로 던햄(Dunham, 1970)은 지역사회를 다음과 같이 크게 네 가지 기준으로 영역을 구분하고 있다.

1) 인구분포에 따른 구분기준

지역 내에 거주하는 인구의 수를 통해서 구분하는 형태이다. 도시의 인구규모에 따라 거대도시, 대도시, 중소도시, 소도시로 구분하고 있다. 대체로 거대도시는 인구 100만 명 이상, 대도시는 인구 50만 명 이상, 중소도시는 10만 명 이상에서 50만 명 이하, 소도시는 10만 명 이하로 구분하고 있다. 이러한 인구규모의 기준은 국가별, 시기별로 달라질 수 있지만, 인구규모에 따른 도시분류는 가장 쉽게 자주 이용되고 있는 구분방법이기도 하다. 인구규모에 추가하여 인구밀도 또한 도시를 정의하는 가장 보편적인 기준이 될 수 있지만, 이러한 기준에 의한 도시의 정의는 국가마다 면적과 토지이용의 특성이 다르기 때문에 공통적인 합의에는 도달할 수 없다는 단점이 있다(예 거대도시, 대도시, 중소도시, 소도시 등).

참고

독시아디스(Doxiadis, 1967)는 그리스인으로 인간정주 사회이론을 전개한 건축가이자 도시계획가이다. 그가 사용한 용어로서 '에키스틱스(ekistics)'는 인간정주의 과학, 인간생활 공간을 연구하는 학문을 의미한다. 여기서 그는 도시사회 및 도시규모의 변천과정을 통해 인간생활 공간체계를 〈표 1-1〉과 같이 15가지로 분류하고, 이 가운데 여섯 번째 단계인 근린주구까지를 도시형성 이전의 생활공간으로, 일곱 번째 단계인 소도읍부터 도시형성 이후의 생활공간으로 보고 있다.

〈표 1-1〉 독시아디스(Doxiadis, 1967)의 공간분류

인구(population)	지역사회규모(community scale)	면적(area)
1인	개인(individual; man)	$3m^2$
2인	방(room)	$15m^2$
4인	가옥(family; dwelling)	$50m^2$
40인	취락(dwelling group)	$0.005km^2$
250인	지구(small neighborhood)	$0.03km^2$
1,500인	근린주구(neighborhood)	$0.2km^2$
9,000인	소도읍(small twon)	$1.7km^2$
50,000인	도시(town)	$7km^2$
300,000인	대도시(large city)	$40km^2$
2,000,000인	거대도시(metropolis)	$300km^2$
14,000,000인	집합도시(conurbation)	$5,000km^2$
100,000,000인	대상도시(megalopolis)	$80,000km^2$
700,000,000인	도시권역(urban region)	$0.8Mkm^2$
5,000,000,000인	대륙도시(urbanized continent)	$6Mkm^2$
30,000,000,000인	세계도시(ecumenopolis)	$40Mkm^2$

2) 행정구역에 따른 구분기준

우리나라의 도시는 지방자치법과 특별법 등의 규정에 특별시, 광역시, 일반시 등으로 분류된다. 즉, 일반적인 법제도시(일반시)와 특수한 법제도시(특별시, 광역시) 등으로 구분되고 있다. 특수한 법제도시는 주로 대도시와 관련된 도시로, 그 존재성격이나 행정수요 면에서 중소도시와는 질적으로 다르고, 경우에 따라서는 도와 동등하거나 그 이상의 지위를 갖기 때문에 지정되고 있다.

또한 특별시와 같이 수도의 특수성을 살리기 위해 특별한 지위를 갖는 경우도 있다. 도시계획과 관련하여 광역시 이상의 도시는 도시계획의 수립과 승인권을 가지고 있으며, 광역시나 특별시가 아닌 도시들 중에 인구 50만 명 이상과 10만 명을 기준으로 도시계획과 관련된 권한과 의무에 차이를 두고 있다. 이처럼 행정구역을 구분할 때 인구의 크기가 고려되기는 하지만, 반드시 인구의 크기에 비례하여 구분되는 것은 아니라는 점에서 인구 크기에 따른 기준과 다르다. 행정구역을 이용할 때에는 특별시, 광역시, 도 등의 광역 행정구역을 이용하며, 필요할 경우에는 광역 행정구역에 속한 시・군・구 등의 기초 행정구역을 이용한다. 이런 행정구역 외에도 그 지역에서 그대로 굳어진 부락이나 강서・강동과 같이 지형지물을 이용한 지역의 구분을 이용하기도 한다(예 특별시, 광역시・도, 시・군・구, 읍・면・동).

3) 경제적 기반에 따른 구분기준

인류학적 조사 및 연구에서 사용하는 구분기준으로 지역주민들의 경제생활과 사회・문화적 특성을 파악하여 구분하는 기준이다(예 공업도시, 농촌, 산촌, 어촌, 광산촌 등).

4) 사회적 특수성에 따른 구분기준

지역사회 구성원들의 사회적 특성을 중심으로 지역을 구분하는 기준이다(예 저소득층 지역, 외국인촌, 미국의 할렘가, 슬럼지역, 차이나타운 등).

〈표 1-2〉 던햄(Dunham, 1970)의 네 가지 유형

인구분포에 따른 구분	행정구역에 따른 구분
대도시, 중·소도시, 읍·면·동과 같은 소규모 마을	특별시, 광역시·도, 시·군·구, 읍·면·동
경제적 기반에 따른 구분	**사회적 특수성에 따른 구분**
공업도시, 농촌, 산촌, 어촌, 광산촌 등	저소득층 지역, 외국인촌, 미국의 할렘가, 슬럼지역, 미국의 차이나타운 등

3. 지역사회의 기능과 제도

지역사회는 일정한 지역에서 지역주민들이 함께 거주하는 것 이상으로 상호 간에 관계를 맺고 서로의 생활과 행동에 영향을 미치고 있다. 즉, 지역주민들이 지리적으로 근접한 생활을 통해 그들의 생활을 만족시키는 데 필요한 사회적 구조와 기능을 발전시키는 데 있다. 여기서의 지역사회의 기능은 다양한 인간의 활동을 의미한다. 길버트와 스펙트(Gilbert & Specht, 1974)는 지역사회가 공통적으로 수행하는 주요한 기능을 다섯 가지로 제시하고 있다.

1) 생산·분배·소비기능 : 경제제도

생산·분배·소비의 기능은 지역사회 주민들이 일상생활을 하는 데 필요한 기본적인 재화(goods) 및 서비스를 생산(production), 분배(distribution), 소비(consumption)하는 과정을 말한다. 이러한 기능은 주로 기업이 담당하지만 정부기관, 전문기관, 종교단체, 교육기관 등에서도 경제적 기능을 담당한다. 지역사회의 구성원들이 생활해 나가는 데 요구되는 재화와 서비스를 생산하고 분배하며 소비하는 경제기능은 시장제도가 담당하지만 이러한 시장제도는 개인적인 차원에서 볼 때 생산방법과 가족의 욕구충족 방법에 많은 영향을 끼치며, 지역사회 차원에서도 지역주민들이 어느 정도 자립할 수 있는가를 결정하는 중요한 기능을 담당한다.

2) 사회화 기능 : 가족제도

사회화(socialization)는 개인들이 사회와 이를 구성하는 사회적 단위들의 지식, 가치, 행동유형 등을 터득하는 과정을 말한다. 인간은 사회화를 통해 인간다운 품성과 자질을 획득해 나가며 사회적 존재로 살아갈 수 있다. 즉, 사회화를 통해 개인은 사회에 적응할 수 있으며 동시에 사회를 존속시킬 수 있다. 지역사회가 공유하는 일반적인 지식과 사회적 가치 또는 행동양식 등은 지역주민들을 통해 다른 사회구성원들과는 구별되는 생활양식을 터득하게 된다. 지역사회는 끊임없이 변화되고 있고, 이로 인해 새롭게 등장한 지식과 가치 등을 학습하는 것은 변화된 지역사회에 적응하기 위해 누구에게나 필요한 일이기 때문이다. 사회화는 사회구조의 안정과 질서를 유지하는 데 필요한 과정이다. 사회화의 내용이나 방법 등은 개인과 사회의 필요에 의해 합의된 것이며, 사회화를 통해서 사회는 존속, 유지되고, 동시에 개인은 사회적으로 바람직한 방법으로 욕구충족을 하며 자아실현을 할 수 있다는 것이다. 사회화는 유년기부터 평생에 걸쳐 이루어진다. 지역사회 생활을 하는 데 필요한 가치와 규범, 지식을 전수하는 사회화 기능은 가족제도가 담당한다.

3) 사회통제 기능 : 정치제도

사회통제(social control)는 지역사회 구성원들이 사회적 역할, 규범, 가치 등에 순응하도록 하는 과정을 말한다. 사회구성원들로 하여금 일정한 가치와 규범에 순응하도록 강제하는 사회통제 기능은 정부가 담당하지만 모든 지역사회도 지역주민들이 지켜야 할 법과 도덕, 규칙, 규범 등을 제정하고, 이를 집행함으로써 그 지역사회의 질서를 유지하고 사회해체를 막는 기능을 수행하게 된다. 사회통제를 담당하는 1차적인 기관은 정부이며, 정부는 사법권과 경찰력을 통해 보편적으로 적용할 수 있는 법을 집행한다.

4) 사회통합 기능 : 종교제도

사회통합(social integration)은 이질적이고 다양한 사람들로 이루어지는 지역사회 구성원들이 정체성을 갖도록 통합하는 일이다. 통합이 이루어지지 않으면, 갈등과 대립이 폭동과 소요로 나타나게 된다. 세계화가 급속히 진행됨에 따라 상품뿐 아니라 사람과 문화까지도 국경을 넘나드는 추세가 가속되고 있다. 지금의 세계는 빈부격차의 확대, 종교분쟁 등 문화다양성을 위협하는 일에 직면해 있어, 인종 · 종교 · 문화적 갈등과 대립을 방지하고 문화다양성을 보호하고 증진시키는 일이 필요하다. 즉, 사회구성원 간 또는 인간사회 내의 여러 집단, 단체, 기관들이 서로 결속력을 갖도록 해주어야 한다. 따라서 사회통합으로서의 종교제도는 사회구성원 간의 신뢰와 사기를 진작시키고 사회적 규범을 자발적으로 따르도록 사회에 대한 충성심을 강화하는 사회통합과 영적 개발을 담당하게 되며, 사람들 스스로 규범을 준수하여 바람직한 행동을 하도록 하는 것이다. 사회통합에 필요한 사회적 가치와 규범을 만드는 사회조직으로는 가정, 학교, 사회단체 등을 들 수 있다.

5) 상부상조 기능 : 사회복지제도

상부상조(mutual aid)는 지역주민들이 기존 사회제도에 의해 기본적인 욕구를 충족할 수 없는 경우 사회구성원들이 서로 도와주는 사회적 기능이다. 전통사회에서 상부상조 기능은 가족, 친척, 이웃, 친목단체나 자선단체 등과 같은 1차적인 집단에 의해 이루어졌으나 현대사회에서는 이러한 기능이 정부, 민간 사회단체, 종교단체 등에서 이루어지고 있다. 따라서 상부상조 기능은 지역의 사회구성원들이 기존 사회제도에 의해서 자신들의 욕구를 충족할 수 없는 경우에 강조되며, 지역사회 구성원들이 서로에게 도움을 주는 사회복지제도와 관련된 기능이다.

〈표 1-3〉 지역사회에서의 지역사회 기능과 제도

기 능	제 도	내 용
생산 · 분배 · 소비	경제제도	재화와 서비스를 생산 · 분배 · 소비하는 과정과 관련된 기능
사회화	가족제도	지역사회의 가치, 규범(행동양태), 신념 따위를 구성원에게 전달
사회통제	정치제도	지역사회 그 구성원들에게 사회적 규범 등에 순응하게 하는 것. 법이나 조례를 만들어 규범을 강제하는 것
사회통합	종교제도	집단 및 조직의 활동에 자발적으로 참여하여 협력하는 것. 상호 간에 충성, 결속력과 사기가 전제되어야 함
상부상조	사회복지 제도	기존 사회제도에 의해 기본 욕구를 충족할 수 없을 때 강조되는 것으로 서로의 안녕을 위하여 도움을 주는 과정. 가족, 친족, 이웃과 같은 1차적 집단이 주요 주체 ⇒ 다양한 주체에 의해 이루어짐

출처 : Gilbert & Specht(1974), p. 4 재구성.

제2절 지역사회복지

1. 지역사회복지의 개념

지역사회복지의 중요성이 부각되기 시작한 것은 지방분권화 논리와 관련 있다. 이는 국가가 국지적 수준의 문제까지 관여하는 것은 비효율적이라는 관점이다. 이러한 상황의 이면에는 신자유주의론자들의 비용통제, 개인책임, 재정적 관점의 서구 복지국가의 정책기조의 변화와 복지국가의 재구조화 과정에서 지역사회복지의 발전을 가져왔다.

지역사회복지는 지역사회(community)와 복지(welfare)라는 명사가 더해져서 지역사회의 복지를 위한 실천방안을 연구하고 현실에 적용함을 추구한다는 근본적인 뜻을 내포하고 있다. 지역사회복지는 지역사회에서의 조직적이고 체계적인 개입을 통해 주민들의 삶의 질을 향상시키기 위한 사회복지적 지식과 기술을 활용하는 전문실천 방법이라고 할 수 있다. 따라서 지역사회복지는 사회경제적으로 어려운 위치에 있는 지역사회 구성원들의 역량을 제고하여 그들이 처한 상황에 대해 통제할 수 있는 힘을 개발시키는 활동이며, 동시에 지역사회의 제반 조건과 기회구조를 변화시키기 위해서 지역사회구성원들을 지원하는 활동이다(Popple, 1995). 이러한 지역사회복지 활동은 전문가가 토착적 리더십을 증대시키면서 지역사회의 여러 집단 간의 협동적인 관계를 수립하고, 지역사회 문제해결을 위한 자치적인 구조를 창출하며, 지역사회 문제해결을 위한 역량강화, 지역사회 주민들이 관심과 참여의 동기부여, 지역사회의 공동사업에 협력적인 태도와 작업을 북돋워 줄 수 있는 활동으로 설명된다.

지역사회복지는 좁은 의미에서 대인서비스와 밀접한 관련이 있는 것으로 시설이 아닌 환경에서 지역사회구성원들에게 다양한 사회복지서비스를 제공하는 것으로 시설보호와는 다른 의미를 내포하고 있다. 넓은 의미의 지역사회복지는 지역의 사회복지를 향상시키기 위하여 지역사회 수준에서 전문적이고 비전문적인 인력이 지역사회에 존재하는 다양한 제도에 영향을 주고 지역사회에서 발생하는 문제를 예방하고 해결하고자 하는 일체의 사회적 노력을 의미한다. 결국 지역사회복지는 개별적인 사회보호서비스와 지역사회 개발의 통합을 실천하는 영역으로 포괄적이며 지역성이 강조되는 개념이다. 지역사회복지 향상을 위한 여러 가지 노력들은 특정한 분야에 제한된 것이 아닌 공공행정, 정신건강, 공중보건, 사회사업 등의 전문적인 영역과 정치단체, 민간단체, 자원봉사자들에 의해 폭넓게 수행된다는 성격을 내포하고 있다.

일정한 지역 내에서 이루어지는 지역사회복지는 지역사회 주민의 삶의 질 향상이라는 큰 목표를 가지고 있다. 따라서 지역사회의 문제해결 능력을 향상시키고 역량을 강화하여 지역주민의 복지욕구를 충족시키는 것이다. 그렇게 하기 위해서 정부와 민간이 전문적이고 비전문적인 서비스와 방법을 통해 협력을 강화하여야 하는 속성이 있으며, 지역의 구성원들에게 더 나은 편의시설, 주거환경, 직장 등을 제공하는 것이다. 이를 위해 일정한 지역사회 내에서 주민의 생활문제를 사회복지사와 주민이 함께 공식적·비공식적 자원을 활용하고 개발하여 해결하거나 예방하는 다양한 노력들을 지역사회복지라 개념 지을 수 있다.

2. 지역사회복지의 이념

1) 사회공동체

사회공동체(communities)는 지역의 구성원들이 공동의 관심과 이해관계를 조건으로 직업, 취미, 활동영역 등의 기능적 기준에 의해 형성된 집합체이다. 이는 실제적이고 유기적인 생활공동체로서 감정이나 충동, 욕망 등이 자연스럽게 또는 실제적으로 통일을 이루는 사회를 말하며, 결속과 상호 협조와 보다 깊고 보다 튼튼한 상호 이해와 공생의 관계를 의미한다. 지역사회 체계에서의 공동체 형성은 사회체계의 생존에 필수적으로 요구된다. 사회공동체는 그것이 민족국가이든, 기업이든, 노동조합이든 혹은 일반적인 단체이든 그 구성부분들 간의 불균형과 갈등을 최소한의 상태로 유지해야 한다는 것이다. 그리고 지역사회 구성원이 소속감을 가지고 유지하고자 하는 공동체적인 특성을 지닌 사회나 집합체는 일정한 정도의 연대감을 유지해야 한다.

2) 정상화

정상화(normalization)는 한 사회 안의 모든 구성원들이 동등한 권리와 기회를 가지고 삶을 영위해야 한다는 윤리적 원칙을 의미한다. 장애인의 경우를 예를 들어 정상화 이념을 설명하면, 장애를 가진 사람들도 그들의 생활이 제한되거나 분리되어서는 안 되며 정상인들과 동등한 사회구성원으로서 존중되어야 한다는 사회적 가치를 강조하여 표현한 개념이다. 정상화를 처음 주창한 울펜스

버거 등(Wolfensberger et al., 1972)은 정상화의 원리를 문화규범과 관련시켜 정의하였다. 즉, 그는 정상화란 모든 사회구성원들이 문화적으로 바람직한 행동과 성격 특징을 형성하거나 유지하게 하기 위하여 문화규범 내에서 가능한 방법들을 이용하는 것이라고 정의하였다. 모든 문화는 자체의 규범을 가지고 있고 장애인들도 자신이 소속된 사회의 문화규범을 익히고 이에 적응해야 하기 때문에 정상화의 과정은 불가피하게 문화에 따라 조금씩 차이가 있을 수 있다. 정상화의 과정이 이와 같이 문화에 따라 차이가 있을 수 있지만 정상화의 과정에서 모든 사회가 추구하고 있는 정책들은 첫째, 장애인들은 모두가 사회, 경제, 문화, 여가 생활에 정상인들과 함께 적극적으로 참여하도록 하는 동화(同化)로서의 정상화, 둘째, 장애인을 등급화하여 사회적으로 낙인찍지 못하게 하는 이화(異化)로서의 정상화가 그것이다. 간단히 말하면 정상화의 궁극적인 목표는 모든 장애인들이 정상적으로 건전하게 지역사회에 참여하고 적응할 수 있는 기회와 방법을 극대화시키는 데 있다.

3) 탈시설화

탈시설화(deinstitutionalization)는 1950년대부터 일기 시작하여 1980년대에 활발히 진행되었다. 스웨덴, 노르웨이, 영국, 미국 등이 그 대표적인 국가들이다. 탈시설화는 거주시설의 폐지를 의미하는 것이 아니라 거주시설의 형태를 소규모의 다양한 형태로 변화시키는 것을 말한다. 이는 대규모 시설들을 그룹홈이나 주간보호시설, 단기보호시설 등으로 다양한 소규모 형태로 바꾸어 가는 것을 말한다. 기존의 사회복지서비스가 주로 시설보호와 사후 치료적인 형태를 지녀옴으로써 그 효과성과 효율성에 한계를 드러내었고, 이와 동시에 요보호대상자의 급격한 증가와 욕구의 다양화 및 개별화 등으로 인하여 새로운 형태의 사회복지서비스의 필요성을 인식하게 되면서 나타난 현상이다. 이에 따라 사회복지가 시설중심에서 지역사회 중심으로 서비스의 초점을 맞추게 되었다.

4) 주민참여

주민참여(citizen participation)는 주민의 욕구와 문제해결의 주체로서 주민의 주체성을 강조하는 것이다. 지역주민은 지역사회의 주민들이 공적으로 결정권이 부여된 자들에게 정책이나 계획의 결정에 관하여 영향을 미칠 의도로 권력을 행사하는 과정이다. 주민참여는 지방행정에 주민을 참여시켜 요구에 따르는 책임의 분담을 인식시키고 주민의 협력과 지지를 확보하기 위함이다. 또한 전문가의 지배를 억제하고 주민의사와의 괴리를 방지하며, 지역개발의 수혜자와 피해자들 간의 공동체 의식을 함양하여 동등한 파트너십을 형성하는 방법이기도 하다. 이러한 주민참여는 〈표 1-4〉와 같이 자생적 참여와 의도적 참여로 나누어 살펴볼 수 있다.

〈표 1-4〉 주민참여의 유형

자생적 참여	의도적 참여
• 구조화 · 조직화되어 있지 않은 소규모 집단 • 비전문화된 참여 • 자기통제가 미약 • 공식화되지 않은 관습과 의식 • 일정한 지도자가 없음	• 구조화 · 조직화된 중요한 규모의 집단 • 전문화된 참여 • 자기통제가 강함 • 관습과 의식은 규칙과 법령에 의해 공식화됨 • 지도자가 있고 권한위임에 의해 지위부여

5) 네트워크

네트워크는 net과 work가 합쳐진 단어이다. net은 본래 뜻이 '그물'이고, work는 '일'이므로 그대로 직역한다면 '그물일'이 될 것이다. 따라서 지역사회에서 다루려는 네트워크는 정확히 말하면 지역사회 자원을 이용한 협동작업으로 이해될 수 있을 것이다. 이렇게 볼 때 네트워크는 협력의 한 유형으로서 지역의 조직적 자율성을 유지하면서 지역조직들 각각이 공유된 자원을 가지고 서비스나 프로그램을 제공하기 위하여 함께 결합하는 협력시스템이라 할 수 있다(지은구, 2012).

지역사회복지 네트워크는 지역주민들의 다양한 욕구나 문제를 해결하기 위해서 지역사회의 자원과 상호작용하고 교환관계를 형성하는 것이다. 즉, 자원, 기술, 사회관계, 지식, 신뢰 등을 서로 공유할 수 있는 사람들 또는 단체의 공식적 혹은 비공식적 관계의 망(net)으로 유대(tie) 또는 연계(linkage)라 할 수 있다(이준영, 2007). 지역사회복지 네트워크는 사회복지서비스 전달과정에서 공급자 간 상호 협력의 틀을 제공해 준다. 그리고 지역사회 내 서비스의 중복 및 누락 방지와 사회복지서비스의 제공자와 수혜자 모두의 필요를 충족시킬 수 있는 사회복지실천의 한 방법이다(김용현, 2010). 따라서 지역사회복지를 실천하는 사람, 단체 및 조직 등은 지역사회복지 네트워크의 중요한 활동주체라 할 수 있다. 결국 도움을 주고받기 위해서 다른 사람이나 조직을 필요로 할 때 네트워크는 필요하게 된다. 베닝턴(Benington, 2013)에 따르면, 네트워크는 세계화와 급속한 기술변화, 정보통신 기술의 발달, 실업, 사회적 배제, 고령화와 환경문제들을 효과적으로 대처하기 위한 국가, 시장, 시민사회 등 다양한 조직 간의 협력으로 정의되고 있다. 따라서 지역사회복지에서의 네트워크는 '어떤 연결을 통해 지역사회 자원을 공유하는 것'으로 이해될 수 있다. 이러한 지역사회의 네트워크는 유형별로 체인네트워크, 스타네트워크, 집단네트워크, 분절된 네트워크, 느슨한 연계네트워크, 수평적 네트워크, 수직적 네트워크, 자발적 네트워크, 의무적 네트워크 등 다양한 유형의 네트워크가 존재하고 있다(Hardcastle, Powers & Wenocur, 2004). 대표적인 네트워크를 살펴보면, |그림 1-1|과 같다. 체인네트워크는 3, 4가 1, 5보다 유리하다. 1, 5는 중앙의 3과 상호교환을 위해 2, 4를 거쳐야 하기에 3의 영향력이 크다. 스타네트워크의 경우 모든 참가자는 반드시 3을 거쳐 교환이 가능하며 3의 영향력이 강하다. 집단네트워크는 3에 집중되어 있지만 참가자 3에 집중되어 있는 중앙선과 접근성은 어느 정도 감소된다. 즉, 집단네트워크는 참가자 3의 중앙성과 영향력은 줄어들고 모든 연결망에 참가하는 참가자들의 다른 참가자들에게 직접적으로 접근할 수 있는 접근구조를 갖는 네트워크 유형이다. 모든 참가자들은 동등한 힘의 균형을 유지할 수 있게 된다. 분절된 네트워크는 조직 간 상호 통제, 조화 강조, 강력한 중앙

통제가 필요한 경우 강조된다. 다양한 자원의 교환과 정보의 흐름에 대한 영향력을 강화하여 연결조직 간의 조화를 보다 강조하기 위하여 연결망을 관리하고 구성하는 중심적인 조직을 중심으로 네트워크가 형성된다. 5가 중앙에 위치하여 연결망에 영향력을 행사한다.

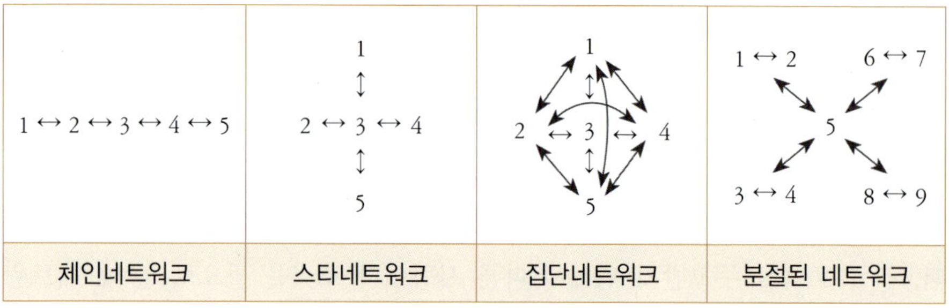

|그림 1-1| 네트워크의 유형

3. 지역사회복지의 특성

지역사회복지는 지역사회라는 체계를 기반으로 나름대로의 특성을 가지게 된다. 지역사회의 특성을 다음의 네 가지로 나누어 살펴보기로 한다.

1) 사전예방성

지역사회복지의 특성으로 사전예방성은 지역사회 내에서 주민의 사회복지 욕구가 적절한 수준으로 충족되거나 해결되지 못한 생활상의 문제가 발생하였을 때, 주민참여라는 구조를 통하여 이를 조기에 발견하여 대응하는 것이다. 이러한 사전예방적 실천의 방법으로는 상담, 신청, 사후조치에 대한 정보를 네트워크화시키고 기관과의 연계를 통하여 지역사회복지의 예방적 특성을 살려야 할 것이다.

2) 종합성과 전체성

지역사회복지서비스 제공은 서비스 공급자 측면에서 종합성의 특성을, 서비스 이용자 측면에서는 전체성의 특성을 가지고 있다. 공급자 측면의 종합성은 서비스 제공기관 간의 연락과 조정 및 협의 등의 네트워크 구축과 이의 실질적인 운용을 통하여 확보할 수 있을 것이다. 이러한 일련의 노력들은 one-stop service, 서비스의 패키지화 등으로 표현되고 있다. 그리고 이용자 측면의 전체성은 주민생활과 밀접하게 관련을 맺고 있는 다양한 분야를 포괄적으로 이루어야 함을 의미하는 것으로, 여기에는 협의의 사회복지서비스뿐만 아니라 보건, 의료, 고용, 교육, 문화, 교통, 안전, 환경 등 주민생활의 전반적인 영역을 포괄하여 접근해야 함을 의미하는 것이다.

3) 연대성과 공동성

인간은 공동의 관심사에 따라 연대를 형성하고 공동으로 이를 확대시켜 나가는 특성을 가지고 있다. 지역사회복지에서는 주민 개인의 사적 활동으로 해결이 곤란한 생활상의 과제를 주민들 간에 연대를 형성하고 공동의 행동을 통하여 해결하는 특성을 가지고 있다.

4) 지역성

지역사회복지는 주민의 생활권역을 기초로 하여 전개되는 것이다. 주민의 생활권역은 '주민생활의 장'임과 동시에 '사회참가의 장'이므로 물리적 거리 및 심리적인 거리도 포함하여 지역적 특성을 고려하여야 한다.

Key Point

- 지역사회의 개념은 지리적 의미와 기능적 의미를 모두 포함하고 있다. 지리적 의미의 지역사회는 전통적으로 사용되고 있는 의미이며, 오늘날 산업화, 도시화가 가속화되면서 이해관계자나 관심에 따른 기능적 의미의 지역사회가 중요해지고 사이버공동체, 가상공동체의 새로운 지역사회가 등장하고 있다.

- 던햄은 지역사회를 인구분포, 행정구역, 경제적 기반, 사회적 특수성에 따라 유형화하였다. 그리고 길버트와 스펙트(Gilbert & Specht)는 지역사회의 기능을 생산・분배・소비, 사회화, 사회통제, 사회통합, 상부상조의 기능으로 제시하고 있다.

- 지역사회복지는 지역사회(community)와 복지(welfare)라는 명사가 더해져서 지역사회의 복지를 위한 실천방안을 연구하고 현실에 적용함을 추구한다는 근본적인 뜻을 내포하고 있다. 지역사회복지의 이념으로는 사회공동체, 정상화, 탈시설화, 주민참여, 네트워크를 들 수 있다. 지역사회복지는 사전예방성, 종합성과 정체성, 연대성과 공동성, 지역성의 특성이 있다.

Chapter 02

지역사회복지의 역사[1]

제1절 한국 지역사회복지의 역사

한국의 지역사회복지는 역사가 매우 짧고, 많은 연구가 이루어지지 않아 일제강점기 이전에 존재하였던 상부상조의 관행과 일제강점기의 지역사회복지 관련 활동을 알아보고, 지역사회복지의 태동기, 정착기, 발전기로 나누어 살펴보기로 한다.

1. 일제강점기 이전의 지역사회복지

1) 민간부문의 지역사회복지

(1) 두레

두레는 지역사회의 민간협동체 중의 하나로 촌락단위로 조직된 농민들의 상호협동체라 할 수 있다. 즉, 농사일을 협력하기 위해 공동노력의 풍습, 상호부조, 공동오락, 협동노동을 목적으로 만들어진 마을단위의 조직체이다. 두레는 마을의 모든 농민이 그 마을의 경작지에 대해 자타의 구별 없이 일제히 조직적으로 집단작업을 하는 조직이며, 각 집의 경지면적과 노동력에 따라서 나중에 임금을 결산하여 주고받는 공동노동의 형태이다. 이와 같이 협업(協業)의

---

1) 이 내용은 오정수 · 류진석(2009), 강철희 · 정무성(2006), 최일섭 · 류진석(2006), 위키백과사전 등을 참고로 구성되었다.

성격을 띤 공동노동은 한국에서 장기간에 걸쳐 농촌경제를 지배해 왔던 노동조직이었다. 그것이 오늘날에는 농촌의 민간에만 잔존하여 여러 가지 민간협동체를 파생시킨 것이다. 두레는 또한 공동노동 조직임과 동시에 일종의 오락이라고도 할 수 있다. 즉, 마을의 농악대(農樂隊)와 그들의 농악연주 및 무악(舞樂)을 가리키기도 한다.

(2) 계

계는 인보상조의 정신을 근간으로 한 상부상조의 민간협동체의 하나로 공동생활의 표현에서 출발하였으며 시대의 흐름에 따라 지금까지 발전해 왔다. 계는 한국의 특유한 협동조직으로 조합적 성격을 가지고 있다.

(3) 품앗이

품앗이는 임금을 주지 않는 한(韓)민족 고유의 풍습으로, 일대일로 노동력을 상시적으로 차용하거나 교환하는 관습이다. 밭갈이, 논갈이, 모내기, 추수 등의 농사일은 물론 집짓기와 집수리하기 같은 생활상의 품앗이와 염전의 소금일에 이르기까지 널리 활용되었다. 대개 마을을 단위로 해서 이루어지는데 노동력이 부족할 때 수시로 이웃 사람에게 요청했다. 사람들 간의 교환노동으로 서로 간에 품격 높은 신뢰를 전제로 하며, 개별노동의 실제 가치를 따지지 않고 참여자의 개별상황을 인정하면서 이루어지는 신뢰와 인정을 바탕으로 한 한민족 고유의 관습에 대한 명칭이다.

(4) 향약

향약은 조선시대 향촌사회의 자치규약으로, 권선징악과 상부상조를 목적으로 만들어졌다. 지방 사림이 농민과 노비 등 하층민의 지배를 강화하기 위하여 주민의 순화와 덕화, 교화의 유교 윤리를 기반으로 한 향촌의 공동조직이다.

(5) 사창

사창은 흉년이나 재앙에 대비하여 미리 향민에게 곡식을 징수 또는 기증받아 저장해 두는 촌락단위의 구휼제도로 조선시대 지방의 각 촌락에 설치된 일종의 곡물 대여기관(貸與機關)이다. 의창, 상평창과 더불어 조선시대 진휼책의 한 종류이다.

2) 공공부문의 지역사회복지

(1) 오가작통제

오가작통제는 정부의 강제성이 어느 정도 개입된 인보제도로 1485년(성종 16) 한명회(韓明澮)의 발의에 따라 채택되어 경국대전에 올랐다. 이에 의하면, 한성부는 방(坊) 밑에 오가작통의 조직을 두어 다섯 집을 1통으로 하여 통주(統主)를 두고, 방에 관령(管領)을 두었다. 즉, 오가를 일통으로 편성하였다고 하여 오가작통이라고 불린다. 지방은 다섯 집을 1통으로 하고 5통을 1리(里)로 해서 약간의 이(里)로써 면(面)을 형성하여 면에 권농관(勸農官)을 두었다. 오가작통제는 인보상조와 연대책임을 가지고 지역 내의 치안을 유지하고 복리와 교화를 증진시키는 역할을 하였다.

(2) 상설복지제도

국가단위로 지역주민의 복지를 증진시기키 위한 공식기구로 의창, 상평창, 동서대비원, 혜민국을 들 수 있다. 의창은 고려시대에 시행된 빈민구제 제도이자 국립 구호기관으로, 가난한 백성에게 양곡을 대출하고 그것을 다시 회수하는 진휼곡창이었다. 평시에 곡식을 저장하여 두었다가 흉년에 이것으로 빈민을 구제하였으며, 주로 상평창에서 곡식을 빌려주었다. 상평창은 고려시대와 조선시대의 물가조절 기관으로 풍년에 곡가가 떨어지면 관에서 시가(市價)보다 비싸게 미곡을 사 두었다가 흉년에 곡가가 오르면 싸게 방출함으로써 곡가를 조정, 생활을 돕고자 한 것이었다. 그리고 동서대비원은 처음 설치연대는 알 수 없으며, 1049년(고려 문종 3)에 개경의 동·서에 두어서 동쪽의 것을 동대비원(東大悲院), 서쪽의 것을 서대비원(西大悲院)이라 하였고, 이들을 동서대비원(東西大悲院)이라 합칭했다고 한다. 환자의 치료를 주요 업무로 하고, 굶주리고 헐벗어 배고프고 추위에 떠는 사람이나, 그 밖에 의지할 곳 없는 몹시 궁핍하고 외로운 사람을 수용하였다. 혜민국은 고려시대의 시약(施藥)을 맡은 의료 및 구제기관으로 전염병이 퍼지는 것을 막고 백성들에게 약을 무료로 나누어 주는 곳이었다.

2. 일제강점기의 지역사회복지

일제강점기의 지역사회복지는 우리 민족이 일제에 충성을 하게 하려는 의도에서 이루어졌다. 일제의 식민정책은 전통적으로 내려오던 다양한 지역사회의 조직체와 민간협동단체를 와해시켰다. 일제강점기의 구제사업은 근대적인 복지이념에 의해 시행되었다기보다는 일제의 식민정책의 일부로서 우리 민족이 일제에 충성을 하게끔 하려는 정치적인 목적을 갖는 시혜와 자선의 의미가 컸다. 일제시대에 들어와 일본 본토에서는 1874년에 제정된 구휼규칙을 1929년에 폐지하고 구호법(救護法)을 새로 제정하여 보다 향상된 현대적 구빈행정을 시행하였으나, 한국에서는 이 법을 시행하지 않고 유사시에 은전을 베푸는 형태로 극히 한정된 범위의 요구호자에 대한 구빈사업을 실시하였다. 1944년 3월 그들은 군사적 목적을 위하여 우리나라 국민에게 징병과 노무징용을 강요하게 되어 비로소 일본 본토에만 실시해 오던 구호법을 한국에도 확대 시행하기로 하고 조선구호령을 제정하여 실시하였다. 이는 일본의 구호법을 기초로 하고 모자보호법과 의료보호법을 부분적으로 부가해서 종합화시킨 법이다. 그 내용을 살펴보면 적용대상은 65세 이상의 노쇠자, 13세 이하의 유아, 임산부, 불구, 폐질, 질병, 상이, 기타 정신 또는 신체의 장애로 인하여 노동을 하기에 지장이 있는 자로 규정되어 있다. 급여의 내용은 생활부조, 의료, 조산, 생업부조가 규정되어 있다. 구호는 신청주의에 의해 실시되며, 이를 심사하기 위해 자산조사를 거치도록 규정하고 있으며, 구호는 거택보호가 원칙으로 되어 있다. 거택구호가 불가능하다고 인정되는 경우에는 구호시설 수용, 위탁수용, 또는 개인의 가정 혹은 적당한 시설에 위탁 수용할 수 있도록 규정하고 있다. 이 조선구호령의 의의는 근대적 의미의 공적부조의 출발이라 할 수 있으며, 해방 이후 전개되는 생활보호법의 모태가 되었다는 점이다. 일제하의 구빈사업으로는 이재민구호, 빈민구호, 빈민의료구제, 요보호 아동보호, 복지시설 운영 등이 있으나 장기적이고 확고한 계획하에 이루어진 것이 아니었고 상황에 따라 시혜 차원에서 이루어졌으며, 빈민구호대상자의 수(數)도 일본 본토와 현격한 차이가 나는 등(본토는 총 인구의 0.3%, 한국은 0.008% 수준) 매우 형식적인 구빈사업에 불과하였다. 이렇듯 식민지시대 사회정책의 특성은 식민통치의 합리화라는 이데올로기적 기능과 식민통치 정책의 효율성의 도모 및 지배질서의 안정이라는 정치적 기능이 강조되었기에, 식민지 민중의 기본욕구의 해결 차원이 아니라 식민본국의 사회·경제·정치적 필요성에 따라 최소한의 사회복지정책이 성립됨을 그 특성으로 지적할 수 있다.

3. 지역사회복지의 형성기 : 1950~1970년대

1945년 광복과 함께 급속한 사회변화로 인한 사회혼란과 한국전쟁을 거쳐오면서 불우한 환경의 아동, 노인, 장애인 등이 증가함에 따라 수용시설사업이 주류를 형성하여 왔다. 이러한 시대적 상황과 특성으로 인하여 지역사회복지사업은 외국 민간원조기관에 의한 사회복지사업이 1970년대 초반까지 주종을 이루었다. 외국의 민간원조기관의 사업들은 전쟁고아를 원조하기 위한 시설보호사업이 주를 이루었다. 1970년대 들어와서 시설의 운영재원에서 차지하던 외원기관 지원의 비중은 우리나라의 경제개발로 소득수준이 향상됨에 따라 줄어들고 1974년이 지나면서 급격하게 감소하게 되었다. 외원기관의 복지활동과 더불어 이 시기에 주목할 것은 대학부설 사회복지관인 이화여자대학교가 복지관을 설립한 것과 목포사회복지관 등의 민간사회복지관의 설립이라 할 수 있다. 사회복지관은 영국이나 미국의 인보관활동에서 기원을 찾을 수 있듯이 지역사회를 근거로 하는 복지실천 주체로서 의미를 띠고 있다. 특히 1970년에 들어와서는 우리나라의 전형적인 지역사회 개발사업이라 할 수 있는 새마을운동이 뿌리내리기 시작하였다.

4. 지역사회복지의 정착기 : 1980~1990년대 초반

1980년대의 지역사회복지는 사회복지관을 중심으로 정부의 지원과 재가복지서비스 및 사회복지전문요원제도의 도입과 지역사회복지운동의 확대 등으로 귀결될 수 있다. 1980년대에 들어와서 지역사회복지는 커다란 전기를 맞이하였다. 우리나라의 사회복지관은 1980년대 초반까지는 양적·질적인 면에서 기본적으로 1970년대의 골격을 그대로 유지하였다. 다만, 1983년 사회복지사업법의 개정에 따라 사회복지관은 종합사회복지관 가형과 나형, 그리고 사회복지관으로 공식적인 국가의 지원을 받게 되었다. 1980년대 후반에는 사회복지관의 발전과정에서 영구임대주택단지 내에 사회복지관의 건립이 시작되었으며, 민간단체에 의한 사회복지관의 건립이 활성화되었다. 지역사회복지의 또 다른 변화는 사회복지전담요원제도의 실시라 할 수 있다. 1987년에 사회복지전담요원제도를 도입하여 전국 읍·면·동사무소에 배치하여 생활보호대상자를 중심으로 공공부조 업무에 종사하도록 하였다. 그리고 1989년에 사회복지관 운영·건립 국고보조사업지침이 마련되어 국가지원금 산출방식이 제정되는 특징적인 조치들이 이루어졌다.

5. 지역사회복지의 발전기 : 1990년대 초반 이후~현재

1990년대 이후 지역사회복지는 과거에 비해 지역중심성에 대한 강조와 전문성의 강화 등을 기초로 질적인 변화를 경험하게 된다. 사회복지관은 1990년대 이후 급속한 양적 확대를 이루었다. 1990년대에 들어 재가복지가 정부 차원의 지원을 받아 종합적인 프로그램으로 발전하게 되었다. 정부는 가정에서 보호를 요하는 장애인, 노인, 소년소녀가정, 모자가정 등 가족부양 기능이 취약한 계층을 중심으로 지역사회 내에서 재가복지서비스를 제공하기 위하여 1992년부터 재가복지봉사센터를 설치·운영하고 있다. 1992년 사회복지사업법에 복지사무전담기구에 관한 규정을 신설함으로써 법적 근거를 마련하였다. 김영삼 정부에서는 보건과 복지의 통합적 서비스를 목적으로 보건복지사무소 시범사업(1995~1999)을 실시하였다. 그리고 김대중 정부는 2000년 국민기초생활 보장법 제정으로 지역사회 중심의 자활지원사업이 본격적으로 전개되었다. 노무현 정부하에서는 사회복지사무소 시범사업(2004~2006)을 하였으나 이것이 실험으로 끝나고 실제로 제도화되지 못하였다. 이어 이명박 정부에서는 시·군·구 129 콜센터 설치, 사회복지통합관리망 구축과 통합사례관리의 강화(희망복지지원단 설치) 등을 주요 내용으로 하는 희망복지 전달체계 구축노력이 있었다. 그리고 박근혜 정부는 국민중심의 맞춤형 복지전달체계 개편이라는 국정과제의 주요 국정과제로 복지거버넌스와 주민센터 복지허브화 및 민간자원 활성화를 제시하였다. 특히 복지거버넌스는 지역사회복지협의체와 같이 복지전달체계에서 국가 및 지방자치단체, 시민단체, 기업, 지역사회 등이 역할을 분담하는 것을 의미하며, 지역사회복지의 한층 발전된 모습을 보이게 된다. 문재인 정부는 경제사회민주화를 통해 담대한 복지국가를 만들겠다는 의지가 국가운영의 기조로 확립되어 있다. 5대 국정목표 중 '내 삶을 책임지는 국가'가 복지정책 내지 복지국가 추진과제이다. 5개의 국정전략이 복지국가의 구축에 필요한 복지, 성평등, 교육, 노동, 보건의료, 생활안전, 생태환경, 문화 등의 영역에 집중되어 있다. 따라서 문재인 정부의 복지국가 상은 '포용적 복지국가(Inclusive Welfare State)'임을 널리 알리고 있다.

제2절 영국 지역사회복지의 역사

영국 지역사회복지의 역사는 1601년 이후 구빈법 체제하에서 수용과 구제 중심의 지역사회복지를 시행하였다. 그리고 1800년대 말 사회적 격동기에 자선조직협회운동과 인보관 운동이 등장하며 새로운 활동이 이루어지게 되었다. 특히 시설보호로부터 지역사회라는 새로운 접근방법의 개발과 실천이 지역사회의 기본이 되는 틀로 자리를 잡았다.

영국은 지역사회복지의 역사적 기원이 되는 구빈법 이래 지역사회복지에 대한 법제화를 이끌어 왔으며, 현대적 의미의 전문화된 지역사회복지의 시작인 자선조직협회(community organization society)와 인보관 운동(social settlement movement)을 전개한 국가이기도 하다. 1869년에 설립된 자선조직협회는 중복구호를 방지하기 위하여 여러 가지 자선활동을 조정하고, 환경조사와 적절한 원조의 제공을 목적으로 하였다. 인보관 운동은 1884년에 세계 최초의 인보관인 토인비 홀을 설립하면서 시작되었다. 토인비 홀의 영향으로 그 후 인보관이 확산되어 설립되었으며, 빈곤자들을 위한 교육, 문화활동의 전개와 사회개량과 사회입법을 위해 노력하였다.

본 절에서는 영국의 자선조직협회, 인보관, 지역사회보호(community care) 운동의 등장과 발전을 살펴보고자 한다. 특히 지역사회보호의 기원은 사회적 보호의 욕구를 지닌 사람들을 위한 보호의 방법으로서 시설보호로부터 지역사회라는 새로운 접근방법의 개발과 실천으로 수용시설에 대한 부정적인 평가에서 출발하였다.

1. 지역사회복지의 기원 : 1800년대 후반~1950년대 초

1) 자선조직협회

자선조직협회(COS)는 19세기 말 성행했던 부유층들의 무분별한 자선활동의 비효율적인 문제가 지속되자 자선활동을 지역사회단위로 조직화함으로써 보다 체계적이고 효율적으로 자선활동을 수행하고자 모색한 자선사업 개혁운동이었다. 영국 최초의 자선조직협회는 1869년 4월 '자선구제의 조직화와 구걸방지를 위한 협회(The Society for Charitable Relief and Repressing Mendicity)'를 결성하여 이후 자선조직협회(COS : Charity Organization Society)로 개칭하여 중산층 이상의 사람들이 주도하였다. 자선조직협회는 적자생존의 논리에 기반을 둔 사회진화론에 영향을 받았으며, 빈곤이 개인적 과실 때문에 발생하고 빈민은 스스로 빈곤에서 탈피해야 한다는 전제하에 구제 여부 판단을 위해 사례조사를 실시하였다. 특히 빈곤의 원인이 개인의 도덕적 결함이나 나태와 같은 행태에서 기인하는 것으로 보았다. 따라서 정상적인 중산층의 인격적인 감화를 통해 빈민에게 빈곤에서 벗어날 수 있는 동기를 강화시켜 줌으로써 그들이 스스로 빈곤에서 탈피할 수 있다고 생각하여 우애방문원(friendly visitor)을 파견하여 빈민의 삶을 변화시키겠다는 의도가 있었다. 우애방문원은 오늘날의 자원봉사활동을 발전시키는 밑거름이 되었고, 요보호자와 우애방문자와의 관계가 개별사회사업의 초기형태의 치료적 관계로 발전하는 계기가 된다.

▲ 우애방문원(1900년도 사진)

이러한 활동의 근본인 자선조직협회의 발생배경을 살펴보면 다음과 같다.

첫째, 빈곤에 대한 구빈법의 비효과적인 대처(비인간적인 처우)에 기인한다.

둘째, 박애주의적인 감정과 실천의 증가와 혹한 등에 기인한 차별적이고 무원칙적인 시혜와 자선단체의 난립 때문이다.

셋째, 자선의 무계획성과 비체계성 때문이다. 이는 구빈법 당국과 자선기관들 간의 협력관계의 결여와 각 자선기관의 종교(종파)적 특성에 의한 협력의 결여, 개인의 자선활동에 필요한 정보의 부족, 그리고 구제의 중복과 낭비, 자선동기 약화 등으로 효과적인 자선의 재원 소실 문제의 발생문제가 배경이 되었다.

자선조직협회는 자조의 미덕을 강조하여 '빈민에게 물고기를 주지 말고 물고기 잡는 방법을 가르쳐 주자'는 슬로건을 걸고 공공의 구빈정책에 반대의 입장을 고수하였다. 그리고 사적 자선이나 자원봉사활동 등 순수 민간구호의 노력은 강력하게 지지하였다(원석조, 2008). 자선조직협회의 활동원칙은 다음과 같다.

첫째, 빈민을 구제할 가치가 있는 빈민은 친절과 성의로 대하고, 그 외의 빈민은 공공기관에서 억악접 방법으로 취급할 것

둘째, 자선기관들 간에 구호 실시상의 중복을 피할 것

셋째, 개인의 필요에 대해 신중한 조사를 한 다음 대처할 것

넷째, 질병과 같이 빈곤을 초래할 수 있는 특정한 문제를 가진 사람에 대해서는 원조를 하지만 태만·음주·낭비를 일삼는 자에게는 원조를 하지 말 것

다섯째, 봉사자는 무보수로 시간과 노력을 제공할 것

자선조직협회는 빈곤에 대해 자유주의적 죄악관을 가지고 있었기 때문에 빈곤을 개인의 도덕적 책임으로만 돌리고 빈곤발생의 사회적 기반에 대해서는 등한시하였다. 그리고 순수 민간단체로서 빈민에 대한 과학적 조사는 선구적이었으나 자조의 개인의주의적 윤리를 너무 강조했다는 비판을 받고 있는 한계가 있다.

2) 인보관

인보관은 인보(鄰保)사업과 빈민구제를 목적으로 세워진 단체나 기관으로, 빈민지역에서 함께 생활하며 지역사회 환경과 생활을 개선하는 것을 목표로 한다. 이러한 인보관이 사회개혁운동으로서 퍼져나가게 된 것을 인보관 운동(settlement house movement)이라 한다.

인보관은 지금의 지역사회복지관의 개념으로 볼 수 있으며, 지역사회복지의 역사적 기원이 되는 구빈법 이래로 영국은 지역사회복지에 대한 법제화를 이끌어 왔다. 이 운동은 1867년 기독교 사회주의자인 에드워드 데니슨(Edward Denison) 목사에 의하여 처음 시도되었는데, 영국 런던의 한 빈민지역에서 빈번히 발생하는 질병, 범죄, 무지, 비위생적 환경, 빈곤 등을 교육적·문화적 관점에서 문제를 해결하고자 교육을 하며 상담을 하는 데서 비롯되었다. 저소득층 주민과 문화교육의 배경이 있는 사람들과의 접촉으로 서로를 이해하고 도와줌으로써 유대를 강화하고 계층 간의 격차를 완화시키는 역할을 하였다. 또한 인보운동은 대학사회에도 영향을 주어 옥스퍼드(Oxford)와 케임브리지(Cambridge) 대학의 학생과 교수들도 참여하게 되었다. 그들은 빈민의 도덕적 감화와 교육을 목적으로 빈민굴에서 생활하며 활동하였으며 당시 인보운동에 헌신적으로 활약하다 요절한 토인비(A. Toynbee)를 기념하기 위하여 바네트(Canon Samuel Agustus Barnett) 신부가 1884년 런던 동부 빈민지역인 화이트 채플(White Chapel) 지구에 설립한 '토인비 홀'이 세계 최초의 사회복지관이다. 바네트 신부는 이민자들이 열악한 환경에서 노동하는 것을 보고 그들의 산업환경 개선과 생존문제를 위해 토인비 홀을 세워 노력하였다. 그의 노력에 감동받은 옥스퍼드 대학과 케임브리지 대학의 학생들은 사회개혁 운동에 동참하여 지역사회 문제를 직접 알아가며 활동을 전개하게 된다.

자선조직협회가 개별중심, 개인중심의 사회복지 시초였다고 한다면 인보관 운동은 빈곤문제를 해결하려는 일종의 사회운동으로 시작되었다. 이들은 빈곤의 문제를 개인의 차원보다는 사회의 차원으로 인식하였다. 즉, 빈민지역의 주택개선, 공중보건 향상, 빈민착취 방지 및 해결 등 사회문제에 대한 개혁적인 해결을 강조하였다. 주로 대학생이나 젊은 지식인들이 빈민가에 함께 거주하면서 생활하였다. 인보관 운동의 기본적 배경에는 기독교 사회주의, 온정주의적 인도주의 등이 큰 영향을 미쳤다. 기독교 사회주의는 종전의 구빈사업을 비판하고 기독교 정신을 기초로 한 사회개량을 주장하였고, 교육을 통한 노동자계급의 사회적 조건들의 개선을 주장하는 것을 통해 인보관 운동의 기본 이념을 제공하였다. 온정주의적 인도주의는 중산층 지식인들을 중심으로 하여금 대학생들이 빈민구역으로 들어가 소외된 빈민들과 함께 거주함으로써 계급단절을 완화하는 데 기여했다.

이 당시의 인보관 운동은 지역사회복지에 중요한 함의를 지니고 있다(이강희·양희택·노희선, 2006). 첫째, 주는 자의 입장이 아닌 지역주민의 입장과 이익을 중시한 운동이었다. 둘째, 활동거점인 인보관을 확보하여 지역사회의 문제해결 능력을 높이고자 하였다. 셋째, 지역사회 전체를 문제의 대상으로 보고 지역사회를 기반으로 한 사회복지사업을 수행하였다. 이러한 지역사회와 지역사회 문제에 대한 관점은 현대적인 지역사회복지실천의 밑거름이 되었다.

2. 지역사회복지 태동기 : 1950~1960년대 후반

지역사회보호의 기원은 사회적 보호의 욕구를 지닌 사람들을 위한 수용시설의 부정적 평가에서 출발하였다. 지역사회보호라는 접근방법의 기원은 1950년까지 거슬러 올라간다. 수용시설은 대체로 17세기 초에 제정된 구빈법 시대의 산물이라 할 수 있다. 그 당시 빈민수용시설인 구빈원은 일반 시민의 거주환경과 삶에서 격리된 환경이었으며, 열악하고 비인도적인 환경이었다. 결국 지역사회복지라는 새로운 접근의 기원은 이러한 수용시설에 대한 부정적인 이미지에 있었다. 즉, 구빈법의 체계에 따라 빈민, 장애인, 고아, 부랑자 등 요보호계층을 지방정부의 책임하에 시설에서 수용하던 것이 한계에 부딪히게 되었다. 그리고 지역사회는 지역사회 '내'에서라는 장소적 의미와 함께 지역사회에 '의해'라는 케어의 수단적 의미를 내포하고 있었다(사회복지연구센터, 2014). 이는 시설보호로부터 지역사회보호라는 새로운 접근방법 모색과 노인과 정신질환자를 대상으로 한 지역사회보호 프로그램들이 개발되고 확대되어 새로운 지역사회 실천이 시도되기 시작한 것이다.

3. 지역사회복지 형성기 : 1960년대 후반~1980년대 후반

지역사회복지 형성기에는 지역주민들의 다양한 욕구충족을 위한 비공식 보호서비스가 강조되었다. 여기서는 지역사회복지 형성기에 제출된 관련 보고서인 시봄 보고서, 하버트 보고서, 바클레이 보고서에 대해 알아보기로 한다.

1) 시봄 보고서(Seebohm Report, 1968)

1968년에는 시봄(Seebohm)을 위원장으로 하는 시봄 보고서(Seebohm Report)가 발표되었다. 보고서의 주요 주제는 사회서비스 행정의 재조직이었지만 보고서의 상당 부분이 지역사회에 관심을 두고 있다. 1960년 후반 사회복지서비스 부분의 주요한 정책적 근거가 된 시봄 보고서에는 지방행정 당국의 서비스를 중심으로 고용, 교육, 주택 당국, 경찰, 교회, 자원봉사조직, 친구, 이웃에 의한 서비스를 포괄하는 것으로 이해되고 있었다. 그리고 지역사회를 기반으로 하여 사회서비스 제공에 초점을 둔 행정개편으로 여러 부서에 산재되어 있는 서비스를 통합하고 지역에 서비스 전담사무소를 설치하였다. 글라스비(Glasby, 2005)는 이 보고서가 포괄적인 서비스를 가능하게 하고, 보다 많은 자원을 유치할 수 있게 하며, 한 지역의 사회적 욕구를 보다 효과적으로 파악하여 미리 계획할 수 있게 한다고 주장하였다.

- 사회서비스의 행정적 재조직에 중점
- 지역사회복지에 관심을 두고 비공식서비스와 지역사회 주민의 참여를 강조
- 1960년대 후반 사회복지서비스 부문의 중요한 정책적 근거가 됨

2) 하버트 보고서(Harbert Report, 1971)

하버트 보고서는 지역주민의 다양한 욕구충족을 위해 비공식 서비스의 중요성을 인식하고 지역사회에 기초한 사회적 보호라는 제명으로 출판되었다. 공공서비스와 민간서비스 외에 기족체계와 지역사회의 근린에 초점을 둔 비공식 서비스의 중요성을 강조하여 공공과 민간 서비스의 주요한 과업은 친구와 친척에 의하여 제공되는 비공식 보호를 지원함으로써 클라이언트의 긴급한 욕구를 충족시켜 주는 것이라 보았다.

- 지역사회에 기초한 사회적 보호
- 가족체계와 지역사회의 근린에 초점을 둔 비공식 서비스의 중요성 강조

3) 바클레이 보고서(Barclay Report, 1982)

바클레이 보고서는 사회사업가의 직무와 역할에 대하여 광범위한 제안을 하고, 지역사회사업의 전략이 카운슬링 지향으로부터 사회적 보호계획으로 전환되어야 함을 주장하였다. 사회적 보호가 공공 또는 민간의 공식서비스에 의해 제공되는 것(시봄 주장)이 아니라 비공식 관계망의 지역사회 내 주민에 의하여 제공된다고 보았다.

- 대부분 지역사회보호가 인간관계망인 비공식 보호에 의해 제공되는 것으로 봄
- 비공식 보호서비스와 공식적 보호서비스 간의 파트너십 개발 필요성 인식

4. 지역사회보호의 발전기 : 1980년대 후반~현재

지역사회보호의 발전기에 제출된 보고서인 그리피스 보고서(Griffiths Report)와 지역사회보호법(Community Care Act) 그리고 최근의 동향에 대해 알아보기로 한다.

1) 그리피스 보고서(Griffiths Report, 1988)

영국 보수당 정부는 1986년 그리피스 경을 위원장으로 하는 위원회를 구성하고 지역사회보호를 지원하는 공공재정의 사용을 재검토하고 보다 효과적인 지역사회보호를 위한 재활용 방안을 보고하도록 하였다. 1988년에 '그리피스 보고서'로 알려진 '지역사회보호 행동지침'이라는 제명의 보고서가 발표되었다. 이 보고서의 내용으로는 첫째, 지역사회보호의 1차적 책임을 지방 당국이 가진다는 점, 둘째, 지방 당국은 대인사회서비스의 직접적인 제공자가 아닌 계획, 조정, 구매자로서 역할을 수행한다는 점, 셋째, 주거보호에 대한 욕구는 지방 당국에 의하여 사정된다는 점을 강조하였다. 특히 이러한 점들은 일정한 자격을 갖추면 자동적으로 주어지던 중앙정부의 사회보장급여로서 보충급여의 주거보호에 대한 지원이 중단됨을 의미한다. 따라서 주거보호에 관한 지원책임을 지방 당국에 이관하여 그 적격성을 재심사하며, 재정지출을 통제하겠다는 정책의지의 표현을 내포하고 있었다.

그리피스 보고서는 지역사회보호의 개혁과 관련된 여러 보고서 중에서 단연 돋보이는 것으로, 1989년 지역사회보호 백서와 1990년 지역사회보호법의 내용에 핵심적 영향을 미쳤다. 그리피스는 사회보장비를 감축시키려는 신보수의적 이념과 시설보호의 편중으로부터 지역사회보호로의 중심이동을 촉구하기 위한 두 가지 목적을 실현하고자 하였다. 이에 그리피스는 시설보호에 입소비 지원을 중단하고, 지역사회보호의 전달체계와 재원조달의 대안적 모형을 제시하였다. 그리피스는 기존 조직의 근본적인 변화나 공적 지출수준의 획기적인 변화를 도모하기보다는 지역 당국의 주도적 역할을 강조하면서 기존 자원을 관리하는 대안적 모형을 제시하였다. 중요한 권고내용은 첫째, 지역사회보호서비스의 조정자로서 지방 당국의 책임을 강조하면서, 지방 당국의 역할을 기존의 직접적인 서비스 제공자에서 서비스 구매자로서의 전환을 권고하였으며, 둘째, 사례관리의 개념을 도입하여 욕구에 따른 맞춤서비스의 제공이 가능한 구조를 만들고자 하였다. 셋째, 보호시장 개념을 도입하여 혼합경제의 증진을 도모하였다. 또한 그리피스 경은 지역사회보호를 위한 보건・복지서비스의 통합을 위해서는 기존 보건・복지기구와 별도로 조성된 지역사회보호를 위한 특별기금이 마련되어야 한다는 점을 강조하였다. 즉, 기존 조직구조는 변경시키지 않더라도, 실제 사례관리자가 서비스 제공단계에서 욕구에 따른 유연한 보건・복지 통합서비스를 제공할 수 있기 위해서는 재정통합이 이루어져야 한다는 점을 지적한 것이다.

- 공공부문이나 지방행정 당국의 역할보다 가족 등의 비공식 부문의 역할 강조
- 다양하고 광범위한 서비스의 발전을 추구
- 1990년 입법화되어 국민보건서비스 및 재가복지법이 제정

2) 지역사회보호법(Community Care Act, 1990)

1990년 지역사회보호법은 그리피스 보고서의 권고 대부분을 수용하여 제정되었다. 그러한 권고 중 재정통합을 위한 지역사회보호 특별기금 마련을 제안한 권고는 재무부의 반대로 수용되지 못하였다. 또한 영국의 중앙정부는 보수당이 장악하고, 지방정부는 노동당이 정권을 장악하고 있는 상황에서 지방정부에게 많은 권한을 위임하는 선택이 그리 달갑지는 않았던 것으로 보인다. 지역사회보호 백서의 핵심적 내용은 세 가지로 정리할 수 있다.

첫째, 재가보호의 원칙이다. 가능한 한 시설보호를 피하고 자신의 집 혹은 지역사회에서 정상적으로 생활할 수 있도록 보호한다는 것이다.

둘째, 소비자 선택의 원칙이다. 보호시장의 도입으로 서비스 경쟁을 통하여 소비자에게 서비스를 선택하도록 한다는 것이다.

셋째, 독립성의 원칙이다. 최대한 자립할 수 있도록 돕는다는 것이다.

지역사회보호법은 1993년 4월부터 본격적으로 실행되었다. 이의 영향으로 시설보호 입소자 증가율은 둔화되는 반면, 지역사회보호 비율은 급속히 증가하였다. 그러나 재정적 뒷받침이 되지 않는 상태에서 욕구에 따른 서비스를 약속한 사례관리는 한계를 보이는 것으로 나타났다. 사례관리의 제도화를 통하여 지방자치단체는 그 지역의 욕구를 평가하는 의무를 법적으로 지게 되었다. 그러나 누가 욕구평가를 받을 대상인가를 결정하는 문제가 법 실시 이후 불거졌다. 만약 욕구평가를 희망하는 사람들 전원에 대하여 지방자치단체가 그 의무를 갖는다면 공공지출의 폭발을 초래하게 될 것이기 때문이다. 또한 전문적 욕구 평가팀에 의한 이상적 크기의 욕구에 대한 대응을 사례관리라고 한다면, 이것도 역시 비용폭발을 초래한다. 따라서 사례관리자는 전문적 사정을 근거로 자원의 제약을 고려하여 이용 가능한 서비스에 맞추어 보호패키지를 준비하지 않으면 안 되게 되었다. 이 결과 사례관리에 의한 자원효율과 욕구지향의 위험한 균형은 법 실시 후에 곧 자원의 유한성에 직면하여 급속하게 비용절감형으로 편향되고 있는 것으로 나타나고 있다.

- 소비자의 선택과 서비스 제공자 간의 경쟁을 통하여 지역사회서비스의 수준 향상
- 케어 매니지먼트 도입으로 적절한 서비스를 제공하려 함

3) 최근의 동향

최근에는 서비스 이용자중심 욕구주도 서비스를 추구하고 있으며, 민간이 케어 서비스의 질을 향상시키기 위해 관리 및 감독에 참여할 수 있는 법적 근거를 마련하고 있다. 그리고 돌봄서비스 제공기관의 개인과 자원조직에 의한 모니터링을 확대하고 있다. 2010년 영국 보수당 정부 출범 직후 빅 소사이어티(big society) 정책이 실행되었다. 이는 민관협력을 통해 사회적 문제를 해결함으로써 공공부문의 예산부족과 서비스 비효율성 문제에 대응하고자 영국 캐머런(Cameron) 총리가 제시한 새로운 자본주의 모델이다. 빅 소사이어티 정책은 구성원 스스로가 국가의 통제가 아닌 사회적 책임의식을 원동력으로 지역사회 문제를 함께 해결한다는 데 의의가 있다. 이러한 정책하에서는 정부의 역할은 축소되고 개인, 전문가, 시민, 기업의 적극적인 역할이 요구된다. 영국 정부는 빅 소사이어티 정책을 추진하기 위해 ① 지역사회에 더 많은 권한 부여, ② 지역사회의 시민활동 활성화, ③ 중앙정부에서 지방정부로 권력 이양, ④ 협동조합, 자선단체, 사회적 기업과 같은 조직 지원, ⑤ 일반 시민대상 행정정보 공개 등의 전략을 제시하고 있다.

제3절 미국 지역사회복지의 역사

1. 지역사회복지 태동기 : 1890~1910년대

미국의 지역사회복지운동은 인보관 운동(social settlement movement), 자선조직협회운동(community organization society), 농촌개발 운동에서 시작되었으며, 이념적으로는 사회진화주의 그리고 급진주의, 실용주의, 자유주의 등의 영향이 크게 작용하였다. 당시의 미국은 산업화에 따른 농촌인구의 도시화나 이민자들로 인한 도시빈곤, 남북전쟁 이후의 흑인문제와 주택문제, 질병 등의 사회문제를 개선하려는 지역단위의 노력이 필요한 상황이었다. 특히 미국에서의 지역사회 조직사업은 불만스러운 지역사회의 조건에 대해서 어떤 형태로든 자구책을 마련해야 한다는 명분을 가진 사회지도자들의 개혁의지의 표현이었다. 이러한 노력의 일환으로 영국의 영향을 받은 자선조직협회와 인보관 운동이 활발하게 추진되었다.

1) 자선조직협회

자선조직협회(COS)는 1877년 버펄로 시에서 영국 성공회 소속인 거틴(Gurteen)에 의해 설립되었다. 자선조직협회는 중복을 예방하고 빈민을 구호하기 위해 존재했던 수많은 민간단체들의 업무를 조정하기 위한 목적으로 자선기관 간의 협력을 모색하고 향후 사회조사 기술의 발전을 도모하게 한 도와줄 가치가 있는 가구와 그렇지 않은 가구를 선별하여 도와줄 가치가 있는 가구에게는 서비스를 직접 제공하였다. 자선조직협회의 프로그램은 사회적・경제적 문제에 관한 광범한 연구를 분석하여 특정 조치를 건의하였다. 자선조직협의 지도자들이 참여했던 활동으로는 결핵퇴치협회 설립, 요보호아동기관 설립 및 사업수행, 임대주택법 개정 등이 있었다. 이러한 자선조직화 운동은 미국 지역사회복지에 사회조사 기술의 발전, 지역사회 계획 전문기관을 탄생시키고 계속적인 연구와 개혁을 수행하는 데 공헌하였다.

참고 미국의 이념적 현실

■ **사회진화주의**

철저한 개인주의와 맥을 같이하고, 최소한의 정부를 주장하고, 환경에 잘 적응하는 자만이 생존하고 나머지는 도태된다(적자생존의 원리)는 자연법칙이 합리적이라는 사상이다. 결국 개인이 사회에 적응하지 못하는 것은 그 사람의 열등한 능력 때문이며, 이로 인하여 사회에서 도태되는 것은 어쩔 수 없는 자연적인 현상이라는 견해를 가지고 있다.

■ 급진주의

인보관 기본 이념 중 하나로 사회적으로 불이익을 받는 사람들의 권익을 보호하고자 하는 사상으로 노동운동과 인권운동을 통해 사회적 약자인 지역사회복지와 생존권의 투쟁에 많은 영향을 주었다.

■ 실용주의(프래그머티즘)

형식주의와 사회의 고정된 원리를 배척하고 사회개선에 중심을 두는 사상이다. 실용주의의 바탕에서 개인의 성장이 이루어지며, 사회적 약자의 권리를 보장하고 균등한 혜택을 주면서 지역사회를 실천하고자 하였다.

■ 자유주의

자유주의는 개인의 권리를 강조한다. 인권, 법의 지배, 권력분립을 통한 권력통제, 자유로운 경제활동이 보장되는 시장경제 등을 특징으로 한다. 특히 인권을 달성하는 수단으로 사회복지제도를 강조한다. 자유주의라는 용어는 자유민주주의라는 맥락 속에서 더 널리 사용되는데, 이 단어의 의미상 정부의 권한은 제한되고 시민의 권리는 법적으로 분명히 규정하는 민주주의를 가리킨다. 이것은 거의 모든 서구의 민주주의에 적용되고 있다.

2) 인보관(Settlement House) 운동

▲ Jane Addams

미국의 인보관 운동은 자선조직협회보다 15년 뒤에 시작되었다. 자선조직협회와 인보관 운동은 당시의 동일한 사회문제에 대처하기 위해서 시작되었으나 산업화, 도시화, 이민 등으로 야기된 사회문제에 대한 분석이 달랐고, 이에 대처하기 위한 목적과 사업내용도 판이하였다. 1889년 시카고 빈민가 지역에 제인 아담스(Jane Addams)가 미국의 대표적 인보관인 헐 하우스(hull house)를 세웠다. 헐 하우스에서 일하는 모든 사람들은 세틀먼트 하우스(settlement house)라 불리는 기관에서 함께 숙식하며 생활하였다. 이들 대부분은 주택문제, 공공위생 문제, 고용착취 문제 등에 관심을 가지고 사회개혁을 시도한 사람들이었다.

자선조직협회와 인보관 운동은 사회문제의 근원과 이데올로기, 참여자의 유형, 활동의 초점, 서비스 제공의 역점과 활동내용 면에서 구분된다. 〈표 2-1〉은 자선조직협회와 인보관 운동의 특징을 비교한 것이다.

〈표 2-1〉 자선조직협회와 인보관 운동의 비교

구 분	자선조직협회	인보관 운동
사회문제의 근원	개인적 속성	환경적 요소
이데올로기	사회진화론, 적자생존 논리	자유주의, 급진주의, 계몽주의
참여자 유형	상류층 및 이들과 가까이 지내는 사람	대학생, 성직자
활동의 초점	빈민개조와 역기능의 수정	사회질서의 비판
서비스제공 역점	기관들 간의 서비스 조정	서비스의 직접제공
활동내용	우애방문원의 가정방문	주민과 함께 거주, 환경과 제도 개혁

▲ Hull House(1889)

출처 : www.educationalsynthesis.org

2. 지역사회복지 형성기 : 1920~1950년대

미국의 지역사회복지는 1918년 제1차 세계대전이 끝나고 1929년 대공황으로 이어지는 동안에 산업화와 도시화 현상 그리고 인종 간의 대립이 가속화되고 심화되는 양상을 보였다. 1935년에는 사회보장법이 입법화되어 사회복지 영역에서 연방정부의 개입이 확대되었다. 사회복지의 전문화와 조직화가 자선조직협회와 인보관 운동에 의해 주도되었던 시기와는 달리, 대공황 이후 연방정부에 의한 공공복지의 발달은 지역사회복지의 실천분야에서 새로운 기회가 되었다. 1939년에 지역사회복지의 발전에 중요한 시금석이 된 레인위원회의 보고서로 알려진 「지역사회조직의 실천분야」라는 보고서가 발표되었다. 이 보고서는 사회사업실천 방법으로서 지역사회조직을 공식화하였으며, 지역사회조직실천의 내용에 대한 중요한 논의를 담고 있다. 그 논의의 초점은 첫째, 과정과 분야로 지역사회조직이라는 용어를 언급하고 있고, 둘째, 지역사회조직의 과정 또는 그것의 일부는 사회사업의 일반영역 내에서뿐만 아니라 밖에서도 수행되며, 셋째, 사회사업 내에서 지역사회조직 과정은 사회복지기관의 주요 기능 또는 2차적 기능으로 수행되며, 넷째, 지역과 주 그리고 국가수준에서 지역사회조직 과정이 존재하며, 다섯째, 지역사회복지조직의 실천에서 1차적 기능으로 수행하는 조직들의 규칙은 클라이언트에게 직접적인 원조를 제공하지 않는다는 것이다. 이러한 논의를 바탕으로 1950년대에 지역사회복지기관들은 협력적 접근에서 계획적 접근으로 변모하였으며, 연방정부 재정의 증가로 합리적인 계획이 더 많이 요구되었다.

3. 지역사회복지 관심기 : 1960~1980년대

미국의 지역사회복지가 발전하게 된 사회적 배경은 빈곤문제가 인종문제와 결부되어 사회적 쟁점으로 부각되면서부터이다. 1960년대 및 1970년대는 미국에서 빈곤의 재발견으로 특징되는 시기이다. 풍요 속의 빈곤이라는 지적처럼 가진 자와 못 가진 자 간의 위화감이 심화되던 시기였다. 그리고 시민권운동의 성장과 1960년대 빈곤과의 전쟁으로 사회복지 문제에 대한 연방정부의 책임은 더욱 확대되었다. 빈곤문제에 대한 다양한 프로그램들은 많은 지역사회조직가들의 관심을 불러일으켰다. 또한 베트남전쟁 등과 같은 사회적 상황은 시민참여와 사회정의에 대한 활동을 더욱 촉진시켰다. 지역사회복지의 내용도 기존의 전통적인 원조의 범위를 넘어서 보건, 지역사회 정신건강, 교육, 주택 등에 대한 관심으로 확대되었고, 지역사회 내의 사회복지서비스 대상자 중심으로 그 활동범위 역시 확장되었다. 1990년대에도 복지삭감에 대한 압력과 사회복지서비스의 민영화 등 보수주의적 분위기는 여전히 지속되었다. 그리고 1965년은 헤드스타트 프로그램(head start program)이 도입되었다. 더불어 로스만(Rothman)의 세 가지 모델(지역사회 개발, 사회기획, 사회행동)에 대한 논의도 시작되었으며, 지역사회 주민들을 조직화하여 스스로의 문제를 직접 해결하도록 유도하였다. 1970년대 이후 심한 인플레이션과 석유파동, 반복지주의적 물결인 레이거노믹스로 불리는 신보수주의가 강세를 보이면서 각종 사회복지 프로그램들이 축소되는 양상을 보였다. 작은 정부를 지향하고 연방정부의 책임하에서 지방과 민간기업, 가족에 중심을 두는 방향으로 변화하였다. 레이건(Reagan) 대통령 재임 중 기업은 전반적으로 번창하였고 부자는 더 부자가 되는 빈부격차가 심화되었다. 그리고 1988년 부시(Bush) 대통령의 대통령 당선은 레이건 행정부의 정책적인 기조를 계속하여 추구하였으며, 레이건 행정부에 의해 취해진 사회복지 프로그램과 동일한 보충적 관점의 보수주의적 접근을 취하고 있었다. 이러한 보수주의적 정책의 결과로 사회문제는 더욱 심각해지고 있었다. 결국 1960년대 제도적 관점의 진보주의는 1970년대와 1980년대에 보충적 관점의 보수적 접근법으로 대치되면서 이 기간 중에는 새로운 대규모의 사회복지 프로그램이 시작되지 않았으며 관심만 가지는 시기로 대변될 수 있다.

4. 지역사회복지 발전기 : 1990년대 이후~현재

1992년 클린턴(Clinton) 대통령 당선은 과거 보충적 보수주의 정책을 탈피하고 제도적 개혁주의적 관점으로 정책을 추진하였다. 그 내용의 첫 번째는 의료보험제도의 개편이었다. 그러나 보수주의자들의 반대로 의회를 통과하지 못하게 된다. 즉, 미국사회보험재원은 세대 간 이전방식을 취하는데, 사회보험의 수입보다 지출이 더 많아져 사회보험 재정에 심각한 압박을 받고 있었기 때문에 사회보험제도를 개선해야 한다는 주장이 계속 제기되지만 그 틀은 여전히 유지되고 있었다.

클린턴 대통령이 재당선되어 진보정당인 민주당이 집권했으나 미국 사회복지정책은 여전히 보수주의의 길을 걷고 있었다. 2000년 공화당 조지 부시(George Bush) 대통령 당선 이후 미국의 사회복지정책은 대체로 이전의 틀을 유지하게 된다. 그리고 2008년 버락 오바마(Barack Obama)의 대통령 당선은 미국의 기존 정책에 대한 극적인 변화를 가져왔으며, 정부역할의 확대를 통한 사회복지정책 강화와 균등한 분배, 환경문제 강화 등이 변화의 중심되었다. 이 중에서 보건복지정책의 변화는 의료보험 강화와 공적연금의 보장성 유지로 요약된다. 핵심은 의료보험제도 개혁이다. 가입자 보호, 포괄적 급여 제공, 공공보험 미가입 저소득층을 위한 조세감면, 가입절차 간소화, 가입자가 원할 경우 이동 허용 등이 골자다. 힐러리(Hillary)처럼 공적 의료보험제도의 도입을 주장하는 것이 아니라 민영 의료보험의 확대 유인을 통한 사각지대 축소를 추구하고 있다. 미국은 우리와 같은 공적 의료보험제도가 없었고 민영 의료보험을 기본 축으로 저소득층을 위한 메디케이드, 노인을 위한 메디케어제도를 두고 있었다. 국내총생산(GDP) 대비 의료비 비중이 경제협력개발기구(OECD) 국가 중 가장 높은 반면 의료보장 사각지대의 인구의 약 15%가 되었다. 이러한 점들이 의료보험제도 개혁의 배경이 되었다.

Key Point

- 일제강점기 이전 한국의 민간부문의 지역사회복지는 두레, 계, 품앗이, 향약, 사창이 있으며, 공공부문의 지역사회복지는 오가작통제, 상설복지제도가 있다. 일제강점기 이후의 지역사회복지는 지역사회복지 형성기(1950~1970년대), 정착기(1980~1990년대 초반), 발전기(1990년대 초반 이후~현재)로 나누어 생각할 수 있다.

- 영국의 지역사회복지의 기원(1800년대 후반~1950년대 초)은 자선조직협회(COS)와 인보관(settlement house) 운동에서 찾을 수 있다. 그리고 태동기(1950~1960년대 후반), 형성기(1960년대 후반~1980년대 후반), 발전기(1980년대 후반~현재)로 구분할 수 있다. 특히 영국 지역사회복지 형성기에는 시봄 보고서, 하버트 보고서, 바클레이 보고서가, 발전기에는 그리피스 보고서, 지역사회보호법이 발표되었다. 그리고 최근의 동향으로 빅 소사이어티(big society) 정책이 실행되었다. 이는 민관협력을 통해 사회적 문제를 해결함으로써 공공부문의 예산부족과 서비스 비효율성 문제에 대응하고자 영국 캐머런 총리가 제시한 새로운 자본주의 모델이다.

- 미국의 지역사회복지 역사는 태동기(1890~1910년대), 형성기(1920~1950년대), 관심기(1960~1980년대), 발전기(1990년대 이후~현재)로 구분해 볼 수 있다.

Chapter 03

공공복지[1]와 지역사회복지

현대 사회복지의 전개는 행정의 주도하에 실현되었다고 해도 과언이 아닐 정도로 사회복지에 있어서 행정의 역할은 결정적이다. 행정은 규제적인 작용을 비롯하여 사회복지 운영 전반에 관여함으로써 공적 사회복지사업이 실현되고, 국가 책임이 명확해짐으로써 공적 시책이 사회복지의 대부분을 차지하게 되었다. 또한 일련의 복지제도 개혁 속에서 지방자치단체의 역할이 점차 강화되어 자치단체 고유의 사회복지 활동도 확산되고 있다(김현훈 외 공역, 2000). 사회복지에 있어서 공공과 민간의 관계는 영원한 과제라고 해도 좋을 만큼 오래전부터 거론되어 왔다.

공공복지는 국민의 삶의 질 향상을 위해 정부 및 지방자치단체에서 기획된 사회복지제도를 공공 사회복지 전달체계에서 실행하고 지역 자원과 대상자를 발굴하며 지원하는 사회복지사업을 운영하는 일이다(국가직무능력표준, 2016). 즉, 공공복지는 국민들에게 정신적이고 물질적인 삶을 보장해 인간다운 생활을 영위할 수 있도록 국가가 제공하는 복지를 뜻한다. 국가는 기본적인 문제를 해결함으로써 국민의 안정된 삶을 보장하는 책임을 져야 하며 국민의 최저생활 및 인간다운 생활을 보장하기 위한 구체적인 능력단위로 나타나야 할 것이다. 지역사회복지의 내용을 예방적 서비스, 전문적 보호, 재택보호, 복지증진 서비스를 포함한 재택복지서비스와 조직화 활동을 포함하는 것이라고 생각한다면, 지역사회복지는 공적인 행정기법만으로 추진하기 어렵다. 즉, 대인

---

1) 이 내용은 여러 산업계와 교육훈련기관, WG 심의위원과 검토위원, 한국산업인력공단의 교수와 팀장, 연구위원 등이 참가하고 개발용역수행기관으로 한국사회복지사협회(2014)에서 개발한 국가직무능력표준(NCS)을 기준으로 재구성되었다(이 교재의 각 장과 절의 연관성은 저자의 소견임).

복지서비스라는 새로운 과제에 대응하여 공공과 민간이 협력하고 공동으로 하는 부분, 또는 경합하는 부분이 크게 증대하고 있기 때문에 공공과 민간의 바람직한 위상과 공공이 개입해서는 안 될 분야의 중요성을 바탕으로 공공과 민간의 역할을 명확히 할 필요가 있다. 이러한 역할단위는 지역사회복지계획, 복지예산 관리, 사회복지기관 지원관리, 자원발굴 민관협력, 대상자 발굴조사, 복지대상자 지원, 자활자립 지원, 자격변동 관리, 공공사례 관리, 복지특이민원 관리, 사회복지 프로그램 전산운용으로 나타날 것이며, 단위별 요소로 세분화될 수 있을 것이다.

제1절 지역사회복지계획

지역사회복지계획은 주민의 복지증진을 위하여 지역사회 차원에서 4년 동안 시행할 사회복지계획을 설계, 수급진단, 시행, 평가하는 것으로 지역사회에 개입하여 실천행동을 수행하는 사회복지사들의 직무에 따른 직무능력과 직무능력에 따른 세부 능력단위 요소에 대한 실천개입을 위한 계획을 작성하는 것이라 할 수 있다. 이러한 지역사회복지계획을 수행하기 위한 구체적인 방법으로 복지계획 수립·설계, 지역사회 수급진단, 지역사회 의견 반영, 계획평가의 요소들이 수행되어야 한다.

1. 복지계획 수립·설계

지역사회복지계획 수립 및 설계는 지역주민의 욕구충족을 위해 지역 자원을 고려한 지역적 합의과정을 거치고, 사업 우선순위에 근거한 사업계획을 수립하고, 사업의 우선순위와 목표를 지역사회 주체들의 참여를 통하여 결정해 나가는 것을 목적으로 한다. 지역사회복지계획 수립의 목적은 세 가지의 차원에서 입체적 방향성을 가진다(안혜영·김영종, 2009).

첫째, 통합이다. 이는 상위계획 사업들을 중앙정부와 시·도 등의 사업과 함께 고려하여 지역 차원에서 통합성(integration)이 이루어지는 실행계획을 수립하는 것이다.

둘째, 참여이다. 이는 지역주민과 시민참여(participation)를 유도하는 것이다.

셋째, 협력이다. 지역의 사회복지 공급주체로서의 공공·민간서비스 기관들 간의 협력(collaboration)을 말한다.

그리고 지역사회복지계획 수립을 작성하는 과정의 주요 원칙은 다음과 같다(안혜영·김영종, 2009).

첫째, 지역 고유의 특성이 반영될 수 있는 사업계획 수립을 위한 지역성의 원칙이다. 지역사회복지계획의 수립은 지역의 특성을 반영한 서비스를 공급하기 위함이다. 따라서 국고보조사업의 집행계획 수준이 아니라 지역주민을 위한 고유사업을 개발하고 실천할 수 있도록 계획한다. 실제 지역의 특성에 따른 다양한 계획이 나오도록 지역의 문제를 이해하고 해결하는 방법으로 계획을 구성하고 내용이 작성되어야 한다.

둘째, 객관성을 확보할 수 있는 과학적 기초자료를 확보할 수 있는 과학성이다. 지역주민의 복지욕구를 충족시키는 것이 지역사회복지계획의 궁극적 목적이므로, 모든 계획의 시작은 지역의 주민이 원하는 것이 무엇인가로부터 시작되고, 계획수립 진행과정도 주민의 만족도를 극대화할 수 있도록 이용자 중심의 계획이 되어야 한다. 따라서 지역주민의 객관적인 욕구가 무엇인가에 대한 고려와 주어진 환경과 자원은 어떠한지에 대한 현황분석이 과학적으로 조사되는 것을 원칙으로 한다.

셋째, 상위계획 및 유관계획, 연차별 계획, 확보된 계획으로서 청사진 역할을 하면서 지역사회복지계획은 중기 계획과 실제 실천 가능한 계획이 되어야 하는 연속성의 원칙이다. 이는 각 해당 사업의 연도별 실행계획 수립과 목표량의 성과달성 정도를 평가하면서 사업의 타당성과 적절성을 반영하여 사업의 연속성이 가능하여야 한다. 즉, 이전 계획 및 관련 계획, 중앙 시·도의 계획 방향과의 연속성이 확보된 계획이 되어야 한다.

넷째, 실천 가능한 계획이 되기 위한 행정 및 재정계획이 수반되는 실천성의 원칙이다. 이는 계획의 실현 가능성을 확보하기 위하여 관련 조직과 재정 확보 등이 반드시 수반되어야 하며, 재원확보 방안 자체가 주요 사업이 될 수 있다. 즉, 실천을 위한 행·재정계획이 갖추어진 계획수립이 되어야 한다.

이러한 방향성과 원칙을 가지고 〈표 3-1〉과 같이 지역사회복지계획을 수립·설계하기 위한 책임과 역할을 바탕으로 지식과 기술 및 태도를 갖추어야 한다.

〈표 3-1〉 복지계획 수립·설계하기

책임과 역할		
• 지역사회복지계획 수립을 위한 기획, 예산확보, 활용계획서를 작성 • 지역사회복지 지원방향과 계획수립 방식을 계획서로 작성 • 지역사회복지협의체를 중심으로 지역사회 주체들이 계획수립을 할 수 있도록 지원		
지식	지역사회복지 이론에 관한 지식	chapter 4. 제1·2절
	지역사회복지 실천기술과 모델에 대한 지식	chapter 5. 제1·2·3절 chapter 8. 제1·2·3절
	지역사회 자원동원 메커니즘	chapter 9. 제3절
	사회복지사업법 제1장의2(지역사회복지계획의 수립·시행)에 관한 지식	
	지역사회복지계획 수립 매뉴얼	
	자원동원이론	
	재무관리이론	

기술	지역사회복지 자원의 구성요건에 대한 기술	chapter 9. 제1절
	지역사회 자원 개발과 동원에 대한 정보분석 기술	chapter 9. 제2절
	자원동원 방법 · 기술	chapter 9. 제4절
	계획수립 능력	
	문서작성 능력	
	예산확보 기술	
	예산편성 능력	
	재무관리 기술	
태도	지역사회보호 체계를 상시적인 시스템으로 유지 · 발전시키려는 태도	chapter 2. 제2절
	잠재되어 있는 지역사회 자원을 발굴하려는 적극적인 자세	chapter 9. 제2절
	자발적인 지역사회 자원동원을 위한 분위기 조성	chapter 9. 제1절

2. 지역사회 수급진단

지역사회 수급진단은 지역사회의 수요와 공급을 진단하는 영역으로 공급자원에서는 시 · 군 · 구 지역의 여건을 기초로 하여 지역자원의 현황과 자원의 네트워크를 파악한다. 수요분석에서는 지역주민의 기초 욕구조사를 기초로 하여 대상별 복지욕구의 우선순위를 결정하고, 자원상황과 주민욕구 간의 차이를 분석할 수 있다. 지역사회 진단은 지역의 인구현황이나 지역현황 그리고 사회 · 경제적 현황 등을 파악하는 과정이다. 따라서 통계자료, 조사결과 등의 분석이 필수적이며 구체적인 통계표와 조사결과표가 수록되어야 한다. 이러한 지역사회 수급진단은 〈표 3-2〉와 같은 책임과 역할을 바탕으로 지식과 기술 및 태도를 갖추어야 한다.

〈표 3-2〉 지역사회 수급 진단하기

<table>
<tr><th colspan="3">책임과 역할</th></tr>
<tr><td colspan="3">• 지역사회의 인적·물적 자원을 활용하기 위해 지역사회복지계획 수립 매뉴얼을 활용하여 자원에 대한 수급현황을 조사
• 지역의 전문연구기관을 활용하여 지역주민의 욕구, 자원현황에 관한 수급조사를 수행
• 지역 내 파악된 인적·물적 자원을 보조금 이외의 보충자원으로 활용 가능하도록 체계적으로 관리</td></tr>
<tr><td rowspan="6">지식</td><td>사회조사 기법에 대한 지식</td><td>chapter 7. 제3절</td></tr>
<tr><td>조사측정 방법 이해</td><td></td></tr>
<tr><td>척도에 관한 지식</td><td></td></tr>
<tr><td>지역사회 자원동원 지식</td><td>chapter 9. 제3절</td></tr>
<tr><td>기술적 통계분석 지식</td><td></td></tr>
<tr><td>사회복지사업법 제1장의2(지역사회복지계획의 수립·시행)에 관한 지식</td><td></td></tr>
<tr><td rowspan="6">기술</td><td>척도활용 기술</td><td></td></tr>
<tr><td>조사측정 도구의 개발기술</td><td></td></tr>
<tr><td>설문지 작성기술</td><td></td></tr>
<tr><td>표본추출 기술</td><td></td></tr>
<tr><td>조사원 교육능력</td><td></td></tr>
<tr><td>통계·자료 분석능력</td><td></td></tr>
<tr><td rowspan="3">태도</td><td>지역사회복지실천의 증거기반 실천에 대한 객관적인 태도</td><td>chapter 5. 제2절</td></tr>
<tr><td>지역사회복지 조사의 윤리적·문화적 능력을 갖춘 태도</td><td>chapter 5. 제3절</td></tr>
<tr><td>다양한 욕구를 충분히 반영하려는 노력</td><td>chapter 13. 제2절</td></tr>
</table>

3. 지역사회 의견 반영

지역사회 의견 반영은 지역사회복지계획의 적절성을 확보하기 위한 것이다. 따라서 공고나 공청회 또는 간담회 등을 통하여 지역주민의 의견수렴 절차를 거쳐 계획의 정당성을 확보한다. 지역의 의견수렴 과정은 복지계획의 홍보와 지역주민의 관심을 불러일으키는 계기가 되도록 하며, 실제 실행단계에서 지역주민의 참여를 활성화시키는 데 기여할 수 있도록 한다. 이러한 지역사회 의견 반영은 〈표 3-3〉과 같은 책임과 역할을 바탕으로 지식과 기술 및 태도를 갖추어야 한다.

〈표 3-3〉 지역사회 의견 반영하기

책임과 역할		
• 지역 내 민간단체·기관이 지역사회복지에 참여하도록 유도 • 복지사업의 활성화 도모를 위하여 지역사회 주체들이 참여하도록 홍보 • 계획서 내용이 지역사회 내에서 실행 가능한지 여부를 파악하기 위해 주민을 대상으로 의견 수렴		
지식	지역사회복지 조직화에 대한 실천지식	chapter 8. 제1·2절
	지역사회복지 연계 실천지식	chapter 5. 제2절
	거버넌스 이론	
	네트워크 이론	
기술	지역사회복지 실천의 대인관계 기술	chapter 5. 제3절
	조사측정 도구의 개발기술	
	설문지 작성기술	
	표본추출 기술	
	조사원 교육능력	
	통계·자료 분석능력	
태도	지역사회복지실천의 증거기반 실천에 대한 객관적인 태도	
	지역사회 자원 개발과 동원을 실행하기 위한 네트워크 활용기술	chapter 5. 제2절
	지역의 역사적·문화적 배경과 전통에 대한 기술	chapter 9. 제2·3절

4. 계획평가

지역사회복지계획의 평가는 보건복지부장관 명의로 총괄평가는 4년 주기로 하되 이는 자체평가를 중심으로 진행한다. 지역사회복지계획과 연계하여 연차별 시행계획을 수립하고, 연차별로 시행결과 평가를 받는다. 연차별 시행결과 평가는 지역사회복지계획의 중간점검으로서 과정평가의 성격을 갖는다. 지역사회복지계획 및 시행결과의 평가내용은 다음 복지계획에 반영된다. 평가의 기준으로는 지역사회복지계획 내용의 충실성, 시행과정의 적정성, 시행결과의 목표달성도, 지역주민의 참여도와 만족도 등이다. 이러한 계획평가는 〈표 3-4〉와 같은 책임과 역할을 바탕으로 지식과 기술 및 태도를 갖추어야 한다.

〈표 3-4〉 계획 평가하기

책임과 역할		
• 지역사회복지계획과 연계하여 연차별 시행계획서를 작성 • 연차별 시행계획의 효과성과 효율성을 평가하기 위해 결과보고서를 작성 • 결과평가서를 바탕으로 다음 연도 지역사회복지계획에 반영		
지식	자료분석 코딩 기법	
	양적·질적 통계분석 방법	
	통계적 유의성 검증방법	
	논리모델	
	지역사회복지계획에 대한 지식	
	성과관리제도 이론	
	프로그램 일정관리 이론	
	서비스 품질관리 이론	

기술	과학적 탐구기술	
	조사분석 능력	
	계획서 작성기술	
	표본추출 기술	
	평가분석 능력	
	지역사회복지계획 모니터링 능력	chapter 12. 제2절
태도	지역사회복지 조사에서 과학적 탐구가 갖는 유용성을 중요하게 다루는 자세	
	지역사회복지 조사자료에 대한 윤리적 책무를 갖는 전문가 자세	
	지역사회에 애착심을 갖는 자세	
	과학적이고 전문적으로 분석하려는 태도	

제2절 복지예산 관리

복지예산 관리는 사회복지사업 관련 예산을 편성하고 집행하며 결산하는 능력을 말한다. 사회복지서비스 예산관리는 조직의 목표달성에 필요한 재정자원을 합리적 계획을 통해 확보하고, 배분하고, 효율적으로 관리하는 제반 과정이다. 예산관리는 그 자체로서 한 조직이 추구하는 목표나 실행방식에 관한 대부분의 의사결정을 대변한다. 사회복지조직에서도 이 점은 마찬가지이지만, 휴먼서비스 실행에 따르는 예산관리의 독특성이 있다. 휴먼서비스에서는 투입과 산출물, 성과, 서비스 생산과정 등이 표준화되기 어려운 특성이 있으므로, 사회복지조직의 재정관리는 부합되는 방식으로 다루어져야 한다. 일반적으로 재정관리의 과정은 예산의 편성과 책정, 예산집행 등의 예산과정과 감사과정으로 구분되고 있다. 이러한 복지예산 관리를 수행하기 위한 구체적인 방법으로 사업계획서 작성, 예산편성, 예산집행, 결산의 요소들이 수행되어야 한다.

1. 사업계획서 작성

지역사회복지의 영역은 매우 다양하다. 따라서 각 사업영역(부문)별로 구분하여 사업계획을 수립하도록 하여야 한다. 사업계획서에 수립될 각 부문의 구성은 각 자치구의 지역현안 및 주민 복지욕구 특성을 고려하여 필수적으로 포함되어야 할 영역은 사회복지와 보건의료 연계영역이다. 그리고 복지대상별, 지역별, 문제별 등으로 세분하여 부문별 계획을 수립한다. 복지대상에서 노인, 장애인, 여성, 아동, 청소년, 저소득층 등은 필수적으로 포함되는 기본 항목이며, 보건·의료 관련 분야도 필수영역인데, 이 부분에서는 우선 지역보건의료계획 내용을 검토·수용해야 하며, 지역보건의료계획에서 다루지 않은 주요 보건서비스가 있으면 추가하여 본 계획에 포함하여야 한다. 이 외에 민간참여 또는 NGO 관련 내용과 지역 내 정보네트워크 문제, 그리고 주민참여를 별도의 과제로 간주하고 부문별 계획을 수립할 수도 있다. 이러한 사업계획서 작성은 〈표 3-5〉와 같은 책임과 역할을 바탕으로 지식과 기술 및 태도를 갖추어야 한다.

〈표 3-5〉 사업계획서 작성하기

책임과 역할		
• 전년도 주요 사업을 평가하여 신규사업을 수립 • 주요 사업에 대한 평가결과를 근거로 연간 업무계획을 수립·작성하고 사업예산을 편성 • 사업의 필요성, 긴급성에 근거하여 예산편성에 우선순위를 선정		
지식	사회복지 재원에 관한 지식	chapter 18. 제2절
	사무관리 규정에 관한 지식	
	지방자치단체 예산편성 지침	
	논리모델	
	기획이론	
	커뮤니케이션 지식	chapter 9. 제4절

기술	사업계획서 작성기술	chapter 7. 제1・2・3절
	지역사회 환경 분석기술	
	문서작성 능력	
	계획서 기획능력	
	예산편성 기술	
	재무관리 능력	
태도	객관성을 유지하려는 태도	chapter 7. 제3절
	구체화된 자료와 합리적 추론을 바탕으로 결정하는 태도	
	사업계획서를 쉽게 이해할 수 있도록 작성하려는 태도	
	계획서의 내용을 상사에게 전달하려는 적극적인 태도	
	창의적이고 도전적인 정신 자세	

2. 예산편성

예산은 일정 기간 동안 해야 할 일을 얼마만큼 지출하고 이를 위해 재원을 어떻게 조달할 것인가를 금액으로 표시한 것이다. 예산은 사업의 성질에 따라 일반회계와 특별회계로 구분되고, 성립시기에 따라 본예산, 수정예산, 성립 전 사전 사용예산, 추가경정예산으로 구분된다. 결국 예산의 편성은 자치단체가 다음 회계연도에 하고자 하는 시책이나 사업계획을 재정적인 용어와 금액으로 표시하여 세입과 세출 예산안을 작성하는 것이다. 이러한 예산편성은 〈표 3-6〉과 같은 책임과 역할을 바탕으로 지식과 기술 및 태도를 갖추어야 한다.

〈표 3-6〉 예산 편성하기

책임과 역할		
• 전년도 사업결산 자료를 활용하여 예산집행의 적정성을 평가 • 지방자치단체 예산편성 지침에 따른 연간 업무계획을 근거로 사업목적별로 예산을 편성 • 사업예산의 우선순위를 정한 후 관련 부서와 협의하고 의회승인을 통하여 예산을 편성		
지식	재무행정 이론	
	재무행정조직에 대한 지식	
	예산의 기능과 종류에 대한 지식	
	예산편성의 과정에 대한 지식	
	지방자치단체 예산편성 기준	
	지방재정시스템(e호조)에 관한 예산회계 지출 프로그램 운용지식	
기술	예산편성 기술	
	예산확보 능력	
	설득기술	
	지방재정시스템(e호조) 예산회계 지출 프로그램 운용기술	
태도	예산편성 심의과정과 절차에서 발생하는 문제점을 합리적으로 처리하는 자세	
	예산회계에 대한 높은 관심	
	사업계획서를 쉽게 이해할 수 있도록 작성하려는 태도	
	치밀하고 정교한 태도	
	공공예산을 투명하고 신뢰도 있게 다루려는 태도	

3. 예산집행

예산의 집행은 예산의 편성과 심의과정을 통해 성립한 예산을 실행에 옮기는 과정이다. 실행에 옮긴다는 것은 통제지향적 예산집행과 재량적 집행의 의미를 함축하고 있다. 통제지향적 예산집행은 의회가 최종적으로 승인한 예산을 실행에 옮기는 것이기 때문에 의회가 승인한 대로 집행해야 한다는 것이다. 재량적 집행은 예산이 일 년 전에 성립한 것이기 때문에 실제 집행과정에서는 상황의 변화가 발생할 수 있다는 것이다. 즉, 승인해 준대로 집행하는 것이 아니라 상황변화에 적응하여 적절히 융통성 있는 집행의 원리가 필요하다. 이러한 예산집행은 〈표 3-7〉과 같이 책임과 역할을 바탕으로 지식과 기술 및 태도를 갖추어야 한다.

〈표 3-7〉 예산 집행하기

<table>
<tr><th colspan="3">책임과 역할</th></tr>
<tr><td colspan="3">• 지방자치단체 예산편성 지침에 의거하여 사업목적에 따라 예산을 집행
• 사업예산의 과목에 따라 연중 균형적으로 집행
• 사업 목적과 필요에 따라 예산을 전용·이용</td></tr>
<tr><td rowspan="6">지식</td><td>재무행정 이론</td><td></td></tr>
<tr><td>예산의 기능과 종류에 대한 지식</td><td></td></tr>
<tr><td>예산 집행에 관한 지식</td><td></td></tr>
<tr><td>지방자치단체 예산편성 지침 이해</td><td></td></tr>
<tr><td>지방자치단체 예산편성 기준</td><td></td></tr>
<tr><td>지방재정시스템(e호조)에 관한 예산회계 지출 프로그램 운용지식</td><td></td></tr>
<tr><td rowspan="4">기술</td><td>예산회계 집행기술</td><td></td></tr>
<tr><td>회계장부 작성기술</td><td></td></tr>
<tr><td>문서작성 능력</td><td></td></tr>
<tr><td>지방재정시스템(e호조) 예산회계 지출 프로그램 운용기술</td><td></td></tr>
<tr><td rowspan="3">태도</td><td>예산집행 과정과 절차에서 발생하는 문제점을 합리적으로 처리하려는 자세</td><td></td></tr>
<tr><td>공정하고 투명하게 예산을 집행하려는 자세</td><td></td></tr>
<tr><td>예산 사용에 대한 결과를 책임지려는 자세</td><td></td></tr>
</table>

4. 결 산

결산은 한 회계연도 내에서의 세입예산과 세출예산의 모든 수입과 지출을 확정적 계수로 표시하는 행위를 일컫는다. 지방자치단체가 한 회계연도에 예산에 따라 집행한 내역을 세부적으로 수치화하고 이를 확정하는 일이 결산작업이다. 당초 예산계획에 따라 잘 집행되었는지, 집행에 문제점은 없었는지, 다음 예산계획 수립에 참고할 사항은 무엇인지 등을 검증하는 절차이다. 결산은 다음연도 예산편성과 심의 시 확인자료 활용, 자치단체장의 행·재정적 사무처리에 신중, 예산집행 결과에 대한 책임성 명확화, 주민에 대한 재정보고 및 지방의회의 재정통제 수단, 예산집행 책임해제로서의 기능을 한다. 결과적으로 결산은 예산주기의 마무리, 정보산출, 통제 및 환류라 할 수 있다. 이러한 결산은 〈표 3-8〉과 같은 책임과 역할을 바탕으로 지식과 기술 및 태도를 갖추어야 한다.

〈표 3-8〉 결산하기

책임과 역할		
• 사업목적에 따라 예산집행 실적을 파악 • 사업예산별로 분기별, 반기별, 회계연도별로 정산 • 지방재정법에 의거하여 회계연도 종료 후 정산한 자료를 근거로 결산		
지식	재무행정 이론	
	재무결산 검사와 절차에 대한 지식	
	복식부기제 이해	
	지방자치단체 예산편성 지침 이해	
	지방재정시스템(e호조)에 관한 예산회계 지출 프로그램 운용지식	
기술	예산회계 집행기술	
	회계장부 작성기술	
	지방재정시스템(e호조) 예산회계 지출 프로그램 운용기술	

태도	예산집행 과정과 절차에서 발생하는 문제점을 합리적으로 처리하려는 자세	
	보고서 결산내용을 정확하게 기록하려는 자세	
	투명하게 결산하는 자세	
	예산 사용에 대한 결과를 책임지려는 자세	

제3절 사회복지기관 지원관리

사회복지기관 지원관리란 사회복지시설이 설치되도록 인·허가하고 원활히 운영되도록 지도와 감독을 하는 능력이다. 사회복지기관 지원관리는 법적 요건 준수, 보조금 지원, 지도감독, 사회복지기관 컨설팅의 요소들이 수행되어야 한다.

1. 법적 요건 준수

법적 요건 준수는 사회복지기관을 운영하려면 법에서 정한 일정한 요건을 갖추어야 한다는 것이다. 일정한 요건이란 사회복지 관련 사업과 관련하여 준수하여야 할 제반 관계 법령이다. 이러한 법적 요건 준수는 〈표 3-9〉와 같은 책임과 역할을 바탕으로 지식과 기술 및 태도를 갖추어야 한다.

〈표 3-9〉 법적 요건 준수하기

책임과 역할
• 사회복지사업을 수행하는 제반기관에 대한 관계 법령을 근거로 운영규정을 숙지 • 사회복지시설 설치 인·허가 시 개별 법령을 다루는 해당 부서와 사전검토한 후 그 외의 관련 기관과 협의 • 사회복지기관과 관련한 행정행위를 이해하고 절차와 요건을 마련

지식	행정절차법 제3조(적용범위)에 대한 지식	
	사회보장기본법 제3장(사회보장기본계획과 사회보장위원회)에 대한 지식	
	사회복지사업법 제2장(사회복지법인), 제3장(사회복지시설)에 대한 지식	
	사회복지사업법 제2조(정의)상 개별 법령과 정의에 대한 지식	chapter 12. 제3절
	사회복지관 운영 관련 업무처리 안내	chapter 13. 제1·2절
	사회복지법인 및 사회복지시설 재무회계 규칙에 대한 지식	
	사회복지기관에 대한 근로기준법 적용에 대한 지식	
기술	사회복지기관 운영에 대한 기본 원칙에 대한 기술	
	사회복지관 운영기술	chapter 13. 제1·2절
태도	인도주의와 서비스를 필요로 하는 자의 존엄성을 유지하려는 태도	
	한국 사회복지사 윤리강령을 준수하려는 태도	
	지역사회 문제해결을 위한 객관적이고 투명한 자세	chapter 5. 제3절

2. 보조금 지원

보조금은 정부가 직접 또는 간접적으로 공익상 필요가 있는 경우에 개인 또는 하위 정부에 대하여 교부하는 금전적인 혜택이다(ko.wikipedia.org). 「보조금 관리에 관한 법률」에 따르면, 보조금이란 국가 외의 자가 행하는 사무 또는 사업에 대하여 국가가 이를 조성하거나 재정상의 원조를 하기 위하여 교부하는 보조금(지방자치단체에 대한 것과 기타 법인 또는 개인의 시설자금이나 운영자금에 대한 것에 한한다)과 부담금(국제조약에 의한 부담금은 제외한다), 기타 상당한 반대급부를 받지 아니하고 교부하는 급부금으로서 대통령령으로 정하는 것을 말한다. 지방자치단체 예산개요에 따르면, 국고보조금이란 국가위임사무와 시책사업 등에 대한 사용범위를 정하여 그 경비의 전부 또는 일부를 보조하거나 재정상의 원조를 하기 위하여 교부하는 제도로서 교부금, 국고부담금, 협의의 국고보조금 등을 포괄한다. 이러한 보조금지원은 〈표 3-10〉과 같은 책임과 역할을 바탕으로 지식과 기술 및 태도를 갖추어야 한다.

〈표 3-10〉 보조금 지원하기

책임과 역할		
• 사업별 예산서를 토대로 사회복지시설 유형에 따른 보조금 지급 종류와 특성을 구분 • 사회복지법인 및 사회복지시설 재무회계 규칙에 따라 사회복지기관에 보조금을 공정하게 지급 • 보조금관리법에 근거하여 사회복지기관에 지급된 보조금의 집행실적을 보고받고 정산		
지식	예산의 기능과 종류·집행에 대한 지식	
	보조금 관리에 관한 법률 이해	
	사회복지기관·시설의 설치·운영·경비 지출에 대한 지식	
	지방자치단체 예산편성에 관한 기준과 지침에 대한 지식	
	지방재정시스템(e호조)에 관한 예산회계 지출 프로그램에 대한 전산 지식	
기술	사회복지기관 예산의 기능과 특징 분류 등에 대해 이해하는 기술	
	투명하고 공정한 보조금 관리에 대한 기술	
	사회복지시설 정보시스템 운용기술	
	지방재정시스템(e호조) 전산시스템 운용기술	
	재무회계 능력	
	재무제표 작성능력	
태도	사회복지기관 운영에 대한 중요성을 인식하고 치밀하고 정교한 태도	
	보조금 집행과정과 절차에서 발생하는 문제점을 합리적으로 대처할 수 있는 자세	
	공정하고 투명하게 보조금을 집행하려는 자세	
	분석적 사고	
	체계적 사고	chapter 4. 제1절

3. 지도감독

지도감독은 사회복지행정이나 교육과정에서 사회복지기관이 사회사업가로 하여금 그들의 기술을 발전시키고 개선시킬 수 있도록 돕고, 클라이언트들에게 양질의 도움을 제공할 수 있도록 하는 것이다. 이러한 지도감독은 〈표 3-11〉과 같은 책임과 역할을 바탕으로 지식과 기술 및 태도를 갖추어야 한다.

〈표 3-11〉 지도감독하기

<table>
<tr><th colspan="3">책임과 역할</th></tr>
<tr><td colspan="3">• 사회복지법인 및 사회복지시설 재무회계 규칙, 사회복지기관 운영규정 자료를 준비
• 사회복지 관계 법령을 위반할 시 행정절차법에 따라 행정처분 대상 여부를 구분하여 판단
• 행정절차법에 따라 대상기관에 행정처분을 하고 지도감독
• 행정처분에 대해 불복하는 경우에 대해서는 행정쟁송을 수행</td></tr>
<tr><td rowspan="9">지식</td><td>사회복지 지도감독 이론</td><td></td></tr>
<tr><td>사회복지 슈퍼비전 이론</td><td></td></tr>
<tr><td>행정절차법 제3조(적용범위)에 대한 지식</td><td></td></tr>
<tr><td>사회보장기본법 제3장(사회보장기본계획과 사회보장위원회)에 대한 지식</td><td></td></tr>
<tr><td>사회복지사업법 제2장(사회복지법인), 제3장(사회복지시설)에 대한 지식</td><td>chapter 12. 제3절</td></tr>
<tr><td>사회복지사업법 제2조(정의)상 개별 법령과 정의에 대한 지식</td><td></td></tr>
<tr><td>사회복지관 운영 관련 업무처리 안내</td><td>chapter 13. 제1 · 2절</td></tr>
<tr><td>근로기준법</td><td></td></tr>
<tr><td>사회복지법인 및 사회복지시설 재무회계 규칙</td><td></td></tr>
<tr><td rowspan="5">기술</td><td>근로기준법 적용기술</td><td></td></tr>
<tr><td>사회복지관 운영기술</td><td>chapter 13. 제1 · 2절</td></tr>
<tr><td>사회복지시설 정보시스템 전산 운용기술</td><td></td></tr>
<tr><td>지방재정시스템(e호조) 전산시스템 운용기술</td><td></td></tr>
<tr><td>의사소통 기술</td><td>chapter 8. 제2절</td></tr>
</table>

태도	사회복지관 운영의 기본 원칙을 준수하는 태도	chapter 13. 제1 · 2절
	한국 사회복지사 윤리강령을 준수하려는 태도	
	지역사회 문제해결을 위한 객관적이고 투명한 자세	

4. 사회복지기관 컨설팅

컨설팅(consulting)은 어떤 분야에 대해 전문적인 지식을 가진 사람이 상담을 하거나 의견을 제시하는 것으로서, 일반적으로 경영분야에서 조직과 사업의 문제를 발견하고 개선책을 제시하기 위해 발달하였다. 컨설팅은 사회복지기관과 종사자에게 비전(미션), 재정, 시설, 조직, 문서, 인적자원, 프로그램 및 서비스, 지역사회 관계, 이용자 만족도 등의 영역에 대한 피드백을 제공하고 있다. 이상의 피드백 영역 중 사회복지서비스처럼 서비스 제공자와 이용자 간의 상호작용이 많고, 이용자의 개별적 욕구에 부응하는 서비스 제공의 필요성이 높은 대인서비스(human services)에서는 시설, 재정, 문서 등 하드웨어적 측면과 프로그램 기획이나 사회복지사의 전문성, 태도와 같은 소프트웨어적 측면, 과정적 품질 등이 중요한 요소가 된다. 이러한 사회복지기관 컨설팅은 〈표 3-12〉와 같은 책임과 역할을 바탕으로 지식과 기술 및 태도를 갖추어야 한다.

〈표 3-12〉 사회복지기관 컨설팅하기

책임과 역할		
• 사회복지기관의 사업계획, 전문성, 추진능력, 홍보, 안전관리 계획에 대한 전반적인 사업수행 능력을 평가 • 사회복지기관의 예산, 조직, 인력, 프로그램에 대한 효과적이고 효율적인 운영방향을 컨설팅 • 컨설팅한 내용을 기반으로 사회복지기관이 업무추진 시 겪는 고충을 해결하는 내용의 정책을 제안		
지식	조직관리 이론	
	조직평가 지식	
	행정절차법 제3조(적용범위)에 대한 지식	

	사회보장기본법 제3장(사회보장 기본계획과 사회보장위원회)에 대한 지식	
	사회복지사업법 제43조의2(시설의 평가)에 대한 지식	
	사회복지사업법 제2조(정의)상 개별 법령과 정의에 대한 지식	
	사회복지관 운영 관련 업무처리 안내에 대한 지식	
	사회복지법인 및 사회복지시설 재무회계 규칙	
	근로기준법	
	성과관리제(BSC)	
기술	사회복지기관 운영에 대한 기본 원칙에 대한 기술	
	사회복지관 운영 지역성 · 전문성 · 책임성 · 자율성 · 투명성에 대한 기술	
	사회복지기관 컨설팅 전반에 대한 기술	
	SWOT 분석능력	chapter 7. 제1 · 2 · 3절
	의사소통 기술	
태도	지역사회 주민복지 증진에 최선을 다하는 자세	
	인도주의와 서비스를 필요로 하는 자의 존엄을 유지하려는 태도	
	한국 사회복지사 윤리강령을 준수하려는 태도	
	지역사회 문제해결을 위한 객관적이고 투명한 자세	
	수용적 자세	
	인간존중적 자세	
	비심판적 태도	
	합리적인 경영마인드	
	사회복지 윤리를 준수하려는 태도	

제4절 자원발굴 민관협력

자원발굴 민관협력은 지역사회 내 인적 및 물적 자원을 발굴해서 필요한 곳에 연계·활용하는 능력이다. 자원발굴은 복지대상자 등 지역주민이 가지고 있는 다양한 욕구에 능동적으로 대응하기 위해서 지역사회가 보유하고 있는 여러 가지 유형의 자원을 적극 개발하고 체계적으로 관리해 나가는 것이다. 민관협력은 공공부문과 민간부분의 협력을 말한다. 민관협력은 지역복지영역에서의 양 부문 간의 역할분담과 공조체계를 갖추어야 함을 의미한다. 민관협력에서 민(民)은 민간복지기관과 광의의 복지개념하에서 관련 각종 기관과 단체를 포함하며, 국민 또는 지역주민 모두를 포함하는 포괄적 개념이다. 관(官)은 국가, 광역 지방자치단체, 기초 지방자치단체, 읍·면·동 주민센터, 보건소 등 협의의 복지 관련 공공기관뿐만 아니라 고용, 주거, 교육, 문화 등을 포함하는 광의의 복지 관련 공공기관을 모두 포함하는 포괄적 개념이다. 사회복지사업법은 지역사회복지 체계의 구축을 사회복지사업의 목표로 규정하고 있는바, 이는 지역사회를 단위로 주민의 일상생활에 필요한 다양한 서비스 자원과 욕구를 개발하고 연계하여 서비스 욕구를 충족시키는 체계를 의미한다. 따라서 사회복지 영역의 공급주체인 국가, 시장, 비영리민간, 비공식부문 등은 각자 장점을 가지면서도 한계를 함께 가지고 있어 이를 보완하는 민관협력이 중요하다(김승권 외, 2014 재인용). 이러한 자원발굴 민관협력을 수행하기 위한 구체적인 방법으로 지역사회 자원 개발, 자원유지·관리, 민관협의체 구성의 요소들이 수행되어야 한다.

1. 지역사회 자원 개발

비영리조직은 부족한 자원을 마련하기 위해 다양한 방법을 동원하여 자원개발에 노력하고 있다. 특히 정부의 비영리조직에 대한 재정지원이 부족할 경우에 자원부족 현상은 더욱 문제가 되고 있다. 비영리조직의 자원개발은 공공

재가 한정되어 있기 때문에 제기되는 문제이다. 즉, 비영리조직의 자원은 한정되어 있는 반면에 수요는 언제나 공급을 초과하므로 자원은 부족한 상태에 놓여 있게 되는 것이다. 비영리단체들은 부족한 자원을 확보하기 위해 기업, 재단, 모금, 수익사업 등 다양한 외부의 기금원에 의존하고 있다. 지역사회 자원은 인적자원, 물적자원, 정보자원 등이 있다. 이러한 지역사회 자원을 개발하기 위해서는 조직의 임무와 클라이언트에게 바라는 성과를 분명히 해야 한다. 그리고 자원획득을 위해서 재원의 잠재적인 출처가 되는 정부관료, 입법자 및 개인과 자주 접촉해야 한다. 또한 자원획득에는 고도로 발달된 프로그램 설계 기술이 필요하며, 모금전략으로 DM, EVENT, COMMERCIAL, ARS, CRM을 통해 기부자의 확보와 개발이 필요하다. 이러한 지역사회 자원 개발은 〈표 3-13〉과 같은 책임과 역할을 바탕으로 지식과 기술 및 태도를 갖추어야 한다.

〈표 3-13〉 지역사회 자원 개발하기

책임과 역할		
• 지역 내 다양한 직능단체, 자생단체를 활용하여 지역사회를 조직화 • 지역주민의 다양한 욕구에 부응하기 위해 효과적인 마케팅 전략을 수립하여 지역사회 자원을 개발 • 활용 가능한 자원과 잠재적 자원을 분류하여 자원의 종류에 따라 필요한 자원을 데이터베이스화		
지식	지역사회의 이념과 가치에 대한 지식	chapter 1. 제1절
	지역사회조직·실천에 대한 지식	chapter 5. 제1·2·3절 chapter 8. 제1·2·3절
	지역사회 자원 동원 메커니즘	chapter 9. 제3절
	지역사회 자원 동원방법에 대한 지식	chapter 9. 제4절
	지역사회 종합 복지자원 안내서	chapter 9. 제4절
	기부금품의 모집 및 사용에 관한 법률(국가 등 기부금품 모집·접수 제한 등)에 대한 지식	
	사회복지공동모금회법 제18조(기부금품의 모집)에 대한 지식	chapter 18. 제3절
	사회복지행정의 자원관리에 대한 지식	chapter 12. 제2절

기술	지역사회 인적·물적자원 관리에 대한 기술	chapter 9. 제2절
	지역사회 자원 개발과 동원에 대한 종합적인 정보분석 기술	chapter 9. 제1·2·3·4절
	다양한 자원동원 방법에 대한 기술	chapter 9. 제4절
	지역사회 다양한 대중매체를 통한 홍보 마케팅 기술	chapter 9. 제4절
	의사소통 능력	chapter 7. 제3절
	문서작성 능력	
	자원분석 능력	
	동기부여 능력	chapter 9. 제3절
	SNS 활용능력	
태도	지역사회보호 체계를 상시적으로 유지시키려는 태도	chapter 2. 제2절
	리더십 있는 경영마인드	
	지역사회 자원을 발굴하려는 적극적인 자세	chapter 9. 제1·2·3·4절
	인간존중의 태도	

2. 자원유지 · 관리

지역사회 자원 개발 못지않게 중요한 것은 자원유지(지속성)와 관리이다. 이를 위해 활용되는 것이 인정과 보상으로서 이는 인적·물적 후원자들로 하여금 경험이 만족스럽도록 하고 그들을 격려해서 업무에 계속 머무르게 하는 중요한 도구이다. 비록 인정과 보상이 후원자들을 지속적으로 봉사하게 하는 유일한 수단은 아닐지라도 분명히 인정과 보상은 후원자들이 봉사의 경험에서 만족을 경험하고, 따라서 기관에 머무르도록 격려하고 자극할 수 있는 중요한 매개체의 역할을 한다. 인정과 보상이라 함은 그 의미에 있어 정신적 그리고 물질적·추상적 그리고 구체적인 요소들을 포함하는 것으로서 두 가지 요소와 분리될 수 없는 그러한 개념이라고 볼 수 있다. 특히 자원 관리 및 유지가 이루어지지 않는 이유로는 지역사회복지기관의 후원자들에 대한 무관심과 후원활동

분위기 조성의 미흡을 들 수 있다. 따라서 후원자를 활용하고 있는 지역사회복지기관 등에서는 보다 세심한 관리가 필요하다. 후원자에 대한 서비스를 강화하고 후원자 카드작성 및 전산화 작업을 실시하여 후원자를 위한 각종 모임 개최에 적극적으로 참여하도록 한다. 이러한 자원유지·관리는 〈표 3-14〉와 같은 책임과 역할을 바탕으로 지식과 기술 및 태도를 갖추어야 한다.

〈표 3-14〉 자원유지·관리하기

책임과 역할		
• 필요한 자원에 대한 자원동원과 교육, 모니터링 • 참여자들이 지속적으로 활동하도록 친밀한 유대관계를 유지하고, 동기를 부여		
지식	지역사회복지 환경분석 이론	chapter 7. 제1·2·3절
	지역사회조직·실천에 대한 지식	chapter 8. 제1·2·3절
	지역사회 자원동원 메커니즘	chapter 7. 제1·2·3절
	지역사회 종합 복지자원안내서	
	기부금품의 모집 및 사용에 관한 법률(국가 등 기부금품 모집·접수 제한 등)에 대한 지식	chapter 18. 제2·3절
	사회복지행정의 자원관리에 대한 지식	
기술	지역사회복지행정의 인적·물적 자원관리에 대한 기술	chapter 9. 제1·2·3·4절
	지역사회 자원 개발과 동원에 대한 종합적인 슈퍼비전 기술	chapter 9. 제1·2·3·4절
	지역사회 다양한 대중매체를 통한 홍보마케팅 기술	chapter 9. 제4절
	변화하는 지역사회 욕구에 대한 미래지향적 분석기술	
태도	원활한 소통능력으로 지역사회보호 체계를 창의적 시스템으로 유지·발전시키려는 태도	chapter 2. 제2절
	혁신적인 경영마인드로 잠재되어 있는 지역사회 자원을 유지·발전시키려는 자세	chapter 9. 제4절
	동기부여를 통한 자발적인 지역사회 자원동원을 위한 분위기 조성 자세	chapter 9. 제3·4절

3. 민관협의체 구성

복지에 대한 패러다임 전환이라고 불리는 김대중 정부 시절 국민기초생활보장세도를 관과 시민사회단체들이 공동으로 마련하였고, 노무현 정부는 사회복지사업법 개정을 통해 지역사회복지단체와 관을 연계하는 지역복지협의체 구성을 의무화하였다. 2007년부터는 정부 전달체계 전체를 민관협력을 중심으로 하는 주민생활서비스 행정체계로 개편하였다. 복지부문에서 이처럼 민관협력의 필요성(황운성, 2007)은 첫째, 국민들의 사회복지적 욕구가 폭증했고, 다양화 · 개별화되었기 때문에 정부의 능력만으로는 감당하기 어려워졌기 때문이다. 이처럼 국민들의 욕구는 양적인 증대뿐 아니라 다양화 · 개별화되어 과거 공급자 중심의 서비스 제공방식으로는 그 실효성과 만족도가 떨어질 수밖에 없는 상황이 되었다. 따라서 국민적 욕구를 면밀하게 파악하고 이해하며 섬세한 서비스를 제공할 필요성이 증대하고 있는 것이다. 이러한 측면에서 민간의 협력 필요성이 증대해 가고 있다. 둘째, 최근 들어 정부는 사회복지에 막대한 예산과 인력을 투입하고도 복지서비스에 대한 국민적 체감도와 만족도는 낮아지고 있을 뿐 아니라, 사회문제의 심각성이 증가하고 있는 어려운 국면을 맞이하고 있기 때문이다. 정부는 복지정책의 확대가 성장의 밑거름이 되도록 한다는 희망한국 2030을 국가의 기본적 발전 축으로 제시하고 이를 실현하기 위해 복지예산을 대폭 확대하였으며, 다양한 정책 및 제도들을 구축 및 시행하고 있다. 그럼에도 불구하고 복지서비스에 대한 국민적 체감도는 매우 미미한 수준이며, 오히려 신빈곤층의 대두 및 증가, 사회적 양극화의 심화, 급속한 고령사회로의 진입 등 국가의 미래를 좌지우지할 수 있는 심각한 사회문제가 그 양상을 드러내고 있다. 셋째, 민간자원의 증대 때문이다. 과거에 비해 민간의 복지가용 자원 총량은 기하급수적으로 늘어나고 있다. 국가적 부의 증대와 국민들의 복지적 욕구 증대에 힘입어 사회복지공동모금회 모금액수의 증가와 민간기관들이 복지영역에서 전개하는 활동까지 감안한다면 민간복지 자원 총량은 많은 역할을 하고 있을 것으로 본다. 이러한 민관협의체 구성은 〈표 3-15〉와 같은 책임과 역할을 바탕으로 지식과 기술 및 태도를 갖추어야 한다.

〈표 3-15〉 민관협의체 구성하기

<table>
<tr><th colspan="3">책임과 역할</th></tr>
<tr><td colspan="3">• 지역 특성을 반영한 민간주도의 민관협의체를 구성
• 지역주민의 자발적인 참여를 유도할 수 있는 다양한 사업을 추진
• 자조모임에 대한 흥미유발과 민관협의체 구성원 간 우호적 협력관계를 형성할 수 있는 전략을 수립</td></tr>
<tr><td rowspan="4">지식</td><td>지역사회조직 · 실천에 대한 지식</td><td>chapter 8. 제1 · 2 · 3절</td></tr>
<tr><td>지역사회실천 방법에 관한 지식</td><td>chapter 5. 제2절</td></tr>
<tr><td>지역사회 자원동원 메커니즘에 대한 지식</td><td>chapter 9. 제3절</td></tr>
<tr><td>조직구조 이론</td><td></td></tr>
<tr><td rowspan="5">기술</td><td>지역사회복지행정의 인적 · 물적 자원관리에 대한 성과관리 기술</td><td>chapter 9. 제2절</td></tr>
<tr><td>지역사회복지 자원의 구성요건에 대한 정보수집 기술</td><td>chapter 9. 제4절</td></tr>
<tr><td>지역사회 자원 개발과 동원에 대한 종합적인 슈퍼비전 기술</td><td>chapter 9. 제1 · 2 · 3 · 4절</td></tr>
<tr><td>지역사회 다양한 대중매체를 통한 홍보 마케팅 기술</td><td>chapter 9. 제4절</td></tr>
<tr><td>변화하는 지역사회 욕구에 대한 미래지향적 분석기술</td><td></td></tr>
<tr><td rowspan="3">태도</td><td>원활한 소통능력으로 지역사회보호 체계를 자생적 있는 시스템으로 유지 · 발전 시키려는 태도</td><td>chapter 2. 제2절</td></tr>
<tr><td>혁신적인 경영마인드로 잠재되어 있는 지역사회를 조직화하려는 자세</td><td></td></tr>
<tr><td>한국 사회복지사 행동강령에 근거한 동기부여 자세</td><td></td></tr>
</table>

제5절 대상자 발굴조사

대상자 발굴조사는 주민복지 욕구를 파악하여 복지대상자를 발굴하는 능력이다. 즉, 다양한 경로를 활용하여 복지사각지대를 최소화하고 사회안전망 기능을 강화하기 위해 사례관리가 필요한 대상자를 발굴하고 관리하는 활동이다. 대상자 발굴을 위해서 대상자를 다양한 채널을 통해 의뢰를 받을 수 있도록 사례관리서비스에 대한 지역사회 홍보 및 지역사회복지협의체 활동이 활발하게 이루어져야 한다(안혜영, 2011). 이러한 대상자 발굴조사는 가정방문, 전화상담, 인적자원망 활용, 발굴조사 내용 기록이 수행되어야 한다.

1. 가정방문

가정방문은 지역주민의 복지욕구에 능동적으로 대처하기 위해 복지대상자의 여건과 생활상의 여러 욕구에 적극적으로 대응하고자 서비스제공자가 가정방문을 통해 돌봄, 의료(보건)상담, 가사간병, 활동보조, 정보제공 등을 수행하는 활동이다. 이러한 가정방문 구성은 〈표 3-16〉과 같은 책임과 역할을 바탕으로 지식과 기술 및 태도를 갖추어야 한다.

〈표 3-16〉 가정 방문하기

책임과 역할		
• 대상자의 실제 거주여건을 파악하여 대상자 자격요건의 사실 여부를 확인 • 대상자를 포함한 가족의 언어적·비언어적 행동관찰과 가정환경을 파악 • 파악된 욕구의 우선순위를 반영한 서비스 제공계획을 수립		
지식	사회복지상담 기초이론	
	사회복지실천의 기술 기반에 대한 지식	chapter 8. 제1·2·3절
	사회복지실천기술의 관계형성 지식	chapter 8. 제1·2·3절
	클라이언트 폭력피해에 대한 사회복지실천현장 안전매뉴얼에 대한 지식	
	클라이언트 중심모델	
	사회복지 상담 인테이크 기법	
	구조기능주의에 입각한 가계도 분석	
	개인대상 사회복지실천 개념	

	사회복지실천의 기본 원리	chapter 5. 제1절
	면접에 관한 지식	
	욕구파악 및 욕구분석에 관한 지식	chapter 7. 제3절
	사정도구 및 분석에 관한 지식	chapter 7. 제2·3절
기술	사회복지상담에서 효과적인 직면기술	
	사회복지실천기술에 있어서 시작과 관계형성 기술	chapter 8. 제3절
	사회복지실천의 기술 기반에 대한 상담 기술	chapter 10. 제1·2절
	가계도 분석능력	
	생태도 분석능력	
	면담준비 단계의 기술	
	면담기술(의사소통 기술, 언어적·비언어적 의사소통 기술, 질문기술, 라포형성 기술, 공감 및 경청기술, 피드백 주고받기 기술, 탐색기술)	
태도	복지대상자의 고유한 특성을 인정하는 태도	
	수용적 태도	
	비심판적인 태도	
	경청하는 태도	
	사회문제 해결을 위한 적극적인 태도	

2. 전화상담

전화상담은 전화를 매개로 개인의 신상문제 등 어려움을 도와주거나, 각종 생활정보와 지식 등을 전해주기 위한 방법이다. 전화상담은 전화가 있으면 언제 어디서나 상담이 가능하고, 시간적, 경제적 또는 신체적 어려움이 있을 경우 즉시 전화로 도움을 요청할 수 있는 즉시성이 있다. 상담자는 음성언어인 목소리톤, 억양, 높낮이, 말의 속도 등으로 내담자의 상태를 파악할 수 있다.

이러한 전화상담 구성은 〈표 3-17〉과 같은 책임과 역할을 바탕으로 지식과 기술 및 태도를 갖추어야 한다.

〈표 3-17〉 전화상담하기

책임과 역할		
• 상담을 통해 대상자의 언어적 태도를 파악하여 심리·정서적 상태를 점검 • 상담을 진행하면서 대상자의 핵심적인 욕구를 파악 • 전반적인 사회복지 전문지식을 활용하여 대상자가 필요로 하는 서비스를 정확하게 안내		
지식	사회복지상담 기초이론	
	개인·가족·지역사회 역동에 대한 지식	
	사회복지실천의 기술 기반에 대한 지식	chapter 8. 제1·2·3절
	시작과 관계형성에 대한 지식	
	클라이언트 폭력피해에 대한 사회복지실천현장 안전매뉴얼에 대한 지식	
	가계도·생태도 분석중심의 상담	
	산업사회 이론중심의 가족이해	
	개인대상 사회복지 실천개념	
	비언어적 의사소통에 관한 지식	
	욕구파악 및 욕구분석에 관한 지식	chapter 7. 제3절
기술	시작과 관계형성에 관한 기술	
	효과적인 상담기법	
	감정조절 능력	
	가계도 분석능력	
	생태도 분석능력	
	수용적 상담기술	

	위기상황 대응능력	
	의사소통 기술	
	질문기술	
	라포형성 기술	
태도	대상자의 개별성을 존중하려는 태도	
	통제된 정서적 반응방식을 활용하는 태도	
	자기결정에 충실한 태도	
	경청하는 자세	
	평정심을 유지하는 자세	
	무비판·비평가적 수용태도	
	비밀보장 자세	

3. 인적자원망 활용

보건복지부는 사각지대 발굴 및 지원 강화를 위해 전국 기초지방자치단체별로 「읍·면·동 단위 인적안전망 강화방안」에 대한 추진실적을 2014년 10월 말부터 11월 초까지 제출받아 읍·면·동 인적안전망 우수 지방자치단체를 선정하였다. 선정분야는 사각지대 발굴과 사각지대 지원의 두 분야이다. 사각지대 발굴에 대해 29개 지방자치단체가, 사각지대 지원에 대해 16개 지방자치단체가 각각 선정되었다. 대표적인 예로 '복지사각지대 zero', '이웃愛 발견'이라는 주제로 각 읍·면·동 협의체위원 위촉과 읍·면·동장을 해당 지역보장협의체 공공위원장으로 임명하는 인적자원망을 만들어 가고 있다. 이러한 인적자원망 활용구성은 〈표 3-18〉과 같은 책임과 역할을 바탕으로 지식과 기술 및 태도를 갖추어야 한다.

〈표 3-18〉 인적자원망 활용하기

책임과 역할		
• 대상자의 공식・비공식적 사회지지 체계망을 파악 • 지역사회 인적안전망을 활용하여 지속 가능한 지원네트워크를 구축 • 지역사회 인적안전망을 통해 복지시각지대에 있는 대상자를 발굴 • 인적안전망의 역량강화를 위한 지식・기술을 교육		
지식	지역사회조직・실천에 대한 지식	chapter 8. 제1・2・3절
	지역사회실천 방법	chapter 5. 제2절
	지역사회 자원동원 메커니즘에 대한 지식	chapter 9. 제3절
	지방자치단체 통・리장 설치 운영에 관한 조례	
	사회복지사업법 제7조(사회복지위원회) 설치에 관한 지식	
	지역주민위원회 설치 운영에 관한 조례	
	지역사회복지실천 모델	chapter 5. 제1・2・3절
기술	인적자원망 구성과 개발에 대한 컨설팅 기술	chapter 1. 제2절
	지역사회 문제해결을 위한 주민조직화 기술	chapter 8. 제3절
	지역사회 욕구・분석 기술	chapter 7. 제3절
	관계형성 기술	
	의사소통 능력	
	통・리장 대상 설명회 개최 교육기술	
	문제해결 능력	chapter 10. 제1절
	옹호기술	
	연계기술	
	자원개발 및 동원기술	chapter 9. 제1・2・3・4절
	임파워먼트 기술	chapter 10. 제2절

태도	지역사회에서 친밀한 관계형성을 위한 열린 태도	chapter 2. 제2절
	지역적 애향심을 가지고 상호 협력하고자 하는 동반자적 태도	
	원활한 소통능력으로 지역사회보호 체계를 자생적 시스템으로 유지· 발전시키려는 태도	
	혁신적인 경영마인드로 잠재되어 있는 지역사회를 조직화하려는 자세	
	친밀한 관계형성을 위한 노력	
	애향심을 가지고 상호 협력하고자 하는 노력	

4. 발굴조사 내용 기록

사회복지사로서 서비스의 모든 단계를 기록하고 이를 보관해야 하는 의무가 있다. 초기 면접지 작성을 시작으로 탐색과정 동안 수집한 정보의 기록, 사정과 계약을 위한 기록, 목표달성과 클라이언트와 전문적 관계를 시작하면서 종결할 때까지의 전 과정과 내용도 기록되어야 한다. 이러한 기록은 책임성, 정보제공, 서비스 개입 및 과정의 점검과 평가, 클라이언트에 대한 이해, 근거자료로 활용, 효과적인 사례관리, 자료화 등의 목적이 있다. 지역사회복지실천의 기본적인 기록내용으로는 클라이언트의 인구학적 특성, 서비스를 제공하게 된 사유, 클라이언트의 현재 및 과거의 문제나 욕구, 사회력, 사회복지사의 소견과 사정, 서비스 목적과 계획, 제공된 서비스의 특성, 서비스 종결방법과 사유, 서비스 활동과 결과에 대한 요약, 사후지도 등이다. 결과적으로 좋은 기록은 좋은 기록을 작성하기 위한 지침으로서의 역할을 한다. 이러한 발굴조사 내용 기록의 구성은 〈표 3-19〉와 같은 책임과 역할을 바탕으로 지식과 기술 및 태도를 갖추어야 한다.

〈표 3-19〉 발굴조사 내용 기록하기

<table>
<tr><th colspan="3">책임과 역할</th></tr>
<tr><td colspan="3">• 실태조사를 통해 파악된 중요한 욕구들을 정리하여 기록
• 실태조사 결과내용에 따라 파악된 욕구에 대한 서비스의 지원계획을 수립
• 욕구조사 후 서비스 지원계획에 따른 사후관리</td></tr>
<tr><td rowspan="4">지식</td><td>체계이론</td><td>chapter 4. 제1절</td></tr>
<tr><td>욕구사정</td><td>chapter 7. 제3절</td></tr>
<tr><td>기록에 관한 지식</td><td></td></tr>
<tr><td>기록의 종류와 특성에 관한 지식</td><td></td></tr>
<tr><td rowspan="5">기술</td><td>복지대상자의 욕구조사를 활용할 수 있는 기술</td><td>chapter 7. 제1 · 2절</td></tr>
<tr><td>문서작성 능력</td><td></td></tr>
<tr><td>문서기록 능력</td><td></td></tr>
<tr><td>욕구와 자원을 적절히 매칭할 수 있는 능력</td><td>chapter 7. 제3절
chapter 9. 제2절</td></tr>
<tr><td>기록물 보관에 관한 기술</td><td></td></tr>
<tr><td rowspan="7">태도</td><td>조사내용을 체계적으로 기록하는 태도</td><td></td></tr>
<tr><td>복지대상자를 있는 그대로 인식하고 기술하는 자세</td><td></td></tr>
<tr><td>세밀하고 체계적인 기록 자세</td><td></td></tr>
<tr><td>사실을 왜곡하지 않고 객관적 · 사실 기록 자세</td><td></td></tr>
<tr><td>기록물을 올바르게 관리하는 자세</td><td></td></tr>
<tr><td>개인정보 보호 자세</td><td></td></tr>
<tr><td>사회복지 전문 슈퍼비전 대안 처방, 의견 적용 태도</td><td></td></tr>
</table>

제6절 복지대상자 지원

복지대상자 지원은 사회복지급여를 제공하기 위해 수급기준(요건)을 확인하고, 이에 따라 서비스대상자를 선정하고 지원하는 능력이다. 이러한 복지대상자 지원을 수행하기 위한 구체적인 방법으로 복지상담, 서류관리, 자산조사, 복지급여 지원의 요소들이 수행되어야 한다.

1. 복지상담

복지상담은 내담자가 상담자와의 새로운 인간관계 경험을 통하여 본래의 자기를 회복하는 과정이다. 새로운 인간관계 경험이라는 것은 기존의 인간관계와는 다른 안전하고 신뢰하며 독특하면서 전문적인 인간관계의 경험이다. 내담자가 상담자로부터 욕구와 감정을 수용받으며 깊은 이해와 공감을 통하여 억눌렀던 감정을 해소하고, 독특한 모습 그대로 존중받아 자기존중감을 회복하고, 상담자로부터 투명하게 자기 모습을 피드백받아 객관적으로 자기를 성찰하도록 돕는 만남이다. 본래의 자기를 회복한다는 것은 주체적이고 실존적이며 자발적이고 창의적인 가능성을 가진 자기를 새롭게 발견한다는 의미이다.

복지상담은 사회복지서비스를 받아야 할 대상자에게 상담을 통해 필요한 자원봉사, 물질적 기부, 재능기부, 기관연결, 민간부문 등의 적절한 지원연결 등을 실천하는 것이다. 결과적으로 복지상담은 사회복지를 실천하기 위한 첫 걸음이자 우리 이웃의 가정과 사회의 행복을, 나아가 복지사회와 복지국가를 실현하는 지름길이다. 이러한 복지상담의 구성은 〈표 3-20〉과 같은 책임과 역할을 바탕으로 지식과 기술 및 태도를 갖추어야 한다.

〈표 3-20〉 복지상담하기

책임과 역할		
• 복지대상자의 면담을 통해 기본적인 욕구를 파악 • 상담을 통해 문제해결에 관한 정보를 수집하고 활용 • 복지대상자와의 상호 간 지속적 관계를 유지		
지식	욕구조사 이론	chapter 4. 제1・2절
	사회복지상담 기초이론	chapter 4. 제1・2절
	개인・가족・지역사회 역동에 대한 지식	
	사회복지실천의 기술 기반 지식	chapter 8. 제1・2・3절
	시작과 관계형성에 대한 지식	
	클라이언트 폭력피해에 대한 사회복지실천현장 안전매뉴얼에 대한 지식	
	해결중심 실천모델	
기술	사회복지상담에서 효과적인 직면기술	
	사회복지실천기술에 있어서 시작과 관계형성 기술	
	자료수집과 가계도・생태도 분석에 대한 기록 능력	
	사회복지실천의 기술 기반을 활용한 시작과 관계형성을 위한 기술	
	경청기술	
	대응과 직면기술	
	면담기술 능력	
	대화내용 기록능력	
	문제해결을 위한 능력	
	전문적인 관계형성 및 유지능력	

태도	수집정보를 통해 개인, 집단, 가족 및 지역사회를 이해하려는 태도	
	복지대상자의 고유한 특성을 인정하는 태도	
	통제된 정서적 반응방식을 활용하는 태도	
	자기결정에 충실한 태도	
	사회복지실천의 관계원칙(비스텍 7대 원칙)을 준수하려는 태도	
	문제해결을 위한 노력 자세	
	대상자를 낙인화하지 않으려는 자세	

2. 서류관리

서류는 기관의 목적달성을 위한 업무활동 과정에서 수단으로 존재하며 서류관리 작업은 업무의 수행과정과 내용 그리고 그 결과를 명확하게 하고, 결과로 남은 각종 자료는 다음 활동의 지침이 되거나 의사결정에 필요한 정보를 제공하는 역할을 한다. 서류는 기관이 행하는 여러 개의 활동을 각 부분 또는 기관 간에 활동을 협조하고 보완하게 한다. 또한 각 부문의 활동을 원활하게 하며 서로 자기의 위치와 활동방향을 깨닫게 하여 지역사회유기체의 일원으로서 필요한 활동이 전개되도록 유도하고 촉진하며, 관련 분야 간에 연계성을 유지하도록 한다. 이러한 서류관리의 구성은 〈표 3-21〉과 같은 책임과 역할을 바탕으로 지식과 기술 및 태도를 갖추어야 한다.

〈표 3-21〉 서류관리하기

책임과 역할		
• 필수서류를 대상자에게 안내하고 접수 • 제출된 서류를 분석하고 기록할 수 있으며, 대상자에 대한 환경을 파악하는 근거를 만듦 • 복지지원 대상 여부를 판단하기 위해 제출된 서류를 보장분야별로 관리		
지식	기록의 중요성에 대한 지식	
	개인・가족・지역사회 역동에 대한 기록 지식	
	사회복지실천의 기술 기반에 대한 지식	chapter 8. 제1・2・3절
	사회복지상담 기초이론 지식	chapter 4. 제1・2절
	사회복지사업법 제6조의3(정보시스템 운영 전담기구 설립)에 대한 지식	
	공공기록물 관리에 관한 법률 제5조(기록물관리의 원칙)에 대한 지식	
	개인정보보호법 제4장(개인정보의 안전한 관리)에 대한 지식	
기술	기초자료 근거로 활용할 수 있는 서류관리 기술	
	전문가 체계 내에서 자료를 공유할 수 있는 기록과 자료관리 기술	
	제출된 서류의 사실 여부 파악능력	
	사회보장정보시스템(행복e음) 절차와 방법에 근거한 활용기술	
	전산활용 능력	
	서류보관 기술(생략)	
	컴퓨터 활용 및 DB 구축	
	제출된 서류의 사실 여부 파악능력	
태도	철저한 비밀보장과 중요한 개인정보를 보호하는 기본 자세	
	복지대상자에게 불필요한 서류를 요구하지 않는 개방적인 자세	
	복지대상자에게 고지의무와 보존연한을 준수하는 자세	
	신뢰감을 형성할 수 있는 자세	
	사실을 기록하는 자세	
	기록에 대한 중요성을 이해	
	기록물에 대한 윤리적인 자세	

3. 자산조사

자산조사는 개인 또는 가구의 재정적 상태를 검증하여 공공부조의 자격조건을 결정하기 위해 하는 것이다. 그러나 좀 더 넓은 의미의 자산조사는 개인 혹은 가구의 소득과 재산뿐만 아니라, 기타 활용 가능한 모든 자산, 예를 들어 친인척 등으로부터의 사적이전 가능성까지 포함한 조사라고 볼 수 있다(최현수 외, 2007).

자산조사는 빈민법 이래로 공공부조의 전통적인 특성으로 유지되어 왔으며, 공공부조의 초기 형태인 빈민법의 주요 원칙은 시대마다 다소 변화가 있었으나 다음과 같이 정리될 수 있다. 첫째, 선별성(selectivity)의 원칙이다. 이것은 공공부조가 자산조사에 의해 결정되는 개인적인 욕구와 필요를 토대로 하여 제한적으로 활용됨을 의미한다. 둘째, 개별능력 우선활용의 원칙이다. 이때 개별능력은 크게 자신의 근로능력, 자신과 가족의 소득과 자산, 그리고 부양의무자 등을 포함한다. 셋째, 열등처우의 원칙이다. 이것은 공공부조 급여액이 최저한의 임금을 받는 근로자의 임금보다 많아서는 안 된다는 원칙이다. 넷째, 보충성의 원칙이다. 보충성의 원칙이란 자신의 능력을 최대한 활용한 후에도 최저생활 수준을 영위하지 못하는 경우에 있어 그 부족한 부분만을 보충하여 급여하는 원리로 국민기초생활보장제도에서도 성립된다. 이러한 자산조사의 구성은 〈표 3-22〉와 같은 책임과 역할을 바탕으로 지식과 기술 및 태도를 갖추어야 한다.

〈표 3-22〉 자산조사하기

<table>
<tr><th colspan="3">책임과 역할</th></tr>
<tr><td colspan="3">• 사회복지통합전산망 외 기타 제출된 서류에 대해 진위 여부를 확인
• 제 사회보장정보시스템(행복e음)을 활용하여 복지대상자의 소득 · 재산사항을 파악
• 파악된 소득 · 재산사항을 근거로 대상자 적합 여부를 판정
• 연간 조사계획에 따라 정기적으로, 수시로 대상자의 자격요건을 조사</td></tr>
<tr><td rowspan="7">지식</td><td>사회보장 개념</td><td></td></tr>
<tr><td>공공부조제도</td><td></td></tr>
<tr><td>사회보장기본법 제3장(사회보장기본계획과 사회보장위원회)에 대한 지식</td><td></td></tr>
<tr><td>사회복지사업법 제2장(사회복지법인), 제3장(사회복지시설)에 대한 지식</td><td></td></tr>
<tr><td>사회복지사업법 제2조(정의)상 개별 법령과 정의에 대한 지식</td><td>chapter 12. 제3절</td></tr>
<tr><td>행정절차법 제3조(적용범위)에 대한 지식</td><td></td></tr>
<tr><td>사회복지 통합업무 안내에 대한 지식</td><td>chapter 12. 제2절, p. 313</td></tr>
<tr><td rowspan="6">기술</td><td>행정절차에 따른 자산조사 결과를 수집 · 정리하는 기술</td><td></td></tr>
<tr><td>객관적이고 공정한 복지대상자의 표준화된 자산조사 기술</td><td></td></tr>
<tr><td>사회보장정보시스템(행복e음) 활용기술</td><td></td></tr>
<tr><td>조사한 결과를 수집 · 정리하는 기술</td><td></td></tr>
<tr><td>전산시스템의 활용능력</td><td></td></tr>
<tr><td>보안기술</td><td></td></tr>
<tr><td rowspan="6">태도</td><td>주관적 판단을 배제하고 공정하게 조사하는 자세</td><td></td></tr>
<tr><td>지역사회 문제해결을 위한 객관적이고 투명한 자세</td><td></td></tr>
<tr><td>사회보장정보시스템(행복e음) 자료를 정확히 확인하는 자세</td><td>chapter 12. 제2절</td></tr>
<tr><td>복지대상자의 입장에서 구제와 소명이 되도록 노력하는 자세</td><td></td></tr>
<tr><td>주관적 판단을 배제하고 공정하게 적용하는 자세</td><td></td></tr>
<tr><td>자산조사에 있어 공공기관의 협력적인 태도</td><td></td></tr>
</table>

4. 복지급여 지원

사회복지급여는 사회복지서비스라 불린다. 물론 급여는 단순히 서비스와는 다르게 다양한 형태의 내용을 포함하지만 그래도 사회복지정책에서는 통상 넓은 의미에서 사회복지서비스라고 말하기도 한다. 사회복지정책에 있어서 급여의 선택문제는 사회복지대상자에게 무엇을 줄 것인지에 대한 의문으로 표현되지만 이를 좀 더 분석적으로 살펴보면 어떤 급여와 서비스라고 하는 급여의 형태로 구분된다. 사회복지급여서비스 중 가장 일반적인 것이 현금급여와 현물급여이다. 현금급여는 급여수급자가 자신에게 필요한 재화와 서비스를 직접 시장에서 구매하도록 화폐형태로 지급하는 급여이다. 장점으로는 수급자의 효용극대화, 존엄성 유지, 선택의 자유와 소비자 주권을 높일 수 있으며 프로그램 운영비용이 적게 든다는 것이다. 그러나 단점으로는 불필요한 부분에 사용하는 것을 막을 수 없는 점이 있다. 현금급여의 예로는 국민연금(노령연금, 장애연금, 유족연금), 건강보험(요양비), 산재보험(휴업급여, 장해급여), 국민기초생활보장제도(생계급여), 고용보험(구진급여, 모성보호급여) 등이 있다. 현물급여는 수급자에게 필요한 물품과 서비스를 직접급여로 제공하는 형태이다. 장점은 정책의 목표효율성을 높일 수 있으며, 현물급여를 통해 경제적 필요가 높은 사람들을 구별할 수 있기 때문에 필요한 대상자에게 집중적으로 급여를 할 수 있다는 것이다. 반면에 수급자에게 낙인감을 줄 수 있다. 그리고 보관과 유통과정에 추가적인 비용이 들어 운영효율성이 낮다. 현물급여의 예로는 건강보험(요양급여, 건강검진), 식료품권, 상품권, 경로버스표 등이 있다. 이러한 복지급여 지원의 구성은 〈표 3-23〉과 같은 책임과 역할을 바탕으로 지식과 기술 및 태도를 갖추어야 한다.

〈표 3-23〉 복지급여 지원하기

책임과 역할		
• 복지대상자의 자산조사 결과를 근거로 적정한 복지급여를 지원 • 복지대상자에게 지원과 관련된 보장자격별 서비스 내용에 대한 정보를 제공 • 복지대상자 선정 시 부가적인 복지서비스에 대해 일괄 처리		
지식	사회보장제도	
	복지급여 형태	
	사회보장기본법 제3장(사회보장기본계획과 사회보장위원회)에 대한 지식	
	사회복지사업법 제2장(사회복지법인), 제3장(사회복지시설)에 대한 지식	
	사회복지사업법 제2조(정의)상 개별 법령 대한 전문지식	chapter 12. 제3절
	행정절차법 제3조(적용범위)에 대한 지식	
	사회복지 통합업무 안내에 대한 지식	chapter 12. 제2절, p. 313
	사회(복지)서비스	Part 05, p. 336
기술	복지대상자에게 객관적이고 공정하게 급여를 지원하는 기술	
	행정절차에 따른 자산조사 결과를 수집 · 정리하는 기술	
	사회보장정보시스템(행복e음)을 활용한 복지급여 자료 설명능력	
	공적지원 이외의 민간자원 복지 연계를 위한 기술	
	사회복지 제도와 서비스를 활용할 수 있는 능력	
태도	복지급여대상자의 다양한 개별적인 환경을 이해하는 자세	
	한국 사회복지사 윤리강령에 근거하여 주관적 판단을 배제한 공정한 자세	
	복지급여대상자의 자존감을 회복시키려는 자세	
	복지급여대상자의 자활의지를 향상시키려는 자세	
	적정 급여제공을 위한 사회보장정보시스템(행복e음) 자료를 다시 한번 확인하는 자세	chapter 16. 제2절

제7절 자활자립 지원

자활자립 지원은 주민들에게 사회복지 제도, 정책, 서비스 관련 정보를 홍보하고 제공하여 자립할 수 있도록 지원하는 능력이다. 따라서 자활자립 지원을 수행하기 위한 구체적인 방법으로 자활지원계획 수립, 맞춤형 정보 제공, 자립지원서비스 제공의 요소들이 수행되어야 한다.

1. 자활지원계획 수립

정부는 생활이 어려운 절대빈곤가구에 대하여는 국민기초생활보장제도에 의한 수급자로 선정하여 최저생활을 보장하고 있다. 하지만 기초생활보장 수급자 중 근로능력이 있는 대상자에게는 자활사업에 참여할 것을 조건으로 생계급여를 실시하는 조건부 수급자 제도를 시행하고 있다. 그리고 조건부 수급자는 근로능력, 가구여건, 자활욕구 등을 고려하여 가구별 자활지원계획을 수립하고 체계적인 자활지원서비스를 제공하여 저소득층이 자활·자립할 수 있도록 지원하고 있다. 이러한 자활지원계획 수립의 구성은 〈표 3-24〉와 같은 책임과 역할을 바탕으로 지식과 기술 및 태도를 갖추어야 한다.

〈표 3-24〉 자활지원계획 수립하기

<table>
<tr><th colspan="3">책임과 역할</th></tr>
<tr><td colspan="3">• 지역사회 고용지표를 활용하여 자활지원 수요를 예측
• 분야별·단계별 고용복지 자원을 활용하여 대상자에게 맞춤형 자활지원 계획을 수립
• 다양한 홍보매체를 활용하여 복지사업의 자료를 안내하고 홍보</td></tr>
<tr><td rowspan="2">지식</td><td>국민기초생활보장법 제15조(자활급여), 2장의2(자활지원)에 대한 지식</td><td>chapter 16. 제1·2·3절</td></tr>
<tr><td>사회복지 통합업무 안내에 대한 종합적인 지식</td><td>chapter 12. 제2절, pp. 311-314</td></tr>
</table>

	공공부조제도	
	사회복지사업법 제4조(복지와 인권증진의 책임)에 대한 지식	
	사회복지사업법 제2조(정의)상 개별 법령에 대한 전문지식	chapter 12. 제3절
	희망복지지원단 업무안내의 통합사례 관리	chapter 12. 제2절, pp. 311-314
기술	자활-고용서비스 적용기술	chapter 16. 제2절
	지역사회 자활-고용 지원서비스 정보검색 기술	chapter 16. 제2·3절
	사회보장정보시스템(행복e음)을 활용한 자활지원 데이터 설명능력	
	공적지원 이외의 민간자활 지원 연계기술	
태도	생애주기별 자활-고용복지서비스를 제공하려는 적극적인 태도	
	복지급여대상자의 다양한 개별적 상황을 이해하려는 태도	
	새로운 정보를 적극 탐색하여 맞춤형 서비스를 제공하려는 태도	
	복지급여 대상자의 자존감과 자활의지를 향상시키려는 자세	
	복지정보를 효율적으로 알리려는 자세	
	대상자에 대한 애정과 관심	
	합리적이고 효율적인 사고	
	과학적인 전략수립 자세	

2. 맞춤형 정보 제공

맞춤형 정보 제공은 수급자를 더욱 세밀하게 세분화하여 맞춤형으로 급여를 개편해 지급하는 것으로 저소득층의 생계와 의료비의 부담을 경감시키기 위함이다. 기초생활보장제도를 예를 들면, 수급자의 급여별 선정기준이 다양한 계층으로 세분화되어 소득이 어느 정도 증가해도 주거와 교육급여 등 필요한 지원을 받을 수 있게 된다. 종전에는 가구소득이나 부양의무 기준을 초과하면 모든 지원이 중단됐지만, 맞춤형 제도로는 특성에 맞는 급여지원이 가능하기 때문이다. 즉, 소득에 따라 어려운 사람들에게는 생계, 의료, 주거 등 여러 급여를 모두 제공하고, 이보다 상황이 나은 사람들에게는 그중 일부 급여를 준다는 개념이다. 이러한 맞춤형 정보제공의 구성은 〈표 3-25〉와 같은 책임과 역할을 바탕으로 지식과 기술 및 태도를 갖추어야 한다.

〈표 3-25〉 맞춤형 정보 제공하기

책임과 역할		
• 다양한 지역사회 내 인적·물적 자원을 연계 • 개인·가구단위로 파악한 욕구를 중심으로 통합적 맞춤형 서비스를 연계하고 제공 • 변화하는 개별적 욕구를 통해 맞춤형 서비스를 예측하고 제공		
지식	사회복지 통합업무 안내	
	희망복지지원단 업무안내의 통합사례 관리	chapter 12. 제2절, pp. 311-314
	사회보장기본법 제3장(사회보장기본계획과 사회보장위원회)에 대한 지식	
	사회복지사업법 제4조(복지와 인권증진의 책임)에 대한 지식	
	사회복지사업법 제2조(정의)상 개별 법령에 대한 전문지식	chapter 12. 제3절
	국민기초생활보장법 제15조(자활급여), 제2장의2(자활지원)에 대한 지식	chapter 16. 제1·2·3절
	지역사회 욕구분석 방법	chapter 7. 제3절
	지역사회복지실천 모델	chapter 5. 제2절
기술	지역사회 서비스 적용기술	Part 05, p. 336
	복지자원 개발기술	chapter 9. 제1·2·3·4절
	공적지원 외의 민간자원 연계기술	
	원스톱 맞춤형 정보제공 매칭기술	

태도	복지급여대상자의 다양한 개별적인 환경을 이해하는 자세	
	생애주기별 맞춤형 복지서비스를 찾아서 제공해 줄 수 있는 적극적인 태도	
	사회복지 전문직 기반인 윤리와 정체성을 실천현장에 적용하는 자세	
	복지급여대상자의 자존감을 회복시키려는 자세	
	복지급여대상자의 자활의지를 향상시키려는 자세	
	복지급여대상자가 자기결정권을 행사할 수 있도록 도와주는 자세	

3. 자립지원서비스 제공

자립지원서비스는 빈곤으로부터의 탈출과 노동시장 진입 및 근로유지를 통한 탈빈곤의 지속이다. 이러한 목표를 달성하기 위해서 소득보장제도와 근로유인제도, 고용서비스와의 관계정립 등 근로빈곤층 자립지원정책의 방향을 모색하는 것이다. 근로빈곤층 자립지원을 위한 직업능력 개발정책의 과제로는 저소득층과 근로빈곤층을 대상으로 한 직업능력 개발정책의 고용친화적 재편과 고용과 복지 연계서비스의 효과성을 강화하는 것이다. 근로빈곤층의 탈수급과 탈빈곤을 위한 정책은 소득보장제도와 직업능력 개발정책의 연계를 통해 그 효과를 극대화할 수 있다. 이러한 자립지원서비스 제공의 구성은 〈표 3-26〉과 같은 책임과 역할을 바탕으로 지식과 기술 및 태도를 갖추어야 한다.

〈표 3-26〉 자립지원서비스 제공하기

책임과 역할
• 근로능력 미약자, 사회적응이 필요한 자, 자활동기 부여가 필요한 자를 선별 • 자활을 위한 근로기회 제공사업에 선별된 대상자는 지역 내 다양한 고용기관 프로그램에 연계 • 개인별·가구별 자활지원 계획을 근거로 자활사업에 참여하는 대상자에 대한 사후관리

구분	내용	참고
지식	사회복지 통합업무 안내	
	사회보장기본법 제3장(사회보장기본계획과 사회보장위원회)에 대한 지식	
	사회복지사업법 제4조(복지와 인권증진의 책임)에 대한 지식	
	국민기초생활보장법 제15조(자활급여), 제2장의2(자활지원)에 대한 지식	chapter 16. 제1·2·3절
	국민기초생활보장사업 안내에 대한 종합적인 지식	
	지역사회 자활사업	chapter 16. 제1·2·3절
	희망복지지원단 업무안내의 통합사례 관리	chapter 12. 제2절, pp. 311-314
	지역사회 자활사업 프로그램과 평가에 대한 지식	chapter 16. 제1·2·3절
기술	자활-고용서비스 적용기술	chapter 16. 제1·2·3절
	지역사회복지서비스 공급체계를 실천현장에 적용할 수 있는 기술	chapter 12. 제1·2절
	지역사회 복지욕구에 기반한 맞춤형 복지서비스 연계제공 기술	
	공적지원 이외의 다양한 민간 자활지원 연계기술	
태도	생애주기별 자활-고용복지서비스를 찾아서 제공해 줄 수 있는 적극적인 태도	
	복지급여대상자의 다양한 개별적인 상황을 이해하는 태도	
	새로운 정보를 적극 탐색하여 맞춤형 서비스를 제공하려는 태도	
	복지급여 대상자와 신뢰관계를 형성하여 자존감과 자활의지를 향상시키려는 자세	
	사회복지 전문직 기반인 윤리와 정체성을 실천현장에 적용하는 자세	
	복지급여대상자의 자존감을 회복시키려는 자세	
	복지급여대상자의 자활의지를 향상시키려는 자세	
	복지대상자에게 낙인감을 심어주지 않고 자기결정권을 행사할 수 있도록 도와주는 자세	

제8절 자격변동 관리

자격변동 관리는 기존 복지대상자의 수급요건을 충족하고 있는지 확인하고, 변동사항을 관리하는 능력이다. 이러한 자격변동 관리를 수행하기 위한 구체적인 방법으로 인적정보 관리, 소득재산 관리, 근로능력 평가가 수행되어야 한다.

1. 인적정보 관리

인적정보 관리는 각종 정보를 가장 능률적으로 정확하게 수집, 분류, 정리, 분석, 전달하고 활용하여 처분하는 일련의 과정이며 정보를 그 목표달성의 수단으로 이용하는 관리방식이라 할 수 있다. 정보는 어떤 개인이나 조직의 특정 목적을 위하여 만들어진 기호 및 기호의 체계이며, 어떤 의도하에 정리 또는 가공한 자료를 말한다. 특히 인적정보 관리는 합리적인 의사결정에의 필요성이 크다 할 것이다. 따라서 인적정보 관리는 복지기관의 활동에 있어서 적절한 판단과 의사결정에 도움을 줄 수 있는 정보를 수집하고 관리하는 것이다. 이러한 인적정보 관리의 구성은 〈표 3-27〉과 같은 책임과 역할을 바탕으로 지식과 기술 및 태도를 갖추어야 한다.

〈표 3-27〉 인적정보 관리하기

<table>
<tr><th colspan="3">책임과 역할</th></tr>
<tr><td colspan="3">• 사회보장정보시스템(행복e음)을 활용하여 대상자의 인적사항, 가구원의 변동사항을 파악
• 중점관리대상자에 대한 지속적인 모니터링을 통해 부정수급·중복 지원 여부를 파악
• 현장중심의 방문활동을 강화하여 대상자의 인적정보 변동사항을 확인하고 반영</td></tr>
<tr><td rowspan="3">지식</td><td>사회복지상담 기초이론 이해</td><td>chapter 8. 제1·2·3절</td></tr>
<tr><td>개인·가족·지역사회 역동에 대한 지식</td><td>chapter 8. 제1·2·3절</td></tr>
<tr><td>사회복지실천의 기술 기반에 대한 지식</td><td></td></tr>
</table>

	사회복지실천 시작과 관계형성에 대한 지식	
	민법 제2장(인)에 대한 지식	
	가족관계의 등록 등에 관한 법률 제2장(가족관계등록부의 작성과 등록사무의 처리)에 관한 지식	
	주민등록법 제7조(주민등록표 등의 작성)에 관한 지식	
	개인정보보호법 제4장(개인정보의 안전한 관리)에 관한 지식	
	사회복지 통합업무 안내에 대한 종합적인 지식	chapter 12. 제2절, pp. 311-314
	사회보장정보시스템 전산망 운영에 대한 전문 지식	
기술	사회복지상담에서 효과적인 직면기술	
	사회복지실천 시작과 관계형성 기술	chapter 10. 제1·2절
	복지대상자의 자료수집 기술	chapter 7. 제2절
	가계도·생태도 작성분석 기술	
	사회복지실천의 기술 기반 상담기술	chapter 8. 제1·2·3절
	가족관계등록부 이해기술	
	사회보장정보시스템(행복e음) 활용기술	chapter 12. 제2절, p. 313
	행정정보 공동이용시스템 활용기술	chapter 3. 제11절, p. 137
태도	복지대상자의 다양한 개인·가족·지역사회 체계와 역동을 이해하는 자세	
	복지대상자의 고유한 특성을 인정하는 태도	
	통제된 정서적 반응방식을 활용하는 태도	
	사회복지 전문직의 윤리와 지식기술을 실천하려는 태도	
	자기결정에 충실한 태도	

2. 소득재산 관리

복지급여서비스는 신청-조사-보장결정-급여 및 서비스의 제공-변동 및 사후관리 절차에 따라 수급자에게 전달된다. 2010년부터 복지서비스 전달체계는 지방자치단체의 복지업무 처리 지원정보시스템인 사회복지통합관리망(행복e음)의 도입으로 새로운 변화를 맞게 된다. 행복e음은 중앙 및 지방자치단체의 복지급여와 서비스 이력을 개인별·가구별로 통합관리하도록 하고, 소득재산 조사를 표준화하여 다양한 복지사업에 공동 활용하도록 하였다. 그리고 유관기관의 공적 자료를 연계하여 수급자 선정의 정확성과 사후관리의 효율화를 도모하고, 급여지급절차를 자동화 및 전산화하여 복지급여 지급의 투명성을 높였다. 복지행정에 정보시스템을 도입함으로써 복지행정의 효율화, 부당한 예산집행의 예방, 적격 수급자의 발굴 및 급여 연계, 다양한 서비스를 위한 업무지원 및 연계 기반 마련 등 복지전달의 효율화 기반을 마련하여 이용자들의 소득재산 관리를 하게 된다(호진원·이혜승, 2013). 이러한 소득재산 관리의 구성은 〈표 3-28〉과 같은 책임과 역할을 바탕으로 지식과 기술 및 태도를 갖추어야 한다.

〈표 3-28〉 소득재산 관리하기

책임과 역할		
• 가구원 인적사항, 소득재산 변동사항이 발생한 경우 반드시 신고할 수 있도록 안내 • 복지대상자의 고용과 취업상태를 확인하여 보장자격에 영향을 미치는 변동사항을 파악 • 사회보장정보시스템을 활용하여 변동사항 적용결과에 대한 소명절차를 거쳐 급여·자격서비스를 변경·중지		
지식	개인정보보호법 제4장(개인정보의 안전한 관리)에 관한 지식	
	사회보장기본법 제3장(사회보장기본계획과 사회보장위원회)에 대한 지식	
	사회복지사업법 제2장(사회복지법인), 제3장(사회복지시설)에 대한 지식	
	사회복지사업법 제2조(정의)상 개별 법령과 정의에 대한 지식	chapter 12. 제3절

	행정절차법 제3조(적용범위)에 대한 지식	
	사회복지 통합업무 안내에 대한 지식	chapter 12. 제2절, p. 313
	개별적인 사회복지 자격관리 업무안내에 대한 전문적인 지식	
	사회복지정책론의 공공부조제도에 대한 지식	
	소득세법 제4조(소득의 구분)에 대한 전반적인 지식	
	국세청 종합소득 신고체계	
	주택임대차보호법 제2조(적용범위)에 대한 전문적인 지식	
	상가건물 임대차보호법 제2조(적용범위)에 대한 전문적인 지식	
	사회보험제도 체계	
	사회보장정보시스템(행복e음)의 수신된 공적자료에 대한 활용 지식	
기술	행정절차에 따른 소득재산 변동자료의 사실관계 확인기술	
	금융·부채·임대차 관련 각종 공적자료 검증기술	
	표준화된 자산조사 기술	
	사회보장정보시스템(행복e음) 활용기술	chapter 12. 제2절, p. 313
	행정정보공동이용시스템 활용기술	chapter 3. 제11절, p. 137
	확인된 자료를 소명절차를 거쳐 대상자 입장에서 권리구제를 할 수 있는 기술	
태도	인도주의 정신에 근거하여 서비스를 필요로 하는 자의 존엄을 유지하려는 태도	
	한국 사회복지사 윤리강령에 근거하여 주관적 판단을 배제하고 공정하게 관리하는 자세	
	지역사회 문제해결을 위한 객관적이고 투명한 자세	
	복지대상자의 입장에서 구제와 소명이 되도록 노력하는 자세	chapter 12. 제2절
	지역사회의 다양한 지원체계와 역동을 이해하는 적극적인 자세	
	생애주기별 자활-고용복지서비스를 찾아서 제공해 줄 수 있는 적극적인 태도	
	복지급여대상자의 다양한 개별적인 상황을 이해하는 태도	

	새로운 정보를 적극 탐색하여 맞춤형 서비스를 제공하려는 태도	
	복지급여대상자와 신뢰관계를 형성하여 자존감과 자활의지를 향상시키려는 자세	
	사회복지 전문직 기반인 윤리와 정체성을 실천현장에 적용하는 자세	
	복지급여대상자의 자존감을 회복시키려는 자세	
	복지급여대상자의 자활의지를 향상시키려는 자세	
	복지대상자에게 낙인감을 심어주지 않고 자기결정권을 행사할 수 있도록 도와주는 자세	

3. 근로능력 평가

근로능력 평가로 수급자가 급여를 받기 위해서는 일곱 가지 기본 원칙이 적용된다. 그중에서 자립지원의 원칙은 근로능력이 있는 수급자는 자활사업에 참여해야만 급여를 지급한다는 내용을 담고 있다. 수급자의 나이가 만 18세 이상 64세 이하일 경우 근로능력 없음이 인정되는 사유가 있지 않는 한 근로능력이 있는 사람으로 판정받게 되며, 반드시 자활에 대한 계획과 활동이 있어야 한다. 이렇게 자활사업에 대한 참여조건으로 급여를 지급받는 수급자를 조건부수급자라하고 만약 해당 조건을 이행하지 않을 시 조건부수급자는 생계급여를 지급받지 못하게 된다. 수급자가 질병이나 부상 등이 있어 자활할 여건이 안 된다면 근로능력 없음을 판정받아야 한다. 근로능력 없는 수급자로 판정받기 위해서는 근로능력 평가를 받아야 한다. 2015년부터 제도가 개선되어 의학적 평가와 활동능력 평가 2단계로 평가를 받는다. 나이조건에 해당되지 않는 아동 및 장애인, 중고등학생, 희귀난치성질환자, 중증질환자, 노인장기요양자라면 근로능력평가를 받지 않아도 근로능력 없는 사람으로 인정되며, 이를 제외한 기초수급자는 주민센터에 근로능력 평가신청을 해야 한다. 근로능력 평가를 받기 위해서는 수급자가 직접 신청을 해야 한다. 주민센터를 통해 근로능력 평가 신청을 하면 국민연금공단에서 진단서와 진료기록부 등을 참고하여 경증(1단계)에서 중증(4단계)에 해당되는 의학적 평가가 이루어진다. 이후 공단 직원이 직접 집으로 방문하여 15개 항목에 대한 활동능력을 평가하고, 이를 종합하여 근로능력 유무를 판정한다. 의학적 평가가 3~4단계이거나 활동능력평가의 간이평가가 3점 이하일 경우 근로능력 없음으로 인정받게 된다(http://happyyard.tistory.com/190).

구분	STEP 1	STEP 2	STEP 3	STEP 4	STEP 5	STEP 6	STEP 7
절차	근로능력 평가 신청	근로능력 평가 의뢰	의학적 평가	활동능력 평가	근로능력 평가 결과 전송	근로능력 판정	근로능력 판정 결과 통보
기준	읍·면·동 주민센터	시·군·구→ 국민연금공단	국민연금공단 (장애심사센터, 지역본부)	국민연금공단 (지사)	시·군·구→ 국민연금공단	시·군·구	시·군·구→ 기초수급자
주체	기초수급자	공무원	자문의사 공단직원	공단 직원	공단 직원	공무원	공무원

|그림 3-1| 근로능력 평가 절차

이러한 근로능력 평가의 구성은 〈표 3-29〉와 같은 책임과 역할을 바탕으로 지식과 기술 및 태도를 갖추어야 한다.

〈표 3-29〉 근로능력 평가하기

근로능력 평가
• 사회보장정보시스템을 활용하여 근로능력 판정대상자를 확인하고, 근로능력 유·무에 따른 서류 제출을 안내 • 근로능력 평가용 진단서를 제출한 대상자에 대해서는 국민연금공단에 근로능력 판정을 의뢰 • 근로능력 판정결과에 따라 조건부과, 조건제시 유예를 통해 보장자격을 변경

지식	사회복지 통합업무 안내에 대한 종합적인 지식	chapter 12. 제2절, pp. 311-314
	사회보장기본법 제3장(사회보장기본계획과 사회보장위원회)에 대한 지식	
	사회복지사업법 제4조(복지와 인권증진의 책임)에 대한 지식	
	국민기초생활보장법 제15조(자활급여), 제2장의2(자활지원)에 대한 지식	chapter 16. 제1・2・3절
	개인정보보호법 제4장(개인정보의 안전한 관리)에 관한 지식	
	국민기초생활보장사업 안내 중 근로능력 판정	chapter 3. 제8절, p. 116
	자활사업 안내	chapter 16. 제1・2・3절
	지역사회 자활실천기관에 대한 지식	chapter 16. 제1・2・3절
	희망복지지원단 업무안내의 통합사례 관리	chapter 12. 제2절, pp. 311-314
	탈빈곤에 대한 지식	
	지역사회 자활사업 프로그램과 평가에 대한 전문지식	chapter 16. 제1・2・3절
기술	자활-고용서비스 적용기술	chapter 16. 제1・2・3절
	지역사회 복지욕구에 기반한 맞춤형 복지서비스 연계 제공기술	
	공적지원 이외의 다양한 민간자활지원 연계기술	
	사회보장정보시스템(행복e음) 활용기술	chapter 12. 제2절, p. 313
	복지대상자의 개별적인 개인・가족・지역사회체계 등의 역동을 이해하는 기술	
태도	생애주기별 자활-고용복지서비스를 찾아서 제공해 줄 수 있는 적극적인 태도	
	복지급여대상자의 다양한 개별적인 상황을 이해하는 태도	
	새로운 정보를 적극 탐색하여 맞춤형 서비스를 제공하려는 태도	

	복지급여대상자와 신뢰관계를 형성하여 자존감과 자활의지를 향상시키려는 자세	
	사회복지 전문직 기반인 윤리와 정체성을 실천현장에 적용하는 자세	
	복지급여대상자의 자존감을 회복시키려는 객관적인 자세	
	복지급여대상자의 자활의지를 향상시키려는 자세	
	복지대상자에게 낙인감을 심어주지 않고 자기결정권을 행사할 수 있도록 도와주는 자세	

제9절 공공사례 관리

공공사례 관리는 통합상담 내역 기록관리에 근거한 평가사정, 유관기관 의뢰, 후원결연사항 확인, 사후서비스를 관리하는 능력이다. 사례관리는 클라이언트에게 상담, 치료 등의 직접개입과 환경에 대한 간접개입 모두를 제공한다는 점에서 환경 속의 인간을 강조하는 개별 사회사업의 전통을 이어받았다. 그러나 사례관리는 클라이언트를 기존의 프로그램에 맞추기보다는 클라이언트의 욕구에 기초한 서비스 개발과 제공을 강조하고, 단편화되고 분산된 지역사회 서비스를 조정하고 통합할 필요성 때문에 대두되었다. 이러한 공공사례 관리를 수행하기 위한 구체적인 방법으로 상담기록이력 사정, 후원결연유관기관 의뢰, 사례관리 슈퍼비전이 필요하다.

1. 상담기록이력 사정

상담기록이력 사정은 클라이언트의 문제나 관심사를 해결하기 위한 목적지향적인 과정이다. 따라서 클라이언트가 처한 상황에서 클라이언트가 처한 강점과 취약점을 평가하여 적절한 서비스를 제공하는 데 필요한 계획을 세운 과정을 확인하여야 한다. 이러한 단계에서는 문제정의 과정에서 문제가 무엇인지 충분히 파악한 후에 문제를 정의하는 것이 중요하다. 그리고 클라이언트의 강점이 균형 있게 조사되었는지 확인하는 것이 중요하다. 사정에서는 클라이언트의 신체적·심리적·사회적 기능 등이 포괄적으로 고려되었는지 점검하고 인지행동치료, 인정요법 등의 개입 후 종결단계를 거쳐야 한다. 이러한 상담기록이력 사정의 구성은 〈표 3-30〉과 같은 책임과 역할을 바탕으로 지식과 기술 및 태도를 갖추어야 한다.

〈표 3-30〉 상담기록이력 사정하기

책임과 역할		
• 객관적이고 대상자에게 적합한 정보를 수집하고 상담내용을 기록 • 대상자의 욕구에 따라 단순사례, 검증사례, 위기사례 수준 유형을 구분 • 파악된 욕구를 바탕으로 향후 개입방향을 구체적으로 설정 • 사례관리자의 전문적 판단을 추가하여 적합한 기관에 사례 의뢰		
지식	사례관리 실천	
	개인·집단 차원의 커뮤니케이션 원칙과 전략지식	
	사회복지상담 기초이론	
	개인·가족·지역사회 역동에 대한 지식	
	개인·가족대상의 사회복지실천 모델	
	개인정보보호법 제4장(개인정보의 안전한 관리)에 관한 지식	
	사회복지 통합업무 안내	chapter 12. 제2절, pp. 311-314
	희망복지지원단 업무안내의 통합사례 관리 절차	chapter 12. 제2절, pp. 311-314
	사회보장정보시스템(행복e음) 전산망 운영	
기술	사회복지실천의 지식·가치·기술 기반에 대한 전문적인 능력	

	사회복지상담에서 효과적인 직면기술을 활용한 욕구파악 능력	
	사회복지실천기술에 있어서 시작과 관계형성 기술	
	복지대상자의 사정과 개입도구를 활용한 자료수집과 가계도·생태도 작성 분석기술	
	사회복지실천에서 기록의 중요성과 용도에 대한 이해 기술	
	복지대상자의 특성과 가용자원 등을 고려한 객관적 사례관리 대상자 판정기술	
	사례관리 개입목표 수립 능력, 문제의 심각성을 감안한 우선순위 결정 기술	
	사회복지 전문적 원조관계의 기본 요소에 대한 분석기술	
	사회복지실천의 기술 기반에 대한 종합적인 슈퍼비전 기술	
	가족관계등록부 해석기술	
	사회보장정보시스템(행복e음) 활용기술	chapter 12. 제2절, p. 313
	행정정보 공동이용시스템 활용기술	chapter 3. 제11절, p. 137
	지역사회에 잠재되어 있는 복지자원에 대한 이해 기술	chapter 9. 제1·2·3절
	지역사회복지서비스 공급체계 사후관리 기술	
	Key person 활용능력	
	사례개입계획 수립능력	
태도	복지대상자의 다양한 개인·가족·지역사회 체계와 위기도를 이해하는 자세	
	복지대상자의 고유한 특성을 인정하는 실천원리와 방법을 적용하는 태도	
	복지대상자의 목적이 있는 감정표현과 통제된 정서적 반응방식을 활용하는 태도	
	사회복지 전문직의 윤리와 실천기술을 현장에서 적용할 수 있는 태도	
	복지대상자를 있는 그대로 인식하고 비밀보장의 원칙을 준수하면서 자기결정에 충실한 태도	

2. 후원결연유관기관 의뢰

후원결연유관기관 의뢰는 지역 내 소외되고 위기에 처한 클라이언트를 대상으로 클라이언트 그리고 클라이언트의 가족을 포함해 이들의 역량강화를 위하여 사례관리자가 가정에 직접 방문하여 경제적 지원을 위한 후원금품 지원에 대한 연계와 정서적 지원 제공을 위한 개별상담 및 집단활동 등 대상자 욕구를 반영하는 다양한 서비스를 연계시키는 활동이다. 이러한 후원결연유관기관 의뢰는 〈표 3-31〉과 같은 책임과 역할을 바탕으로 지식과 기술 및 태도를 갖추어야 한다.

〈표 3-31〉 후원결연유관기관 의뢰하기

책임과 역할		
• 욕구사정 평가에 따른 자원을 고려 • 대상자별 맞춤 지원방향을 계획 • 후원처의 요청에 정보제공 • 필요와 공급에 관한 지역자원을 지속 방문·관리		
지식	지역사회대상 실천기술에 대한 지식	chapter 6. 제1·2절
	지역사회의 자원동원 메커니즘에 대한 지식	chapter 9. 제1·2·3·4절
	지역사회 자원동원의 방법론에 대한 지식	chapter 9. 제4절
	사회복지공동모금회법 제18조(기부금품의 모집)에 대한 지식	chapter 18. 제3절
	사회복지 통합업무 안내에 대한 종합적인 지식	chapter 12. 제2절, pp. 311-314
	희망복지지원단 업무안내의 통합사례 관리에 대한 전문지식	chapter 12. 제2절, pp. 311-314
	사회복지사업법 제4조(복지와 인권증진의 책임)에 대한 지식	
	사회복지사업법 제2조(정의)상 개별 법령에 대한 전문지식	chapter 12. 제3절
	국민기초생활보장법 제15조(자활급여), 제2장의2(자활지원)에 대한 지식	chapter 16. 제1·2·3절

	사회복지정책 분석론의 지역사회 욕구분석에 대한 지식	chapter 7. 제3절
	지역사회복지 실천분야 관련 지식	
	사회복지 자원 DB 구축과 업데이트 지식	
	개인정보보호법에 대한 지식	
기술	지역사회 특성을 반영한 지역사회 역량강화에 대한 새로운 실천목표에 대한 기술	
	변화하는 새로운 사회환경에서 요청되는 지역사회복지 실천기술	
	지역사회서비스 욕구조정 기술	
	지역사회 내외 잠재되어 있는 복지자원 개발과 의사소통 기술	
	다양하고 복잡한 지역사회복지서비스에 대한 종합적인 이해능력과 기술	
	공적지원 이외의 민간자원복지 연계를 위한 기술	
	지역사회 주민의 욕구에 기반한 자원분석 기술	
	원스톱 맞춤형 정보제공 매칭기술	
태도	지역사회 복지자원의 중복과 누락을 방지하는 효율적 활용태도	
	복지급여대상자의 욕구와 문제해결을 위한 적절한 전략적 태도	
	생애주기별 맞춤형 복지서비스를 찾아서 제공해 줄 수 있는 혁신적인 태도	
	사회복지 전문직 기반인 윤리와 정체성을 실천현장에 적용하는 경영자세	
	복지급여대상자의 자존감을 회복시키려는 자세	
	복지급여대상자의 자활의지를 향상시키려는 자세	
	복지대상자에게 낙인감을 심어주지 않고 자기결정권을 행사할 수 있도록 도와주는 자세	
	객관적으로 자원을 배분하는 자세	
	수요자 중심의 개입 자세	

3. 사례관리 슈퍼비전

사례관리는 다양한 문제와 함께 사회적 기능수행의 어려움을 겪는 클라이언트를 대상으로 기능향상과 복지를 위해 그들의 욕구에 따라 지역사회보호서비스를 포괄적이고 체계적이며 지속적으로 전달하는 데 목적을 둔 일련의 문제해결 과정으로 통합적 사회복지실천 과정을 구체화시킨 모델로서 개념화될 수 있다. 특히 사례관리는 지역사회보호를 강조하는 지역사회 중심의 접근이라는 것이다. 전연진 등(2014)에 의하면, 슈퍼비전은 효과적으로 업무를 수행할 수 있도록 사례관리 개입 시 슈퍼바이저가 숙련된 지식과 경험, 기술 등을 제공하는 일련의 활동을 말한다. 이러한 슈퍼비전의 목적은 사례관리 실천체계의 전문성을 담보하여 유기적으로 운영될 수 있도록 기반을 마련하여 사례관리서비스의 질 향상과 슈퍼바이저(실무자)의 전문성을 제고하는 것으로 정의하고 있다. 이러한 사례관리 슈퍼비전은 〈표 3-32〉와 같은 책임과 역할을 바탕으로 지식과 기술 및 태도를 갖추어야 한다.

〈표 3-32〉 사례관리 슈퍼비전하기

책임과 역할		
• 대상자에게 가장 필요하고 적절한 서비스 제공계획을 수립 • 정기적으로 욕구를 재사정하여 탄력적으로 지원을 재조정 • 관련 전문가로 구성된 민관 자문단을 구성하고, 해결중심 솔루션위원회를 운영 • 사례관리대상자의 중단기 목표달성에 따른 서비스 점검과 사후 모니터링		
지식	개인 · 집단 · 지역사회대상 실천기술에 대한 지식	chapter 6. 제1 · 2절
	개인 · 가족 · 지역사회 역동과 체계이론에 대한 지식	chapter 4. 제1절
	사회복지실천의 욕구사정 기술 기반에 대한 지식	chapter 7. 제1 · 2 · 3절
	희망복지지원단 업무안내의 공공 통합사례 관리 절차에 대한 종합적인 지식	chapter 12. 제2절, pp. 311-314
	조직관리의 가치와 평가기준에 대한 지식	
	행정절차법 제3조(적용범위)에 대한 지식	

	사회보장기본법 제3장(사회보장기본계획과 사회보장위원회)에 대한 지식	
	사회복지사업법 제2조(정의)상 개별 법령과 정의에 대한 지식	chapter 12. 제3절
	네트워크 구성론	
	사례관리론	
	개인정보보호법에 대한 지식	
기술	개인 · 집단 · 지역사회대상 실천기술에 대한 슈퍼비전 기술	
	사회복지실천 분야의 컨설팅 전반에 대한 기술	
	대인관계 기술	
	의사소통 능력	
	민관 자문단 구성능력	
태도	지역사회 주민의 복합적인 문제해결을 위한 전문가적인 태도	
	새로운 환경변화를 충분히 적용하려는 적극적인 자세	
	한국 사회복지사 윤리강령을 준수하려는 태도	
	지역사회 문제해결을 위한 객관적이고 투명한 자세	
	경영마인드	
	협력적 태도	
	경청하는 자세와 미래지향적인 자세	

제10절 복지특이민원 관리

복지특이민원 관리는 사회복지급여 제공 결정에 따른 민원에 대해 공정하게 사무를 처리하는 것이며, 고질적으로 진정되는 민원에 대해 사후적으로 관리하는 능력이다. 어떠한 민원을 특이민원으로 규정할 것인지에 대해서는 합의된 학문적・실무적 정의가 없으나 일부 민원의 경우 공공기관의 적법한 처분에 대하여 정당한 불복절차의 범위를 넘어, 해당 공무원에 대해 폭언, 폭행, 징계요구, 무고, 허위사실 유포 등 업무방해 행위로 이해될 수 있다(윤광석・김한창・지규원, 2010). 복지특이민원 관리는 민원보고서 작성, 유관기관 공조, 민원결과보고서 작성이 요구된다.

> ※ 특이민원 형태(민원제기 방법 – 전화, 방문, 인터넷 등)
> 고성, 기물파손, 기관장 면담요구, 조롱, 읍소, 공갈협박, 구걸, 기만, 나체노출, 방화, 경상해, 중상해 등

1. 민원보고서 작성

민원보고서 작성은 지역민의 작은 목소리라도 소중히 듣고 고친다는 의미를 내포하고 있다. 이러한 민원보고서 작성은 〈표 3-33〉과 같은 책임과 역할을 바탕으로 지식과 기술 및 태도를 갖추어야 한다.

〈표 3-33〉 민원보고서 작성하기

책임과 역할
• 복지민원의 쟁점을 통해 민원인의 권리구제 사항을 파악 • 고질민원의 핵심 요구사항을 파악하여 관계법령을 적용 • 법률자문 결과를 근거로 고질민원 내용을 정리하여 종합민원보고서를 작성

지식	민원 처리에 관한 법률 제2장(민원의 처리)에 대한 지식	
	행정 효율과 협업 촉진에 관한 규정 제2장(공문서 관리 등 행정 업무의 처리)의 지식	
	부패방지 및 국민권익위원회의 설치와 운영에 관한 법률 제3조(공공기관의 책무)에 대한 지식	
	국가인권위원회법 제4조(적용범위)에 대한 종합적인 지식	
	국민권익위원회 발간 '공공부문 고질민원 대응 매뉴얼'에 대한 지식	
	개인정보보호법 제4장(개인정보의 안전한 관리)에 관한 지식	
	사회복지사업법 제2조(정의)상 개별 법령과 정의에 대한 지식	chapter 12. 제3절
	사회복지사업법 제6조의2(사회복지업무의 전자화)에 대한 지식	
	사회복지 통합업무 안내에 대한 지식	chapter 12. 제2절, p. 313
	개별적인 사회복지 자격관리 업무안내법	
	사회보장정보시스템(행복e음)의 전산운용시스템 운용에 관한 지식	
기술	각종 복지민원 사항과 연관되어 있는 법령적용 기술	
	민원보고서 작성을 위한 문서작성 기술	
	객관적이고 공정하게 문제를 해결할 수 있는 기술	
	행정정보공동이용시스템을 활용한 종합적인 정보검색 기술	
	행정절차에 따라 사실관계를 확인하고 적용할 수 있는 기술	
	확인된 자료를 소명절차를 거쳐 대상자 입장에서 권리구제를 할 수 있는 기술	
	개인정보의 안전한 관리와 보호에 관한 기술	
태도	인도주의 정신에 근거하여 서비스를 필요로 하는 자의 존엄을 유지하려는 태도	
	한국 사회복지사 윤리강령에 근거하여 주관적 판단을 배제하고 공정하게 관리하는 자세	
	사회복지 전문직 기반인 윤리와 정체성을 실천현장에 적용하는 자세	

복지대상자에게 낙인감을 심어주지 않고 자기결정권을 행사할 수 있도록 도와주는 자세	
복지민원의 문제해결을 위한 객관적이고 투명한 자세	
이해당사자의 의견을 충분히 고려하는 비심판적인 태도	
복지대상자의 입장에서 구제와 소명이 되도록 노력하는 자세	
지속적인 관심을 갖는 자세	
적극적으로 민원에 대응하는 자세	
고질민원의 입장에서 해결하는 자세	
문제해결을 위한 적극적인 자세	
공정하고 객관적인 관점	
공익을 우선하려는 자세	

2. 유관기관 공조

유관기관에서 유관(有關)은 어떤 일에 관련이 있는 기관을 말한다. 공조는 혼자보다는 둘의 의미가 내포되어 있다. 즉, 유관기관 공조는 관련 있는 기관과의 연계를 의미한다. 따라서 전문가 자문이나 사법기관, 행정기관의 협조체계를 통해 문제를 해결하려는 노력이다. 이러한 유관기관 공조는 〈표 3-34〉와 같은 책임과 역할을 바탕으로 지식과 기술 및 태도를 갖추어야 한다.

〈표 3-34〉 유관기관 공조하기

책임과 역할
• 고질민원의 정보공유를 위하여 언론기관에 보도를 의뢰 • 고질민원의 신속·공정한 처리를 위하여 법률전문가로부터 자문을 의뢰 • 사회적 조정역할을 위하여 지역사회 유관기관과 연계 • 고질민원을 전담하는 사법기관 관계부서에 상시 비상협조 체계를 구축 • 행정기관과 사법기관 간 상호 정보를 공유하여 고질민원 처리

지식	변호사법 제4장(변호사의 권리와 의무)에 대한 지식	
	법률구조법 제2조의2(국가와 지방자치단체의 책무)에 대한 지식	
	검찰청법 제4조(검사의 직무)에 대한 지식	
	경찰관 직무집행법 제2조(직무의 범위)에 대한 지식	
	신문 등의 진흥에 관한 법률 제3조(신문 등의 자유와 책임)에 대한 지식	
	언론중재 및 피해구제 등에 관한 법률 제4조(언론의 사회적 책임)에 대한 지식	
	민원 처리에 관한 법률 제2장(민원의 처리)에 대한 지식	
	행정 효율과 협업 촉진에 관한 규정 제2장(공문서 관리 등 행정업무의 처리)의 지식	
	부패방지 및 국민권익위원회의 설치와 운영에 관한 법률 제3조(공공기관의 책무)에 대한 지식	
	국가인권위원회법 제4조(적용범위)에 대한 종합적인 지식	
	국민권익위원회 발간 '공공부문 고질민원 대응 매뉴얼'에 대한 지식	
	개인정보보호법 제4장(개인정보의 안전한 관리)에 관한 지식	
	사회복지사업법 제2조(정의)상 개별 법령과 정의에 대한 지식	chapter 12. 제3절
	사회복지사업법 제6조의2(사회복지업무의 전자화)에 대한 지식	
	사회복지 통합업무 안내방법	chapter 12. 제2절, p. 313
	개별적인 사회복지 자격관리 업무안내에 대한 전문적인 지식	
	사회보장정보시스템(행복e음)의 전산운용시스템 운용에 관한 지식	
기술	각종 복지민원 사항과 연관되어 있는 법령적용 기술	
	소명절차를 거쳐 대상자 입장에서 권리구제를 하도록 이해·설득하는 기술	

	법령에 근거하여 각종 복지민원 사항과 연관되어 있는 고질민원 대응기술	
	행정절차에 따라 사실관계를 확인하고 문제해결을 위한 대응기술	
	객관적이고 공정하게 문제를 해결할 수 있는 의사소통 기술	
	행정절차에 따라 사실관계를 확인하고 적용할 수 있는 기술	
	개인정보의 안전한 관리와 보호에 관한 기술	
	지역사회 문제해결을 위한 자원동원 기술	chapter 9. 제1·2·3·4절
태도	인도주의 정신에 근거하여 서비스를 필요로 하는 자의 존엄을 유지하려는 태도	
	사회복지 전문직 기반인 윤리와 정체성을 실천현장에 적용하는 자세	
	복지대상자에게 낙인감을 심어주지 않고 자기결정권을 행사할 수 있도록 도와주는 자세	
	지역사회 기관과의 신뢰적 관계형성 유지를 위해 노력하는 자세	
	복지민원의 문제해결을 위한 객관적이고 투명한 자세	
	이해당사자의 의견을 충분히 공감하고 비심판적인 태도	
	복지대상자의 입장에서 구제와 소명이 되도록 열려 있는 사고로 임하는 자세	

3. 민원결과보고서 작성

민원결과보고서는 민원의 개요와 민원인, 민원내용 등에 대해 해석하고 회신하며 결과를 정리하는 과정이다. 이러한 민원결과보고서 작성은 〈표 3-35〉와 같은 책임과 역할을 바탕으로 지식과 기술 및 태도를 갖추어야 한다.

〈표 3-35〉 민원결과보고서 작성하기

<table>
<tr><th colspan="3">책임과 역할</th></tr>
<tr><td colspan="3">• 공조기관에 의뢰한 고질민원 법령해석 내용, 회신자료를 수집
• 수집된 자료를 근거로 관련 법률·규정 위반 여부, 민원수용 여부를 검토
• 관련 기관에서 조치한 내용을 중심으로 민원처리 결과보고서를 작성</td></tr>
<tr><td rowspan="11">지식</td><td>민원 처리에 관한 법률 제2장(민원의 처리)에 대한 지식</td><td></td></tr>
<tr><td>행정 효율과 협업 촉진에 관한 규정 제2장(공문서 관리 등 행정 업무의 처리)의 지식</td><td></td></tr>
<tr><td>부패방지 및 국민권익위원회의 설치와 운영에 관한 법률 제3조(공공기관의 책무)에 대한 지식</td><td></td></tr>
<tr><td>국가인권위원회법 제4조(적용범위)에 대한 종합적인 지식</td><td></td></tr>
<tr><td>국민권익위원회 발간 '공공부문 고질민원 대응 매뉴얼'에 대한 지식</td><td></td></tr>
<tr><td>개인정보보호법 제4장(개인정보의 안전한 관리)에 관한 지식</td><td></td></tr>
<tr><td>사회복지사업법 제2조(정의)상 개별 법령과 정의에 대한 지식</td><td>chapter 12. 제3절</td></tr>
<tr><td>사회복지사업법 제6조의2(사회복지업무의 전자화)에 대한 지식</td><td></td></tr>
<tr><td>사회복지 통합업무 안내에 대한 지식</td><td>chapter 12. 제2절, p. 313</td></tr>
<tr><td>개별적인 사회복지 자격관리 업무안내에 대한 전문적인 지식</td><td></td></tr>
<tr><td>사회보장정보시스템(행복e음)의 전산운용시스템 운용에 관한 지식</td><td></td></tr>
<tr><td rowspan="7">기술</td><td>각종 복지민원 사항과 연관되어 있는 정보수집 기술</td><td></td></tr>
<tr><td>민원보고서 작성을 위한 문서작성 기술</td><td></td></tr>
<tr><td>객관적이고 공정하게 문제를 해결할 수 있는 기술</td><td></td></tr>
<tr><td>행정정보공동이용시스템을 활용한 종합적인 정보검색 기술</td><td></td></tr>
<tr><td>행정절차에 따라 사실관계를 확인하고 적용할 수 있는 기술</td><td></td></tr>
<tr><td>확인된 자료를 소명절차를 거쳐 대상자 입장에서 권리구제를 할 수 있는 기술</td><td></td></tr>
<tr><td>개인정보의 안전한 관리와 보호에 관한 기술</td><td></td></tr>
</table>

태도	복지대상자의 입장에서 불합리한 제도와 규제를 개선하려는 적극적인 태도	
	인도주의 정신에 근거하여 서비스를 필요로 하는 자의 존엄을 유지하려는 태도	
	한국 사회복지사 윤리강령에 근거하여 주관적 판단을 배제하고 공정하게 관리하는 자세	
	사회복지 전문직 기반인 윤리와 정체성을 적용하여 자기성찰의 기회를 갖는 태도	
	복지대상자에게 낙인감을 심어주지 않고 자기결정권을 행사할 수 있도록 도와주는 자세	
	복지민원의 문제해결을 위한 민원처리 역량을 강화하는 자세	
	이해당사자의 의견을 충분히 고려하는 비심판적인 태도	

제11절 사회복지 프로그램 전산운용

사회복지 프로그램 전산운용은 사회복지 업무를 수행하기 위해 필요한 운영정보를 처리하고 사회복지 관련 소프트웨어와 하드웨어를 관리하고 운영하는 능력이다. 사회복지 프로그램 전산운용은 사회복지통합관리망 운용, 정보화능력 프로그램 운영, 시·군·구 전자관리시스템 운용이 구체적 능력으로 수행되어야 한다.

1. 사회복지통합관리망 운용

사회복지통합관리망(행복 e음)은 각종 사회복지 급여와 서비스 지원대상자의 자격 및 이력에 관한 정보를 통합관리하고 지방자치단체의 복지업무 처리를 이원하는 시스템으로, 기존 새올행정시스템(시·군·구 업무지원시스템) 중 복지분야를 분리하여 중앙에 통합구축하는 정보시스템이다. 사회복지통합관리망(행복e음)은 2010년 1월 4일 개통되었다. 사회복지통합관리망은 지방자치단체 공무원들의 복지행정 업무 처리를 지원하는 정보시스템으로서, 지방자치단체에서 집행하는 약 120여 개의 복지급여 및 서비스 이력을 개인별 및 가구별로 통합관리하게 된다. 사회복지통합관리망 운영으로, 소득·재산조사 기준의 통합, 공적자료 연계 확대, 찾아가는 서비스, 맞춤형 서비스 안내, 일괄신청 및 서류 감소, 공무원 부정소지 및 부정과 중복수급 방지 등의 효과를 기대하고 있다. 이러한 사회복지통합관리망 운용은 〈표 3-36〉과 같은 책임과 역할을 바탕으로 지식과 기술 및 태도를 갖추어야 한다.

〈표 3-36〉 사회복지통합관리망 운용하기

책임과 역할		
• 사회복지통합관리망의 구조와 관련 규정을 숙지 • 사회복지통합관리망의 통합 프로세스를 숙지 • 사회복지 대상자와 시설을 사회복지통합관리망으로 관리		
지식	개인정보보호법 제4장(개인정보의 안전한 관리)에 관한 지식	
	사회보장기본법 제3장(사회보장기본계획과 사회보장위원회)에 대한 지식	
	사회복지사업법 제2조(정의)상 개별 법령과 정의에 대한 지식	
	사회복지사업법 제6조의2(사회복지 업무의 전자화)에 대한 지식	chapter 12. 제3절
	사회복지 통합업무 안내방법	chapter 12. 제2절, p. 313
	개별적인 사회복지 자격관리 업무안내에 대한 지식	
	공공부조제도	
	새올행정시스템 운영에 관한 지식	chapter 3. 제11절, p. 131
	행정정보공동이용시스템 운용에 관한 지식	
	사회보장정보시스템(행복e음)의 전산운용시스템 운용지식	

기술	사회보장정보시스템의 통계자료 활용기술	
	사회보장정보시스템(행복e음) 운용능력과 기술	
	행정정보공동이용시스템을 효과적으로 활용할 수 있는 기술	
	행정절차에 따른 소득재산 변동자료의 사실관계를 확인하고 적용할 수 있는 기술	
	객관적이고 공정한 복지대상자의 표준화된 운용기술	
	지역사회 자체적인 사회안전망을 이해하고 적용할 수 있는 기술	
	확인된 자료를 소명절차를 거쳐 대상자 입장에서 권리구제를 할 수 있는 기술	
	개인정보의 안전한 관리와 보호에 관한 기술	
태도	한국 사회복지사 윤리강령에 근거하여 주관적 판단을 배제하고 공정하게 관리하는 자세	
	지역사회 문제해결을 위한 객관적이고 투명한 자세	
	사회보장정보시스템(행복e음) 자료를 다시 한번 확인하는 자세	
	복지대상자의 입장에서 구제와 소명이 되도록 노력하는 자세	
	지역사회의 다양한 지원체계와 역동을 이해하는 적극적인 자세	chapter 12. 제2절
	생애주기별 자활-고용복지서비스를 찾아서 제공해 줄 수 있는 적극적인 태도	
	복지급여대상자의 다양한 개별적인 상황을 이해하는 태도	
	새로운 정보를 적극 탐색하여 맞춤형 서비스를 제공하려는 태도	
	복지급여대상자와 신뢰관계를 형성하여 자존감과 자활의지를 향상시키려는 자세	
	사회복지 전문직 기반인 윤리와 정체성을 실천현장에 적용하는 자세	
	복지급여대상자의 자존감을 회복시키려는 자세	

	복지급여대상자의 자활의지를 향상시키려는 자세	
	복지대상자에게 낙임감을 심어주지 않고 자기결정권을 행사할 수 있도록 도와주는 자세	
	엄격한 개인정보 보호에 대한 자세	
	철저한 비밀유지 자세	
	전자적 기록작성을 성실히 하려는 자세	
	개인정보를 보호하려는 노력	
	신뢰성	
	공정성	

2. 정보화능력 프로그램 운영

정보화능력은 기본적인 컴퓨터를 활용하여 업무에 필요한 정보를 수집, 분석, 활용하는 능력이다. 정보화능력의 함양은 수많은 정보가 생성되고 소멸될 정도로 변화가 빠른 현대사회에서 필수적이다. 업무수행 중에 주위에 있는 모든 자료가 유용한 정보가 될 수 있는 것은 아니다. 주위에 있는 자료를 특정한 목적과 문제해결에 도움이 되도록 가공하여야 유용한 정보로서의 가치를 지닌다. 업무수행 중에 컴퓨터를 활용할 수 있는 경우는 수없이 많다. 업무의 목적과 상황을 고려하여 컴퓨터를 적절하게 활용할 수 있는 능력을 함양하여야 할 것이다. 업무를 수행하는 데 필요한 정보를 수집, 관리, 활용하는 데 앞서 어떠한 정보를 어디에서, 언제까지, 왜, 누가, 어떻게, 얼마나 수집할 것인지에 대한 전략적 기획을 수립하고 접근할 수 있는 프로그램을 습득하여 능력을 함양하는 것이 중요하다. 이러한 정보화능력 프로그램 운영은 〈표 3-37〉과 같은 책임과 역할을 바탕으로 지식과 기술 및 태도를 갖추어야 한다.

〈표 3-37〉 정보화능력 프로그램 운영하기

책임과 역할		
• 워드프로세서로 문서를 작성 • 스프레드시트 프로그램으로 데이터를 관리 • 프레젠테이션 프로그램을 활용하여 문서를 작성		
지식	개인정보보호법 제4장(개인정보의 안전한 관리)에 관한 지식	
	각종 정보화 프로그램(파워포인트, 워드프로세스, 엑셀 등)에 대한 기본적인 지식	
	사회복지사업법 제2조(정의)상 개별 법령과 정의에 대한 지식	chapter 12. 제3절
	사회복지사업법 제6조의2(사회복지 업무의 전자화)에 대한 지식	
	사회복지 통합업무 안내에 대한 지식	chapter 12. 제2절, p. 313
	개별적인 사회복지 자격관리 업무안내에 대한 전문적인 지식	
	공공부조제도에 대한 지식	
	새올행정시스템 운영에 관한 전문적인 지식	chapter 3. 제11절, p. 131
	행정정보공동이용시스템 운용에 관한 전문적인 지식	
	사회보장정보시스템(행복e음)의 전산운용시스템 운용에 관한 지식	
기술	사회보장정보시스템(행복e음) 활용기술	chapter 12. 제2절, p. 313
	행정정보공동이용시스템을 효과적으로 활용할 수 있는 기술	
	객관적이고 공정한 복지대상자의 표준화된 운용기술	
	각종 연계된 정보화 프로그램을 시의적절하게 운용·변환할 수 있는 기술	
	개인정보의 안전한 관리와 보호에 관한 기술	
태도	사회복지실천에서 기록의 중요성과 용도에 대한 엄격한 태도	
	인도주의 정신에 근거하여 서비스를 필요로 하는 자의 존엄을 유지하려는 태도	
	한국 사회복지사 윤리강령에 근거하여 주관적 판단을 배제하고 공정하게 관리하는 자세	
	지역사회 문제해결을 위한 객관적이고 투명한 자세	

	사회보장정보시스템(행복e음) 기록을 잘 보존하려는 태도	
	복지대상자의 입장에서 구제와 소명이 되도록 노력하는 자세	
	지역사회의 다양한 지원체계와 역동을 이해하는 적극적인 자세	chapter 12. 제2절
	생애주기별 자활-고용복지서비스를 찾아서 제공해 줄 수 있는 적극적인 태도	
	복지급여대상자의 다양한 개별적인 상황을 이해하는 태도	
	새로운 정보를 적극 탐색하여 맞춤형 서비스를 제공하려는 태도	
	복지급여대상자와 신뢰관계를 형성하여 자존감과 자활의지를 향상시키려는 자세	
	사회복지 전문직 기반인 윤리와 정체성을 실천현장에 적용하는 자세	
	복지급여대상자의 자존감을 회복시키려는 자세	
	복지급여대상자의 자활의지를 향상시키려는 자세	
	복지대상자에게 낙인감을 심어주지 않고 자기결정권을 행사할 수 있도록 도와주는 자세	
	철저한 비밀유지 자세	
	효율적인 업무처리를 위해 정보화 프로그램을 활용하려는 자세	
	신뢰성	
	타당성	
	조직적 사고	
	정교한 자세	
	(최신의 프로그램을 받아들일 수 있는) 학습자세	

3. 시 · 군 · 구 전자관리시스템 운용

시 · 군 · 구 전자관리시스템 운용은 시 · 군 · 구의 행정업무 중 농업, 환경 등 업무에 대하여 시 · 군 · 구 행정정보시스템(새올)을 구축하고 유지 · 관리하여 담당 공무원이 행정업무를 효율적으로 수행하도록 지원하는 것이다. 이는 시 · 군 · 구 ↔ 시 · 도 ↔ 중앙행정기관 간 정보연계를 통해 대민을 위한 신속 · 정확한 민원서비스 제공 및 기관 간 자료수집 보고 등 신속한 업무처리가 가능하도록 지원하는 것이다. |그림 3-2|는 시 · 군 · 구 (새올)행정정보시스템 개념도를 나타낸 것이다.

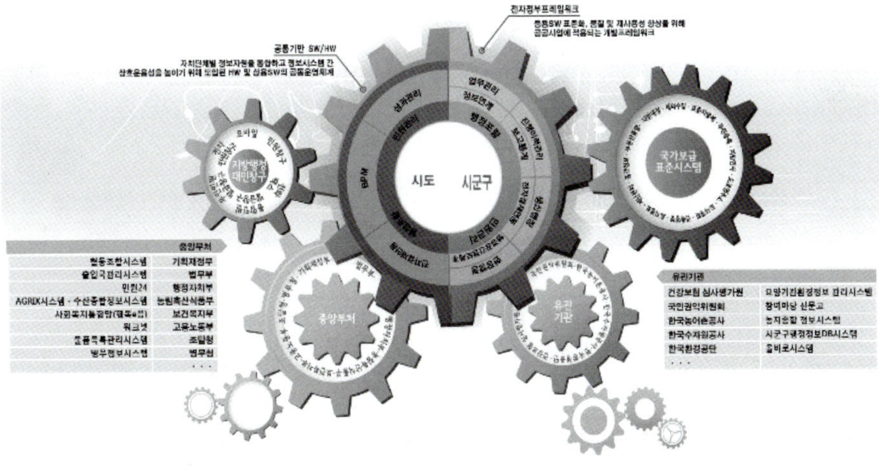

|그림 3-2| 시 · 군 · 구 (새올)행정정보시스템 개념도

주 : 재정, 인사, 세정, 건설, 건축, 재난재해, 차량, 주민, 호적, 복지업무는 관련 중앙행정기관에서 별도추진
출처 : 한국지역정보개발원(http://www.klid.or.kr).

이러한 시 · 군 · 구 전자관리시스템 운용은 〈표 3-38〉과 같은 책임과 역할을 바탕으로 지식과 기술 및 태도를 갖추어야 한다.

〈표 3-38〉 시·군·구 전자관리시스템 운용하기

<table>
<tr><th colspan="3">책임과 역할</th></tr>
<tr><td colspan="3">• 전자시스템으로 공문을 관리
• 사회복지 급여와 보조금을 e호조 시스템으로 관리
• 자원봉사자를 VMS로 관리</td></tr>
<tr><td rowspan="11">지식</td><td>자원봉사 관련 VMS 시스템 매뉴얼에 대한 전문적인 지식</td><td></td></tr>
<tr><td>개인정보보호법 제4장(개인정보의 안전한 관리)에 관한 지식</td><td></td></tr>
<tr><td>사회보장기본법 제3장(사회보장기본계획과 사회보장위원회)에 대한 지식</td><td></td></tr>
<tr><td>사회복지사업법 제2조(정의)상 개별 법령과 정의에 대한 지식</td><td>chapter 12. 제3절</td></tr>
<tr><td>사회복지사업법 제6조의2(사회복지 업무의 전자화)에 대한 지식</td><td></td></tr>
<tr><td>사회복지 통합업무 안내에 대한 지식</td><td>chapter 12. 제2절, p. 313</td></tr>
<tr><td>개별적인 사회복지 자격관리 업무안내에 대한 전문적인 지식</td><td></td></tr>
<tr><td>지방재정시스템(e호조) 운용매뉴얼에 대한 지식</td><td></td></tr>
<tr><td>새올행정시스템 운영에 관한 전문적인 지식</td><td></td></tr>
<tr><td>행정정보공동이용시스템 운용에 관한 전문적인 지식</td><td></td></tr>
<tr><td>사회보장정보시스템(행복e음)의 전산운용시스템 운용에 관한 지식</td><td></td></tr>
<tr><td rowspan="8">기술</td><td>사회보장정보시스템의 운용 및 활용기술</td><td></td></tr>
<tr><td>계속적으로 고도화되는 사회보장정보시스템(행복e음) 운용매뉴얼 습득기술</td><td></td></tr>
<tr><td>행정정보공동이용시스템을 효과적으로 활용할 수 있는 기술</td><td></td></tr>
<tr><td>문서관리 능력과 기술</td><td></td></tr>
<tr><td>객관적이고 공정한 복지대상자의 표준화된 운용기술</td><td></td></tr>
<tr><td>지역사회 자체적인 사회안전망을 이해하고 적용할 수 있는 기술</td><td></td></tr>
<tr><td>확인된 자료를 소명절차를 거쳐 대상자 입장에서 권리구제를 할 수 있는 기술</td><td></td></tr>
<tr><td>개인정보의 안전한 관리와 보호에 관한 기술</td><td></td></tr>
</table>

태도	실시간 사회보장정보시스템(행복e음)을 적극적으로 이해하는 태도	
	철저하게 개인정보의 보호와 안전한 관리를 유지하려는 태도	
	사회복지 전문직 기반인 윤리와 정체성을 실천현장에 적용하는 자세	
	인도주의 정신에 근거하여 서비스를 필요로 하는 자의 존엄을 유지하려는 태도	
	한국 사회복지사 윤리강령에 근거하여 주관적 판단을 배제하고 공정하게 관리하는 자세	
	지역사회의 다양한 지원체계와 역동을 이해하는 적극적인 자세	chapter 12. 제2절
	생애주기별 자활-고용복지서비스를 찾아서 제공해 줄 수 있는 적극적인 태도	
	복지급여대상자의 다양한 개별적인 상황을 이해하는 태도	
	새로운 정보를 적극 탐색하여 맞춤형 서비스를 제공하려는 태도	
	복지급여대상자와 신뢰관계를 형성하여 자존감과 자활의지를 향상시키려는 자세	
	복지급여대상자의 자존감을 회복시키려는 자세	
	복지급여대상자의 자활의지를 향상시키려는 자세	
	복지대상자에게 낙인감을 심어주지 않고 자기결정권을 행사할 수 있도록 도와주는 자세	
	행정절차를 준수하려는 자세	
	신뢰성	
	타당성	
	합리적인 사고	
	해박한 지식	
	정교한 자세	

참고 능력단위별 능력단위 요소

능력단위(수준) (분류번호)	능력단위 요소	수준
지역사회복지계획(6) (0701010301_14v1)	복지계획 수립 설계하기(0701010301_14v1.1)	6
	지역사회 수급 진단하기(0701010301_14v1.2)	4
	지역사회 의견 반영하기(0701010301_14v1.3)	5
	계획 평가하기(0701010301_14v1.4)	6
복지예산 관리(6) (0701010302_14v1)	사업계획서 작성하기(0701010302_14v1.1)	5
	예산 편성하기(0701010302_14v1.2)	6
	예산 집행하기(0701010302_14v1.3)	5
	결산하기(0701010302_14v1.4)	6
사회복지기관 지원관리(6) (0701010303_14v1)	법적 요건 준수하기(0701010303_14v1.1)	4
	보조금 지원하기(0701010303_14v1.2)	4
	지도・감독하기(0701010303_14v1.3)	5
	사회복지기관 컨설팅하기(0701010303_14v1.4)	6
자원발굴 민관협력(6) (0701010304_14v1)	지역사회 자원 개발하기(0701010304_14v1.1)	6
	자원 유지・관리하기(0701010304_14v1.2)	5
	민관협의체 구성하기(0701010304_14v1.3)	6
대상자 발굴조사(4) (0701010305_14v1)	가정방문하기(0701010305_14v1.1)	3
	전화상담하기(0701010305_14v1.2)	4
	인적자원망 활용하기(0701010305_14v1.3)	4
	발굴조사 내용 기록하기(0701010305_14v1.4)	3

복지대상자 지원(4) (0701010306_14v1)	복지 상담하기(0701010306_14v1.1)	3
	서류 관리하기(0701010306_14v1.2)	3
	자신 조사하기(0701010306_14v1.3)	3
	복지급여 지원하기(0701010306_14v1.4)	4
자활자립 지원(5) (0701010307_14v1)	자활지원계획 수립하기(0701010307_14v1.1)	5
	맞춤형 정보 제공하기(0701010307_14v1.2)	5
	자립지원서비스 제공하기(0701010307_14v1.3)	4
자격변동 관리(4) (0701010308_14v1)	인적정보 관리하기(0701010308_14v1.1)	3
	소득재산 관리하기(0701010308_14v1.2)	3
	근로능력 평가하기(0701010308_14v1.3)	4
공공사례 관리(7) (0701010309_14v1)	상담기록이력 사정하기(0701010309_14v1.1)	5
	후원결연유관기관 의뢰하기(0701010309_14v1.2)	6
	사례관리 슈퍼비전하기(0701010309_14v1.3)	7
복지특이민원 관리(7) (0701010310_14v1)	민원보고서 작성하기(0701010310_14v1.1)	6
	유관기관 공조하기(0701010310_14v1.2)	7
	민원결과보고서 작성하기(0701010310_14v1.3)	6
사회복지 프로그램 전산운용(3) (0701010311_14v1)	사회복지통합관리망 운용하기(0701010311_14v1.1)	3
	정보화능력 프로그램 운영하기(0701010311_14v1.2)	3
	시・군・구 전자관리시스템 운용하기(0701010311_14v1.3)	3

주 : 8수준(박사), 7수준(석사), 6수준(학사), 4~5수준(전문학사), 3~4수준(특성화 고졸)으로 숫자가 높을수록 고급수준을 의미한다.

Chapter 04

지역사회복지의 기본 이론들

이론은 실천을 위한 뼈대로서 지역사회의 교환행동이나 힘의 관계를 이해하도록 도와준다. 뼈대인 이론은 실천인 살을 붙이는 데 중요하다. 지역의 사회현상을 체계적으로 설명하고 예측하기 위해 필요하다. 아무리 어려운 이론이라 할지라도 그 근본 요소로서의 개념을 잘 이해하고 개념 간의 연관성을 파악하면 이론을 이해할 수 있다. 이론은 지역사회복지실천가들이 지역사회에 개입하여 지역사회를 바라보는 관점과 그 지역사회에 영향을 미치는 다양한 요소들 사이의 관계를 이해하고 지역주민의 삶의 질을 개선하거나 향상시킬 수 있는 실천모델을 결정하는 데 중요한 근거로서 작용할 것이다. 이 장에서는 지역사회복지실천을 이해하는 데 도움을 주는 지역사회를 설명하는 이론으로 사회체계이론, 생태체계이론, 힘의존이론, 인간행동이론, 사회학습이론, 갈등이론, 사회교환이론 그리고 지역사회의 기능을 설명하는 이론으로 사회격리이론, 사회비조직화이론, 거주지분리이론, 기타의 이론들을 살펴보고자 한다.

제1절 지역사회를 설명하는 이론들

1. 사회체계이론

사회체계이론은 우리가 살고 있는 사회적 환경 안에 존재하는 다양한 형태의 인간공동체에 적용할 수 있는 사회조직의 모형이다. 따라서 인간행동에 영향을 미치는 다양한 체계수준, 즉 개인과 가족 그리고 조직을 포함하는 소집단 및 지역사회와 같은 보다 넓은 사회체계에 관점을 두고 있으며 인간과 환경 사이의 상호작용을 강조하고 있다.

1) 사회체계의 개념적 관점

사회는 일정한 경계가 설정된 영토에서 종교와 가치관, 규범, 언어, 문화 등을 상호 공유하고 특정한 제도와 조직을 형성하여 질서를 유지하고 성적 관계를 통하여 성원을 재생산하면서 생활하고 존속하는 인간집단이다. 우리는 이러한 사회생활 속에서 체계(system)라는 말을 빈번히 사용하고 있다. 체계는 원래 인간 신체 내부의 기능을 설명하는 의학분야에서 대두되었다고 볼 수 있다. 즉, 인간 신체 내부의 골격체계, 근육체계, 순환기체계, 내분비체계 등과 연관된 기능을 설명하는 이론으로 출발하였다. 이후 체계는 자연과학의 영역이나 그 응용분야 그리고 사회과학 분야에 이르기까지 학문 간 경계를 넘나들며 광범위하게 쓰이는 개념으로 확대되었다. 체계는 상호작용하고 있는 요소의 복합체이다(Bertalanffy, 1968). 그리고 체계가 가지고 있는 기능의 측면을 보다 구체적으로 설명하고 있는 카우프만(Kauffmann, 1972)은 하나의 시스템은 전체로 기능하기 위해 서로에게 영향을 주는 부분들의 모음으로서, 필요에 의하여 요구되는 결과 또는 산출을 달성하기 위해 함께 작용하면서 동시에 독립적으로 작용하는 부분들의 총체라고 보고 있다. 지역사회의 전체 사회체계는 크고 작은 하위체계로 구성되어 있고, 이들은 서로 연결되어 있으며 지역사회는 이들이 상호작용하는 부분들의 합으로서, 또 하나의 전체로서 살아 있는 개방체계를 이루고 있다고 본다. 즉, 사회체계의 한 부분이 변화를 하면 다른 부분도 이것에 영향을 받고, 그 변화가 다시 처음의 변화에 영향을 준다. 또한 사회체계는 체계를 둘러싸고 있는 환경과 차이를 만들고 유지하면서 스스로를 보존한다. 결국 지역에서의 사회체계란 사회적으로 상호 의존적이고 상호작용하는 부분들로 구성된 전체, 즉 부분들 간에 관계를 맺고 있는 일련의 단위들로 정의된다. 다시 말해, 서로 상호작용하는 요소들의 집합이라고 볼 수 있다.

2) 사회체계의 기본 가정

사회체계의 기본적인 가정은 한 단위 혹은 전체를 이루는 상호 관련된 성원들로 이루어진다. 사회체계의 성원들 간에는 고도의 상호 의존과 조직이 있다. 사회체계 간의 상호 의존과 상호작용이 있으며, 적응적 혹은 목표지향적이다. 사회체계의 한 성원에게 일어난 변화는 전체 사회체계의 특성에 영향을 미치고 체계의 구조에 불균형이 일어나면 체계를 움직이는 사회체계 내의 변화 혹은 사회체계를 넘어서는 범위로부터의 변화에서 균형을 재수립하려는 시도가 이루어진다.

3) 사회체계의 구조적 특성

사회체계의 구조는 그것이 가지고 있는 특성에 따라 개방체계, 폐쇄체계로 나눌 수 있다. 개방체계는 어떤 시스템이 그를 둘러싸고 있는 환경과 물질, 에너지, 정보 등을 교환하거나 거래하는 경우의 체계를 말한다. 이러한 시스템의 경계는 투과성을 가지고 있어서 그에 속하지 않는 실재물의 집합이 시스템의 상태에 영향을 주거나 받는 상황이 가능하다. 폐쇄체계는 마치 밀폐용기처럼 어떤 시스템의 경계가 투과성이 없어서 시스템이 환경에서 유리되고 고립되어 물질과 에너지 그리고 정보 등이 교환되거나 거래되지 않는 닫힌 시스템을 말한다. 그러나 사회체계는 완전한 개방체계나 완전한 폐쇄체계는 존재하지 않으며 개방체계와 폐쇄체계의 연속선 사이에 위치한다.

4) 사회체계의 경계와 공유영역

사회체계의 경계는 외부의 사회환경으로부터 대상체계를 구분해 주는 일종의 테두리이다. 전체 사회체계는 부분체계, 상위체계와 하위체계를 구분하는 것도 경계에 의해서 이루어진다. 경계는 체계와 체계 사이에 이루어지는 상호교류의 특징을 구분해 주기 때문에 체계의 독특성 혹은 정체성을 유지하는 기능을 한다. 그리고 공유영역은 두 개의 체계가 함께 공존하는 곳으로 체계 간의 교류가 일어나는 곳이다. 어떤 대상체계가 상위체계나 하위체계와 교류하면서 만들어지는 독특한 상호작용의 유형 또는 공유된 경계이기도 하다. 경계와 공유영역이 다른 점은 경계가 체계의 정체성을 유지하기 위해 필요한 것이라면 공유영역은 서로 다른 두 체계가 공통의 이익이나 관심을 추구하기 위해 필요하다는 점이다.

5) 사회체계의 행동적 특성

사회체계를 둘러싼 상호작용은 역동적이며 쌍방적인 과정이다. 체계를 설명하는 행동적 특성에는 투입과 전환, 산출, 피드백과 균형과 항상성 등의 특성이 있다. 투입은 환경으로부터 에너지와 정보를 받아들이는 것이다. 모든 체계는 과업 관련과 유지 관련 투입을 필요로 한다. 과업 관련 투입은 지각된 욕구, 문제, 혹은 기회에서 대상체계가 관심을 갖는 영역에서 발생한다. 그리고 유지 관련 투입은 체계가 지각된 욕구를 충족시키거나 문제를 다루고, 기회를 모색하거나 이용하기 위해 필요로 하는 자원이다. 전환은 투입을 산출로 변환시키기 위한 체계가 가지고 있는 구조적 배열을 말한다. 구조적 배열은 구조와 기능으로 구성되는데, 구조는 체계들 사이에 또는 체계 내의 사회적 기능수행에 영향을 미치는 공식적이며 비공식적 형태를 말한다. 기능은 체계가 목표달성을 위해 상호작용하는 실제 행동이다. 이러한 실제 행동들로 체계 내에서 일어나는 상호작용을 수평적 상호작용이라 하며, 경계를 넘어 두 체계 사이에 발생하는 상호작용을 수직적 상호작용이라고 한다. 산출은 투입된 자원을 전환과정을 통해 내놓은 결과물이다. 과업 관련 투입은 유지 관련 투입으로 가동되는 전환과정을 통해 산출을 낳게 된다. 산출은 과업산출, 유지산출, 소모로 분류된다. 과업산출은 관련 투입이 처리된 결과, 유지산출은 체계의 통합과 관련, 소모는 과업산출과 유지산출을 낳는 과정에서 자원을 비효과적·비효율적으로 혹은 부적절하게 사용한 것을 말한다. 피드백은 크게 부정적인 것과 긍정적인 것으로 나뉘는데, 부정적인 피드백은 체계가 목표로 성취하기 어려운 방식으로 행동하고 있다는 정보를 주어서 목표와 조화를 이루도록 행동을 수정하게 하고 긍정적인 피드백은 체계가 목표와 관련하여 적절하게 행동하고, 그 같은 행동이 더욱 요청된다는 의미를 전달하는 것이다. 균형은 주로 폐쇄체계에서 나타난다. 외부와의 교류나 체계의 구조변화가 거의 없는 고정된 평형상태를 말한다. 균형은 최소의 시련과 방해를 요구하며 환경과의 최소의 상호 교환을 추구한다. 항상성은 균형보다 일정한 수준의 개방체계를 전제로 한다. 체계가 갖는 변화와 유지라는 두 가지 기능 중에서 항상성은 체계의 일관성을 유지하려는 기능이다. 항상성은 변화보다는 유지의 속성이 먼저 나타난다. 따라서 체계의 일관성을 유지하기 위해 체계는 일정한 범위 안에서만 변화하게 된다. 이러한 범위를 항상성의 범위라고 한다. 항상성의 범위는 체계가 자신의 모습을 일정하게 유지하기 위해서 필요한 체계 자체의 변화의 폭을 말한다.

6) 지역사회복지실천으로의 적용

사회체계이론은 사회복지실천현장에서 문제현상을 사정하고 평가하는 이론적 기준의 틀로 인식되고 있다. 이는 기존 실천모델을 적용하기에 앞서 문제를 명확히 파악하여 문제해결을 위해서 어떤 모델이 가장 적합할 것인가를 판단하고 선택하는 데 도움을 주고 있다. 그리고 지역사회 내의 문제나 대상 집단의 욕구를 해결하는 데 있어 지역사회를 둘러싼 다양한 체계를 함께 볼 수 있는 거시적 맥락에서의 안목을 제공하여 준다. 그리고 사회체계, 하위체계들 내부의 문제뿐만 아니라 각 체계와의 상호작용 과정에서의 문제점을 파악하는 데 유용하다. 지역사회복지실천에서 사회체계이론의 유용성을 살펴보면 다음과 같다.

첫째, 사회체계이론은 문제를 사정할 때 문제와 관련된 많은 체계들을 접촉하여 정보를 얻기 때문에 과거 개인에 의존했던 정보수집보다 더 다양하고 객관적인 정보를 얻을 수 있다.

둘째, 사회체계이론은 사회복지사들이 클라이언트를 돕기 위해 다양한 체계의 사람들과 일할 수 있으며 다양한 실천모델을 적용할 수 있다.

셋째, 사회체계이론은 각 체계들 간의 일관성과 상호성 그리고 갈등의 정도와 상태를 규명할 수 있는 개념을 제공한다.

넷째, 사회체계이론은 사회복지사들이 클라이언트에게 접근할 때 전체 환경을 대상으로 접근하기 때문에 개입 후에도 그러한 이론이 클라이언트를 위한 지지체계로 활용될 수 있다.

사회체계이론은 총체로서의 지역사회와 지역사회 하부체계 간의 상호작용에 의한 변화를 이해하는 데 중요한 역할을 한다. 지역사회와 연관하여 체계는 순응과 사회통합, 형태유지 그리고 목적성취의 기능이 있다(Parsons, 1971; Knuttila, 1989; Smith & Norlin, 2005). 환경의 요구에 대한 순응은 지역사회의 기능에 필요한 자원획득과 관련된 지역경제 체계의 능력을 의미한다. 그리고 사회통합은 지역사회의 가치와 특정 행동유형을 지역사회 주민들이 받아들이는 과정을 의미하며 사회통제의 기능과도 관련 있다. 사회형태 유지는 지역사회 내의 공통된 가치나 행동의 전승과 같은 사회화 과정을 의미한다. 목적달성은 목적성취에 필요한 여러 자원을 사용할 수 있는 능력을 의미한다.

사회체계이론에서 보면 지역사회도 하나의 사회체계이다. 지역사회 내의 정부와 지방자치단체, 학교, 종교, 가족, 병원, 사회복지 시설 등 많은 하위체계들이 존재한다. 즉, 지역사회가 다양한 구조를 이루고 조직되며 그 속에서의 지위나 역할이 서로 다른 사람들과 결합하여 집단을 이루고 지역사회 집단은 사회제도를 구성하여 조직의 기능과 구조를 갖추고자 노력한다. 앞서 살펴본 지역사회에서의 지역사회 기능을 지역사회의 하위체계들과 접목시켜 보면 〈표 4-1〉과 같이 구분할 수 있다(Warren, 1978).

〈표 4-1〉 지역사회의 주요 기능과 하위체계들

주요 기능	지역사회 하위체계
생산 · 분배 · 소비	지역경제 관련 체계
사회화	가족, 학교 및 교육체계, 종교단체
사회통제	지역행정조직, 사법체계, 종교단체
사회통합	지역 내 공식단체, 비공식 모임
상부상조	공적 사회복지조직, 비영리 조직, 비공식 지지망

7) 사회체계이론의 한계와 문제점

사회체계이론은 지역사회를 잘 짜여 있는 유기체로 보고 있으나 현실적으로 지역사회는 그렇지 않기 때문에 이론을 적용하기에는 어려움이 있다. 그리고 지역사회를 균형과 유지에 초점을 맞추고 있어 지역사회의 변화와 갈등을 설명하는 데 한계가 있다.

2. 생태체계이론

사회과학과 행동과학의 지식은 생태체계이론이라는 이론적 틀을 통해 사회복지실천에 적용된다. 생태체계이론은 일반체계이론과 생태학이론을 결합한 것으로 하나의 이론이라기보다는 다양한 이론들과 결합할 수 있는 시각 혹은 관점의 개념으로 이해할 수 있다. 생태체계이론은 일반체계이론의 주요 개념들을 그대로 받아들이면서, 그 이론이 가지는 한계점을 극복하기 위해 생태학적 관점을 도입한 통합적 이론이다. 이 생태체계이론은 인간과 환경의 상호작용에 대한 사회복지사의 관점을 중시한다.

1) 생태체계의 개념적 관점

생태체계의 이론적 관점은 흔히 생태체계론(eocosystems), 생태적 체계론(ecological systems), 생태적 관점(ecological perspective) 등과 호환되어 사용되는 것으로서 체계적 관점(Bertalanffy, 1967)과 생태적 관점(Auerswald, 1968)이 합성된 것이라 할 수 있다. 브론펜브레너(Bronfenbrenner, 1979)는 인간발달 과정을 분석하는 가운데 체계론적 관점을 확대하여 생태적 체계(ecological systems)라는 용어를 사용하였고, 이 용어는 저메인과 기터맨(Germain & Gitterman, 1980)이 생활모델(life model)이라는 그들의 사회복지실천 모델을 제시하는 가운데 생태체계 모델(eco-systemic model)을 도입하면서 사회복지실천에 자리 잡게 되었다.

생태체계는 인간과 물리적 및 사회적 환경 사이의 상호교환을 개념화하는 현재의 접근들을 대표한다(Germain, 1979; Siporin, 1980; Germain & Gitterman, 1987). 또한 이 관점은 인간행동에 대한 다양한 이론을 통합하고 있다. 특히 생태 일반체계이론의 개념들을 통합하고 있다. 생태체계 관점은 인간과 환경은 서로 분리되어 있는 것이 아니라 지속적인 상호 교류 안에서 존재하는 하나의 체계로 본다. 시포린(Siporin, 1980)은 이러한 관계를 인간과 물리적-사회적-문화적 환경의 상호작용 과정과 자원의 상호 보충적인 교환과정으로 이해해야 한다고 제시한다. 따라서 생태체계 관점은 인간과 환경이 어떻게 서로 영향을 주고받는지를 보여주는 준거 틀을 제공해 준다. 또한 이 관점은 상황적 · 환경적 맥락에서 클라이언트 체계를 보기 때문에 사정과 계획단계에 유용한 관점이다. 다음에서는 생태체계 관점에 근거한 인간관, 부적응 및 변화에 대한 관점, 사회체계에 대한 이해, 개입을 위한 준거 틀을 중심으로 살펴보기로 하겠다.

(1) 생태체계이론의 인간관

생태체계이론에서의 인간관은 인간을 매우 복잡한 존재로 본다. 인간은 사고하고 감정을 가지고 행동을 하는 생물학적이고 심리학적이며 영적이고 사회문화적 존재로서 환경을 구성할 뿐 아니라 환경에 의해 영향을 받는 상호교환적인 위치에 있다. 따라서 생태체계이론에서의 인간관은 한마디로 '환경 속의 인간'이라는 전체적 인간관을 가지고 있다. 이 관점은 인간에 대해 낙관론적 시각을 가지고 있다. 즉, 인간과 환경은 지속적인 상호작용과 상호교환을 통하여 서로에게 영향을 미치고 서로를 형성하며 상호 적응하는 호혜적 관계를 유지한다고 본다(김동배 · 권중돈, 1998). 또한 생태체계이론에서 인간의 발달은 진화적 시간에 따른 유전적 변화뿐 아니라 성숙 및 선택 과정에 의해 형성된다고 본다. 인간은 환경과의 상호교류를 지지 혹은 방해하는 유전적 잠재력을 가진 것으로 보며, 인간행동은 성장하는 개인과 환경 사이의 상호작용의 산물로서 이해한다.

(2) 생태체계이론의 행동 및 부적응에 대한 관점

생태체계이론에서 현재의 행동은 인간과 환경 모두의 상호 이익을 찾는 과정에서 나타나는 것으로 본다. 즉, 모든 개인과 사회체계가 자원과 욕구 사이의 상호 이익을 달성할 수 있는 균형점에서 인간은 행동의 동기가 유발되어 행동이라는 실체로 구체화된다는 것이다. 인간이 환경과의 적응적인 조화를 이루고자 하는 이러한 활동적인 노력은 적합성(goodness-of-fit)으로 나타난다(Germain, 1979). 따라서 생태체계 관점에서 부적응이란 존재하지 않는다. 모든 인간행동은 내적인 욕구와 환경적인 욕구 사이의 조화를 찾기 위한 적응과정으로 보고 있기 때문에, 어떤 행동도 부적응 행동으로 규정할 수 없다. 그러므로 부적응적인 결과 혹은 수용되기 어려운 행동이 나타난다고 할지라도, 적어도 그 환경 안에서는 적응적인 것이며, 모든 행동은 그 상황 안에서는 의미가 있는 것이다. 이러한 시각은 부적응자를 일탈자로 낙인화함으로써 개인과 환경의 상호 책임성을 간과하고, 개인적 관점에서 클라이언트가 비난의 대상이 되었던 전통적인 부적응적 관점과는 명백히 구분되는 것이다.

그러므로 생태체계이론에서의 문제는 환경적인 자원의 유무와 관련된 것이다. 부적응적인 행동은 환경 안에서의 체계와 자원 조정을 통하여 변화될 수 있다고 본다. 따라서 이 관점에서 부적응에 대한 클라이언트 낙인 혹은 비난은 없으며, 문제행동은 물리적·사회적 환경과 클라이언트 간의 상호작용의 산물이기 때문에 변화 가능한 것으로 간주한다.

(3) 생태체계이론의 변화에 대한 관점

생태체계이론은 변화에 대해 개방적이다. 클라이언트의 문제행동이 환경과의 상호작용, 특히 클라이언트의 내적 욕구와 환경의 자원 간의 불일치에서 비롯된다고 보고 있다. 따라서 변화를 위한 다양한 가능성이 존재하는 것으로 본다. 클라이언트가 가진 어떠한 문제도 클라이언트 자신의 책임으로 보지 않고 클라이언트를 둘러싸고 있는 환경과의 상호작용의 산물로서 본다. 예를 들어, 중증의 장애노인에 대한 보호부담으로 인하여 소진과 우울증을 호소하는 클라이언트(장애노인의 자녀)가 있다고 하자. 이 경우 생태체계 관점은 자녀 자신의 정신건강을 위한 상담서비스 이외에도 자를 둘러싼 환경 안에서 노인에 대한 보호부담을 감소할 수 있는 다양한 자원체계와 요양서비스, 가사도우미 등과 연결을 시도할 수 있다. 즉, 사회복지사가 클라이언트의 문제를 해결함에 있어 클라이언트 개인의 체계에 국한해서 문제를 바라보지 않고, 더 큰 체계와의 역동적인 상호작용에 대한 충분한 이해를 통하여 더 큰 맥락 안에서 문제를 사정하고 개입 틀을 제시해야 한다. 따라서 생태체계 관점을 가진 사회복지사에게 있어 모든 수준의 사회적 체계가 클라이언트일 수 있다. 이들 체계 수준은 클라이언트 체계의 변화라는 목표달성을 위해 모두 선택될 수 있다. 그러므로 생태체계 관점을 가진 사회복지사는 병리보다는 강점에 초점을 두고 클라이언트와 파트너십을 형성하여 개인과 환경 간의 상호작용에 개입함으로써 변화를 위한 가능성을 확대하고자 하게 된다.

2) 지역사회복지실천이론으로의 적용

생태체계이론은 지역사회가 변화에 순응하면 살아남고 순응하지 못하면 도태된다는 자연의 섭리를 강조한다. 결국 지역사회구성원들과 지역체계는 지역사회를 둘러싼 환경과 상호 행동하고 환경에 적응하며 환경을 변화시킬 수 있지만 환경에 적응하지 못하는 지역체계나 지역의 구성원들은 자연적으로 도태된다는 것이다. 지역사회복지에서 생태체계이론을 적용하면, 인구의 이동, 이민과 이주, 지역의 성장과 역동성 등의 변화를 파악하는 데 용이하다.

3) 생태체계이론의 한계와 문제점

생태체계이론은 환경에 대한 적응으로서 체계의 안정성을 지향한다. 결국 문제가 되는 환경에 대한 저항이나 변화를 적극적으로 추구하지 않으면서 자연적으로 해결된다고 보아 지역사회 문제의 원인과 효과를 분석하는 데 한계를 내포하고 있다.

3. 힘의존이론

힘의존이론(power-dependence theory)은 사회복지서비스 조직들이 생존의 차원서 외부 재정적 지원에 의존할 수밖에 없다는 전제에서 출발한다. 힘의존이론은 지역주민이나 집단 또는 조직의 물리적이고 정치적이며 경제적인 힘의 소유 여부가 지역사회의 발전에 중대한 영향을 미친다는 것을 강조하는 이론이다. 따라서 힘의존이론은 지역사회의 역량을 강화하는 이론적 기초로서 힘의 소유가 지역사회의 발전에 매우 중요한 점이라는 것을 강조한다는 측면에서 힘의 균형을 기초로 하는 민관협의 체제의 역할을 설명하는 데 있어 매우 중요한 이론적 기초를 제공한다.

1) 힘의존이론[1]의 개념적 관점

힘의존이론은 네트워크상에서 힘을 가장 잘 설명하고 있으며 사회적 교환이론 및 자원의존이론과 밀접한 관련이 있다(Emerson, 1972; Cook, Emerson, Gilmore & Yamagishi, 1983). 힘의 관계는 사회적 삶에 있어서 핵심을 이룬다. 아래의 등식과 같이, 힘은 철수가 선호하는 행동에 대한 길동의 저항을 극복할 수 있는 능력을 의미한다. 결과적으로 철수의 힘은 길동의 의존과 동등한 개념으로 볼 수 있다. 즉, 길동에 대한 철수의 힘(power)은 철수에 대한 길동의 의존(dependence)과 같은 개념으로 이해할 수 있다. 철수와 길동이가 특정 자원에 대해 동등하게 상호 의존적일 경우, 그들은 상호 권력균형(power balance)의 상태에 있게 된다. 이러한 관점은 힘을 의존관계로 이해해 하나의 사회적 행위자가 다른 행위자의 행태를 결정하게 됨을 보여준다. 이러한 측면에서 힘의존이론은 사회적 혹은 경제적 힘의 관계를 설명하는 데 있어서의 기초를 제공하게 된다(Thorelli, 1986).

> Power(철수) – 길동 = Dependence(길동) – 철수

힘과 관련하여 일부의 학자들은 상반된 견해를 밝히고 있다. 힘은 교환관계에서 비효율적이며 교환의 실패를 유도할 수도 있다(Morgan & Hunt, 1994). 반면에 힘이 불평등한 교환관계와 안정적인 상호 연대를 형성하는 데 균형을 맞추어 주는 역할을 할 수 있기 때문에 힘을 필요한 요소로 주장하고 있다(Blodgett, 1992). 힘(power)은 자원이 풍부한 사람과 자원이 빈약해 도움을 받아야 하는 사람들 사이의 돕는 관계에 내재해 있다(Blau, 1964). 힘의존이론은 지역 안에 존재하는 조직들이 어떻게 힘(power)을 얻고 또 분산시키는지를 조사하는 데 사용된다. 사회봉사조직은 생존을 위해 자원의 수납에 의존한다. 조직은 생존을 위해 외부의 기부자(donor)로부터의 계약 또는 협약(contracts)과 수여금(grants)에 의

---

1) 권력의존이론이라고도 불린다. 권력은 강제력의 성격이 강하여 여기에서는 힘으로 통일하기로 한다.

존해야만 한다. 지역사회 내에 존재하는 조직들이 힘이나 권력을 갖든지 또는 힘이나 권력에 의존함으로써 지역복지가 성장 가능하다는 것을 강조한다.

2) 힘의존이론의 지역사회복지실천에의 적용

사회복지서비스 조직들은 생존의 차원에서 외부 재정적 지원에 의존할 수밖에 없다는 전제에서 출발한다. 많은 사회복지기관들이 정부의 후원금에 의존하고 있으며, 지역사회 조직들도 정부의 보조금에 의해 조직을 운영하고 있다. 힘의존이론을 민과 관에 적용한다면 현 지역복지실천현장에서 민간 사회복지조직들은 경제적·정치적 힘을 가지고 있는 정부조직에 의존하여 조직 상호 간에 힘의 불균형이 존재하고 있다고 할 수 있다. 정부조직으로부터 자원을 제공받은 민간조직들은 정부조직에 의존하게 되고 정부조직의 문제점이나 서비스 또는 프로그램에 대한 비판을 자제하게 된다. 정부지원을 받은 조직은 정부의 요구를 수용할 수밖에 없으며 결국 클라이언트와의 상호작용에 있어서 정부정책이 강화되는 결과를 낳는다. 따라서 특정한 재정지원자에 대한 의존성을 탈피하기 위해 지역사회복지실천에 다음과 같은 적용이 필요하다.

첫째, 재정지원에 대한 동일한 가치의 대가를 재정지원자에게도 제공한다.
둘째, 여러 다른 재원들을 확보하여 서비스를 제공한다.
셋째, 서비스의 지원 없이 생존하는 방법을 클라이언트에게 교육한다.
넷째, 재정지원자들이 직접 클라이언트에게 서비스를 제공하도록 만든다.

그러나 지역사회복지실천에 있어서 힘의존이론은 다음과 같은 함축적 의미를 준다.

첫째, 균형적인 자원의 수납은 지역조직이 생존하기 위해 반드시 필요한 생존원천일 수 있다.
둘째, 외부재원과 연관된 요구는 사회변화를 위해 노력하는 지역 내의 조직의 능력을 제한시킬 수 있다.

셋째, 무임-사회서비스(free social services)를 받은 사람들은 서비스를 못 받을 수 있다고 믿기 때문에 그들 자신들을 위해 지지하는 행동을 주저할 수 있다.

넷째, 사회변화는 자원의 교환이 가능한 분위기에서 일어날 수 있다.

3) 힘의존이론의 한계와 문제점

클라이언트의 서비스를 제공하는 데 사용되는 외부의 재정지원은 서비스 조직에 재정지원자의 욕구에 충실할 수밖에 없는 구조를 가진다. 재정지원자에 대한 조직의 지나친 의존은 조직의 목적 상실, 자율성 제한, 사회정의에 입각한 사회옹호 능력의 한계를 발생시켜 사회복지서비스 조직의 기본 방향성에 부정적인 영향을 끼친다(Blau, 1964).

4. 인간행동이론

1) 인간행동이론의 개념적 관점

지역사회는 클라이언트의 욕구와 문제들, 그리고 그들을 둘러싼 환경에 대해 정확히 사정하고 개입계획을 세워야 한다. 따라서 환경 속의 인간 관점, 전 생애 발달적 관점, 인간 성격에 대한 이해 관점, 부적응 행동에 대한 관점에서 이해될 필요가 있다. 환경 속의 인간 관점은 인간을 적극적이고 능동적인 주체로서 인간과 환경의 관계를 하나의 통합된 주체로 이해할 필요가 있다는 것이다. 전 생애 발달적 관점은 인간을 전 생애의 발달적 측면에 초점을 두고 인간의 신체적·심리적·사회적 측면에서 이해하여야 한다는 것이다. 그리고 인간의 성격에 대한 이해 관점은 인간을 바람직한 방향으로 행동을 수정하기 위해서는 현재의 인간을 이해하고 미래의 행동을 예측할 필요가 있다는 것이다. 마지막으로 부적응 행동에 대한 이해 관점은 지역사회에서 인간의 특정 발달 단계에서의 심리사회적 장애 및 사회적 일탈행위 등의 부적응적 행동도 포함하여 일반화하는 것이 인간행동 이해에 도움이 된다는 것이다. 따라서 지역사회라는 체계나 구조 내에서 지역사회 변화의 핵심이자 주체로서 인간의 행동의 다음과 같은 행태에 주목할 필요가 있다.

첫째, 인간은 지역사회 내에서 어떻게 행동하는가?
둘째, 인간은 지역사회 내에서 관계에 대한 의미를 어떻게 이해하고 발견하는가?
셋째, 지역사회 내의 어떤 가치가 인간의 행동을 이끄는가?
넷째, 인간은 지역사회 내에서 무슨 욕구를 가지고 있는가?
다섯째, 인간의 욕구는 지역사회 내에서 어떻게 해결되는가?

인간행동이론은 지역사회라는 체계 내에서 힘의 관계보다는 위와 같은 인간의 행동에 관심을 가진다. 결국 이와 같은 인간의 행동을 알기 위해서는 인간관계와 동질성 그리고 가치와 욕구를 이해하여야 한다는 것이다. 따라서 인간행동이론은 지역사회 내에서 삶을 살아가는 동안 인간의 직접적인 동기들을 추적하고 밝혀냄으로써 인간이 왜 행동하는지를 분석하여 지역사회의 발전과 역량이 강화되도록 돕는 것이다.

2) 지역사회복실천에의 적용

인간행동이론은 지역주민의 개별적인 욕구뿐만 아니라 지역주민들 사이에 내재되어 있는 집단적 동질감이나 공동의 가치 등을 파악함으로써 지역사회의 변화와 발전에 영향을 미치고 이를 이해하는 데 도움을 준다.

3) 인간행동이론의 한계와 문제점

인간의 행동은 가변적이며 지역의 구조적 측면이나 상황과는 분리하여 볼 수 없다는 점에서 이론의 한계로 지적되고 있다.

5. 사회학습이론

인간의 행동은 사회적 상황 속에서 개인의 내적이고 외적인 인지적 과정과 사회환경적 영향력 간의 상호 학습으로 결정된다. 즉, 사회학습이론은 지역주민이나 집단들에게 영향을 주는 주변 환경에 대한 학습이 지역주민이나 집단 구성원들의 역량을 강화하고 지역사회를 발전시킬 수 있는 요인이 됨을 강조한다.

1) 사회학습이론의 개념적 관점

사회학습이론은 행동 또는 성격의 결정요인으로서 사회적 요소를 중요시하기 때문에 붙여진 명칭이다. 앨버트 반두라(Albert Bandura, 1925~)의 사회적 학습 개념은 대부분의 학습이 다른 사람의 행동을 관찰하고 모방한 결과로 일어났다는 인식에서 비롯된다. 사회학습이론은 지역사회 내에서 타인을 관찰하고 모방하여 얻는 정보로 자신의 행동방식을 습득해 가는 것이다. 모방은 다른 사람이 행동하는 것을 보고 들으면서 그 행동을 따라서 하는 것이다. 예를 들면, 공격적 행동, 이타적 행동, 불쾌감을 주는 행동 등이 관찰을 통해 학습된다.

지역사회에서의 인간행동의 표현은 모델에 관한 관찰을 통해 이루어지는 인지적 활동이다. 인간은 자극이 있어야 인식을 하며, 인식을 바탕으로 행동이 이루어진다. 결과적으로 지역의 구성원들은 문제를 인식함으로써 행동하게 되고, 그러한 행동이 지역사회의 발전을 가져온다는 것이다. 사회학습이론은 인간행동이론에 영향을 받은 이론으로 지역주민에게 영향을 주는 지역사회 및 환경에 대한 학습을 통해 주민들의 역량을 강화시켜 지역사회의 발전을 꾀할 수 있다. 이러한 학습을 위해서는 실질적인 행동을 반드시 수행하지 않아도 되며, 반응을 위해서 즉각적인 보상을 꼭 필요로 하지 않는다. 이러한 결과를 통해 볼 때 다음의 식이 성립한다.

지역사회 관찰학습 = 지역사회 대리학습 = 지역사회 모델링

2) 지역사회복지실천에의 적용

사회학습이론은 사회사업실천에 많은 기여를 하였다. 사회학습이론은 지역사회복지실천 모델로서 사회행동 모델에 이론적 기초를 제공해 주며, 사회복지사가 지역주민의 행동을 명확히 인지하고 행동과의 연관성을 파악하는 것에 도움을 주었다. 또한 어떤 행동이 있을 때와 없을 때 서로 어떻게 다른지 관찰하는 사정의 중요성을 강조할 수 있다. 그리고 관찰과 모방이 지역주민의 문제행동을 제거하는 데 유용하게 쓰일 수 있으며, 사회학습이론에 근거한 모델링을 통한 관찰과 모방이 지역주민의 문제행동을 제거하는 데 유용하다는 것은 임상적으로 입증되어 치료적 측면에 중요한 공헌을 하고 있다.

3) 사회학습이론의 한계와 문제점

사회학습이론은 환경적이라는 관점에서 비추어 외적 환경이 상당한 영향을 줄 수 있으나 지역주민의 내적 관심으로부터 자발적인 학습을 할 수 있다는 것을 과소평가할 수 있다. 또한 모델링이 지역주민의 성격에 어떻게 영향을 주는지에 대해서는 깊은 사고를 하지 못하였다는 한계가 존재한다.

6. 갈등이론

국가나 지방자치단체는 법령의 제정과 개정, 그리고 각종 사업계획의 수립과 추진 과정에서 해당 정책이나 사업으로 인하여 영향을 받는 지역주민 상호 간 또는 지역주민과 해당 기관 간에 이해관계의 갈등이 발생할 수 있다.

1) 갈등이론의 개념적 관점

갈등이론은 사회현상을 조화와 합의보다 갈등과 분열로 설명하는 것이 더 적절하다고 보는 이론이다. 갈등이론은 마르크시즘에서 기원한 것으로 사회의 본질이 갈등과 경쟁이라고 보는 것이다. 이 같은 관점에 의하면 학교교육은 지배계급의 지배를 정당화하고 이러한 사회적 불평등을 재생산하는 수단에 불과하며, 교육내용도 특정 계층의 지식과 가치를 형식적 교육과정에 의하여 주입하고 있다고 주장한다. 따라서 교육의 목표도 교화와 억압 등에 의한 잘못된 사회화를 교정할 수 있는 인간성 회복에 초점을 둔다.

갈등이론의 기본 관점은 사회는 개인 간, 집단 간의 끊임없는 경쟁과 갈등의 연속이라는 것이다. 사회는 지배집단과 피지배집단으로 나뉘며 지배집단의 현상유지를 위한 강제가 기본적이다. 이는 희소가치(scarcity)에 원인이 있다. 사회적 희소가치인 재화와 권력, 그리고 명예와 지위 등이 희소하기 때문에 이를 둘러싼 경쟁은 영원하다는 것에 기반한다. 그러나 사회는 변화할 수 있으며, 지배집단이 현상유지를 위해 합리화에 주력하지만 변동하여 급격한 혁신도 가능하다고 주장한다.

갈등이론은 안정과 질서를 중요시하는 체계이론과는 대조적으로 지역사회의 실체를 개인과 개인, 또는 집단과 집단의 끊임없는 세력다툼과 경쟁, 그리고 저항관계로 무질서 또는 부조화도 인간생활의 피할 수 없는 부분이며 자연스러운 것이라 본다. 이것은 갈등관리 패러다임의 변화로 볼 수 있다. 〈표 4-2〉는 전통적인 관점의 갈등과 현대적 관점의 갈등에 대한 인식을 나타낸 것이다.

〈표 4-2〉 전통적 관점과 현대적 관점의 갈등

구분	내용
전통적 관점	• 갈등을 부정적으로 보고 발생하여서는 안 되는 것으로 인식 • 정책목표와 조직의 성과달성에 방해가 되므로 제거대상으로 인식 • 갈등을 통제와 억압을 이용하여 권위주의적 방식으로 해결 • 권위주의적 방식은 이해관계인 등의 의견수렴 없이 일방적으로 정책을 결정한 후 지역주민에게 통보하고 반발이 있을 경우 방어적으로 정책추진
현대적 관점	• 갈등은 불가피한 것으로 인식하는 수용적 태도 • 사회적 생산성 제고를 위하여 적극적인 갈등예방 및 해결을 위하여 노력하는 태도 • 이해관계자들의 참여와 협력에 따른 시민 참여적 방법으로 해결 • 시민참여 방식은 이해관계자들이 직접 정부의 정책이나 사업추진 과정에 참여하여 의사결정을 하는 방식

출처 : 대구광역시 갈등관리 매뉴얼(2015) 재구성.

현대적 의미의 갈등 관점에서 보면, 지역사회 체계 내에서 갈등은 빈번하게 유발되며, 갈등은 지역사회의 만연된 특징이다. 그리고 지역사회 구조상 피할 수 없는 대립된 집단이나 개인의 서로 다른 관심사들에 의해서 유발된다. 서로 다른 관심은 두 갈등집단으로 양분시키며, 한 갈등의 해결은 또 다른 갈등 빈발의 원인으로 발전한다.

지역사회 내에서 갈등빈발의 원인으로는 첫째, 전통적인 행정 패러다임의 고수이다. 둘째, 정책형성 및 결정과정에서 이해관계자의 참여 결여이다. 셋째, 사회적 조정기제 및 완충장치의 미흡이다.

그리고 이러한 빈발된 갈등이 해결되지 않는 원인으로는 첫째, 전통적인 대처방식인 홍보와 설득, 그리고 물리력 등에 의존하기 때문이다. 둘째, 해결의지와 노력 부족으로 무조건 강행하기 때문이다. 셋째, 지역의 사회·문화적 요인 때문이다.

2) 지역사회복지실천에의 적용

갈등이론은 지역사회복지실천 영역에서 다양한 방안을 모색할 수 있다. 즉, 지역주민의 참여적 의사결정과 대안적 갈등, 갈등 예방 및 해결을 위한 다양한 기법들이 적용되고 주민참여 방안을 개발할 수 있게 할 것이다.

3) 갈등이론의 한계와 문제점

갈등이론은 개인의 실패원인을 그의 노력이나 능력 부족으로 보기보다는 잘못된 사회구조 탓으로 돌리는 경향이 있다. 이는 노력하지 않은 사람이나 무능력한 사람의 실패를 단순하게 보는 합리화의 오류를 범하기도 한다는 한계가 있다. 또한 지역사회의 긴장이 고조될 우려가 있으며, 자원의 재배분과 협상 등의 과정이 순조롭게 진행되지 않을 경우 지역사회 전체의 통합과 발전을 저해하는 문제점이 있을 수 있다.

7. 사회교환이론

사회교환이론은 호만스와 블라우(Homans & Blau)의 논리에 의해서 발전하였다(Cook et al., 2013). 사회교환이론은 대인관계의 시작과 강화, 그리고 지속과 유지의 설명을 위해 발전되어 왔으며, 개인과 조직 사이의 관계를 이해하는 데 있어 그 개념상 기초를 제공하고 있다. 개인 심리학적 기본 명제에 따라 대상적 관련에 있는 사람들이 서로 상대 또는 상대의 제어하에 있는 어떤 경제적·사회적 자원을 자기의 목표나 관심충족의 수단으로서 의미 짓는 국면을 중시하는 생각을 이론화의 전제로 하고 있다는 점이다.

1) 사회교환이론의 개념적 관점

사회교환이론은 지역사회가 자원의 균형 있는 교환을 통해서 지역사회가 발전한다는 것을 강조한다. 다른 사람이나 조직에게 행한 자기 자신의 행동이 그 행동에 대응하여 특정한 결과를 가져올 것이라는 기대에서 비롯하여 행동한다는 이론이다. 특히 조직에서의 사회교환이론은 개인과 조직과의 교환을 통하여 자신의 이익(self interest)이 충족되는지에 따라서 조직에 대한 자신의 태도 및 행동을 결정한다고 보는 부수효과[2]가 있다.

자기이익과 상호 의존은 사회적 교환이론의 중심적인 속성이다. 자기이익은 개인주의의 개념으로 볼 수 있다. 개인적인 자기이익은 경제학과 심리학적인 욕구의 조합이며(Ekeh, 1974), 경제학적인 부분에서 경쟁과 욕심은 일반적으로 작용하는 것처럼 자기이익의 욕구충족도 일반적이라고 본다(McDonell et al., 2006). 사회교환이론 내에서 자기이익의 충족은 부정적인 것이 아니라 자신의 이익으로 인식되면, 교환당사자들의 자기이익의 발전을 위한 대인관계의 가이드로서의 힘으로 작동한다고 주장한다(Roloff, 1981). 즉, 교환당사자가 원하는 바를 이루기 위해 당사자들 간의 관계를 형성할 수 있는 매개체가 된다.

사회교환은 보상과 비용이라는 두 개념이 관계결정을 가져온다고 가정한다. 사회교환에서 두 가지 개념은 서로에 대한 책임이 있고 서로에게 달려 있다. 비용은 관계적 삶의 요소로서 부정적 가치를 사람에게 지니고 있다. 관계에 소요되는 비용에는 시간, 돈, 노력 등이 반드시 투입된다. 보상은 관계의 요소로서 수용이나 도움 등의 긍정적 가치를 지닌 것이다. 가치형성에서 보상과 비용은 긍정적 및 부정적 관계를 뜻한다.

가치 = 보상 − 비용 : 양수(긍정적 관계)
가치 = 보상 − 비용 : 음수(부정적 관계)

---

2) 자신의 이익이라는 측면에서 볼 때 자신이 조직의 의사결정 과정에 일정한 영향력 또는 통제력이 있다고 판단될 때 조직의 절차가 공정하다고 인식하게 되며 조직몰입이 일어나게 된다고 본다.

관계의 가치는 그들의 결과에 영향을 미치고 사람들이 관계를 지속할 것인지 종료시킬 것인지 결정하게 한다. 긍정적 관계는 계속 지속될 것으로 기대되고, 부정적 관계는 종료될 것이다. 상호 이익의 대가로서 당사자는 상대방이 제공하는 자원의 가치보다 더 적은 값으로 자신이 원하는 것을 요구한다. 이러한 모델 안에서 상호관계 만족은 관계의 안정성을 보장하게 된다.

참고 교환선택 원리

① 개인은 가장 수익성이 있는 대안을 고른다.
② 가격이 같으면 보상이 가장 좋은 것으로 예상되는 대안을 택한다.
③ 보상이 같으면 가격이 가장 낮은 것으로 예상되는 대안을 선택한다.
④ 즉시 나오는 결과물이 같으면, 장기적인 결과물로 예상되는 대안을 택한다.
⑤ 장기적 결과물이 같으면, 즉시 결과로 도출되는 대안을 선택한다.
⑥ 가격과 보상이 같으면 개인은 가장 사회적 인정이 공급되거나 공급되는 것으로 예상되는 대안을 고른다.
⑦ 가격과 보상이 같으면, 가장 자율성이 보장되는 상태나 관계를 선택한다.
⑧ 다른 보상과 가격이 같으면 개인은 기대되는 미래의 이벤트나 결과에 대해 모호성이 가장 낮은 대안을 선택한다.
⑨ 다른 가격이나 보상이 같으면 그들은 가장 안정성이 보장되는 대안을 선택한다.
⑩ 다른 보상이나 가격이 같으면, 그들은 항상 거절하는 사람들을 거절하거나 회피하는 것과 자신의 가치나 의견이 자신과 같은 사람과 결혼이나 다른 관계를 형성한다.
⑪ 다른 보상이나 가격이 같으면, 그들은 다른 사람보다 더 위에 있거나 아래 있는 사람보다 같은 위치에 있는 사람과 결혼이나 다른 관계형성을 맺으려고 한다.
⑫ 산업사회에서는 다른 가격이나 보상이 같으면, 개인은 재정적으로 얻는 게 가장 많거나, 재정적 지출이 가장 적은 대안을 선택한다.

출처 : https://ko.wikipedia.org/wiki

2) 지역사회복지실천에의 적용

지역사회복지는 균형 있는 교환을 통해 교환의 장에서 이루어진다. 지역사회적 차원에서의 교환자원은 기부금, 정보, 정치적 권력, 힘, 상담 등에 적용될 수 있다. 교환의 주체들은 서로 간에 힘을 뭉치거나 공동의 목적을 위한 기반을 다질 수 있다. 결국 지역사회복지실천적인 측면에서 조직체나 연합체의 결성으로 연결되고, 지역사회복지실천의 강력한 지지세력을 확대하고 재생산하게 된다.

3) 사회교환이론의 한계와 문제점

다른 사람에게 많은 것을 주려는 사람은 그들로부터 많은 것을 얻으려 하고, 그리고 다른 사람에게서 많이 얻을 사람은 그들에게 많은 것을 줘야 하는 압력을 받고 있다. 이러한 영향의 과정은 교류에 있어서 균형운동을 하는 경향이 있다. 이러한 교환의 상황에서 사람은 그가 무엇인가를 준 것은 보상이 될 수 있고 무엇인가를 받은 것은 비용이 될 수 있는 한계와 문제점들에 직면할 수 있다.

제2절 지역사회의 기능을 설명하기 위한 이론들

이 절에서는 지역사회의 기능를 설명하는 이론들로 사회격리이론, 사회비조직화이론, 거주지분리이론, 기타 이론들로 지역사회상실이론, 지역사회보존이론, 지역사회개방이론에 대해 간략히 살펴보기로 한다.

1. 사회격리이론

사회격리이론은 빈곤지역에 거주하는 주민들은 사회로부터 격리되어 지역밖에 있는 일자리 또는 지역 안에 있는 고용기회에 접근하는 데 어려움을 갖게 되어, 결과적으로 이 지역주민들은 빈곤문화가 존재한다는 신념과 문화적 가치를 받아들이게 된다고 한다.

2. 사회비조직화이론

사회비조직화이론은 주민들과 적은 연결을 가지고 있는 이웃들은 공식적 조직에 참여할 수 있는 제한된 기회를 가지게 되며, 다른 외부 지역과 적은 연결을 가지고 있는 이웃들은 높은 청소년 범죄와 폭력 비율을 가질 것이라고 본다.

3. 거주지분리이론

거주지분리이론은 경제적 조건, 사회계급 그리고 격리가 사람들이 빈곤으로부터 탈출하는 것을 어렵게 하는 문화적 가치와 신념을 창조한다는 이론을 거부하고, 대신에 빈곤이 거주지 분리 그리고 제한된 일자리 기회를 만드는 조건과 연계되어 있다고 주장한다.

4. 기타 이론들

지역사회의 기능과 관련하여 기타 이론들로는 지역사회상실이론, 지역사회보존이론, 지역사회개방이론이 있다. 지역사회상실이론은 1차 집단의 해체, 공동체의 쇠퇴 그리고 복잡한 도시산업 사회에서의 비인간적 사회관계의 발전 등을 그 특성으로 하고 있다. 이러한 이론의 배경에는 과거 전통사회의 유기적 공동체에 대한 향수가 깔려 있다. 지역사회보존이론은 지역사회상실이론에 대한 반론으로 제기된 것으로서 도시인도 농촌사회에서와 비슷한 혈연, 이웃, 친구들에 의한 사회적 지지망을 가지고 있다는 것이다. 지역사회개방이론은 앞에서 설명한 두 가지의 상반된 지역사회에 관한 이론들에 대한 제3의 대안이다. 이 이론은 순수한 지역성에 기초한 개념에서 벗어나 사회적 지지망의 관점에서 비공식적 연계를 강조하고, 지역성에 기초한 개념과 공통의 이해와 관심에 기초한 개념을 결합하고 있다.

Key Point

- 지역사회를 설명하는 기본 이론들로는 사회체계이론, 생태체계이론, 힘의존이론, 인간행동이론, 사회학습이론, 갈등이론, 사회교환이론이 있으며, 지역사회의 기능을 설명하기 위한 이론으로는 사회격리이론, 사회비조직화이론과 기타 이론으로 지역사회상실이론, 지역사회보존이론, 지역사회개방이론 등이 있다.

Part 02

지역사회복지실천 모델과 기법의 이해

Chapter
05 지역사회복지실천의 모델

제1절 지역사회복지실천 모델의 의의

1. 지역사회복지실천 모델의 필요성

지역사회복지실천 모델은 사회복지사가 지역사회복지실천을 수행하는 활동 영역에서 지역사회복지 실천상황에 개입하는 과정을 안내해 주는 지침으로서의 역할을 한다. 지역사회복지실천은 지역주민들의 삶의 질 향상이라는 중요한 과제를 안고 있다. 따라서 지역사회복지실천 모델은 지역사회복지의 실천에 있어서 그동안의 실천모델을 검토하여 현장에서 활용하여 지역의 사회문제를 적절하게 해결하고 예방하는 효과를 가져올 수 있기 때문에 매우 중요하다. 지역사회에는 사회적 약자들과 지역사회에서의 주민들의 경제적 삶의 질을 향상시키기 위한 다양한 개입모델과 방법이 있어야 한다. 결국 이러한 방법들로 지역사회복지실천 모델은 지역사회가 어떻게 변화가 일어나는지를 설명하며 많은 사회복지사와 실천가들에 의해서 지역사회 변화에 영향을 미치게 하고 적용하는 데 반드시 필요하다.

2. 지역사회복지실천 모델의 목표

로스만(Rothman, 1979; 1995)은 지역사회복지실천 모델의 목표를 크게 과업중심 목표와 과정중심 목표로 구분하였고, 던햄(Dunham, 1970)은 지역사회복지실천 모델의 목표를 과업중심 목표와 과정중심 목표에 관계중심 목표를 추가하여 제시하였다. 〈표 5-1〉에서 보면, 과업목표는 지역사회의 광범위한 욕구를 충족시키고, 욕구와 자원 간의 조정과 균형을 도모하며, 지역사회의 특정 욕구를 충족시키거나 특정 문제를 해결하기 위해서 취하는 구체적인 과업의 완수에 역점을 둔다. 그리고 과정중심 목표는 지역주민들의 참여와 자조, 그리고 협동능력을 개발하고 강화시키며 유지하도록 도와 그들이 문제에 보다 효과적으로 대처할 수 있게 하며, 지역사회 주민들이 문제를 해결할 수 있는 능력을 갖도록 해준다. 관계중심 목표는 지역사회와 집단들 간의 관계와 의사결정권의 분배에 있어서 변화를 초래하게 하려고 한다. 더불어 지역사회 구성요소 간의 사회관계에 있어서 변화를 시도하는 데 역점을 둔다.

〈표 5-1〉 지역사회복지실천의 목표

중심목표	내 용
과업중심 목표 (task goal)	• 지역사회에 대한 개입에 따른 성과에 초점 • 지역사회의 문제나 욕구해결을 위해 구체적인 사업완성이나 지역사회의 기능과 관련된 문제해결에 관심 • 새로운 서비스 수립, 입법활동을 통해 문제해결 토대 마련
과정중심 목표 (process goal)	• 지역사회 개입을 위한 구체적 수단과 방법에 초점 • 지역주민의 참여, 협동, 자조 능력을 향상시켜 문제에 보다 효과적으로 대처하도록 역량강화
관계중심 목표 (relationship goal)	• 지역사회 구성요소 간의 사회관계에 변화를 시도하는 데 초점 • 지역사회와 개인 간, 집단 간의 관계와 의사결정권의 분배에 변화를 추구

제2절 지역사회복지실천을 위한 개입모델

여기서는 지역사회복지실천을 위해서 활용될 수 있는 기본적인 세 가지 모델인 로스만(Rothman)의 3모델, 테일러와 로버츠(Taylor & Roberts)의 5모델, 웨일과 갬블(Weil & Gamble)의 8모델, 포플(Poppl)의 8모델에 대해 살펴보고 자세히 설명하기로 한다.

1. 로스만의 3모델

지역사회복지의 실천을 위한 개입모델로 가장 일반적으로 활용되고 있는 것은 로스만(Rothman, 1979; 1995)의 세 가지 모델이다. 로스만은 지역사회개발 모델, 사회기획 모델, 사회행동 모델을 제시하고 있다. 로스만의 세 가지 실천모델과 더불어 많은 학자들에 의해 다양한 이름의 실천모델들이 제시되고 있지만, 대부분 로스만의 세 모델을 중심으로 발전되었다고 볼 수 있다. 로스만 모델은 지역사회복지실천의 개입전략에 있어서 |그림 5-1|과 같이 상호 중복되고 혼합된 형태이다. 로스만은 초기에 제시한 세 가지 모델의 전형을 현실의 지역사회복지실천 과정에 적용하기 위하여 모델의 혼합과 전환이라는 개념을 도입하였다.

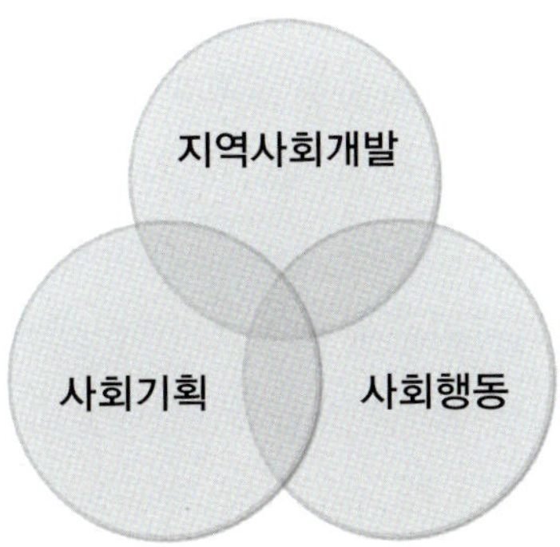

|그림 5-1| 로스만의 지역사회복지실천 모델

1) 지역사회개발 모델(Community Development Model)

(1) 지역사회개발 모델의 정의

지역사회개발은 일반적으로 경제적 성장, 사회적 기강 및 인간다운 삶을 그 내용으로 포함하고 있다. UN에서 채택한 지역사회개발의 정의는 어느 지역사회의 제 조건을 개선하고, 지역사회로 하여금 국가적 계획에 공헌할 수 있도록 주민의 노력과 정부의 노력이 뭉쳐지는 과정으로 보고 있다. 우리나라에서 처음 공식적으로 채택한 지역사회개발의 정의는 일정한 지역 내의 주민이 생활의 개선과 향상을 위하여 집단적 또는 개별적 계획을 수립하고 실천하고 수행하는 사회개선사업을 말한다. 지역사회개발은 지역에서 살고 있는 집단이나 개인들을 새로운 자율적이고 독립적인 집단이나 개인이 돕도록 하는 것이다(Twelvetrees, 2002). 결과적으로 지역사회개발 모델은 지역사회의 지역주민들이 자신들의 문제를 스스로 해결할 수 있도록 역량을 강화시키는 모델이라 정의할 수 있다.

(2) 지역사회개발 모델의 특징

지역사회개발 모델은 지역사회 구조 및 문제에 대한 기본 가정으로, 현대사회의 인간관계와 문제해결 기술이 부재한 것이 지역사회 문제의 출발점이라고 규정하고 있다. 따라서 교육을 통해 주민들의 지역사회문제 해결능력과 민주적 방식에 대한 이해를 높이는 것을 중요하게 생각한다. 이렇게 볼 때 지역사회개발 모델의 가장 큰 특징 중의 하나는 지역사회개발의 주역이 지역주민의 참여와 자조를 바탕으로 한다는 것이다. 지역사회개발 모델은 지역주민의 자조기반에 근거하여 지역사회문제 해결을 위한 지역사회 능력과 사회통합이라는 과정목표를 통해 지역사회를 새롭게 만드는 데 초점을 두고 있으며, 지역사회의 문제나 욕구를 다룰 때 주민들의 자조정신을 강조하는 형태이다. 따라서 주민들이 문제를 스스로 해결할 수 있는 능력을 강화시켜 주는 데 역점을 두고, 문제의 파악 및 해결과정에 있어 주민들의 광범위한 참여를 장려한다는 측면에서 과정목적이 강조되고 있다. 즉, 지역사회개발 모델은 결과목표보다는 과정목표를 더 중요시하는 실천모델이라는 점을 확인할 수 있다. 따라서 지역주민이나 조직, 단체의 자발적인 자조와 참여, 그리고 협동이 필수적인 요소가 된다. 구체적으로는 주로 교육적인 방법을 통해 주민들 가운데 지도자를 양성하고 그 지도력을 개발하여 지역사회 문제에 주민들이 협력적으로 일할 수 있는 분위기를 조성하는 것을 강조하게 된다.

(3) 지역사회개발 모델의 전략과 전술

지역사회개발 모델의 기본 전략은 '**함께 모여 의논하자**'로 이해될 수 있다. 즉, 광범위한 주민들이 참여해서 자신들의 욕구를 결정하고 문제를 해결하려는 것으로 보며, 다양한 이해관계로 경쟁하고 있는 지역사회 집단들이 서로 화해하고 협력하는 것이 가능하다고 가정한다. 또한 보통의 지역주민으로서 많은 잠재능력을 소유하거나 개발하지 못하고 있어 실천가의 도움이 필요하다고 보고 있다. 지역주민들은 상호 간에 혹은 실천가와의 상호관계 과정에서 적극적으로 참여하여 집단토의를 통해 스스로 욕구를 발견하고 목표결정 과정에 참여하여야 하는 역할을 가지고 있다.

켐프(Kemp, 1995)는 기본 전략으로 사람 간, 조직 간, 지역사회 간의 상호 지지와 연결망을 유지하고 증진시키는 사회적 지지전략과 어떠한 프로그램을 수정하고 변화시키기 위해 지역이나 조직의 힘을 사용하고 개발하는 정치적 행동전략을 제시하고 있다.

지역사회개발 모델의 전략을 실행하기 위한 전술은 집단의 이해관계 발생 시 토론을 통하여 합의점을 도출하여 나가면서 문제를 해결하고 의견을 교환하는 것이다. 그리고 지역문제를 발견하고 해결하는 데 있어 과업지향적인 소집단을 변화의 매개체로 활용하는 것이다. 지역사회개발 모델은 성별, 인종, 종교, 사회문화를 초월하여 지역주민 전체로 모든 하위조직을 포괄하고 기존 권력집단도 협력자로 적절히 활용하여야 한다.

기본적인 기법으로는

첫째, 지도자를 양성하고 협력적 활동 분위기를 조성하는 것이다.

둘째, 실천가는 조력자, 촉매자, 조정자, 문제해결 기술 훈련자, 주민 상호 간의 접촉, 네트워크 내의 멤버십 촉진, 주민 연대로 역량을 강화하고 개발하도록 격려하는 역할을 하여야 한다.

셋째, 민주적인 절차와 자발적인 협동, 토착적인 지도자의 개발과 교육이 강조되어야 한다.

대표적인 지역사회개발 모델은 새마을운동, 지역사회복지관의 지역개발사업, 성인교육과 공중보건교육 분야에서의 지역사회활동 등을 들 수 있다.

(4) 지역사회개발 모델의 한계와 문제점

지역사회개발 모델은 개인과 집단들을 협상현장에 끌어들일 수 있다는 장점이 있다. 그러나 다음과 같은 한계점과 문제점을 가지고 있다(Hardina, 2013).

첫째, 지역사회의 변화를 위해 지역에 있는 모든 사람이나 집단, 조직 간의 합의나 협력을 끌어내기 용이하지 않다는 점이다. 즉, 지역사회의 가진 자와 가지지 않은 자, 또는 관련 집단들의 광범위한 합의와 참여를 이끌어 내는 데 한계가 있다.

둘째, 지역사회의 모든 참가자가 성, 계급, 인종, 능력, 나이 등과 관련하여 집단들 사이의 공통 관심사를 찾는 과정은 쉽지 않은 일일 것이다. 즉, 개별 주민이나 집단, 조직들의 독특성이나 상이성이 고려되지 않을 수 있다.

셋째, 힘이 있는 정책결정자들이 협상을 거부할 수 있는 권력구조의 문제이다. 즉, 지역사회 변화를 위해 정책결정자과 권력집단들은 합의와 협상의 과정에서 일시적으로, 또는 효율적으로 협상이나 제휴전략보다는 권력구조나 한계로 인해 거부당하거나 방해를 받을 수 있다는 점이다.

2) 사회기획 모델(Social Planning Model)

(1) 사회기획 모델의 정의

현대 도시형태를 가지고 있는 지역사회에서는 주거, 빈곤, 보건, 범죄, 교육, 교통 등 수많은 사회문제를 안고 있고, 선의의 경쟁으로 이해관계에 있는 집단들이 서로 실용주의적인 입장에서 문제를 해결해 가는 것으로 가정한다. 따라서 '**무엇을 할 것인가**(what to do)'의 의미로 최적의 대안을 찾는 것이다. 개인적 측면에서는 자신의 행동을 통하여 보다 훌륭하고 뛰어난 성과를 얻기 위해, 기업적 측면에서는 기업활동을 통하여 실적을 향상하기 위해서 지혜 또는 지혜를 활용한 창조행위를 기획이라 볼 수 있다. 따라서 사회기획 모델은 지역주민이나 지역의 욕구를 해결하기 위해서 정책의 수정이나 변경, 그리고 개선을 통하여 지역사회 문제를 해결해 나가는 실천모델로 정의될 수 있고, 지역사회개발 모델보다는 실천영역에서 일반적으로 더 많이 사용되는 모델이라 볼 수 있다(Morrison, 2006).

(2) 사회기획 모델의 특징

사회기획 모델은 지역사회 내에서 문제확인, 욕구사정, 평가 등 다양한 과업들을 수행하고 지역사회가 당면한 사회문제를 해결하는 실천모델로 알려져 있다. 사회기획 모델에서 지역주민의 역할은 서비스의 소비자나 고객으로 인식되며, 정책이나 의사결정 과정에는 참여시키지 않는다. 따라서 지역사회기획 모델은 다음과 같은 특징을 가지고 있다.

첫째, 사회문제 해결에 있어서는 전문가에 의한 합리적인 계획수립과 기술적인 과정을 통하여 통제된 변화를 강조한다. 즉, 기획가의 역할을 중요하게 생각한다.

둘째, 사회문제 해결에 있어 과정보다는 과업중심적인 목표에 역점을 둔다.

셋째, 사회문제 해결을 위해 전문가의 조사와 분석을 통해 실행 가능한 대안을 마련하고, 합리적이고 과학적으로 대안을 제시하고 실행하는 데 역점을 둔다.

넷째, 위로부터 아래로 내려오는 하향식 접근방식이다.

다섯째, 지역사회개발 모델과 같이 지역사회의 문제해결을 위해 주민의 역량강화에 중점을 두고 있지는 않다. 또한 사회행동 모델과 같이 사회변혁을 추구하지도 않는다.

(3) 사회기획 모델의 전략과 전술

사회기획 모델의 전략은 지역사회 문제의 '**진상을 파악하여 논리적인 조치를 강구하자**'라는 의미를 담고 있다. 따라서 기획가에 의한 과학적인 자료수집과 합리적인 대안 제시가 필요하다. 그리고 전술은 전문가의 분석으로 지역갈등 및 합의점을 도출하기 위해 사실을 정확하게 파악하고 분석하는 기술을 주요 기법으로 활용하는 것이다. 지역사회의 기획가는 다양한 정보를 선택하고 가공하고 조립을 하여야 한다. 이러한 행위를 하기 위해서는 5W1H 기획의 설정이 요구된다. 그 내용은 다음과 같다.

첫째, [What] 무엇을 위한 기획인가?
둘째, [Who] 누가, 누구를 위한 기획인가?
셋째, [When] 언제부터, 언제까지인가?
넷째, [Where] 장소는 어디인가?
다섯째, [Why] 왜 이 기획이 필요한가?
여섯째, [How] 기획을 어떻게 실천할 것인가?

이러한 전술과 전략을 행사하기 위해서 기획가는 지역사회 진단, 조사기술, 타 지역사회에 대한 정보확보와 평가를 할 수 있는 전문가여야 한다. 기획가는 협의회, 기관 이사회, 시 당국 담당자, 시의회, 실천가를 후원하는 조직 및 고용기관을 적절히 활용하여야 한다. 대상의 범위는 지역주민 전체, 혹은 빈곤층, 정신장애인, 노년층, 비행청소년 등 특정 대상층이 되어야 할 것이다.

(4) 사회기획 모델의 한계와 문제점

사회기획 모델은 공식적인 관료조직을 변화매개체로 중요하게 인식하고 있다. 그러나 지역사회 문제를 해결하는 과정에 있어서 정치적인 영향력은 고려하지 못하는 한계가 있다. 그리고 소수의 기획가가 무제한적인 자원과 시간을 가지고 있다. 또한 기획가가 이성적이며 가장 합리적인 판단의 결정자라 볼 수 없다. 실천현장에서의 사회복지사는 전문가로서 지역사회실천의 과정을 주도해 나가고, 욕구가 있는 지역사회 주민들에게 재화와 서비스를 제공함으로써 지역사회 주민들은 수급자의 역할에 머무르게 된다는 한계와 문제점이 존재한다.

3) 사회행동 모델(Social Action Model)

(1) 사회행동 모델의 정의

사회행동 모델은 지역사회의 억압받고 소외된 주민들이 사회정의와 정치적 공평성의 입장에서 사회·정치·경제적으로 보다 나은 처우를 받을 수 있도록 해주는 활동을 말한다. 루빈과 루빈(Rubin & Rubin)은 지역주민의 욕구를 무시하는 정책결정자들에게 대항하며, 불공평한 결정과 불평등한 조건을 변화시키기 위해서 개인의 역량을 강화시키는 노력들이라고 정의하고 있다. 또한 지역사회의 문제를 정의하고, 문제의 범위를 확인하고, 이러한 문제에 영향을 줄 수 있는 사람을 표적으로 선택하여 변화를 유도하며, 최종적으로 이슈화하여 직접적인 압력행동을 취하는 것이다. 결과적으로 지역사회에서 박탈당하고 희생당하고 있는 소외계층의 복지증진과 혜택을 주기 위해 지역사회에 있는 기존 제도나 계급적 힘의 관계에 대항하여 결정구조 및 힘이나 자원의 분배구조, 공식적 조직구조 등에 근본적인 변화를 추구하는 것이라 정의할 수 있다.

(2) 사회행동 모델의 특징

사회행동 모델의 특징은 힘의 균형상태를 유지함으로써 의사결정 구조에서 배제되었던 소외된 지역주민을 미래에 결정자의 역할을 담당하도록 하는 것이다. 사회행동 모델은 다음과 같은 특징이 있다.

첫째, 지역사회에는 권력과 자원, 힘 등의 불평등한 관계가 존재하고 있다고 가정하는 갈등론적 입장을 가지고 있다.

둘째, 지역사회 내에서 사회적으로 배제되고 억압받는 집단을 조직화하는 것을 강조한다.

셋째, 지역사회 내에서 부당한 처우를 받는 집단이 집합적인 대항을 통해 공정한 자원 재분배를 요구할 필요가 있다고 본다.

넷째, 지역사회 내에서 이해관계에 있는 문제가 있는 경우, 논의와 합의를 통해 결정하기 어려운 문제를 해결하는 데 적합하다.

다섯째, 아래로부터 위로 진행되는 상향식 접근방식이다.

여섯째, 사회복지사는 행동을 이끌어 내는 조직가, 억압받는 집단의 권리를 옹호하는 옹호자이다. 즉, 사회복지사들은 조직가로서 역할을 담당하게 되며, 직접행동을 취할 수 있도록 조직화하는 데 있으며, 사회적 약자를 지지하고 옹호하는 활동을 수행하게 된다.

이처럼 사회행동 모델은 지역사회 문제의 해결이나 대응시간이 부족할 경우에 사용할 수 있기 때문에 집단적 동질성이 강한 경우 유리하게 사용할 수 있는 모델이다.

(3) 사회행동 모델의 전략과 전술

사회행동 모델의 기본적인 변화전략은 '**우리들의 억압자를 물리치기 위해 규합하고 체계를 변화시키자**'로 이해될 수 있다. 따라서 조직화가 무엇보다 중요하며 지역조직화 행동이 기본 전략이라고 할 수 있다. 조직화는 사회적 힘을 찾는 행위로 함께 결집하는 행위이다. 결국 지역주민을 조직화하여 문제를 해결한다는 의미에서 구체적인 전략은 조직적 대항전략이 중심이 된다고 할 것이다.

사회행동 모델은 1차적으로 과업목표이나 과정목표도 활용한다. 여기서 과업은 공공기관의 정책변경이며, 과정은 집단성원의 정치적 영향력 증대라 할 수 있다. 이에 변화시켜야 할 문제점과 목표를 정확히 파악하여 합법적인 표적을 대상으로 문제를 해결해 나감을 의미한다. 지역사회 문제해결을 위한 사회행동 모델의 전술과 기법은 정면대결과 직접적인 실력행사이다. 구체적인 방법으로 항의, 시위, 보이콧, 파업, 피케팅 등 비교적 다수의 대중을 규합할 수 있는 능력이 요청된다. 이러한 표출행위의 예로 여성운동, 소비자운동, 노동조합운동, 빈민운동, 환경운동, 복지권운동 등이 있다.

(4) 사회행동 모델의 한계와 문제점

사회행동 모델은 저항을 중요하게 생각하는데 집단들이 참여하는 데 주저할 수 있다. 너무 많은 에너지를 필요로 하고 시간소모적이며 과업에 치중하여 과정을 등한시하고 있다(Netting, McMurtry, Thomas & Kettner, 2011). 그리고 조직이나 집단을 양극화시키고, 파괴적일 수 있으며, 극단적인 전략과 전술은 참여하는 지역주민들을 위험한 상황에 처하게 만들 수 있다. 또한 수단의 불법성을 일으킬 수 있으며, 윤리적 논쟁을 불러일으킬 수 있다. 더불어 표적물이 반드시 극복되어야 하기 때문에 상대를 비방할 수 있다는 한계와 문제점이 있다.

참고 로스만(Rothman)의 3모델 비교

구 분	지역사회개발 모델	사회기획 모델	사회행동 모델
목 표	과정중심	과업목표	과정, 과업(결과중시)
지역사회 문제 상황에 대한 가정	문제해결 능력과 기술이 결여	수많은 사회문제를 안고 있음	지역사회 특권과 권력의 위계 존재(빈부격차)
기본적 변화전략	함께 모여 의논하자	사실을 파악해서 논리적인 조치를 강구하자	억압자를 물리치고 체제 변혁을 위해 조직(규합)하자
변화전술과 기법	합의·토의 강조	사실조사(발견), 분석상의 기술 중요	갈등이나 대결의 전술 강조
사회복지사의 역할	조력자, 격려자, 촉매자	지역사회 진단, 사실발견, 정보수집, 평가, 프로그램 계획·실시	조직활동가, 행동가, 중재자, 협상가
변화의 매개체	소집단 활용	공식조직 중시, 자료수집, 자료분석	대중조직과 정치적 과정 활용
권력구조에 대한 견해	권력자도 지역목적을 위해 공동노력(동참)	권력집단을 실천가의 후원자나 고용주로 인식	권력집단은 사회행동의 표적
수혜자의 범위규정	전 지역사회	전 지역사회, 일부 특수계층	권력집단에 의해 억압받는 일부
지역사회 이해관계나 하위체계에 대한 가정	공통의 이해관계 및 조정 가능한 차이	실용적인 접근, 이해관계의 조정 가능 또는 갈등	쉽게 조정할 수 없는 갈등적 이해관계, 자원의 희소성
수혜집단에 대한 인식	잠재력 있는 정상인, 평균적 시민	서비스 혜택을 받는 소비자	사회제도의 희생자, 피해자
수혜집단의 역할에 대한 인식	문제해결 과정에 적극적 참여	서비스의 소비자, 고객	고용주, 사용자, 회원
임파워먼트 개념에 대한 인식	지역사회구성원 스스로 문제를 해결할 수 있는 상태	자신의 욕구에 맞는 정보를 계획, 정책과정에 반영	의사결정 과정의 동등한 파트너, 직접적 영향력 행사

2. 테일러와 로버츠의 5모델

테일러와 로버츠(Taylor & Roberts, 1995)는 로스만의 기본 3모델을 기본으로 하고, 두 가지 모델을 새로 추가하여 후원자와 대상자가 어느 정도의 결정권한이 있는지에 따라 지역사회개발 모델, 지역사회연계 모델, 프로그램 개발 및 조정 모델, 기획모델, 정치적 역량강화 모델 등의 다섯 가지 모델을 제시하였다. 테일러와 로버츠에 의하면, 지역사회복지실천 모델은 첫째, 실천방법의 각 변인, 둘째, 대안적인 전략, 셋째, 의사결정의 영향 정도 등에 있어 후원자와 클라이언트가 어느 정도의 결정권한이 있느냐에 따라 구분하였다.

1) 지역사회개발 모델(Community Development Model)

지역사회개발 모델은 조력, 리더십 개발, 자조, 상호부조, 지역성에 바탕을 둔 지역사회 연구 및 문제해결을 강조한다. 클라이언트와 후원자 간의 의사결정 권한이 7 대 1로 나누어지며, 로스만의 지역사회개발 모델과 굉장히 유사하다고 할 수 있다. 즉, 지역사회의 리더십과 자조, 지역성에 바탕을 둔 문제해결을 강조하는 실천모델로서 지역시민의 참여와 교육과정을 강조하는 실천모델이라 할 수 있다. 따라서 이 실천모델에서는 실천가가 지역사회 시민에 대한 조직가(organizer)와 조력자(enabler)로서의 역할을 수행할 수 있어야 한다.

2) 지역사회연계 모델(Community Liaison Model)

지역사회연계 모델은 클라이언트와 후원자 간의 의사결정 권한이 일대일 정도 되는 실천모델로서 로스만의 모델에는 없는 실천모델이다. 이 실천모델에서는 지역사회와의 관계설정을 위한 연계활동과 지지활동의 강화가 강조되는데 복지서비스의 단순한 전달을 뛰어넘는 지역사회와의 바람직한 관계 구축에 강조점을 두고 있다. 따라서 이 실천모델에서는 실천가가 단순한 서비스 전달자가 아니라 지역사회의 환경도 중시하여 지속적인 관계 구축에 헌신하고자 하는 것이다. 지역사회실천은 사회복지기관의 1차적인 책임인 직접적인 서비스 전달에 대한 2차적 기능으로 보고 있다. 사회복지기관의 행정가들은 지역사회 관계, 지지활동, 환경개선, 조직 간의 관계 등과 같은 역할을 수행하는 데 반해, 일선 사회복지사들은 클라이언트의 옹호, 욕구사정, 프로그램 개발 등의 역할을 수행한다.

3) 프로그램 개발 및 조정 모델(Program Development and Coordination Model)

프로그램 개발 및 조정 모델은 후원자와 클라이언트 간의 의사결정 권한이 100% 후원자에게 있는 실천모델인데, 이는 후원자로서의 공공행정기관이 제공하는 서비스를 개발하고 기획하며 제공하는 데 초점을 맞춘 모델이다. 이때 서비스의 전달은 공공기관이 직접 할 수도 있고, 여러 민간단체나 협회 등을 통해서 이루어질 수도 있다. 따라서 후원자가 전적으로 의사를 결정하고 클라이언트는 서비스를 제공받는 실천모델로서 클라이언트의 참여가 제한적이다. 프로그램 개발 및 조정은 지역사회복지의 모체인 인보관 운동과 자선조직협회운동에 근거하고 있다.

4) 기획모델(Planning Model)

기획모델은 클라이언트와 후원자 간의 의사결정 권한이 1 대 7 정도가 되는 실천모델로서 과업지향적인 과학적 설계를 기반으로 하여 과정지향적인 목표를 수립하기 위하여 조직과정의 관리와 영향력 발휘 및 대인관계를 결합한 실천모델이다. 따라서 기획모델의 경우 과업목표를 중시하는 로스만의 사회기획 모델에서 과정목표를 함께 고려한 실천모델로서 인간지향적인 측면이 있다고 할 수 있다. 기획모델은 로스만의 초기 사회기획 모델을 인간지향적인 측면을 강조하도록 수정한 것으로, 특히 기획에 있어 사람들과의 상호 교육적인 노력을 강조하고 보다 옹호적이며 진보적인 정치적 접근을 포함하고 있다.

5) 정치적 역량강화 모델(Political Empowerment Model)

정치적 역량강화 모델은 후원자와 클라이언트 간의 의사결정 권한 정도가 클라이언트에게 100% 있는 실천모델로서 지역사회복지실천에서 지역주민의 정치력을 핵심요소로 두고 지역주민의 사회참여를 통한 합법적인 권력구조로서의 진입을 강조하는 실천모델이다. 이 실천모델의 경우 로스만의 사회행동 모델이나 웨일과 갬블(Weil & Gamble)의 정치 · 사회행동 모델과 유사한 모델로서 지역주민의 정치력 강화를 위한 전략 및 전술의 개발이 요구되는 실천모델이다. 이 모델의 중요한 목적은 사회체계 및 사회제도에서 시민들의 참여를 보장하고 극대화함으로써 민주주의의 확장을 도모하고 새로운 조직개발을 통해 참여의 채널을 촉진하는 데 있다.

이상의 내용을 바탕으로 로스만과 테일러 · 로버츠의 실천모델 간의 특징을 비교[1]해 보면, 테일러와 로버츠 모델의 경우 로스만의 실천모델과 달리 서비스의 개발과 기획, 그리고 제공에 초점을 두기 위해서 후원자와 클라이언트의 지역사회복지실천의 주도적 의사결정 권한에 따라 분류함으로써 클라이언트와 후원자의 권한결정을 명확히 했다는 점이다. 따라서 테일러와 로버츠의 실천모델의 경우 |그림 5-2|와 같이 다섯 가지의 세부 실천모델로 분화될 수 있다. 이 중에서 특히 로스만의 사회기획 모델에서 세분화된 기획모델의 경우 과업목표만을 제시하지 않고 과정목표를 함께 제시함으로써 후원자의 실천지향적인 능력을 세부적으로 평가하고 있다는 점이다. 이는 후원자가 지역사회에 대한 복지실천을 결정하는 데 있어서 조직화의 과정과 지역주민과의 대인관계 등에 중점을 두어 인간지향적인 측면을 강조하고 있다는 데 특징이 있다 하겠다. 이와 더불어 테일러와 로버츠의 실천모델 중에서 지역사회연계 모델은 로스만의 모델에는 없는 실천모델로서 지역사회 연계활동에서 지역사회

1) 모델 간 특징비교는 김정기 · 백종만 · 김찬우(2009). 지역사회복지론; 최일섭 · 이현주(2007). 지역사회복지론 참고.

주민과의 관계설정과 이들에 대한 지지활동 강화 등이 서비스의 전달 못지않게 중요함을 내세우고 있다. 즉, 실천가가 서비스를 제공함에 있어서 지역사회 고유의 강점과 가치 등을 충분히 인식하고 지역주민과의 교류를 강화함으로써 최대한 다양한 이익집단과의 관계를 형성하는 실천적 접근을 꾀하고 있다.

이러한 논의를 토대로 할 때 지역사회복지실천의 실천모델은 궁극적으로 지역사회 내에서 개인과 지역사회의 임파워먼트가 실천의 기본 전제임을 숙지하고 지역사회 내부의 주민들의 역량을 높이고 지역사회 고유의 강점과 기술, 가치역량을 충분히 인식하여 최대한 다양한 계층의 참여를 가능하게 하는 실천적 전략 및 전술을 개발해야 할 것이다. 그리고 이러한 전략과 전술의 개발을 위해 실천가들은 분명한 이론적 근거를 확보하고 다양한 실천적 접근을 통해 실천가와 후원자가 절대적으로 옳은 결정에 의존할 수 있다는 편견을 배제하며 지역사회의 구체적인 문제해결을 위한 다양한 해결책을 제시하고 생태계적인 관점에서 전반적인 지역사회 역량의 강화를 위해 노력해야 할 것이다.

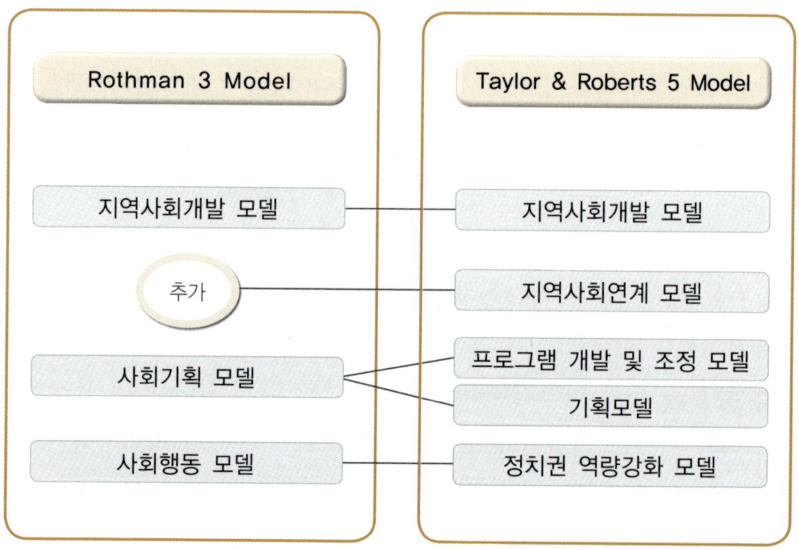

|그림 5-2| Rothman과 Taylor & Roberts 모델 간의 특징 비교

3. 웨일과 갬블의 8모델

웨일과 갬블(Weil & Gamble, 1995)의 실천모델은 로스만의 세 가지 실천모델을 변형하여 여덟 가지의 실천모델로 구별하였다. 즉, 웨일과 갬블은 로스만의 지역사회개발 모델을 세 가지로 세분화하여 근린지역사회조직 모델, 기능적 지역사회조직 모델, 지역사회의 사회・경제개발 모델로 나누고, 사회기획 모델은 사회기획과 프로그램 개발과 지역사회연계 모델로, 마지막으로 사회행동 모델은 정치・사회행동 모델, 연합모델, 사회운동 모델로 세분화하였다. 웨일과 갬블의 여덟 가지 실천모델을 구체적으로 살펴보면 다음과 같다.

1) 근린지역사회조직 모델(Neighborhood and Community Organizing Model)

근린지역사회조직 모델은 지역사회를 지리적으로 평가하여 지역주민의 삶의 질을 향상시키고 조직가, 교사, 촉진자로서의 실천가의 역할을 강조한다. 이때 표적체계(target system)는 정부와 외부개발자가 되며 때로는 지역주민도 가능하다. 근린지역사회조직 모델은 능력개발과 과업수행이라는 두 가지 목표를 강조한다. 즉, 지역사회 주민들이 조직의 활동에 참가하면 조직하는 기술, 문제분석, 계획 그리고 리더십을 발전시키기 때문에 주민들의 능력을 개발할 수 있다는 것이다. 그리고 지역사회 주민들은 조직의 활동을 통해 지역사회의 사회경제적 조건들을 향상시키거나 도시계획이나 지역계획과 개발에 영향을 미쳐 구체적인 과업을 성취한다는 것이다. 변화를 위한 표적체계는 시와 같은 공공행정기관, 개발계획의 추진기업이며, 주요 관심영역은 지역사회 주민의 삶의 질에 있다. 사회복지사는 조직가, 교사, 코치 그리고 촉진자로서 역할을 수행한다.

2) 기능적 지역사회조직 모델(Functional Community Organizing Model)

기능적 지역사회조직 모델은 지역사회의 공통의 관심사에 근거한 지역사회 조직에 중점을 두어 표적체계를 정부와 대중에 두고 지역사회 주민의 옹호를 위한 사회정의 행동전략을 사용한다. 기능적인 의미의 지역사회 조직이란 이해관계를 기초로 한 지역사회 조직을 말한다. 오늘날 많은 사람들은 지리적인 근접성보다 공통 이슈에 관한 관심을 공유하는 경향이 높아, 이러한 조직활동이 활발하게 이루어지고 있다. 사회복지사는 근린지역사회조직과 마찬가지로 조직원의 충원, 문제의 정의, 옹호전략과 전술결정에 기여할 수 있는 촉진자의 역할과 조사와 분석기법을 가르치는 역할을 수행한다. 그리고 이해관계를 기반으로 한 기능적인 지역사회 조직은 조직구성원들이 지리적으로 흩어져 있기 때문에 소식지, 보고서 등이 중요한 의미를 지니고 있다. 따라서 사회복지사는 집필과 정보제공자로서의 역할도 수행해야 한다.

3) 지역사회의 사회・경제개발 모델(Community Social and Economic Development Model)

지역사회의 사회・경제개발 모델은 지역사회의 경제적 측면을 강조하여 지역주민의 경제적 소득, 자원, 사회적 자원의 개발을 위한 교육을 강조하여 표적체계는 금융기관이나 재단 외부개발자 등을 주로 하며, 지역의 개발계획에 대한 주도전략을 실천하며 경제개발과 사회개발이 동시에 이루어져야 한다는 인식을 전제하고 있다. 이 모델의 주요 목표는 저소득계층 및 불이익을 받는 지역사회 주민의 삶의 질과 기회를 증진시키는 데 있다. 변화를 위한 표적체계는 은행, 재단, 외부개발자, 지역사회 주민이라 할 수 있다. 따라서 지역사회의 사회경제적 개발에 투자할 수 있도록 자원을 가진 사람들을 설득하는 것이다.

4) 사회기획 모델(Social Planning Model)

사회기획 모델은 지역사회 개발을 위한 적합한 프로그램의 개발 및 서비스 조정과 네트워크를 제공하기 위해 조사자, 제안자, 관리자, 전달자로서의 실천가의 역할을 강조한다. 또한 표적체계로서는 지역사회 지도자 및 서비스 기관 관리자를 설정하고 구체적인 행동계획안의 개발과 실천에 주력한다. 사회복지사는 계획가로서의 역할을 담당한다. 계획가의 필수적인 기술은 조사, 욕구사정, 평가, 프로포절 개발, 분석 등에 관한 것이라 할 수 있으며, 또한 정보전달과 관리기술이 요구된다.

5) 프로그램 개발과 지역사회연계 모델(Program Development and Community Liaison Model)

프로그램 개발과 지역사회연계 모델은 지역사회 내의 여러 세력 가운데 특정 집단에 대한 서비스를 개발하고 서비스의 효과성 및 질적 증진을 위한 전달체계를 고안해 낸다. 이 실천모델의 표적체계는 기관의 재정지원자 및 수혜자를 들 수 있다. 이 모델의 목표는 지역사회의 대상자에게 필요하다고 평가되는 서비스를 향상시키거나 또는 새로운 서비스를 계획하고 실행하는 것이다. 변화를 위한 표적체계는 새로운 서비스나 계획된 서비스의 잠재적 수혜자이고, 이러한 서비스에 비용을 지불하는 사람들이다.

6) 정치 · 사회행동 모델(Political and Social Action Model)

정치 · 사회행동 모델은 지역사회 주민의 정치적 권력 향상 및 기존 제도의 변화를 추구하여 주민의 정치권력 향상을 통한 지역사회 내에서의 영향력 행사를 목표로 한다. 따라서 이 실천모델의 표적체계는 선거권자, 선출된 공무원이 된다. 지역사회에서 기회를 제한하는 불평등을 극복하거나 지역사회의 욕구를 무시하는 의사결정자에게 대항하고, 조직의 효과성에 대한 신념을 강화하고 불공정한 조건을 변화시키려는 기술을 개발함으로써 사람들의 권한을 부여하는 것을 주요 내용으로 한다. 변화를 위한 주요 표적대상은 잠재적인 참여자이다. 그리고 선거로 선출된 공직자와 행정관료가 될 수 있다. 또 다른 변화의 표적은 지역사회 주민의 건강과 생존을 위협하는 환경오염 등과 같은 지역사회에 해를 미치는 활동에 참여한 기업과 정부 당국이 될 수 있다. 사회복지사는 옹호자, 교육자, 조직가, 조사자로서 역할을 수행한다. 내부적으로 조직가는 내부적 집단과정과 의사결정 기술 면에서 능력을 쌓아올리는 것에 관여하며, 외부적으로는 직접적인 행동기술, 대중과 언론관계, 심층적인 조사에 초점을 두어야 한다. 비록 조직가가 일부 중요 사항에 대해 옹호자로서 역할을 수행하더라도, 조직가는 집단구성원이 적극적인 옹호자가 되도록 도와주는 것이 보다 중요하다.

7) 연합모델(Coalitions Model)

연합모델은 지역사회에 발생한 특정 이슈를 옹호하기 위한 실천모델로서 이들 이슈에 대한 중재자, 협상가, 대변인으로서 실천가의 역할을 강조하고 지역사회 내에서 다양한 세력 간의 협력된 권력 기반 구축에 전략적 목표를 세우고 있다. 연합모델은 분리된 집단 및 조직을 집합적인 사회변화에 동참시키는데 있다. 이 모델의 목표는 연합의 공통 이해관계에 대응할 수 있는 자원동원의 잠재력을 증진시키고, 사회적 프로그램의 방향에 영향을 미칠 수 있는 다조직적인 권력기반을 구축하는 것이다.

8) 사회운동 모델(Social Movements Model)

사회운동 모델은 전반적인 사회정의의 실현을 위해 대중과 정치체계의 확장에 목표를 두는 실천모델로서, 최근의 사회운동과 사회복지실천에 있어서 그 역할의 확대가 요구되는 영역이다. 사회운동의 목표는 바람직한 사회변화라 할 수 있다. 예컨대 민주화운동, 시민운동 등은 대표적인 사회운동이다. 이때 사회사업가의 역할은 옹호자와 촉진자로서 수행한다.

이상의 검토결과를 바탕으로 로스만과 웨일과 갬블의 실천모델 간의 특징을 비교[2)]해 보면, 웨일과 갬블의 실천모델은 로스만의 세 가지 실천모델(지역

---

2) 모델 간 특징 비교는 김정기 · 백종만 · 김찬우(2009). 지역사회복지론; 최일섭 · 이현주(2007). 지역사회복지론 참고.

사회개발, 사회기획, 사회행동)을 여덟 가지로 세분화함으로써 로스만의 실천모델이 가지고 있는 한계점을 뛰어넘고자 하는 시도를 하고 있다는 것이다.

|그림 5-3|과 같이 웨일과 갬블은 로스만의 지역사회개발 모델을 근린지역사회조직, 기능적 지역사회조직, 지역사회개발의 모델로 세분화하여 로스만의 지역사회개발 모델이 안고 있는 전체 지역주민의 합의 도출을 위한 소모적인 과정과 현실적인 어려움을 극복하고자 시도하였고, 다양한 집단(성, 계층, 인종, 연령, 신체적 능력) 등의 차이를 극복하고 합의를 도출하는 데 나타나는 다양성의 방해요소를 제거하고자 하였다. 왜냐하면 지역사회복지실천을 위한 노력은 지역주민 간의 연대감을 실질적으로 유도하는 것이 중요하기 때문이다. 이를 위해서 웨일과 갬블은 지역사회를 물리적 지역중심 사회에서 공동의 관심사를 가진 기능적 지역사회로 구분해 내고, 이에 대한 논의를 추가하였다. 즉, 지역사회의 경제적 영역을 따로 구분하여 지역사회의 경제적·사회적 여건 개선이 모두 가능한 개발을 포함시키고자 한 것이다.

웨일과 갬블의 실천모델은 로스만의 사회기획 모델을 사회기획과 프로그램 개발과 지역사회연계 모델로 세분화하여 로스만 모델의 시간과 자원의 제약이 존재한 현실적 상황에 대한 합리적 접근이 용이하게 하였다. 이를 통해서 웨일과 갬블의 실천모델에서는 전문가적인 지식의 적용과 실천가들의 지역자원에의 실질적인 접촉을 강조하였다.

그리고 웨일과 갬블의 실천모델은 로스만의 사회행동 모델을 정치·사회행동, 연합, 사회운동 모델로 세분화하였다. 즉, 정치·사회행동 모델을 통해서 선거를 통한 권력향방을 지배하여 지역사회의 변화를 추구하고, 지역사회의 당면문제를 연합모델을 통해서 여러 집단 간의 장기적인 협력관계를 통한 해결방안을 모색하고자 하였다. 이를 통해서 실천모델의 행동이나 목표가 주민 전체에게 대의가 전달되고 지역사회 모두가 이를 수용·인식할 수 있는 가능성을 높이는 데 주안점을 두었다.

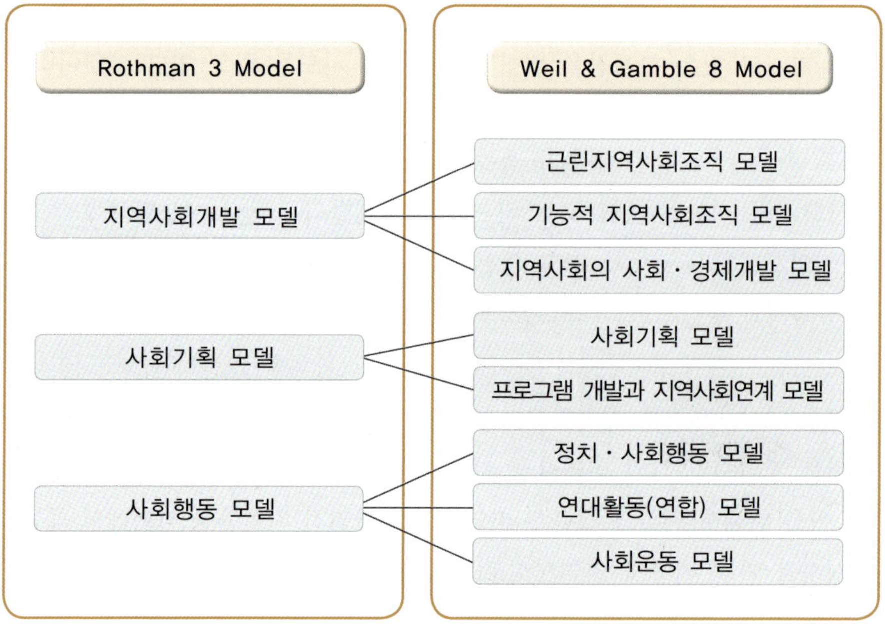

|그림 5-3| Rothman과 Weil & Gamble 모델 간의 특징 비교

4. 포플의 8모델

포플(Popple, 1996) 모델은 영국의 지역사회복지실천 경험을 '보호(care)'와 '행동(action)'의 연속선을 기준으로 지역사회복지실천 모델을 여덟 가지로 유형화하고 있다. 각 모델은 상호 독립적이라기보다는 중복될 수 있으며 서로 다른 이데올로기와 전통을 반영하고 있다.

1) 지역사회보호 모델(Community Care Model)

지역사회보호는 노인, 장애인, 아동 등 지역주민의 복지를 위한 사회적 관계망과 자발적 서비스를 증진하는 데 목적이 있으며, 복지욕구를 충족시키기 위한 자조개념을 개발하는 데 집중하고 있다.

2) 지역사회조직 모델(Community Organization Model)

지역사회조직은 타 복지기관 간의 상호 협력을 증진시키는 수단으로 사용되고 있으며, 사회복지기관의 상호 협력 및 조정은 중복서비스를 방지할 수 있으며, 자원의 부재현상을 극복하여 복지전달의 효율성과 효과성을 높이는 데 일조하고 있다.

3) 지역사회개발 모델(Community Development Model)

지역사회개발 모델은 지역사회구성원의 삶의 질을 향상시키기 위한 기술과 신뢰를 습득할 수 있도록 집단을 원조하는 데 중점을 두고 있다.

4) 사회 · 지역기획 모델(Social-community Planning Model)

사회 · 지역기획 모델은 사회적 상황, 사회정책과 사회복지기관의 서비스의 분석, 주요 목표 및 우선순위의 설정, 서비스 프로그램의 기획과 적절한 자원의 동원 그리고 서비스와 프로그램의 집행 및 평가 등에 중점을 두고 있다.

5) 지역사회교육 모델(Community Education Model)

지역사회교육 모델은 비판적 사고와 담론을 통해 억압적 조건이나 상황을 변화시키는 행동양식을 고양시키는 데 중점을 두고 있다.

6) 지역사회행동 모델(Community Action Model)

지역사회행동 모델은 전통적으로 계급에 기초한 모델로 갈등과 직접적인 행동을 활용하며, 권력이 없는 집단이 자신들의 효과성을 증가시킬 수 있는 대응으로 볼 수 있다.

7) 여권주의적 지역사회사업 모델(Feminist Community Work Model)

여권주의적 지역사회사업 모델은 지역사회실천에 대한 페미니즘의 적용이라는 특징을 가지고 있으며, 여성불평등의 사회적 요인에 대한 집합적 대응을 통해 여성의 복지를 향상시키는 데 초점을 두고 있다.

8) 인종차별철폐 지역사회사업 모델(Black and Anti-racist Community Work Model)

인종차별철폐 지역사회사업 모델은 지역사회실천에 있어서 인종차별에 저항하거나 그들의 권리보호를 위해 상호 원조와 조직화하는 데 초점을 두고 있다.

제3절 지역사회복지실천 모델에서 사회복지사의 역할

지역사회복지실천 모델에서의 사회복지사의 역할은 로스만의 지역사회개발 모델, 사회기획 모델, 사회행동 모델의 특성을 고려하여 살펴보기로 한다.

1. 지역사회개발 모델에서 사회복지사의 역할

지역사회개발 모델에서의 사회복지사는 1차적인 역할로 문제해결을 위해 목표를 설정하고 해결방안을 마련하도록 돕는 역할을 한다. 지역사회의 역량을 강화하고 지역주민 개개인의 역할을 강화하기 위해 참여와 자조, 지도력, 성실성 등의 협동적인 과정이 중요시된다. 그 구체적인 내용으로는 안내자, 조력가, 전문가, 치료자의 역할이 명시되어 있다. 그러나 이 중에서 주된 사회복지사의 역할은 안내자와 조력가로 볼 수 있다.

사회복지사의 안내자로서의 역할은 ① 사회복지사는 문제해결 과정에서 주도적인 능력을 발휘해야 한다. ② 사회복지사는 지역사회를 객관적인 입장에서 있는 그대로 수용하여야 한다. ③ 사회복지사는 어떤 해결책을 제시하거나 강요하는 역할을 하는 것이 아니라 지역사회가 스스로에 대한 책임을 다할 수 있도록 하는 자신의 역할을 받아들여야 한다. ④ 사회복지사는 제안을 할 수 있으나 자기의 의견을 강요하거나 고집하여서는 안 된다.

사회복지사의 조력가로서의 역할은 ① 사회복지사는 지역사회 주민들이 자신들의 불만사항에 대해 논의하고, 우선순위를 결정하고, 해결할 수 있도록 조직을 결성하는 데 도움을 주는 것이다. ② 사회복지사는 지역주민들이 서로 신뢰하고 협동에 기반한 인간관계가 확립될 수 있도록 가교 역할을 하여야 한다. ③ 사회복지사는 지역사회에서 지역주민의 역량을 강화하고 개발하는 공동목표를 추구하도록 촉구하고 환기시키는 역할을 해야 한다. ④ 사회복지사는 지역사회 공통의 문제와 이 문제들을 해결할 수 있는 해결책을 확인할 수 있도록 도와야 한다.

사회복지사의 전문가로서의 역할은 ① 사회복지사는 지역사회에 대한 분석 및 진단을 할 수 있어야 한다. ② 사회복지사는 지역사회 조사방법에 대한 지식과 기술을 활용할 수 있어야 한다. ③ 사회복지사는 지역사회에 대한 기술상의 정보와 자료제공 및 자료를 확보할 수 있는 방법을 알고 있어야 한다. ④ 사회복지사는 지역사회의 사업과정에 대한 설명과 평가를 할 수 있어야 한다.

사회복지사의 치료자로서의 역할은 ① 사회복지사는 지역에서의 협력적인 작업들을 방해하는 요인들을 제거하도록 돕는다. ② 사회복지사는 지역사회에서 힘이 없고 배제되고 소외받은 지역주민들의 감정을 치료하여야 한다. ③ 사회복지사는 지역의 진단결과로 규명된 특성과 성격을 주민들에게 제시하여 주민들의 이해를 돕는다. ④ 사회복지사는 지역사회에서 공동체를 방해하거나 지역주민 간의 긴장을 조성하고, 불화를 일으키는 원인으로 작용할 가능성이 있는 문제를 변화시키도록 하여야 한다.

2. 사회기획 모델에서 사회복지사의 역할

사회기획 모델에서의 사회복지사는 1차적인 역할로 지역사회개발 모델과 사회행동 모델과 비교하여 계획가, 전문가(분석가, 계획가, 조직가, 행정가 등)의 역할이 특히 중요시된다.

사회복지사의 계획가로서의 역할은 ① 사회복지사는 사회서비스를 개선하고 지역사회 문제를 완화시키는 주요한 방법으로 공공기관의 정책을 수정하며 이러한 목적을 달성하기 위해 노력하는 것이다. ② 사회복지사는 자신의 영향력을 발휘할 수 있는 자원들(돈과 신용, 인기, 적법성, 개인의 열정 등) 중에서 각각의 상황에서 가장 적절한 것을 선택하고 계획한다.

사회복지사의 전문가로서의 역할은 ① 사회복지사는 지역사회 문제 분석 및 사회문제에 영향을 미치는 요인들을 분석할 수 있는 분석가여야 한다. ② 사회복지사는 성과를 평가할 수 있도록 복지적인 목표를 강조하고 설정해야 하는 계획가여야 한다. ③ 사회복지사는 지역주민이나 단체들을 계획의 수립과 실천의 과정으로 참여시키고, 그들의 역할을 제시하고 효과적으로 수행할 수 있도록 훈련시키며, 주민들의 참여의식을 고취시켜 스스로 조직화될 수 있는 능력을 키우는 조직가여야 한다. ④ 사회복지사는 수립된 계획을 지역사회가 수용하게 하고, 프로그램을 현장에서 운용하고, 주민들이 관심을 보이도록 하는 행정가여야 한다.

3. 사회행동 모델에서 사회복지사의 역할

사회행동 모델에서의 사회복지사는 1차적인 역할로서 조력가, 중개자, 옹호자(대변자), 행동가, 조직가가 중요시된다. 특히 지역사회복지실천에서는 실천가의 옹호자, 행동가, 조직가의 역할이 강조된다.

사회복지사의 옹호자로서의 역할은 ① 사회복지사는 지역사회 주민 입장에서 정당성을 주장하고 지도력과 자원을 제공한다. ② 사회복지사는 자신의 전문적인 역량을 지역의 클라이언트를 위하여 사용한다.

사회복지사의 행동가로서의 역할은 ① 사회복지사는 지역사회에서의 갈등적인 상황에서 중립적이거나 수동적인 자세를 거부한다. ② 사회복지사는 지역사회 클라이언트의 행동을 조직화한다.

사회복지사의 조직가로서의 역할은 ① 사회복지사는 지역주민들의 조직적인 행동을 장기적인 프로그램에 포함되게 한다. ② 사회복지사는 지역주민들이 그들의 관심문제들에 대해 대항하고 투쟁하도록 한다. ③ 사회복지사는 지역에서 문제를 가진 집단과 토의를 갖도록 하며, 주민들을 대화의 장으로 끌어들인다. ④ 사회복지사는 주민들의 정치적 의식을 증대시킨다.

사회복지사가 수행하는 역할은 여러 가지로 규정될 수 있다. 다음 〈표 5-2〉와 같이 각 모델 간에 사회복지사의 역할은 서로 배타적으로 적용되는 것은 아니며, 모델별로 강조하는 바에 따라 달리 해석할 수 있고, 사회복지사는 여러 역할을 동시에 수행할 수 있다.

〈표 5-2〉 모델에 따른 사회복지사의 역할

지역사회개발 모델	사회기획 모델	사회행동 모델
• 안내자(guide) • 조력가(enabler) • 전문가(expert) • 치료자(therapist)	• 계획가(planner) • 전문가(professional) – 분석가(analyst) – 계획가(planner) – 조직가(organizer) – 행정가(program administrator)	• 옹호자(advocate) • 행동가(activist) • 조직가(organizer)

Key Point

• 지역사회복지실천을 위한 대표적인 개입모델로는 로스만(Rothman)의 3모델(지역사회개발 모델, 사회기획 모델, 사회행동 모델), 테일러와 로버츠(Taylor & Roberts)의 5모델(지역사회개발 모델, 지역사회연계 모델, 프로그램 개발 및 조정 모델, 기획모델, 정치적 역량강화 모델), 웨일과 갬블(Weil & Gamble)의 8모델(근린지역사회조직 모델, 기능적 지역사회조직 모델, 지역사회의 사회·경제개발 모델, 사회기획 모델, 프로그램 개발과 지역사회연계 모델, 정치·사회행동 모델, 연합모델, 사회운동 모델), 그리고 포플(Popple)의 모델(지역사회보호 모델, 지역사회조직 모델, 지역사회개발 모델, 사회·지역기획 모델, 지역사회교육 모델, 지역사회행동 모델, 여권주의적 지역사회사업 모델, 인종차별철폐 지역사회사업 모델)이 있다.

• 지역사회복지실천 모델에서 사회복지사 역할 중 지역사회개발 모델에서의 사회복지사의 역할은 안내자로서의 역할, 조력가로서의 역할, 전문가로서의 역할이 필요하며, 사회기획 모델에서 사회복지사의 역할은 계획가로서의 역할, 전문가로서의 역할로, 사회행동 모델에서 사회복지사의 역할은 옹호자로서의 역할, 행동가로서의 역할, 조직가로서의 역할로 대변된다.

Chapter

06 지역사회복지실천 전략과 전술

지역사회복지실천의 전략과 전술의 적용은 크게 두 가지 방법으로 만들어질 수 있다. 첫째, 전략과 전술을 새롭게 구성하는 방법이다. 이는 주어진 주제와 상황에 맞게 전략가가 특별한 방안을 마련하는 것이다. 둘째, 기존에 있던 표준화 전략과 전술을 그대로 다시 사용하는 방법이다. 이는 새로운 전략을 만드는 것이 아니라 지금까지 사용해 온 구조화되고 분류된 다양한 전략과 전술을 선택적으로 선별하여 사용하는 것을 말한다. 여기서 전술은 전략의 하위개념으로 사용되며, 동시에 계획이나 안(案)과 동의어로 사용된다. 이러한 구체적인 전략과 전술은 지역사회 변화를 촉진시키며 성공적인 개입을 계획하고 성취하기 위한 가장 중요한 구성요소가 된다. 즉, 개입을 위한 계획은 전략과 전술을 정의하고, 지역사회복지실천 영역에서 변화를 이루기 위해 행동하는 주체인 행동체계와 변화의 대상이 되는 표적체계의 역할과의 관계를 검토하는 과정에서 검토될 수 있다. 이러한 전략과 전술, 계획안의 적용 원칙은 '하나의 전략과 전술, 전술, 전술의 사용', '하나의 전략과 계획, 계획, 계획의 사용', '하나의 전략과 안, 안, 안의 사용'이다. 이러한 원칙을 고수하면 지역사회복지의 전략과 전술 부분을 쉽게 이해하고 적용할 수 있을 것이다.

제1절 지역사회복지실천의 개입을 위한 전략과 전술 적용

1. 전략과 전술

전략(strategy)과 전술(tactics)의 사전적 의미를 살펴보면 다음과 같다. 전략은 정치, 경제 따위의 사회적 활동을 하는 데 필요한 책략이며, 전술은 일정한 목적을 달성하기 위한 수단이나 방법이다. 다시 말해, 전술은 전략을 이행하기 위해서 하는 구체적인 실행수단이나 방법, how to, 일상적인 활동들 등이며, 단기적인 관점으로 효율의 문제로 볼 수 있다. 반면에 전략은 장기적인 관점으로 보는 것이며 쉽게 변하지 않는 특징이 있다. 전략은 근본적인 계획으로서의 방향과 초점, what to, 효과의 문제라 할 수 있다. 전략 수정 시 사업의 실패로 돌아갈 수 있다. 반면에 전술은 자주 수정하여 전략을 실현할 수 있어야 한다. 결국 전략은 어떤 목표를 정해놓고 거기에 대하여 어떻게 나아갈 것인지 큰 틀을 잡는 것이다. 그리고 전술은 전략을 세우고 그것을 행하면서 발생되는 여러 가지 일들에 대처하는 것을 말한다. 이상의 내용을 〈표 6-1〉로 정리하면 다음과 같다.

〈표 6-1〉 전략과 전술의 차이

전략(strategy)	전술(tactics)
지침	행동
목적	방법
장기적	단기적
what to	how to
추상적	구체적
장기적이고 근본적인 계획	일상적인 활동들
수정 어려움	자주 수정
효과	효율

2. 행동체계와 표적체계

지역사회에서의 행동체계는 변화매개인의 목표를 달성하고, 표적체계에 영향을 주기 위해 함께 일하는 변화매개인 및 그와 함께 일하는 사람들로 묘사된다. 그리고 표적체계는 문제해결을 위해 변화를 필요로 하며 변화매개인의 목표를 달성하기 위해 표적이 되는 사람들이 된다. 행동체계와 표적체계의 관계는 전략과 전술을 선택하는 데 1차적인 주요 관심사가 된다. 행동체계와 표적체계가 일치할 경우는 제휴전략을, 행동체계와 표적체계가 부분 중복될 경우는 캠페인 전략을, 그리고 두 체계가 서로 유리되어 있으면 대항전략을 사용하여야 한다(Kahn, 1991; Brager et al., 1987).

3. 제휴 · 캠페인 · 대항전략과 전술

지역사회복지실천에서의 제휴전략은 대체적으로 지역사회개발 모델과 연관이 있으며, 캠페인 전략은 사회기획 모델과 지역사회개발 모델, 그리고 사회행동 모델 모두와 연관이 있다. 그리고 대항전략은 사회행동 모델과 관련이 있다. 제휴전략은 집단이 목적을 성취하기 위해 연합행동을 하는 것에 동의할 때 사용된다. 따라서 제휴전술은 연합계층의 창출과 당면한 문제를 해결하기 위한 협조 노력, 공유한 자원이나 공통의 이익 그리고 관심의 확인을 통하여 개인 간, 집단 간의 차이를 줄여나가는 데 사용된다. 따라서 연합행동은 합의나 동의가 있어야 사용할 수 있다(Netting, Kettner & McMurtry, 2004). 캠페인 전략은 상대방이 어떤 것을 하게끔, 또는 상대방이 협상의 테이블로 나오도록 설득하는 데 사용된다. 로스만(Rothman, 1995)에 의하면, 캠페인 전술은 반대편들 사이의 동의를 발전시키기 위해서, 그리고 집단들 사이의 차이를 최소화하기 위해 사용된다. 캠페인 전술은 계약의 규칙을 결정하기 위해서 사용되기도 하고 반대하는 집단들이 서로 협상을 하는 방식으로 사용되기도 한다. 따라서 신문광고나 로비, 설득, 교육 등의 대중매체 활용이 포함된다. 대항전략은 정책을 수용하도록 상대방에게 압력을 가할 때 사용된다. 이에 따른 대항전술은 대부분사회행동과 연관되어 있다. 대항전술은 반대자의 면전 인터뷰, 반대편 배제하기, 토론 거절, 반대편 부정적으로 묘사하기 등의 행동들이 포함되어 있다. 전술은 변화를 추구하는 전략의 부분으로서 취해지는 단기행동들로 교섭, 협상, 보이콧, 시민불복종, 피케팅, 파업, 연좌농성, 청원 등이 있다. 칸(Kahn, 1991)은 대항전술이 사람에게 자신의 분노를 터트릴 수 있는 기회를 제공하며 대항전술을 통해서 사람들은 싸울 수 있고, 정정당당하게 서 있을 수 있는 자신들의 능력을 인식할 수 있다고 보았다. 그러나 대항전술은 과격한 행동들이 포함될 수 있어 체계 내에서 가치를 두고 있는 참가자들은 대항전술을 사용하는 것에 부담을 느낄 수 있다. 〈표 6-2〉는 지역사회에서 개입을 위한 전략과 전술을 설명한 것이다.

〈표 6-2〉 지역사회 개입을 위한 전략과 전술

	제 휴	캠페인	대 항
사 용	집단이 목적을 성취하기 위해 연합행동을 하는 것에 동의할 때	상대방이 어떤 것을 하게 끔 또는 상대방이 협상의 테이블로 나오도록 설득할 때	정책을 수용하도록 상대방에게 압력을 가할 때
전 술	• 연합계획 및 행동 • 합의 건설	설득, 로비, 교육, 대중매체 활용	교섭, 협상, 보이콧, 시민불복종, 피케팅, 파업, 연좌농성, 청원
행동체계	지역주민으로 지역조직들의 대표	수혜자, 계획을 진행하고 있는 기관, 협조적인 파트너	억압받은 집단성원들
표적체계	파트너, 협력자, 조력자	체계를 변화시키는 데 영향을 받게 되는 정책결정가	정부정책결정가, 기업책임자, 사회적·정치적·경제적 엘리트 집단의 구성원

제2절 지역사회복지실천 모델의 전략과 전술의 적용

지역사회복지의 실천을 위해 가장 광범위하게 알려져 있는 사회행동 모델의 전략에 대해 살펴보기로 한다.

1. 사회행동의 전략

1980년대 후반부터 시작된 국내·외의 이념과 정치적 변화의 영향으로 지역사회중심 혹은 국가적 차원의 사회행동의 영역이 확대되었으며, 우리나라 지역사회복지사업에 있어서도 과거의 지역사회 개발로부터 사회행동이 일반적 모델로 크게 부각되고 있다. 지역사회에 있어서 사회행동은 지역사회 주민들의 생활에 영향을 미치는 중요한 결정에 대해 주민들의 통제력을 향상시키기 위한 집단적인 노력이다. 사회행동은 어떠한 대상집단을 이기기 위한 힘의 행사이다. 이러한 힘을 행사하기 위한 원천으로는 정보력, 동원능력, 피해를 줄 수 있는 잠재력, 약점을 이용한 수치심 자극, 적대되는 집단에 대한 힘의 행사 등이 있다.

1) 사회행동의 합법성 확보전략

사회행동은 지역사회의 자체조직원이나 상대조직에서도 수용될 수 있는 전략을 선택하여야 하며, 장기적인 면에서 승리하기 위한 관건은 사회행동 조직 이외의 사람들이 그 조직들에 대해 합법성을 인정하느냐에 달려 있다. 즉, 사회행동조직이 사회적인 합법성을 확보하기 위해서는 조직에게 적합한 전술을 선택하고 기존의 법질서를 해치는 과격한 폭력행위 등으로 변질되지 않도록 유의하여야 한다.

2) 표적체계를 이기기 위한 힘의 전략

사회행동은 사회행동 집단인 행동체계와 대상(적대)집단인 표적체계 간의 힘겨루기라고 할 수 있다. 따라서 사회행동을 원숙하게 하기 위해서 어떠한 힘의 원천에 의존해야 할 것인가를 결정하는 것이 매우 중요하다. 이러한 힘의 전략으로는 사회행동을 주도하는 집단이 시위나 집회 등을 통해서 일반인들에게 문제의 중요성과 심각성을 주지시키고 정부나 국회 및 지방의회에서 이러한 문제를 논의하여 적절한 결정을 내릴 수 있도록 힘을 과시할 수 있다.

사회행동의 토대가 될 수 있는 이러한 힘의 원천은 다음과 같다.

첫째, 정보력이다. 현재의 사태에 관한 정보나 지식을 정부나 정치인들에게 제공하는 힘이며, 사회행동 집단이 그들의 활동과 결정에 반대하는 대상인 표적체계에게 불편과 손해를 증가시킴으로써 과시하는 힘이다.

둘째, 표적체계에 대한 직접적인 힘의 행사이다.

셋째, 피해를 입힐 수 있는 잠재력이다. 실제로 피해를 입히는 것보다 피해를 입힐 수 있는 잠재력이 있음을 상대에게 주지시키는 방법이다.

넷째, 약점을 이용한 수치심 자극이다. 표적체계의 약점을 언론에 노출시키거나 그들의 주거지에서 공개하는 행위이다.

다섯째, 동원능력이다. 사회행동 조직이 집단행동에 많은 사람들을 동원할 수 있는 능력은 사회행동의 정당성을 획득하고 있다는 잠재력의 표출이므로 사회행동에서 가장 중요한 힘의 원천이라 볼 수 있다.

3) 다른 조직과의 협력전략

다른 조직과의 협력전략으로는 동맹, 연합, 협조를 들 수 있다. 동맹은 가장 고도의 조직적인 협력관계로서 유사한 목적을 지닌 조직들이 영구적이고 전문적인 대규모의 조직관계망을 갖는 것이다. 동맹관계는 회원조직들의 회원을 훈련하고 캠페인을 준비하는 전문적인 활동을 필요로 하는 경우에 매우 바람직한 협력관계이다. 연합은 참여하는 조직들이 이슈와 전략을 합동으로 선택하는 보다 조직적인 협력관계이다. 이 관계 속에서 참여하는 조직들은 각각 대표자를 선정하여 운영위원회 같은 조직을 구성하고 회의를 소집하여 공동의 관심사에 대해 협의하게 된다. 협조는 다른 조직과의 최소한의 협력관계를 유지하는 유형이다. 조직 자체의 계획대로 운동을 전개하면서 필요에 따라서 일시적인 협력을 하는 것이다. 〈표 6-3〉은 협력관계의 유형을 나타낸 것이다.

〈표 6-3〉 협력관계 유형

기 준	동맹관계	연합관계	협조관계
목 적	• 로비활동에 역점 • 기술적인 정보제공 • 전문가를 둔 영속적인 구조	• 계속적이나 느슨하게 구조화된 협력 • 조직적 자율성을 최대화하면서 힘 증대	특정 이슈에 유사한 목표를 가진 조직들의 일시적인 연결
결 성	회원조직으로부터 승인이 필요하지만 결정할 수 있는 힘은 중앙위원회나 전문직원이 갖게 됨	• 선출된 대표들이 정책을 결정하나 각 개별조직들의 비준이 있어야 함 • 각 조직은 모든 행동에 참여할 필요가 없음	임시적 계획이 시안에 따라 만들어짐
존 속	• 중앙위원회나 직원에 의해 장기적인 활동 수행 • 동맹 자체의 업무를 지속시키기 위한 것이 있을 수 있음	참여조직들은 특정 캠페인에 참여 여부를 선택할 수 있으나 협력구조는 지속	협력관계는 어느 때고 한쪽에 의해 중단될 수 있음

2. 정치적 압력전술

정치적 압력전술은 정부로 하여금 어떤 행정조치를 시행 또는 포기하게 한다거나 새로운 정책을 강구하게 하는 것이다. 정치적 압력은 정부의 정책형성 과정의 모든 단계에서 이루어질 수 있으며, 정부의 정책형성 과정과 각 단계별 사회행동 조직이 가해야 할 정치적인 압력으로는 이슈를 논의대상으로 삼는 단계, 해결대안을 설계하는 단계, 법안의 통과를 추진하는 단계와 실천을 하도록 영향력을 행사하는 단계가 있다.

정부의 정책결정에 영향력을 행사하는 단체에는 경제단체, 전문가조직 등이 있으며, 사회행동단체는 이들 단체와 경쟁적 관계에 놓인다. 지역사회행동 조직이 이러한 경제단체의 활동과 대등한 경쟁을 하기 위해서 극복해야 할 과제로는 압력전술의 지속적인 사용, 근본적 결정에 대한 영향력 행사, 정부기관들에게 경제단체보다는 민주적인 주민조직과 뜻을 같이하는 것이 도움이 된다는 확신을 갖게 하고, 압력전술을 활용할 수 있는 기술을 획득하는 것이다.

정치적 압력전술에 관한 기술은 정책결정 과정에서 문제해결에 관한 재량권이 어디에 있는지를 파악하여 적재적소에 압력을 가하는 것이다. 그리고 주민조직이 상대하게 될 정치인들과 관리들은 정책과정에서 매우 다른 역할을 하므로 이를 구별한 압력기술로 정부관리와 정치인을 상대로 논쟁을 할 수 있는 기술이다.

참고

〈정치인〉

① 제안된 프로그램 승인, 정책 변경의 역할, 직접선거나 임명에 의함

② 이슈에 대한 일반적 지지도에 관심을 가지고 다음 선거를 의식해서 단기적인 사안에 대해 반응을 함

③ 가시적인 성과를 중시하며, 다음 선거에도 재선출되는 것에 관심을 가짐

〈정부관리〉

① 장기적인 시각을 가지고 행정적인 문제에 관심을 가짐

② 평등한 집행과 선례를 만드는 것에 신경을 쓰기 때문에 지역사회의 차별적이고 부당한 대우를 공평하게 해달라는 요구를 할 수 있음

3. 법적 행동과 사회적 대결

법적 행동(민사소송, 행정소송, 행정심판)과 사회적 대결은 모두 공정하지 못한 법과 규칙에 대해 주의를 환기시키고 개선을 요구하는 것으로 정치적인 압력보다 강력한 힘의 전술이다. 두 전술은 모두 정부와 기업을 포함한 다양한 표적체계를 선택하여 전개될 수 있다. 양 전술의 차이점으로, 법적 행동은 게임의 규칙을 존중하며 상대방이 자신들의 규칙을 지키지 않는다고 주장하고, 사회적 대결은 체제의 규칙에 대한 도전을 의미한다.

1) 법적 행동

법적 행동은 극적인 것은 없고 제한된 수의 사람이 참여하며 참여자의 행동은 냉정하고 심각하다. 지역사회 행동조직이 취할 수 있는 법적 행동은 사실이 확정될 때까지 위해로운 조치를 중지시키는 법원의 금지명령 요구나 손해를 보상받기 위해서 또는 정부로 하여금 법대로 조치를 취하게 하기 위한 행동인 고소가 있다.

이러한 법적 행동의 장점은 다음과 같다.

첫째, 지역사회행동 조직의 활동을 공적으로 합법화시킬 수 있다.

둘째, 상대방의 급작스러운 조치에 대해 공격을 위한 시간을 얻어낼 수 있다.

셋째, 법적 전술을 통하여 상대방이 주민조직을 향해 활용하려고 하는 정보를 얻어낼 수 있다.

넷째, 법적 행동은 그 자체로서 많은 비용이 들기 때문에 고소를 하겠다는 위협만으로도 이슈에 대한 논의를 끌어낼 수 있다.

다섯째, 이슈와 관련된 주요 법령과 규칙을 명확히 할 수 있는 기회를 준다.

그러나 법적 행동은 다음과 같은 문제점이 있다.

첫째, 시간과 돈이 많이 든다.

둘째, 법적 행동의 승리가 잠정적일 수 있다. 주민조직이 승소를 할지라도 상대방이 법 자체를 개정하려는 시도를 할 수 있다.

셋째, 많은 시일이 걸리기 때문에 주민조직의 회원들을 지루하게 만들 수 있다.

넷째, 변호사와 같은 전문가에게 의존하지 않으면 안 되기 때문에 주민조직 스스로가 무엇인가를 이룩한다는 성취감을 상실할 수 있다.

다섯째, 실질적인 승리를 가져다주지 못할 수 있다. 때로 권리는 얻어지지만 개선책은 무시되는 경우가 있다.

2) 사회적 대결

사회적 대결의 직접적인 행동유형으로는 시위전술, 교육홍보 전술, 불평전술, 경제전술 등이 있다. 시위전술은 대중을 동원하여 세를 과시하고 기득권층의 일상을 교란하는 것이 주요 목적으로 폭력과 파괴의 위험이 내포되어 있으며 행진, 집회, 피케팅, 농성 등이 있다. 교육홍보 전술은 표적집단을 향해 대규모의 교육과 선전전을 펼치고 문제를 드러내고 해결책을 제시하며, 상대방과의 면담, 공청회, 대중매체의 광고를 통해 사안의 성격과 내용을 알리는 것이다. 그리고 불평전술은 문제의 존재를 표적집단에게 알리는 방법으로 상대방에 비공개로 불평을 전달하거나 청원하는 것이다. 경제전술은 반대자의 경제적 여건에 타격을 가하기 위해 사용하는 전술로 대표적으로 보이콧(boycott), 파업 등이 있다.

사회적 대결은 로비활동과 같은 온건하고 간접적인 방법이 효과를 거두지 못할 때 사용하는 대결전술의 하나로 표적에 대해 직접적인 타격을 가하는 동시에 사회행동 조직의 내부적 결속력을 높일 수 있는 수단이며 힘을 사용하는 전술이다. 이러한 힘은 참여하는 사람들의 수와 결의의 정도에서 나온다. 결의가 강하면 강할수록 사회적 대결에서 큰 힘이 나타날 수 있다.

사회적 대결에서 직접적인 행동을 선택하는 기준으로는 성공적인 자원동원을 전제로 하며 상당한 위험부담을 감수해야 할 수 있다. 따라서 사용하려는 직접행동의 효과와 비용에 대한 분석이 이루어져야 한다. 또한 직접적인 행동이 조직의 명분에 도움이 되는 방향으로 쟁점을 정리해 줄 것인가에 관한 문제와 자신들이 사용하려는 직접행동 전술이 조직의 가치와 대중의 윤리적 정서에 부합하는가 하는 점이다.

사회행동 조직가인 솔 앨린스키(Saul Alinsky, 1971)는 다음과 같은 전술을 제시하고 있다.

① 대결전술은 주민조직 내부로부터 지지를 받아야 한다.
② 대결전술은 주민조직이 가지고 있는 힘을 과시할 수 있도록 사용해야 한다.
③ 효과적인 대결전술은 게임의 규칙에 대해 공격(조롱)함으로써 그것에 대해 알고 있다는 것을 보여주는 것이다.
④ 대결전술에서 제도(institutions)와 싸우지 말아야 한다.
⑤ 대결전술에서 상대방이 실수를 할 때까지 인내해야 한다.
⑥ 대결전술에서 상대방의 대응을 예상해야 한다.

특히 앨린스키(Alinsky)는 대결전술에 적합한 사회행동 캠페인의 전술적인 규칙들을 제시했다. 그는 대결전술이 가져다줄 수 있는 직접적 성과와 주민조직이 입게 될 장기적 결과를 조화시키고 있으며, 상대방의 약점을 이용하되 자체조직의 활동잠재력에 대한 이해가 필요함을 강조하고 있다. 사회적 대결은 사회적 혼란을 야기할 수 있다는 위협이며, 상대방과 협상할 수 있는 가능성을 견지하려는 것이라야 한다는 점을 강조한다. 그리고 사회행동 캠페인에서는 일반인과의 관계가 중요함을 강조한다.

앨린스키의 항의전술에 관한 규칙은 다음과 같다.

① 조직원의 경험에서 벗어나는 행동을 말하지 말라.
② 너무 오래 끄는 전술을 사용하지 말라.
③ 좋은 전술은 조직원들이 즐기는 것이어야 한다.
④ 힘이란 네가 갖는 것뿐이 아니라 너의 적이 네가 갖고 있다고 생각하는 것이기도 하다.
⑤ 위협이란 일반적으로 그 자체보다도 더욱 무서운 힘이 있다.
⑥ 가능하다면 적이 경험하지 않은 바를 시도하라.
⑦ 적으로 하여금 자신들이 만든 규칙에 따라 행동하도록 하라.
⑧ 조롱거리(ridicule)는 인간의 가장 막강한 무기다.
⑨ 계속 압력을 가하라.
⑩ 전술의 주요 전제는 상대방에게 계속적인 압력을 가할 수 있는 활동을 개발하는 것이다.
⑪ 대상을 선정하고, 동결하고, 개별화하고, 극단화시켜라.
⑫ 상대방의 부정적인 것을 강력히 밀고 나가면 상대방을 굴복시킬 수 있을 것이다.
⑬ 성공적인 공격의 대가는 건설적인 대안이다.

그러나 이러한 사회적 대결전략은 다양한 문제점에 노출될 수 있다. 이는 폭력의 위험이 존재한다는 점과 조직들이 세력을 유지시키지 못할 위험, 또는 불법이나 비윤리적일 수 있다는 점이다.

참고 보이콧

보이콧(boycott) 또는 불매운동은 항의의 수단으로 항의대상과의 거래를 끊거나 항의대상과 관련한 상품의 구매, 사용을 중단하는 자발적인 소비자 운동의 하나이다. 보이콧(boycott)이라는 말은 '찰스 보이콧(Charles Boycott)'의 이름에서 유래한다. 그는 아일랜드 메이요 주의 지주인 언 백작(Earl Erne)의 부재 중 재산관리인이었다. 1880년 아일랜드토지연맹(Irish Land League)은 착취로부터 토지임차인을 보호하는 캠페인의 일환으로 언 백작의 재산 유지를 위해 필요한 지역 노동자들을 철수시켰다. 보이콧이 캠페인을 무력화시키려고 노력했지만 도리어 연맹에 의해 지역사회에서 고립됐다. 이웃들은 그에게 말조차 걸지 않았고 가게들은 그에게 물건을 팔지 않았다. 지역 노동자들은 그를 위해 일하기를 거부했다.

출처 : https://ko.wikipedia.org/wiki/

4. 언론의 활용 및 협상전술

언론을 통한 홍보와 협상전술은 사회행동 캠페인을 전개하는 기술 이상으로 중요하다. 홍보활동을 통해 조직은 영향력을 증대시킬 수 있으며 홍보는 주민조직의 실천의지를 나타낸다. 홍보활동을 통해 주민조직에 대한 참여를 늘릴 수 있으며, 홍보를 통해 직접적인 압력을 가할 수 있다. 이러한 홍보활동으로는 간단한 홍보활동, 여론과 언론, 언론캠페인, 기자회견과 보도자료를 들 수 있다. 간단한 홍보활동으로는 개인적인 방문과 접촉을 통해 참여를 권고하고, 전화홍보, 차량에 스티커 부착, 벽보부착, 홍보물 발송, 시청각 자료 상영 등이 있다. 여론과 언론활동은 언론매체를 통한 홍보이다. 그러나 홍보가 성공했을 때 파급효과가 크지만 이를 성공적으로 활용하기에는 매우 어렵다는 단점이 있으며, 사실적 논의가 왜곡될 수도 있다. 언론캠페인은 기자들과의 좋은 관계를 맺고, 뉴스 가치가 있다고 생각하는 것이 무엇인가를 알아야 하며, 언론에 의해 채택될 수 있는 타이밍을 포착하는 것이 중요하다. 기자회견과 보도자료는 실속 있는 뉴스가 있을 때는 유명인사에 대한 기자회견을 개최하고 보도자료를 내며, 지역주민들의 많은 참여가 있는 것이 중요한 성공요인이 된다.

협상전술로는 협상과 타협을 들 수 있다. 이는 홍보활동만으로는 상대를 완전히 승복하게 할 수 없고 계속적인 협상과 타협이 요구되는 상황이어야 한다. 그리고 협상에는 주민조직의 대표들과 상대방의 대표들 간에 토의가 있고 서로 요구사항이 제시되고 이에 응하고, 협상상황에서 자신의 결정에 상대방이 취할 수 있는 선택권에 어떤 효과를 주는지를 분석하는 것이 중요하다. 따라서 협상의 목적은 상대에게 주민조직의 요구를 관철시키는 상황으로 몰아넣는 데 있다. 프루이트(Pruitt, 2013)가 제시한 협상기술로는 협상에 시한을 두고, 요구하는 입장을 확고히 해야 하며, 언제 어떻게 양보해야 할지를 배워야 한다. 그리고 상대방의 제안에 신중하게 대응해야 하며, 협상이 계속 진행되도록 하여야 하며 중재자 개입 여부를 고려하여야 한다.

Key Point

- 지역사회복지실천의 개입을 위해서는 전략과 전술이 있다. 전략은 정치, 경제 따위의 사회적 활동을 하는 데 필요한 책략이며, 전술은 일정한 목적을 달성하기 위한 수단이나 방법이다. 그리고 행동체계와 표적체계가 존재하며, 제휴, 캠페인, 대항전략과 전술 등이 있다.

- 지역사회복지실천 모델에 전략과 전술은 사회행동 전략으로 합법성 확보전략, 표적체계를 이기기 위한 힘의 전략, 다른 조직과의 협력전략과 정치적 압력 전술이 적용된다. 그리고 법적 행동과 사회적 대결(법적 행동, 사회적 대결), 언론의 활용 및 협상전술이 있다.

Part 03

지역사회복지실천의 과정 및 기술

Chapter
07 지역사회복지실천의 과정

제1절 지역사회사정

1. 지역사회사정의 의미

지역사회사정(community assessment)은 계획 또는 조사의 수단, 정보교환의 도구, 공식적인 문제해결의 일부, 서비스의 필요주체에 대한 결정방법으로 사용할 수 있다. 지역사회사정은 조직이나 지역사회의 실천수준에 활용되면서 개인과 상황 그리고 환경에 대한 지속적인 감시와 직접적인 분석을 포함하고 개인적 요인, 문화적 요인, 환경적 요인과 관련되어 있다. 클라이언트의 상황이나 지역사회 주민의 상황을 관찰하는 경우 무엇보다도 관련된 변수를 확인하여야 하며, 지역사회사정은 현재의 상황을 진단하기 위한 체계적 과정이며, 지역사회의 제반 요소를 확인하는 과정으로 볼 수 있다.

슈미츠(Schmitz, 1989)는 지역사회사정의 의미를 '옴니버스식의 개념'이라고 규정한다. 옴니버스가 많은 승객들이 함께 타는 버스를 의미하는 것처럼 지역사회사정도 여러 분야가 결합된 복합적인 개념이라는 것이다. 그런데 성격이 전혀 다른 분야들이 서로 결합되기 때문에 학문적으로 보면 대단히 모순된 것처럼 보이게 된다. 그래서 지역사회를 부정적으로 바라보는 라민(Ramin, 1989)은 지역사회사정을 괴물 개념이라고 표현하기도 한다. 그라베(Grawe, 1987)는 이 괴물 개념의 뜻을 더 구체적으로 표현하고 있는데, 지역사회사정 분야가 마치

‘사자의 머리’, ‘염소의 몸통’, ‘뱀의 꼬리’를 가진 괴물과 같은 분야라는 것이다. 그러나 이러한 비판적인 견해를 가진 학자들과 달리 안트(Arnt, 1979)는 지역사회사정이 많은 학자들이 비판하는 것처럼 비전문 분야가 아니라 오랫동안의 논쟁을 통해 하나의 전문분야로서 지위가 분명해지게 되었다고 주장하고 있다.

이와 같은 의미를 지니고 있는 지역사회사정은 지역사회사업의 기초적인 과정과 실천의 초점을 어떻게 바라볼 것인가에 따라 강조점이 상이하다. 따라서 지역중심의 서비스 개발을 위한 예비수단으로서, 개인적 요인을 포함한 상황, 환경 간의 상호작용 등 각 차원으로 구분하여 현재의 상황을 진단하기 위한 체계적 과정과 지역사회의 제반 요소들을 확인할 필요가 있다.

2. 지역사회사정의 중요성

지역사회복지실천의 기술과 관련하여 중요한 점은 지역사회의 상황을 있는 그대로 파악하는 지역사회의 개입방법에 대한 이해와 지역사회가 어떠한 문제와 욕구를 지니고 있는지, 그것을 해결하기 위한 역량은 얼마가 되는지를 파악하는 것이 중요하다. 지역사회사정은 이러한 질문에 대한 보고서나 대답과 같은 하나의 산물로 나타날 수 있다. 따라서 사정(assessment, 査定)은 조사나 평가 및 학습과 같은 하나의 과정이며 지역사회복지실천을 위해 중요한 기술이다. 이러한 지역사회의 상황을 진단하고, 평가하고, 판단하고, 이해하며 그러한 사실들의 자료수집을 통해 사회복지사가 지역사회에 대한 전문적 개입을 하기 위해 지역사회의 욕구와 자원을 파악하는 과정이며, 지역사회가 어떠한 문제나 욕구를 지니고 있는가를 파악하는 과정이다. 또한 지역사회사정은 욕구 중에서도 상대적인 중요성, 즉 욕구의 우선순위를 결정하거나 문제의 본질을 파악하는 데 있어서 중요한 척도이다.

지역사회의 사정에서 지역사회에 대한 문제를 정확히 알고 대응하기 위해서 역사나 문화는 무엇인지, 지형이나 산업구조 등 어떠한 물리적 환경을 가지는지, 가치관이나 의식 등 지역주민의 상황은 어떤지, 그 지역이 가지는 사회자원은 어떤 것들이 있는지 등은 지역사회의 특성을 알아보기 위한 기본 사항이다. 사정은 연결되어 있지 않은 변수들의 혼합에 의한 무질서에 일정한 질서를 부여하는 방법이라 할 수 있다.

과거의 지역사회사정은 욕구사정(need assessment)에 그쳐 결핍모델(deficiency model) 혹은 전문가 모델이라는 비판을 면치 못하였다. 특히 지역사회가 자신의 문제를 해결할 역량을 지니고 있지 못하다는 가정에서 출발함으로써 지역사회가 지닌 욕구는 지역사회 내부에서 해결할 수 없기 때문에 외부 전문가의 도움이 필요하다고 주장하였다. 그러나 최근의 지역사회사정은 지역사회의 자산과 자원을 강조하는 역량모델(capacity model)이며, 지역사회가 문제해결의 주체가 되어야 한다는 점을 강조하고 있다.

지역사회사정이 중요한 이유는 지역사회를 변화시키려는 실천활동이 지역사회에 대한 종합적이고도 정확한 정보를 요구하기 때문일 것이다. 지역사회사정은 사회복지사를 비롯한 실천가들에게 자신감과 정확한 판단의 기초를 제공해 주며 지역사회사정을 준비하는 과정에서 주민들의 관심과 참여를 높이는 계기가 마련되기도 한다. 이처럼 지역사회에 대한 사정은 지역주민과 복지전문가, 지도자들의 인식, 즉 어떠한 복지서비스와 실천과정이 필요한가에 초점을 두고 진행되며, 지역사회에 대한 사정목적은 복지서비스의 이용 가능성, 서비스 체계의 조정이나 접근 가능성에 목표를 두게 된다. 이러한 목표를 기준으로 볼 때 사정의 차원은 첫째, 문제의 본질, 둘째, 문제대처 능력, 셋째, 관련 체계, 넷째, 이용 가능하거나 필요한 자원, 다섯째, 문제해결의 동기부여로 구분되고 있다(Hepworth & Larsen, 1993).

제2절 지역사회사정의 유형

지역사회사정의 유형으로는 포괄적 지역사정, 익숙한 지역사정, 문제가 중심이 되는 지역사정, 하위체계 지역사정, 자원사정, 협력사정으로 소개되고 있다(Spradley & Allender, 1996).

1. 포괄적 지역사정

포괄적이라는 것은 전체 지역을 포함한다는 의미를 지닌다. 따라서 유용한 1차 자료의 생성과 함께 방법론적으로 철저하게 그리고 전체 지역을 포괄하는 방식으로 사정하는 것이다. 예를 들어, 지역구성원의 독립성이나 응집력, 친밀감 등을 어떻게 평가할 수 있는가와 같은 추상적인 질문들로 시작하여 응답의 깊이 있는 조사를 필요로 한다.

2. 익숙한 지역사정

익숙한 지역사정은 탐색사정이라고도 하며, 친숙한 관계에 있는 것을 중심으로 지역을 사정하는 것을 의미한다. 이는 활용할 수 있는 유용한 자료나 손에 가지고 있는 직접적인 자료를 중심으로 사정하는 것을 의미한다.

3. 문제중심 지역사정

문제중심 지역사정은 지역이 안고 있는 문제를 중심으로 사정하는 것을 의미하며 지역사회의 중요한 문제에 초점을 둔 사정이다. 예를 들어, 아동보호, 정신건강 등의 지역사회의 특징을 중심으로 사정하는 것을 말한다.

4. 하위체계 지역사정

하위체계 지역사정은 지역의 특정 부분이나 일면을 조사하는 것을 의미한다. 예를 들어, 학교, 종교기관, 보호기관, 기업체 등을 클라이언트와 관련된 지역사회의 하위체계라 할 수 있고 여기에 초점을 두고 있다. 하위체계의 역동성을 고려하여 어떤 하위체계에 초점을 둘 것인가에 따라 다양할 수 있다.

5. 자원사정

자원사정은 지역의 자원인 힘이나 전문적 기술, 자금 그리고 서비스 등을 중심으로 사정하는 것을 의미한다. 예를 들면, 사회복지사는 지역사회에서 이용할 수 있는 권력, 전문기술, 재정, 서비스라는 자원영역을 검토하여 클라이언트의 욕구와 관련하여 자원의 효과성을 평가하는 것이다. 그러나 자원사정은 클라이언트의 욕구보다는 이용 가능한 자원의 본질, 운용, 그리고 질에 초점을 둔다.

6. 협력사정

협력사정은 지역주민을 포함하는 이해관계자들과 지역주민 단독으로도, 서비스 제공자들과 공동으로도 이루어지는 사정을 의미한다. 지역사회 참여자들이 완전한 파트너로서 조사계획, 참여관찰, 분석과 실행국면 등에 관계되면서 지역사회에 의해 수행되는 사정이다.

이상과 같은 유형을 바탕으로 한 지역사회사정에는 주요 원칙들이 있다.

첫째, 목적을 명확하게 하여야 한다. 이는 과업이나 문제와 관련하여 대상집단을 명확하게 선정하는 것이다(예 이동권-장애인의 이동권-도로, 대중교통, 보행, 차량).

둘째, 구체적인 쟁점에 초점을 두어야 한다. 지역사회는 재정력이나 인력의 문제로 인해 모든 문제를 동시에 해결할 수 없다. 따라서 단계적으로 필요한 것을 설정하는 것이 바람직하다.

셋째, 다양한 관점과 시각으로 보아야 한다. 이는 여러 가족과 지역주민, 서비스 기관의 직원 들을 포함한 다양한 이해당사자로부터 수집한 정보만이 지역사회의 모습을 온전하게 그려낼 수 있다는 것이다.

넷째, 지역주민의 참여를 강조하여야 한다. 지역사회에서 자신이 중요한 사람이라는 공감대 형성이 필요하며 적극성, 자율성, 자조가 강조되어야 한다.

제3절 지역사회사정의 단계[1)]

1. 욕구파악

욕구는 현실과 당위성 사이의 차이를 가리키는 것으로 지역사회의 문제상황을 점검하는 과정이다. 이러한 욕구에는 규범적 욕구, 인지적 욕구, 표출적 욕구, 상대적 욕구로 나누어 생각해 볼 수 있다(Bradshaw, 1972). 규범적 욕구는 전문가나 기존 자료에서 제시한 목표기준에 의거한 욕구이다. 이 기준에 미달하면 욕구가 존재한다고 보며, 계량화가 쉽기 때문에 욕구의 객관성을 확보할 수 있으나 욕구의 상대성을 무시한다는 지적을 받고 있다. 인지적 욕구는 누군가의 의견이나 관찰에 바탕을 둔 욕구 개념으로 구체적인 자료를 통해 입증된 것이 아니다. 즉, 사람들이 자신의 욕구를 느낌에 따라 규정하는 것으로, 흔히 느껴진 욕구라고도 한다. 욕구에 대한 다양한 기준이 존재할 가능성을 염두에 두어야 한다. 표출적 욕구는 인지적 욕구가 구체적인 행동으로 표현된 것이다. 여기에서 욕구란 요구하는 사람들의 숫자에 의해 결정된다. 표출적

1) 김융일 · 조흥식 · 김연옥(2001); 서인혜(2002); 우수명 · 강병로(2001)를 재구성함.

욕구는 사회복지서비스 분야에서 가장 일반적으로 사용하는 욕구의 기준이 되고 있다. 상대적 욕구는 비교욕구라고도 한다. 제공되는 서비스의 수준이나 양의 차이가 상대적 욕구를 가리킨다. 일종의 욕구에서의 불평등이라고 할 수 있다.

2. 표적집단 파악

지역사회분석가들은 가능한 한 지역사회를 전체로서 파악할 것을 권고하고 있다. 그러나 표적집단을 선정해서 이들의 관점으로부터 지역사회에 대한 분석을 시도하는 것이 더욱 효과적일 경우가 있다. 특히 시간과 자원이 한정된 상황에서는 표적집단에 초점을 맞추는 것이 좋다. 표적집단의 특성을 이해하기 위해서는 표적집단의 역사와 표적집단의 인구구성과 그들의 특성, 표적집단의 구성원들이 느끼는 자신들의 요구나, 자신들의 욕구와 관련한 표적집단 구성원들의 지역사회에 대한 인식들을 조사하여야 한다. 지역사회의 특성은 지리적 경계, 사회문제, 지배적인 가치 등이 포함되며, 표적집단의 지리적 집중 여부, 서비스 기관의 관할 영역이 중첩되는지 여부, 서비스에 대한 접근성을 중점적으로 조사하여야 한다.

지역사회 문제의 내용과 범위를 밝히는 작업은 사회복지사로 하여금 표적집단이 겪는 어려움을 충분히 이해하도록 도와준다. 또한 좀 더 현실적인 해결책을 마련하는 데도 이바지할 수 있다. 지역사회 문제를 파악하는 과정에서는 지역사회 문제의 프로필이 조사되어야 한다. 특히 표적집단을 파악하기 위해서는 표적집단의 특성 이해하기, 지역사회의 특성 알아내기, 지역사회 문제의 프로필 작성이 필요하다(표 7-1).

〈표 7-1〉 표적집단 파악과제와 조사내용

과 제	조사내용
표적집단 특성 이해하기	① 표적집단의 역사 ② 표적집단의 인구구성과 그들의 특성 ③ 표적집단의 구성원들이 느끼는 자신들의 요구 ④ 자신들의 욕구와 관련한 표적집단 구성원들의 지역사회에 대한 인식
지역사회 특성 알아내기	① 표적집단에 대한 개입은 어떠한 지리적 범위 안에서 이루어질 것인가? ② 표적집단을 방해하는 물리적 · 시회적 장벽에는 어떠한 것이 있는가? ③ 표적집단을 관할하는 각종 서비스 프로그램의 지리적 경계는 어디인가?
지역사회 문제 프로필 작성하기	① 표적집단에 영향을 미치는 지역사회 문제는 어떠한 것이 있는가? ② 표적집단 가운데 주요 사회문제를 겪고 있는 하위집단이 있는가? ③ 밝혀진 지역사회 문제에 관해 어떠한 자료가 존재하는가? ④ 자료수집은 누가 하고 있는가?

3. 자료수집

자료수집은 동원할 수 있는 시간과 인력, 자원, 표적집단의 크기, 표적집단과의 관계 등이 충분히 고려되어야 한다. 자료수집은 기존 자료, 초점집단, 지역사회 공청회, 사회조사, 면접, 참여관찰 등의 방법을 통하여 이루어진다.

1) 기존 자료

기존 자료는 지역사회에서 2차 자료로서 가장 많이 활용되는 것이 인구학적 특성이나 사회경제적 자료를 축약한 사회지표이다. 사회지표와 같은 자료들은 통계청을 비롯한 공공기관에서 주로 생산된다.

2) 초점집단

초점집단은 질적인 자료를 수집할 때 사용하는 방법으로 6~10명 정도의 소집단으로 구성된다. 초점집단은 여러 명이 동시에 질의와 응답에 참여할 수 있고 참가자들 사이에 상호작용이 이루어지므로 집중적인 토론에 유용한 방법이다.

3) 공청회

공청회는 초점집단과 마찬가지로 지역사회구성원으로부터 정보를 직접 수집할 수 있는 방법이다. 하지만 공청회는 초점집단과 달리 공개된 장소와 시각에 참가자의 제한을 두지 않고 이루어진다는 특징이 있다. 따라서 초점집단에 비해 훨씬 소란스럽고 관리가 어려운 것이 사실이나 지역사회구성원들의 다양한 소리를 들을 수 있다는 장점을 가지고 있다.

4) 면 접

면접은 직접면접과 전화면접이 있는데, 두 방법 모두 비용과 시간이 많이 든다. 특히 전화면접은 낮 시간에 이루어지는 경우에는 직장에 근무하는 사람들의 의견이 배제될 가능성에 유의하여야 한다. 그러나 면접은 심층적인 정보를 가져다줄 수 있는 장점이 있다.

5) 참여관찰

참여관찰은 지역주민의 일상적인 삶에 참여함으로써 그들이 겪는 문제를 직접 체험하는 방법이다. 예를 들어, 장애인들과 함께 살면서 그들이 일상적으로 겪는 문제나 제공되는 서비스의 질 등을 직접 파악해 보는 것이다.

4. 자원파악

지역사회의 자원파악은 개인, 집단, 기관 등의 자원을 파악한 다음 자원지도를 작성하는 작업으로 마무리된다. 지역사회의 자원은 지역사회의 삶을 개선하는 데 사용될 수 있는 모든 것을 의미한다. 여기에는 유·무형의 다양한 자원이 포함된다. 지역사회 자원을 조사할 때는 대체로 세 가지 종류의 대상에 초점을 맞춘다.

첫째, 사람이다. 인적자원에는 자원으로 여기기 어려운 노인, 장애인, 빈민, 노숙자 등도 해당된다. 지역사회복지실천의 역사는 이들 취약 집단구성원들이 지역사회를 변화시키는 데 적지 않은 공헌을 한 사실을 보여주고 있다.

둘째, 비공식적 지역사회 조직을 들 수 있다. 이에는 종교모임, 문화모임, 체육모임, 취미모임 등이 속한다.

셋째, 공식적 기관이다. 이에는 학교, 병원, 경찰서, 사회복지기관 등이 해당된다.

자원파악은 가능한 모든 방법을 사용하고 다양한 정보원과 핵심자료 제공자를 활용하는 방법도 효과적이다. 자원파악은 욕구파악과 달리 지역사회의 긍정적인 측면을 부각시키는 과정이다. 또한 지역사회 문제의 해결은 내부로부터 시작되어야 한다는 점을 강조하고 지역주민의 관계성에도 주목하고 있다는 점이다. 따라서 수집한 지역 자원의 목록을 지도에 표시하는 것이 자원파악의 최종절차이다. 파악된 자원의 내용은 실제 지도에 기입하거나 컴퓨터를 이용하여 작성될 수 있다.

5. 개입가설의 수립

지역사회사정을 통해 수집된 자료와 정보를 바탕으로 문제의 원인에 대한 가설을 세우는 작업이다. 예를 들면, 청소년들의 우울증이나 자살을 초래하는 원인을 학업에 대한 주위의 지나친 기대와 그로 인한 스트레스, 또래집단으로부터의 심각한 따돌림, 자아정체성을 확립하는 과정에서 발생한 가족문제 등으로 살펴볼 수 있다. 이처럼 문제의 원인에 관한 가설을 세운 다음에는 이것을 토대로 어떠한 종류의 개입이 필요할 것인지에 대한 기초적인 개입가설을 수립하여야 한다. 개입가설은 특정한 접근방법과 결과 사이의 관계에 초점을 맞춘다. 가설에는 표적집단과 문제와의 관계, 개입 또는 접근방법, 기대결과가 포함되어야 한다. 가설을 세울 때에는 다음의 두 가지 질문을 염두에 두어야 한다.

첫째, 어떤 종류의 개입이 문제해결에 가장 큰 효과를 낼 것인가?
둘째, 이와 같은 개입으로부터 어떠한 결과를 기대할 수 있을 것인가?

위와 같은 두 가지의 질문을 바탕으로 자살의 위험성이 있는 청소년들에게 ① 학교 사회복지사나 상담교사에 의한 적극적인 원조활동, ② 표적집단의 고립감과 우울증 감소, ③ 1년 이내에 청소년 자살률 최소한의 감소 등과 같은 적극적인 개입이 이루어질 수 있다.

6. 이해관계자 파악

지역사회에서의 이해관계자의 파악은 문제와 관련된 당사자들을 모두 밝혀내는 작업이다.

1) 문제제기자

문제제기자는 누가 처음으로 지역사회의 문제를 인식하고 거기에 관심을 기울였으며, 문제를 제기한 사람들이 문제해결 과정에 참여할 수 있는 방법이 무엇인지 등의 문제를 가장 먼저 인지하고 그것을 공론화시킨 장본인들을 말한다.

2) 변화주도세력

지역사회에서의 변화주도세력은 변화를 일으키는 데 도움을 줄 수 있는 모든 사람들을 의미한다. 변화주도세력은 문제경험 및 피해자와의 신뢰관계 형성, 쟁점과 문제의 진단, 문제경험자 및 피해자에게 변화의 필요를 확신시키고 변화가 일어나도록 직접 실천하는 데 도움을 줄 수 있다.

3) 수혜집단

수혜집단은 개입의 대상이 되는 모든 집단 또는 그중의 일부를 가리킨다. 표적집단과 일치하는 경우도 적지 않으나 표적집단은 좀 더 넓은 스펙트럼의 사람들을 포함하는 것이 일반적이다. 변화주도세력은 1차 수혜집단을 설정하는 과정에서 신중하여야 한다. 학교폭력이 지역사회가 당면한 가장 큰 문제라고 가정해 볼 때, 이러한 문제가 해결될 경우에 혜택을 볼 사람들은 학생, 교사, 부모, 교육관청의 행정가, 경찰, 지역사회 전체 등 다양하다. 문제는 이들 가운데 누구를 1차 수혜집단으로 설정하느냐에 관한 것이다. 폭력 없는 학교에서 양질의 교육을 받기 원하는 학생들이 1차 수혜집단으로 설정된다면, 개입의 초점은 학생훈육과 경찰력의 강화에 놓일 가능성이 높다. 반면에 1차 수혜집단을 폭력학생으로 설정한다면 개입은 이러한 학생의 치료에 역점을 두어야 한다.

4) 지지자

지지자는 지역사회에서의 문제해결에 관심을 지닌 모든 사람을 포괄하는 개념이다. 따라서 지지자들은 본질적으로 2차 수혜집단에 포함되는 것으로 보아야 한다. 지지자들의 구성은 상당 부분 표적집단 또는 해당 문제와 직접 및 간접적으로 관련되어 있다. 잠재적인 지지자들을 파악하려면 변화를 일으킬 힘을 가진 사람인지, 누가 시간과 자원 그리고 변화에 대한 갈망을 지닌 자인지, 표적집단이 신뢰할 만한 사람으로 변화에 기여할 수 있는 사람, 표적집단에 속했던 사람 중에 변화에 기여할 수 있는 사람이 누구인지를 고려하여야 한다.

5) 표적집단이나 체계

표적집단 또는 표적체계는 지역사회 내에서 변화의 대상이 되는 개인, 집단, 제도, 구조, 정책 등을 포괄하는 개념이다. 표적집단이나 체계를 파악하는 데는 1차 수혜집단이 원하는 혜택을 얻기 위해서는 어떠한 변화가 먼저 이루어져야 하는지, 그리고 어디에 위치하고 있는가와 조직인가 아니면 지역사회인가를 질문하는 것이 도움이 된다.

7. 변화 가능성 분석

변화 가능성 분석은 변화에 대한 일반적인 개방성과 변화에 대한 열의, 소요자원의 가용성, 변화에 대한 비용, 변화에 대한 외부저항 등이 고려되어야 한다.

1) 변화에 대한 일반적 개방성

변화에 대한 일반적 개방성은 문제의 이해관계자들이 지역사회의 변화에 대체로 개방적인 태도를 보이고 있는가를 평가하는 작업이다. 이는 과거의 경험을 바탕으로 하는 비공식적인 평가이다. 평가의 초점은 표적집단이나 체계에 맞추어 이들의 변화를 받아들일 준비가 되어 있다면 개입과정은 비교적 순탄하게 진행될 가능성이 높다.

2) 변화에 대한 열의

변화에 대한 열의는 이해관계자들이 변화에 대해 어느 정도의 열의를 지니고 있는지를 평가하는 것이다. 이러한 열의의 정도에 따라 변화전략의 선택도

달라져야 한다. 열의에 대한 평가는 관심의 정도는 물론 변화에 대한 내부적 합의의 정도까지 감안하여야 한다.

3) 소요자원의 가용성

소요자원의 가용성은 지역사회가 소요자원을 가지고 있는지와 그 자원이 사용 가능한 것인지를 평가한다. 개방성이나 열의가 변화에 도움을 주는 것은 사실이지만, 소요자원의 가용성보다 더 중요한 것은 아니다. 소요자원의 가용성은 변화를 추구하는 데 필수적인 조건이다. 여기에서의 자원은 예산을 비롯하여 인력, 공간, 시간 등을 총망라할 수 있다.

4) 변화비용

변화비용은 변화를 추동하는 과정에서 소요되는 비용의 분석이 변화 가능성을 가늠하는 데 필수적인 요소이다. 그러나 이것은 쉬운 부분은 아니며 변화의 가능성에 대하여 확신이 설 때까지는 구체적인 개입전략이 나오기 어렵고, 구체적인 개인전략이 짜여지지 않은 상태에서 소요비용을 산출하는 것은 사실상 불가능하기 때문이다. 따라서 이 단계에서는 최소한의 소요예산을 산출하는 정도로 만족할 수밖에 없다.

5) 변화에 대한 외부저항

변화에 대한 외부저항은 이해관계자가 아닌 개인과 집단으로부터 발생할지도 모를 저항을 분석하는 일이다. 평가의 과정에서는 변화를 지원하는 우군세력 가운데 취약한 개인이나 집단이 있는지 확인할 필요가 있다. 외부의 압력이나 저항에 물러설 가능성이 있는 사람들은 사실상 자산이 아니라 부채이므로 이들의 존재에 민감해져야 한다.

8. 변화방법의 선택

변화의 가능성이 타진된 다음은 어떠한 방법을 써야 의도하는 변화를 가장 효과적으로 이끌어 낼 수 있는가를 따져보는 단계로, 적절한 변화방법이 무엇인지를 결정하여야 한다. 이때는 과거의 경험이나 타 지역의 사례를 살펴보는 것도 도움이 된다. 이미 시행된 개입전략을 참조할 때는 다음과 같은 점들이 충분히 고려되어야 한다.

첫째, 우리의 현재상황과 일치하는가?
둘째, 효과적인 전략인가?
셋째, 충분한 변화를 가져올 수 있는 것인가?
넷째, 되풀이가 가능한가?
다섯째, 돈과 시간의 측면에서 시행 가능하며 실용적인 방법인가?

이처럼 변화방법의 모색은 변화대상을 명확히 파악하는 것으로부터 시작하여야 한다. 예를 들면, 국민기초생활 보장법의 수급자격을 둘러싼 끊임없는 논란을 해결하기 위해 근본적으로 자격기준에 관한 정책을 바꾸어야 한다. 이 경우의 변화대상은 정책이다. 만약 정책변화가 특정한 인물의 반대에 직면해 있다면, 이때 변화대상은 보건복지부장관이 된다. 변화의 대상은 정책, 프로그램, 인물, 실천 등이 모두 포함된다. 사회복지사는 이 중에 어느 것에 역점을 두어야 원하는 변화를 달성할 수 있을 것인지를 결정해야 한다. 즉, 사회복지사는 문제를 어떻게 다룰 것인지에 대해 결정해야 한다. 문제 자체를 다룰 것인지, 문제를 만들어 내는 구조적 상황을 상대할 것인지에 대한 결정이다. 이 결정에 따라 개입방식이 달라져야 한다. 이러한 개입방법으로는 직접서비스 제공과 옹호, 그리고 직접행동으로 나누어 생각해 볼 수 있다. 일반적으로 직접서비스 제공이나 옹호방식이 유리하다. 그러나 문제의 근본 원인을 다룬다면, 직접행동이 더 효과적일 수 있다. 직접서비스의 제공은 주로 문제의 결과를 신속히 치료해야 하는 상황에서 채택하는 개입방식이며, 옹호 역시 외부 전문가의 도움이 절실히 필요할 때 사용된다. 하지만 옹호는 사회구조의 변화에 좀 더 관심을 보인다는 점에서 서비스 제공과 다르다. 직접행동은 다른 두 가지 방식과 달리 지역사회 내부의 힘과 자원을 동원하여 근본적인 변화를 추구하는 것이다.

9. 전술의 선택과 선택기준

지역사회에서 선택할 수 있는 전술은 앞에서 살펴본 바와 같이 제휴·캠페인·대항전술을 들 수 있다. 제휴전술은 변화 주도세력과 표적체계 사이에 변화의 필요성에 대한 공감대가 존재하고 자원배분에 의한 합의가 이루어졌을 때 사용한다. 제휴전술에서는 참여와 주민 임파워먼트에 의거한 역량강화가 중요시된다. 캠페인은 표적체계를 향하여 변화의 필요성을 인식시킬 때 주로 사용하는 전술이다. 표적체계가 실천가들의 변화노력에 동의하고 있지만 양자 간에 타협의 여지가 남아 있을 때 이 전술을 쓰게 된다. 양자 간에 타협이 이루어지면 실천가들은 제휴전술로 전환한다. 대항전술은 양자 사이에 의견이 일치하지 않을 때 발생한다. 특히 표적체계가 실천가들의 변화노력을 반대할 때, 양자 간에는 대항의 관계가 형성된다. 대항전술에는 협상, 지역사회 행동, 집단소송 등이 있다.

전술의 선택기준은 지역사회에 대한 변화노력이 진행되면서 목적 역시 진화과정을 겪게 된다. 전술의 선택도 여기에 맞추어야 한다. 그리고 변화를 주도하고 있는 집단이 수혜집단의 역할을 어떻게 인식하고 있는가 하는 것도 전술선택에서 참고사항이 된다. 따라서 특정한 전술을 사용하는 데 어떠한 자원이 얼마나 필요할 것인가를 정확히 판단하여야 한다. 더불어 전술의 선택과 사용과정에서의 윤리문제를 염두에 두어야 한다. 이러한 윤리의 문제는 사람을 수단이 아닌 목적으로 여기고, 참여자의 자율성을 존중하고, 모든 주민의 인권 및 법적 권리를 존중해야 하며, 주어진 상황에서 모든 주민에게 최대의 이익이 되는 방향으로 행동하여야 한다.

10. 평가와 활용

평가는 어떠한 대상이나 노력의 장점이나 가치 또는 중요성을 체계적으로 조사하는 작업이다. 평가과정에 참여시켜야 할 이해관계자는 프로그램 운영에 참여하고 있는 사람과 프로그램의 대상이 되는 사람 그리고 평가의 1차적인 사용자들이다. 따라서 프로그램의 목표와 방법에 대한 설명이 포함되어야 한다. 프로그램의 기술은 어떻게 기술하느냐에 따라 평가에 관한 미래의 모든 결정준거가 달라진다. 또한 프로그램의 정의에 대해서 이해관계자들의 견해가 다를 가능성이 있으므로 이것을 일치시키는 일에도 관심을 기울여야 한다. 프로그램의 정의에 대해 합의가 이루어지지 않은 채 수행된 평가는 유용성을 상실할 것이다. 평가에 착수하기 전에 평가의 방향과 순서 등을 미리 정할 필요가 있다. 이렇게 해야 시간과 자원의 낭비를 막고 효율적인 평가를 할 수가 있다. 평가의 초점을 정할 때 고려해야 할 점은 평가의 목적, 사용자, 용도, 질문, 방법, 평가 절차에 관한 합의 등이 있다. 그리고 믿을 만한 증거는 좋은 평가의 토대가 된다. 평가의 포괄적 신뢰성을 높이기 위한 방법 중의 하나는 자료를 수집하고 분석하고 해석하는 과정에 이해관계자의 참여를 적극적으로 권장하는 것이다. 자신들이 참여한 일의 결과에 대해 이해관계자들이 긍정적인 반응을 보일 것은 당연하기 때문이다. 결론이 타당한 것으로 인정받기 위해서는 증거를 다양한 이해관계자들의 관점에서 면밀히 분석해야 한다. 결론은 이해관계자들이 인정한 기준에 따라 수집한 증거에 바탕을 둔 경우에만 타당한 것으로 여길 수 있기 때문이다. 그리고 평가결과는 널리 활용될 수 있도록 하여야 한다. 평가의 설계단계에서부터 이해관계자들이 합의한 기준과 목적에 알맞은 질문과 방법이 반영되도록 하여야 한다. 그리고 평가결과를 어떻게 활용할 것인지에 관해서 모든 이해관계자들에게 미리 준비를 시키는 작업이 필요하다. 사전에 철저한 준비가 이루진 경우 평가의 활용도는 높아질 것이다. 평가과정에서 이해관계자 사이에 충분한 의사소통이 이루어지도록 한다면, 평가결과와 활용에 대한 상호 신뢰도도 높아질 것이다. 평가의 진행 과정은 종료 이후에도 사용자들에게 지속적인 지원서비스를 제공하는 것이 평가의 활용을 높일 수 있으며, 평가에서 얻은 교훈을 관계자들에게 전파하는 작업도 해야 한다. 결과적으로 좋은 평가의 기준으로 효용성, 타당성, 윤리적 정당성, 정확성을 따져보아야 할 것이다.

Key Point

- 지역사회복지실천의 과정으로서 지역사회사정(community assessment)은 계획 또는 조사의 수단, 정보교환의 도구, 공식적인 문제해결의 일부, 서비스의 필요주체에 대한 결정방법으로 사용할 수 있다. 사정은 개인적 · 환경적 · 문화적 요인이 상호 관련되어 있으며, 조직이나 지역사회의 실천수준에 활용되면서 개인, 상황 그리고 환경에 대한 지속적인 감시와 직접적인 분석을 포함하고 개인적 요인, 문화적 요인, 환경적 요인과 관련되어 있다.

- 지역사회사정의 유형으로는 포괄적 지역사정, 익숙한 지역사정, 문제중심 지역사정, 하위체계 지역사정, 자원사정, 협력사정이 있다.

- 지역사회사정의 단계는 욕구파악 → 표적집단 파악 → 자료수집 → 자원파악 → 개입 가설의 수립 → 이해관계자 파악 → 변화 가능성 분석 → 변화방법의 선택 → 목표와 목적의 수립 → 전술의 선택과 선택기준 → 평가와 활용으로 연결된다.

Chapter 08

지역사회복지실천의 기술

제1절 지역사회조직화

지역사회조직화는 당면한 지역사회의 문제를 지역주민들이 주체적으로 참여하여 해결해 나가는 과정으로 지역주민들의 역량을 결집시키고, 문제의 해결능력을 향상시킴으로써 지역사회의 변화를 추구하는 기술이다. 따라서 지역사회조직화는 지역사회복지를 달성하기 위한 과정이고 그 목표는 지역사회복지라고 말할 수 있다.

조직화는 조직을 만드는 과정이며 지역사회조직화는 지역사회조직을 만드는 과정이라고 할 수 있다. 조직은 단시간에 만들어질 수 있는 것이 아니며, 일정한 시간과 노력을 필요로 한다. 전통적으로 지역사회조직화는 주민들이 가지고 있는 이슈나 문제를 뛰어넘고 공공영역에서 그들의 관심을 새롭게 하며 그들의 정체성을 확립하기 위하여 지역주민을 동원하는 것을 강조한다. 지역사회조직화는 사람들이 함께 모이도록 하고, 지역주민이 조직화를 통하여 동원되며, 지역사회 현실에 대한 공감대와 동질성을 확보함으로써 지역사회 문제를 해결하는 기초적인 물질적 토대를 구축하게 된다. 결과적으로 지역사회조직화는 지역사회구성원이 도움을 받아 문제를 규명하고, 자원을 동원하고, 전략을 개발하고 수행하여 함께 정한 목적을 달성하는 과정이다(Kingsley, McNeely & Gibson, 1997).

지역사회조직화는 지역사회에서 발생하는 문제가 개인의 문제가 아닌 공유되는 공동의 문제로 인식하고 해결해 나간다는 데 그 의의가 있다. 루빈과 루빈(Rubin & Rubin, 1986)은 지역사회조직화는 사람들이 공유하는 문제를 위해 함께 투쟁하고 삶에 영향을 주는 결정을 스스로 결정할 수 있게 이끄는 것이라 정의하고 그 구체적 의미를 다음과 같이 설명하고 있다. 그들은 지역복지실천에 있어 지역사회조직화에 초점을 두고 있다. 즉, 지역사회 내 권력을 가진 사람들은 문제를 개인화하므로 문제해결 능력을 낮추고자 하는 반면에, 지역사회조직화는 주민들이 자신들만이 문제를 가지고 있다는 소외감이나 혹은 그 문제에 대한 책임을 개인이 져야 한다는 죄책감을 극복하도록 도와준다. 이것은 지역사회 문제해결은 문제를 공동의 의제로 인식하고 사회이슈로 조직하며, 지역사회구성원을 조직하여 함께 해결할 수 있는 가능성을 찾는 것을 의미한다. 지역사회조직화는 지역주민이 주체가 되어 지역생활 문제의 충족 및 해결을 목적으로 주민들의 주체적이고 자발적인 참여와 협동 그리고 협력을 도출해 내고 주민들의 참여노력을 조직화하는 작업이다. 루빈과 루빈(1986)은 지역사회조직화사업의 목적을 다음과 같이 설명하고 있다. 지역사회조직화사업은 힘이 없는 사람의 역량을 강화시킴으로써 그들의 인식을 전환시키고 의존을 자립심으로 전환시키며, 그리고 비인간성을 인간존엄으로 전환시켜야 한다는 것이다.

첫째, 지역사회조직화는 개인적 잠재능력의 증진과 함께 그 잠재력을 실현할 가능성을 증진시키는 데 있다.

둘째, 지역사회조직화는 공유된 문제를 해결하여 삶의 질을 향상시키는 데 있다.

셋째, 지역사회조직화에 있어 중요한 조건은 민주적 참여의 원칙에 따른 민주적 가치의 실천과 보존에 있다.

넷째, 지역사회조직화는 보다 형평성이 있는 자원의 배분을 통해 사회 내의 부와 권력을 형평성 있게 배분하는 데 목적이 있다.

이러한 목적은 지역사회에서 건전한 계획과 서비스를 바탕으로 사회사업의 기준을 향상시키고 조직과 집단 그리고 사회복지 프로그램과 서비스에 관련된 개인의 상호 관계성을 향상하고 촉진시키는 데 도움을 줄 것이다. 그리고 지역사회복지 문제와 욕구에 대한 보다 나은 이해와 더불어 지역사회복지 활동에 공적 참여와 공적 지지를 통해 재정적인 지원과 세금, 그리고 기부금과 그 외의 수입을 가져올 수 있을 것이다.

제2절 지역사회조직화의 원칙[1)]

1. 레인보고서의 견해

지역사회조직화의 원칙은 지역사회 활동을 하는 데 있어서 일반적인 행동규칙을 의미한다. 1920년대부터 많은 학자들이 지역사회사업 수행에 필요한 규정과 지침을 정립하고 있으나 기본 원칙은 일반적으로 미국의 레인보고서(The Lane Report)에서 찾고 있는 것이 일반적이다(Dunham, 1970). 1939년 사회사업회의에 제출한 레인보고서는 지역사회조직사업 최초의 체계적 보고서로 알려져 있으며 지역사회조직에 관한 실무와 연구의 기초가 되고 있다. 그 주요 내용은 다음과 같다.

① 지역사회조직화는 과정에 중점을 두고 있다.
② 지역사회조직화의 사상은 개별사회사업과 집단사회사업에 비교할 수 있는 사회사업의 방법이다.
③ 지역사회조직화의 1차적인 목적은 사회복지 자원과 복지욕구를 효과적으로 연결하고 달성하는 것이며, 그 외에 2차적 기능이 있다.

1) 고수현(2013). 지역사회복지론, pp. 143-147 참고.

④ 지역사회조직화의 과정은 사회사업의 일반 영역으로서 내・외부 영역이 있고 1차적 기능과 2차적 기능에 의해 조직화한다.

⑤ 지역사회조직화는 지역수준 외에도 광역단위와 전국수준에서도 이루어진다.

⑥ 지역사회조직화의 2차적 기능은 구호를 직접 행하는 것은 아니다.

2. 맥닐의 견해

맥닐은 그의 저서에서 일곱 가지의 지역사회조직에 관한 원칙을 제시하고 있다. 그 내용은 다음과 같다(McNeil, 1954).

① 지역사회조직화는 인간생활을 풍요롭게 하는 데 목표를 두어야 한다.

② 지역사회조직화의 1차적인 클라이언트는 지역사회이다.

③ 지역사회조직화는 지역사회를 있는 그대로 이해하고 수용해야 한다.

④ 지역사회조직화는 각 계층의 이익을 대표하는 사람의 적극 참여가 주요 목적이다.

⑤ 지역사회조직화는 개인의 욕구는 계속 변화하고 집단 간의 관계도 지속적으로 변화한다는 현실이 인식되어야 한다.

⑥ 지역사회조직화에서 지역사회 내의 사회복지기관과 단체는 상호 의존적 관계이다.

⑦ 지역사회조직화 사업의 내용은 지역사회조직의 일반적인 사회사업의 한 분야이다.

3. 존스와 디마치의 견해

존스와 디마치는 지역사회조직의 원칙을 다음과 같이 제시하고 있다(Johns & Demarche, 1951).

① 지역사회조직화는 수단이며 목적이 아니다. 지역사회조직은 개인의 생활을 풍요롭게 하고자 할 뿐이며, 기관, 직원, 사업, 지식, 기술은 수단에 불과하며, 인간의 복지와 성장이 목적인 것이다.

② 지역사회조직화에서 각 지역사회는 특유의 성격과 문제, 욕구를 가지고 있다. 따라서 효과적으로 돕기 위해서는 개별화하여 지역사회를 바라보아야 한다.

③ 지역사회조직화에서 지역사회는 개인과 마찬가지로 자기결정의 권리를 가진다. 사회사업가는 지역사회가 자체를 위한 정책, 계획, 사업을 개발하도록 도우며 강요해서는 안 된다.

④ 지역사회조직화에서 사회적 욕구는 지역사회조직의 토대이다. 지역사회조직의 개시, 지속, 수정, 종결을 결정하는 요소는 욕구인 것이다.

⑤ 지역사회조직화 사업선정은 사회복지기관 자체의 이익보다 지역사회복지가 고려되어야 한다. 사회복지기관은 자체의 자원으로서 해결할 수 없을 정도로 많은 사회문제나 지역을 취급하여 유사한 목적을 가진 다른 기관의 발전을 저해해서는 안 된다.

⑥ 지역사회조직화에서 조정은 성장을 위한 과정으로서 공통의 이익과 목표에 대한 지적인 인식에서 이루어져야 한다. 효과적인 사회계획은 실천을 통한 학습의 결과이다.

⑦ 지역사회조직화를 수행하기 위한 너무 복잡한 구조는 오히려 방해가 되기 때문에 가능한 한 단순해야 한다.

⑧ 지역사회조직화에서 지역사회서비스는 공평하게 분배되어 모든 사람들이 차별 없이 평등하게 이용할 수 있어야 한다.

⑨ 지역사회조직화에서 접근방법을 결정짓는 요소는 지역사회의 욕구여야 하며, 문제해결의 접근방법에 있어서 지역사회의 다양성이 존중되어야만 한다.

⑩ 지역사회조직화에서 복지기관협의체는 광범한 집단의 이익이 반영되어야 한다. 각 집단들은 그들의 이익을 솔직하게 개진할 수 있는 기회를 가져야 한다.

⑪ 지역사회조직화에서 지역사회복지기관의 효과적인 운영과 사업을 위해서는 사회복지기관들 간의 집중과 분산에 있어 균형이 있어야 한다. 즉, 사회복지기관들이 재정적인 자원을 위해 공동기금회에 참여하거나 공통의 목표를 위해 협의회에 가입한다고 해도 그들 자체의 이익이나 사업은 유지되어야 한다.

⑫ 지역사회조직화에서 지역사회 내에 존재하는 집단들 간의 의사소통을 가로막는 장애는 제거되어야 한다. 지역사회조직은 지역사회에 있는 상이한 집단들 간에 보다 자유로운 접촉이 이루어지도록 힘써야 한다.

⑬ 지역사회조직화에서 지역사회는 전문가의 도움을 필요로 한다. 전문가의 역할은 지역사회로 하여금 사회복지의 욕구를 발견하고, 규명하고, 충족할 수 있도록 돕는 것이다. 지역사회조직화의 성공은 사회사업가가 공통의 목표달성에 주민들을 자발적으로 참여시킬 수 있느냐의 여부에 달려 있는 것이다.

위의 학자들의 견해를 토대로 지역사회조직화의 원칙을 정리해 보면 지역사회조직화는 지역사회 주민의 욕구충족 사회사업의 한 과정이라 볼 수 있다. 이는 주민들에게 강요되거나 사회복지기관의 이익 추구로 인해 조작되어서도 안 되며 주민의 자주적인 욕구여야 한다는 것이다. 또한 지역사회문제는 지역주민의 많은 참여를 필요로 하며 참여 또한 자발적이어야 한다는 것이다. 따라서 주민을 대표할 수 있는 정치적·경제적·사회적·종교적 대표를 통하여 이루어져야 한다.

제3절 지역주민조직화의 방법

거시적으로 보았을 때 지역사회조직화는 주민 및 이용자 조직화와 복지조직화로 구분할 수 있다. 특히 복지조직화와 관련하여 주를 이루는 것은 지역사회복지기관 및 사회적 자원조직과의 연계와 협력이 될 것이다. 따라서 이 절에서는 지역주민조직화와 관련하여 진정한 주민참여와 순기능, 주민참여의 유형과 과제 그리고 복지조직화와 관련된 연계와 협력을 간략하게 다루고자 한다(안전행정부, 2013; 박태영 · 채현탁, 2014).

1. 진정한 주민참여

지역사회복지의 핵심적인 특성인 주민참여는 지역사회조직화에 있어서 필요 불가결한 요소이다. 즉, 주민참여는 국가와 시장을 견제하고 감시함으로써 국가 혹은 시장이 시민사회를 절대적으로 지배하지 못하도록 하는 것이다. 공익을 증진시키는 역할을 시민사회가 맡고 있기 때문에 주민의 참여는 절실하다고 하겠다. 주민참여는 주민이 참여함으로써 경제적이든 비경제적이든 혜택을 누릴 수 있어야 하며, 참여함으로써 분명한 명분이 제공되어야 한다. 주민은 억눌린 의견을 인터넷 등을 통해서 표출하고 관료의 독선을 방지하며, 기존 규제방식에 대하여 일방적인 추진이 아닌 협력지원이 필요함을 알려야 한다. 이러한 주민참여는 박근혜 정부에 들어와 정부 3.0으로 실현시키기 위해 노력하고 있다. 이는 정부 1.0(일방향), 정부 2.0(쌍방향)을 넘어 정부 3.0(일방향의 정부 1.0을 넘어 쌍방향의 정부 2.0을 구현하고 이를 바탕으로 개인별 맞춤행복을 지향하는 것)을 달성하는 기반이 진정한 주민참여라 할 수 있다.

2. 진정한 주민참여의 순기능

진정한 주민참여의 순기능 측면은 주민 측면과 자치단체의 측면으로 구분하여 이해될 수 있다. 주민의 측면은 지역주민의 심리적 욕구충족으로서의 소외 방지와 어떠한 정책으로 인한 불이익에 따른 갈등예방으로 권리나 재산상 침해 방지, 그리고 내가 낸 세금에 대한 권리로 행정실태 파악, 시민의식 향상으로 행정의식 성숙 등을 들 수 있다(안전행정부, 2013). 이에 대한 주민의 문제제기는 다음과 같다.

첫째, 소외 방지 : 내 돈 내고 내가 왜 이러한 모습으로 생활하여야 하는가?
둘째, 권리와 재산상 침해 방지 : 누가 내 집 담을 허무나?
셋째, 행정실태 파악 : 일 잘 하고 있는가?
넷째, 행정의식 성숙 : 언제까지 우리는 수동적이 아니다.

자치단체 측면으로는 정책결정과 계획을 집행함에 있어 지지와 협조를 얻을 수 있는 좋은 수단으로서 기능한다. 그리고 주민이 원하는 것에 대한 인식을 통하여 행정수요 파악에 용이하다. 이에 대한 주민의 문제제기는 다음과 같다.

첫째, 지지와 협조 : 주민을 어떻게 하면 우리와 동조하게 할 것인가?
둘째, 주민인식 : 주민이 원하는 것이 무엇인가?
셋째, 행정수요 파악 : 주민은 어떠한 내용을 얼마만큼 원하나?
넷째, 행정의식 성숙 : 언제까지 우리는 수동적이 아니다.

3. 진정한 주민참여의 유형

진정한 주민참여의 유형으로 아른스타인(Arnstein, 1969)은 주민참여 사다리 모형을 통해서 주민참여를 8단계로 구분하고 있다. 아른스타인은 주민참여의 수준을 도시화의 특수성과 주민의 영향력을 기준으로 주민참여의 유형을 ① Manipulation(조작) 단계, ② Therapy(치료) 단계, ③ Informing(정보전달) 단계, ④ Consultation(의견조사) 단계, ⑤ Placation(회유) 단계, ⑥ Partnership(협력관계) 단계, ⑦ Delegated Power(권한위임) 단계, ⑧ Citizen Control(시민통제) 단계로 구분하였다. 이 모형에 따르면, 1단계 Manipulation(조작)과 2단계 Therapy(치료)는 둘 다 참여로 볼 수 없다. 이 수준의 목표는 대상을 치료하고 계몽하거나 교육시키는 데 있다. 이미 내부에서 만들어진 계획이 최선이며 여론을 통해 이를 지지받는 목적이 있다. 3단계 Informing(정보전달)은 가장 일반적인 참여의 시작단계로 보통은 정보의 주고받음이 아닌 한 방향의 정보흐름으로 볼 수 있다. 4단계 Consultation(의견조사)은 가장 쉽게 시작하는 참여의 수준으로 인식조사 설문이나 공청회, 의견수렴 등이 포함된다. 아른스타인은 이것을 '쇼윈도우 옷입히기 의식'이라고 표현하고 있다. 이는 보여주기식 참여의 대표적인 예이다. 5단계 Placation(회유)은, 예를 들면 정책결정자들이 생각할 때 우려스러운 것들을 골라서 협력하는 것이다. 몇몇 문제 소지들을 선택하여 관련 있는 시민단체나 주민 대표들에게 자문을 구하는 식으로 진행될 수 있다. 6단계 Partnership(협력관계)의 단계에서 권력은 시민과 권력소유자 간의 협상에 의해 재분배된다. 연합위원회 등을 통해 계획 및 의사결정 책임이 공평하게 공유된다. 7단계 Delegated Power(권한위임)는 시민이 실질적이고 우선적인 의사결정권을 갖는 수준이다. 공공이 그들 자신을 위한 프로그램에 대한 책임과 투명성을 스스로 검증하는 권한을 가지고 있다. 8단계는 Citizen Control(주민통제)로 계획과 정책결정 그리고 정책의 실행과 모든 관리에 시민이 직접 통제권을 가진다.

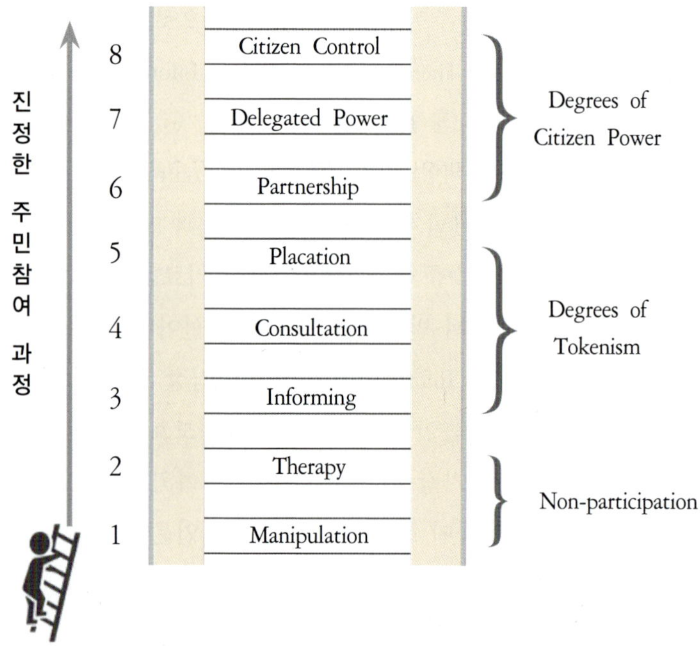

|그림 8-1| 진정한 주민참여 사다리

출처 : Arnstein(1969), pp. 216-224 재구성.

4. 주민참여의 과제

주민참여는 이념적으로 신화이며, 현실적으로는 많은 문제를 수반한다(Riedel, 1972). 결국 참여자 한계의 경우로, 절박한 상황이 아니면 참여하지 않는 문제로 인해 어떻게 응집시킬 것인가의 문제가 대두된다. 따라서 주민참여는 자발성이 전제되어야 한다. 그리고 전국적 규모의 프로젝트가 주민이해 관계와 상충될 시 주민참여는 효과가 없으며 지역자치단체의 한계를 넘는 문제로 노출된다. 따라서 주민참여를 도모할 때 인구규모가 과다하지 않은가를 미리 검토하여야 할 것이다. 주민참여의 기능상의 한계로는 원만한 합의가 이루어지지 않을 때는 주민투표를 고려하여야 한다. 이러한 경우는 소수의 의견이 무시되며 주민에게 책임이 전가될 수 있기 때문에 투표 이후의 갈등치료가 중요하다. 그리고 참여의 형식화를 들 수 있다. 이는 지방자치단체장이 행정참여를 구실로 지방의회 및 기타 반대를 봉쇄하는 데 악용될 가능성이 있다. 따라서 다양한 사례를 분석하여 대처하는 것이 필요하다. 이 외에도 비공식적 주민참여는 건의나 의견 제시로 자기만의 이익을 대변하는 이기주의와 그리고 자생적이고 의도적인 주민참여는 혈연이나 학연 등과 의식적인 참여에 치우칠 수도 있다.

결과적으로 민간과 공공이 지역사회조직화에 상호 협력하여 지역사회복지 활동을 하는 것이 요구된다. 따라서 지역사회조직에 있어서 중요한 한 축은 지역사회복지를 공급하는 복지기관 및 자원조직 간의 연계와 협력이 지역사회조직화의 중요한 영역이 된다.

Key Point

- 지역사회복지실천의 기술로는 지역사회조직화 기술이 있다. 지역사회조직화는 당면한 지역사회의 문제를 지역주민들이 주체적으로 참여하여 해결해 나가는 과정으로 지역주민들의 역량을 결집시키고, 문제의 해결능력을 향상시킴으로써 지역사회의 변화를 추구하는 기술이다. 지역사회조직화는 지역사회에서 발생하는 문제는 개인의 문제가 아닌 공유되는 공동의 문제로 인식하고 해결해 나간다는 데 그 의의가 있다.

- 지역사회조직화의 원칙으로는 레인보고서의 견해, 맥닐의 견해, 존스와 디마치의 견해 등이 있다.

- 지역사회조직화의 방법으로 진정한 주민참여는 정부 1.0(일방향), 정부 2.0(쌍방향)을 넘어 정부 3.0(일방향의 정부 1.0을 넘어 쌍방향의 정부 2.0을 구현하고 이를 바탕으로 개인별 맞춤행복을 지향하는 것)을 달성하는 것이라 할 수 있다.

- 아른스타인(Arnstein, 1969)은 주민참여 사다리 모형을 통해서 주민참여를 Manipulation(조작), Therapy(치료), Informing(정보전달), Consultation(의견조사), Placation(회유), Partnership(협력관계), Delegated Power(권한위임), Citizen Control(시민통제)인 8단계로 구분하고 있다.

Chapter 09

지역사회 자원 개발 및 동원기술

지역사회 자원 개발은 지역사회 주민의 욕구충족과 문제해결을 위해 자원이 필요한 경우 자원을 개발하는 기술이다. 따라서 자원개발은 능력 있는 잠재기부자를 발굴하고 기부할 수 있도록 동기를 부여하여 자원동원을 꾀해야 한다. 한정된 자원과 제도의 한계로는 다양한 주민욕구를 충족시키기 어렵기 때문에 지역사회의 자원 개발과 동원은 지역사회복지를 향상시킬 수 있는 중요한 방법이 될 수 있다.

제1절 지역사회와 자원의 관계

1. 지역사회와 자원

지역사회는 공동생활의 무대로 공동생활을 영위하기 위하여 집단성, 거주범위의 공동성, 역사적 유산의 공유성, 기본적 봉사기관의 존재, 공동생활의 참여, 통일된 의식수준 및 협동생활 등을 전제로 하고 있다. 또한 지역사회는 지역사회구성원들의 일상생활의 대부분이 이루어지는 무대이면서 지역사회 구성원들의 욕구충족을 가능하게 하는 곳이다. 따라서 지역사회는 지역주민의 욕구충족을 위해 효과적인 인적자원 동원과 서비스의 상호 교환으로 공동체의식 형성이 가능한 지리적인 공간이 되어야 한다. 그러므로 지역사회에 생활하고 있는 구성원을 위한 지역사회복지는 구성원 공동의 욕구와 문제를 해결하기 위하여 지역사회 내의 자원을 개발하고 동원하며 활용하여 상호작용을 촉진시키며 평등과 보장이 존재하도록 삶의 질을 높여나가는 것을 의미한다.

2. 지역사회 자원 개발의 중요성

지역사회는 다양한 자원지원자(founder)의 개발 및 관리와 자원의 안정적인 확보와 관련된 자원개발 활동을 하여야 한다. 지역사회 자원 개발은 지역주민을 위한 서비스를 제공하는 데 필요한 물적자원과 인적자원, 그리고 지역사회의 구체적인 문제를 해결하기 위해 지역사회 내 다양한 자원을 파악하고 활용하는 등 다양한 유형의 자원을 주고받는 과정이라 볼 수 있다. 지역은 발전을 위해서 다양한 자원을 필요로 하며, 그중에서 안정적인 재정자원의 확보는 지역사회조직의 존립이 가능하다 해도 과언이 아닐 정도로 중요한 구실을 한다(정무성, 2000; 황성철, 2000).

지역사회 자원 개발은 지역사회의 문제를 해결하고 궁극적으로 공공의 목적을 달성하기 위해 지역사회 내의 주민과 협력관계를 기반으로 하기에 매우 중요하다고 볼 수 있다(Hunter & Staggenborg, 1988). 즉, 지역사회 자원 개발은 단지 지역사회조직이 활동하는 데 필요한 자원을 획득한다는 의미를 넘어서 지역사회의 구체적인 문제를 해결하기 위해 지역주민의 참여가 전제된다는 중요한 의미도 있다.

3. 지역사회 자원 개발의 필요성

지역주민의 공동체 형성과 지역사회복지는 지역사회구성원이 자발적으로 복지활동에 참여하는 자원개발 활동 없이는 추진하기가 용이하지 않다. 특히 지역의 사회복지조직은 공익을 위해 설립된 비영리조직으로서 조직의 서비스제공을 위한 자원을 필요로 한다. 지역의 사회복지조직은 정부의 다양한 보조금과 계획을 통하여 사업을 수행하고 있다. 그러나 정부가 모든 사업예산을 보조하거나 지원해 줄 수 없기 때문에 지역사회 내에서 지역주민이나 대중에게서 지역에서 필요한 자원을 개발하여야 한다. 따라서 지역사회 자원 개발의 지역주민 복지욕구의 증대와 다양화에 대한 대응과 사회복지 재정의 한계성 극복, 그리고 주민의 주체적 참여에 의한 지역사회복지 증진에서 그 필요성을 찾아볼 수 있을 것이다.

1) 지역주민 복지욕구의 증대와 다양화에 대한 대응

경제사회의 변동과 국민 생활 및 의식의 변화는 다양한 지역에서의 생활문제와 지역사회복지의 과제로서 증대되고 있다. 이는 경제적인 결핍과 소외, 그리고 개인, 가족, 지역사회의 양상과 상황에 따라 다양하게 발생될 것이다. 특히 저소득층은 물론 노인, 아동, 여성, 장애인 등을 대상으로 하는 상담, 교육, 직업훈련, 치료, 재활, 취업알선, 자녀양육, 주택문제 등 다양한 복지욕구가 증대되고 있다. 이러한 욕구를 충족시키기 위해서는 지역사회 주민과 각종 기관과 단체 그리고 기업체 등의 협조와 자원 없이는 해결이 어렵다. 따라서 주민생활과 직결되는 지역사회 내지 지방자치단체 수준에서 복지조직을 강화하고 민간자원의 개발과 동원에 노력해야 한다.

2) 사회복지 재정의 한계성 극복

사회복지 예산은 경제성장 단계가 비슷한 다른 나라와 비교하여 볼 때 사회복지 분야 예산이 상대적으로 미흡함을 느끼게 된다. 지방자치제 실시에 따라 주민복지 수요와 욕구에 관련되는 사회복지 분야의 사업은 많은 부분이 지방자치단체의 몫으로 이관되었다. 물론 지방에 따라서는 충분한 예산을 확보할 수 있는 곳도 있지만 대부분의 지방은 사정이 그렇지 못하다. 따라서 사회복지 재정의 한계성을 극복하고 국가의 복지활동을 보충・보완하여 주민의 복지증진을 위한 자원개발이 필요하다.

3) 주민의 주체적 참여에 의한 지역사회복지 증진

지역사회 주민의 참여 없이는 지역사회복지를 기대할 수 없다. 지역사회복지 활동은 주민의 상호부조 정신 및 지역사회의 문제를 서로 협력하여 해결하고자 하는 자세에서 행하는 자발적인 민간활동에서 시작된다. 따라서 저소득계층의 보호사업을 비롯한 지역사회복지사업은 지역사회 주민의 적극적인 복지의식과 주체적 참여를 지역사회 민간자원의 활용으로 지역사회 복지 증진을 기하는 데 노력해야 한다. 베이얼(Beierle, 1998)은 주민참여가 다음과 같은 부수적인 효과를 가져올 수 있다고 보고 있다.

첫째, 주민에 대한 교육 및 정보 제공을 한다.
둘째, 주민의 의사를 의사결정에 반영한다.
셋째, 결정의 본질적 질(quality)을 제고한다.
넷째, 정부에 대한 신뢰를 향상시킨다.
다섯째, 지역갈등의 축소를 가져온다.
여섯째, 비용 대비 효과성 제고를 가져온다.

제2절 지역사회 자원의 개발

지역사회 자원은 지역사회라는 지역성을 바탕으로 지리적이고 공간적인 범주에 속하는 자원이다. 지역사회 자원(resources)은 지역사회복지실천 활동에서 대상자의 변화나 그들의 생활을 향상시키는 데 유용하게 사용할 수 있다. 이 절에서는 이러한 지역사회 자원 개발을 위해 초점을 두어야 할 부분과 지역사회 자원의 대표적인 인적자원 개발과 물적자원 개발에 대해 살펴보고자 한다.

지역사회 자원 개발을 위해서는 다음과 같은 몇 가지 점에 초점을 두어야 한다.

첫째, 지역사회 자원 개발을 위해서는 지역자원의 조사가 먼저 이루어져야 한다. 지역에는 다양한 인적·물적자원이 있다. 따라서 지역자원에 대한 사전 조사 없이, 지역사회 자원이 요구될 때마다 자원을 구할 경우 필요한 자원을 주어진 시간 내에 구하기 힘들다.

둘째, 지역사회 자원 개발을 위해서는 지역의 기존 네트워크와 자원을 활용하도록 한다. 지역사회에는 이미 확보된 자원과 자원활용을 위한 네트워크가 형성되어 있는 경우가 있다. 지역자원을 개발할 때 이들 기존 자원과 네트워크를 활용하면 쉽게 자원 개발을 할 수 있다.

셋째, 지역사회 자원 개발을 위해서는 자원의 내용과 분야에 따라 분류하도록 한다. 자원은 크게 인적자원과 물적자원으로 구분된다. 인적자원은 의료, 교육, 법률 등 전문분야와 일반 자원봉사로 나누어 구분될 수 있으며, 물적자원은 업체와 물품 종류, 금액, 유효기간, 보관방법 등 물품의 성격에 나누어 분류되어야 한다.

넷째, 지역사회 자원 개발을 위해서는 지역욕구에 기반을 둔 자원을 개발하도록 한다. 지역사회의 자원은 지역이 필요로 하는 욕구와 연결될 때 개발이 용이하다. 지역의 문제와 환경개선을 위한 욕구가 있을 때 지역자원 개발을 위한 마케팅 전략이 적합하게 이루어질 수 있다.

다섯째, 지역사회 자원 개발을 위해서는 자원의 관리가 체계적으로 이루어져야 한다. 자원의 종류, 양, 자원의 필요시기, 자원의 보관, 기부자서비스 등이 체계적으로 이루어져야 한다.

1. 인적자원 개발

인적자원은 사회복지 전문인력 등 공공 인적자원과 민간복지시설에 종사하는 사회복지사, 자원봉사자 등 민간자원으로 구분된다. 전문인력은 사회복지

전담공무원과 사회복지사 등을 의미하며, 비전문 인력은 주로 자원봉사자들을 의미한다. 따라서 이러한 인적자원 개발은 직원과 자원봉사자의 채용, 선발, 모집에서부터 직무분석, 교육, 업무배치, 직무환경, 평가, 보상에 이르기까지 광범위하게 이루어진다. 사회복지기관의 사업은 노동집약적으로 예산의 많은 부분이 급여와 인적자원 개발비용으로 사용된다. 인적자원은 사업의 성과뿐 아니라 기관의 목적달성을 위한 가장 중요한 자원이다. 따라서 인적자원의 개발을 위해서는 직원의 채용과 자원봉사자의 모집 등이 효과적으로 이루어져야 한다.

이러한 인력들이 참여하도록 동원하는 기술은 다음과 같은 방법이 있다.

첫째, 기존 조직의 활용이다. 가장 빨리 지역사회 주민들을 동원할 수 있는 방법의 하나로 사회복지사가 지역사회의 여러 조직들을 면밀히 조사한 후에 참여 가능성이 높은 조직이나 집단의 지도자들과 접촉해 지역사회복지실천에 동참할 것을 권유하는 것이다.

둘째, 개별적 접촉이다. 지역사회 주민들을 호별 방문, 우편물 발송, 간담회 등 개별적으로 접촉하여 지역사회복지실천에 동참하도록 하는 방법이다.

셋째, 사회경제적 네트워크의 활용이다. 사회복지조직을 이용하는 소집단 지도자를 찾아내어 회원들을 동원할 수 있는 기반을 쌓는 것이다. 네트워크에 속한 사람을 직접적으로 접촉하는 것보다 내부의 동료를 접촉하는 것이 더욱 효과적이다.

2. 물적자원 개발

물적자원은 설비, 건물, 기자재, 후원금품 등을 뜻한다. 즉, 물적자원은 정부의 지원금과 다양한 형태의 기금, 기업의 협찬금, 일반 시민의 기부금(현금, 부동산, 증권, 물품 등), 서비스 이용료(의료, 상담, 교육 등), 수익사업 등으로 이루어진다. 이러한 지역사회복지에서 물적자원을 개발하는 방법은 매우 다양하다. 지역사회 자원 개발과 동원의 채널을 살펴보면 다음과 같다.

첫째, 물적자원 개발은 사회복지공동모금회를 통하여 사회복지시설, 기관, 저소득층 지원 등 일반적인 사회복지 분야의 지원을 위한 공동모금이 있다.

둘째, 물적자원 개발은 대한적십자사, 전국재해대책협의회 등 전국적 규모의 법정단체를 통하여 이루어지는 적십자 활동과 이재민 구호 등 특정한 목적을 위한 모금이 있다.

셋째, 물적자원 개발은 한국복지재단, 월드비전, 굿네이버스 등 전국적 규모의 사회복지기관으로서 소년소녀가장 돕기, 시설아동, 장애인 등을 지원하는 사업수행을 위한 모금이 있다.

넷째, 물적자원 개발은 개별 사회복지시설 또는 기관에서 결연사업이나 기타 사업수행을 위한 모금이 있다.

다섯째, 물적자원 개발은 구세군, 기독교단체 등 종교기관이나 사회단체에 의한 모금이 있다.

여섯째, 물적자원 개발은 방송, 신문 등 언론기관의 위의 모금활동을 돕기 위한 모금이 있다.

이 외에도 지역사회 자원으로 인적자원 및 물적자원과 더불어 사회복지와 관련된 정책과 법 그리고 행정체계 등의 제도자원과 국내·외에서 제공되고 있는 정보자원들이 있다.

제3절 지역사회 자원동원의 체제

에드워즈 등(Edwards et al., 1997)은 비영리조직의 기부행위는 잠재적인 기부자의 능력(capacity)과 동기(motivation) 그리고 기회(opportunity)와 연관되어 있다고 보고 있다. 따라서 지역사회는 기부능력이 충분히 있는 기부자의 발굴과 개인이나 조직들이 특정한 명분이 있는 목적에 기부할 수 있도록 동기부여하고, 잠재적인 기부자에게 기부의 기회를 제공하여 주면 기부행위를 유도할 수 있다는 것이다. 호지킨슨 등(Hodgkinson et al., 1992)에 의하면, 비영리조직에 대한 사람들의 기부는 11가지 동기에 의해 행위가 일어난다는 것으로 〈표 9-1〉과 같이 제시하고 있으며 자원봉사정신과 상관관계가 있다.

〈표 9-1〉 비영리조직에 대한 기부행위와 동기

기부행위	동 기	비율(%)
• 많이 가진 자는 적게 가진 자를 도와야 하기 때문에 • 기부와 자원봉사로 인한 개인적 만족 • 종교적 신념이나 헌신 • 사회에의 환원으로 얻는 이득	타인에 대한 개인적 의무감	55 43 41 39
• 친구나 동료로부터 권유 • 자신이나 가족이 혜택을 받는 기관이나 활동을 유지하기 위하여 • 타인에 대한 모범으로 봉사하기 위하여 • 사업이나 지역사회의 의무 충족	타인과의 관계	36 34 31 19
• 자신이나 가족구성원을 기념하기 위하여 • 세금의 감면을 얻기 위하여 • 고용주의 권유	개인이 얻는 혜택과 이득	17 12 10

출처 : Edwards et al.(1997), p. 8 재구성.

7) 캔버싱

캔버싱은 거리에서 하는 거리캔버싱, 집집마다 방문을 하는 방문캔버싱으로 조직의 사업에 대한 기부를 요청하는 방법이다. 이 방법은 불특정 다수인 대중에게 조직사업을 인식시킬 수 있고 신규 기부자들을 많이 확보할 수 있는 장점이 있으나 캔버싱 담당자가 다른 사람에게 불쾌감을 줄 경우 조직의 평판을 나쁘게 만들 수 있다는 단점도 있다.

8) 공익연계 마케팅(CRM)

공익연계 마케팅(CRM : Cause Related Marketing)은 1980년 이후 사회복지기관을 포함한 비영리 기관들이 모금을 위해 많이 활용하는 마케팅 기법이다. 이는 미국의 American Express Card에서 처음 사용한 방법인데, 회사는 카드 속에 그려져 있는 자유의 여신상을 활용하여 판촉을 하기 위해 자유의 여신상 복원사업을 펼치는 시민단체와 연계하여 개인이 사용한 카드금액의 일정 비율을 시민단체에 기부하는 방식을 이용했다. 이러한 방식은 기업의 이미지를 높여주어 기업의 상품 판매에 긍정적으로 영향을 미치면서 동시에 사회복지기관의 자원개발에도 기여하게 된다.

9) 컴퓨터 통신 활용

컴퓨터 통신을 활용한 자원개발은 모금영역에서 빠르게 성장하고 있으며 점차 활성화될 전망이다. 실제로 정보화가 가장 앞선 미국에서는 컴퓨터 통신을 통한 모금과 후원자 개발이 급속하게 증가하고 있다. 후원자들은 온라인상에서 신용카드를 통하여 후원금을 보내거나 기금후원을 약속한 후 우편을 통해 개인수표를 보낸다. 국내 통신을 통해 후원자를 개발하는 방법으로는 기관 ID를 통해 직접 후원을 요청하거나, 통신란의 게시판, 대화방, 동호회 등을 통해 후원요청을 할 수 있다. 또한 통신회사에 IP로 등록하여 기관홍보와 함께 후원자를 개발하는 방법도 있고, 광고비를 지불하고 후원자를 모집하거나 기부금을 요청하는 광고를 낼 수도 있다. 인터넷을 통해 홈페이지를 작성하여 기관의 홍보와 모금을 하는 경우도 늘어나고 있다.

10) 대중매체 광고

대중매체 광고는 주로 영리부문에서 사용하는 마케팅 방법이다. 후원자 개발을 위한 사회복지기관의 대중매체 활용은 아직 미진한 실정이나 라디오나 잡지 등을 통한 마케팅이 점차 활성화되고 있다. 특히 잡지를 통해 후원자를 개발하고자 할 경우에는 잡지의 판매 부수, 독자층, 성격 등을 고려하여야 한다. 또한 광고의 성과를 올리기 위해서는 한 잡지에 적어도 6개월 이상 광고를 해야 효과를 볼 수 있다.

2. 공공 및 민간으로부터 자원개발

공공과 민간으로부터의 자원개발은 정부기관, 지역사회봉사단체, 협회, 기관, 기업, 조합, 재단 등으로부터 자원을 확보하는 것이다. 유망한 자원제공원을 확보하고 그들과 관계를 맺고 보조금신청서를 서면으로 제출하여 자원확보 노력을 한다. 신청에는 취지와 목적을 명확하게 명기하고, 프로젝트 참여인원 등을 명기한다. 내용은 간단하고, 체계적이며 명쾌하고 읽기 쉽게 작성하여야 한다. 그러나 정부의 재원만으로는 지역사회복지에 필요한 자원이 충분하게 조성될 수 없기 때문에 종교 및 공공 및 시민단체를 포함한 민간사회복지자원의 활용이 요구되고 있다. 또한 갈등구조를 극복하기 위한 사회통합 노력은 노사관계와 같은 이해관계가 있는 당사자들보다는 민간사회복지기관과 같은 중립적인 위치에 있는 사회의 중간집단들에 의해 이루어지는 것이 훨씬 효과적이다. 지역사회복지를 활성화시키는 과정에서 무엇보다 중요하게 요구되는 것 중의 하나는 민간사회복지기관의 재정적 자립을 확보해 주는 것이다. 그러나 민간의 복지자원의 활용은 정부의 복지적 책임을 회피하는 수단이 되어서는 안 되며, 공공과 민간의 효율적이고 효과적인 연계방안이 강구되어야 한다.

Key Point

- 지역사회 자원 개발기술은 지역사회 주민의 욕구충족과 문제해결을 위해 자원이 필요한 경우 자원을 개발하는 기술이다. 따라서 자원개발은 능력 있는 잠재기부자를 발굴하고 기부를 할 수 있도록 동기를 부여해야 한다. 지역사회 자원 개발은 지역주민을 위한 서비스를 제공하는 데 필요한 물적 · 인적자원, 지역사회의 구체적인 문제를 해결하기 위한 지역사회 내 다양한 자원을 파악하고 활용하는 등 다양한 유형의 자원을 주고받는 과정이라 볼 수 있다.

- 지역사회 자원 개발은 지역주민 복지욕구의 증대와 다양화에 대한 대응, 사회복지 재정의 한계성 극복, 주민의 주체적 참여에 의한 지역사회복지 증진을 위해 필요하다.

- 지역사회 자원의 종류는 인적자원과 물적자원이 있다. 인적자원은 사회복지 전문인력 등 공공 인적자원과 민간복지시설에 종사하는 사회복지사, 자원봉사자 등 민간자원으로 구분된다. 전문인력은 사회복지전담공무원과 사회복지사 등을 의미하며 비전문 인력은 주로 자원봉사자들을 의미한다. 물적자원은 설비, 건물, 기자재, 후원금품 등을 뜻한다. 지역사회복지에서 물적자원을 동원하는 방법은 매우 다양하다.

- 자원개발의 기법 및 방법은 개인으로부터 자원개발(직접 대면요청, 집단 및 조직 회원으로부터의 요청, 우편요청, 전화요청, 특별행사, ARS, 캔버싱, CRM, 컴퓨터 통신 활용, 대중매체 광고)과 공공 및 민간으로부터 자원개발(정부기관, 지역사회봉사단체, 협회, 기관, 기업, 조합, 재단 등으로부터 자원 확보)이 있다.

Chapter 10

옹호와 임파워먼트 기술

제1절 옹호의 개념과 유형 그리고 기술과 전술

1. 옹호의 개념

옹호(advocacy)는 일반적으로 다른 대상의 권리를 대변하고 지지하고 싸우고 방어해 주는 활동들로 지역사회복지실천 기술에서 대상자의 이익을 두둔하고 편들어 지키는 모든 활동을 의미한다. 즉, 지역주민들은 권리를 가지고 있으며, 이러한 권리의 보장을 법적으로 요구할 수 있다는 가정에서 출발한다. 사회복지사는 개인과 가족, 집단, 조직이나 지역사회를 포함하는 클라이언트를 대신하여 다양한 수준에서 사회정의를 확보하고 지역사회를 대신하여 옹호활동에 관여하며(Mickelson, 1995), 이러한 옹호는 사회복지직을 다른 원조전문직과 구별시켜 줄 수 있다(Kaminski & Walmsley, 1995).

따라서 효과적인 옹호활동을 하기 위해서는 다음과 같은 원칙이 필요하다(김종일, 2004).

첫째, 옹호활동은 합리적 수준을 유지하는 것이 좋다.
둘째, 옹호활동은 가능하면 팀워크(teamwork)에 의존한다.
셋째, 옹호활동은 종종 적극적이고 단호한 태도를 요구하기도 한다.
넷째, 옹호활동은 유연성을 강점으로 인식할 필요가 있다.

2. 옹호의 유형

옹호는 자신이나 다른 개인을 돕는 방법에서부터 어떤 집단이나 계급을 도와 제도를 근본적으로 변화시키는 것에 이르기까지 다양한 수준에서 이루어지고 있다. 따라서 어떤 수준의 옹호전략을 선택하는가는 결국 문제를 어떻게 규정하는가에 따라 다르며, 옹호의 수준에 따라 사용되는 옹호의 방법과 기술이 다르다. 즉, 옹호는 클라이언트 개인 및 집단이 스스로 자신을 옹호하는 활동과 사회복지사 개인이나 가족을 대신하여 옹호하는 활동, 유사한 문제를 경험하는 클라이언트로 구성된 집단의 공동문제를 해결하기 위한 활동, 공동의 문제를 경험하는 지역주민들을 위한 활동, 사회정의와 복지를 증진시키기 위해서 다양한 형태로 전개되는 조직활동, 근본적인 제도상의 변화를 위해 구성원인 시민들과 사회체제 전체에 영향을 미치려는 활동 등 다양하게 나타날 수 있다. 이러한 다양한 옹호행위를 바탕으로 지역사회복지실천에 활용될 수 있는 옹호의 유형으로 자기옹호, 정치적 옹호, 시스템 옹호, 미디어 옹호(Holder & Treno, 1997; Field & Baker, 2004; Leroux & Goerdel, 2009)로 구분하여 살펴보기로 한다.

첫째, 자기옹호(self-advocacy)는 옹호를 필요로 하는 사람이나 집단이 스스로 자신들을 옹호하는 활동을 말한다. 자기옹호는 지역주민이 스스로 역량을 강화 할 수 있다는 믿음을 통해 행동할 수 있도록 자기 자신을 가르치는 행위라 할 수 있다(Field & Baker, 2004).

둘째, 정치적 옹호(political advocacy)는 공공옹호(public advocacy)라고도 하는데, 주로 정책영역을 대상으로 하는 옹호활동을 말한다. 비영리조직은 정치분야에서 그 구성인 대중을 위해 목소리를 낸다. 비록 정치적 옹호사례는 핵심임무를 외부에 두고 있다고 하더라도 일부 비영리단체는 그들의 옹호역할을 포용하고 자주 이러한 활동에 참여한다.

셋째, 시스템 옹호(systems advocacy)는 기존의 체제를 옹호한다는 뜻이 아니라, 정확한 뜻은 옹호활동의 표적이 시스템이라는 뜻이다. 여기서 시스템이란 정부기관, 의회, 대기업, 학교 등의 기존 사회제도를 총칭한다. 지역주민은 먼저 자신의 요구를 충족하기 위해 도움을 얻을 수 있는 시스템에 접근하는 방법을 배우고, 자신의 욕구를 파악하고 시스템의 작동방식을 배워야 한다.

넷째, 미디어 옹호(media advocacy)는 지역사회실천조직의 취지나 목표에 대한 대중의 지지를 얻기 위해 미디어를 사용하는 일체의 활동을 말한다. 홀더와 트레노(Holder & Treno, 1997)는 미디어 옹호가 여러 분야에서 효과적이었고 커뮤니티 예방에 중요한 도구가 되었다고 결론 내리고 있다. 예를 들어, 미디어 옹호를 훈련받은 지역 사람들은 텔레비전과 신문에 지역 뉴스 보도를 증가시킬 수 있었고 그것을 정책이슈로 틀 짓기 했음을 추정할 수 있었다.

3. 옹호의 기술과 전술

옹호의 기술과 전술로는 설득, 대변, 탄원서(청문, 이의신청, 청원), 표적체계 난처하게 하기, 정치적 압력 등이 있다(Kirst-Ashman & Hull, 2014). 구체적으로 살펴보면 다음과 같다.

1) 설 득

설득(persuasion)은 사회복지실천에서 자주 쓰이는 대인관계 기술의 하나로 대상자 또는 어떤 명분에 대해 호의적인 해석을 얻어내기 위한 제반 활동으로 요약할 수 있다. 즉, 표적체계가 기존의 결정과는 다른 결정을 내릴 수 있도록 추가적인 정보를 제공하는 형태를 띤다. 표적체계를 설득하는 주요 원칙으로 하드캐슬 등(Hardcastle et al., 1997)은 다음과 같이 제시하고 있다. ① 원하는 바를 분명히 하고, ② 사실 자료들을 파악하고 이들이 활용되도록 하며, ③ 활용할 권력의 원천에 대해 이해하고, ④ 연습하고, ⑤ 통상적이고 편안한 복장을 갖추며, ⑥ 분명하고 단순하며 시각적 이미지를 활용하며, ⑦ 감정과 논리에 호소하고, ⑧ 시선을 맞추어라 등이다.

2) 대 변

대변(representation)은 사회가 복잡해지면서 사람들이 각자의 문제를 스스로 처리할 지식과 능력을 갖추기 힘들게 되므로 경험 있는 사람이 다른 사람의 의견을 대신해서 표현 또는 전달하는 행위를 말한다. 즉, 어떤 사람이나 단체를 대신하여 그의 의견이나 어떤 사실과 의미 및 태도를 표하는 것이다.

3) 탄원서(청문, 이의신청, 청원)

옹호자는 탄원서에 서명을 받음으로써 해당 조직이나 기관이 명시된 대로 행동하게 할 수 있다. 탄원서는 일반적으로 청문, 이의신청, 청원 등이 있다. 먼저 청문(hearing)은 행정기관이 어떤 절차에 대해 처분하기에 앞서 당사자 등의 의견을 듣고 증거를 조사하는 절차이고, 이의신청(complaints)은 기관의 행위에 대해 불만이나 이의가 있을 경우 법률에서 인정한 절차에 의하여 이의를 주장하는 행위이다. 그리고 청원(petitioning)은 특정 조직이나 기관이 일정한 방향으로 일이 이루어지도록 조치해 줄 것을 요청하는 다수인의 서명지를 전달하는 활동이다.

4) 표적체계 난처하게 하기

표적체계 난처하게 하기(embarrassing the target)는 직접적인 도전이나 공격이 어려울 때 쓸 수 있는 효과적인 전술이다. '표적체계 난처하게 하기'라는 말뜻은 상대방을 당혹스럽게 만든다는 것으로, 대중매체를 사용하여 자신들의 약점에 대해 주의를 환기시키고 표적체계를 바람직한 방향으로 행동하도록 변화시킬 수 있다. 이러한 예로는 지역신문에 투고하기, 피케팅이나 전단 배포, 연좌시위, 대상 기관의 사무실이나 복지시설의 물리적 점거 등을 들 수 있다.

5) 정치적 압력

정치적 압력(political pressure)은 변화를 이루어 내기 위해 정치적 권력을 사용하는 것이다. 정부로 하여금 어떤 행정조치를 시행 또는 포기하게 한다거나 새로운 정책을 강구하게 하는 것이다. 정치적 압력은 정부의 정책형성 과정의 모든 단계에서 이루어질 수 있다. 정치적 압력내용으로는 이슈를 논의대상으로 삼는 단계, 해결대안을 설계하는 단계, 법안의 통과를 추진하는 단계, 실천을 하도록 영향력을 행사하는 단계가 있다. 정부의 정책결정에 영향력을 행사하는 단체에는 경제단체, 전문가조직 등이 있으며, 사회행동단체는 때로 이들 단체와 경쟁적 관계에 놓인다. 지역사회 행동조직이 이러한 경제단체의 활동과 대등한 경쟁을 하기 위해서는 압력전술을 지속적으로 사용하고 근본적 결정에 대한 영향력을 행사하여 정부기관들에게 경제단체보다는 민주적인 주민조직과 뜻을 같이하는 것이 도움이 된다는 확신을 갖게 하여야 한다.

제2절 임파워먼트의 구성요소와 평가 그리고 전망

1. 임파워먼트의 개념

임파워먼트는 단어 그대로 해석하면 '파워(power)를 부여하는 것'이라고 말할 수 있다. 그런데 여기에서 파워(power)는 권한과 능력이라는 두 가지 의미를 가지고 있다. 실제로 사전적 의미에서는 'empower'의 뜻을 '권한을 부여하다(give authority to)'와 '능력을 부여하다(give ability to)'의 두 가지로 설명하고 있다. 따라서 임파워먼트란 실무자들의 업무수행 능력을 제고시키고, 관리자들이 지니고 있는 권한을 실무자에게 이양하여 그들의 책임범위를 확대함으로써 직원들이 보유하고 있는 잠재능력 및 창의력을 최대한 발휘하도록 하는 방법이라고 말할 수 있다. 경쟁환경이 급변하는 현 상황에서는 변화를 신속하게 인지하고, 여기에 적절하게 대응하는 구성원의 능력이 지역사회조직 성공의 가장 중요한 핵심역량으로 부각되고 있다.

임파워먼트(empowerment)는 지역사회복지실천에서 개인의 내·외적 변화뿐만 아니라 집단경험을 통한 지역사회의 소속감 및 관심 증대와 정의롭고 균등한 사회를 구축하기 위한 지역사회 변화 및 정책 변화, 균등분배와 정책결정에서의 참여 등을 포괄하는 개념으로 정의할 수 있다. 따라서 박탈당했거나 상실한 권리, 기회, 자원, 서비스를 되찾고 자신과 환경에 대한 통제력을 회복하는 것이라고 할 수 있다. 즉, 주체가 되는 대상자의 삶의 질이나 능력을 향상시키는 데에서 억압요소나 방해요소를 제거하기 위한 과정이며, 대상자의 잠재적 능력과 권한을 강화시켜 주는 과정이라고 할 수 있다.

임파워먼트(empowerment)는 의사결정 혹은 집행과정에서 지역조직구성원에게 부여되는 재량권과 책임의 배분 그리고 정보공유 등을 통한 권한의 배분을 의미한다. 임파워먼트는 권위적 의사결정과 정보의 집중에 따른 문제점을 해결하기 위한 관리기법으로 지역조직구성원들의 직무동기를 증진시키고, 이를 통해 직무책임성을 강화하고, 지역조직구성원들의 전문성을 효율적으로 활용하기 위한 목적을 지닌다. 또한 임파워먼트란 권한위임과 같이 파워의 크기가 정해져 있는 외적인 상태가 아닌 개인적 자신감에 대한 내면적 신념과 동기부여가 증가된 상태와 개인의 내재적인 업무동기를 증진하도록 파워를 증진하는 개인의 심리적인 과정으로 정의되기도 한다. 일반적으로 임파워먼트는 개인, 집단, 조직 수준으로 확산되는 특징을 가지고 있다. 임파워먼트된 개인은 자긍심이 증진되고 자신의 사고를 변화시키며 역량이 증대된다. 개인 임파워먼트는 타인과의 상호작용 과정에서 다시 타인과 구성원의 역량을 증대시키며, 이 과정에서 권한이전과 관계증진이 이루어진다. 또한 집단 임파워먼트는 궁극적으로 조직 전체로 확산되어 제도 및 구조의 변화를 통한 행태의 정착으로 조직 임파워먼트를 형성한다(온라인 행정학사전, 2016).

2. 임파워먼트의 접근방법

임파워먼트는 거시적 차원에서의 구조적 변화에 초점을 두는 접근방법과 구조의 변화가 없더라도 개인의 힘이나 통제력이 증대되었다고 느끼는 미시적 접근방법으로 구분할 수 있다(Gutierrez, 1990).

첫째, 미시적 접근방법은 동기적·심리적 차원의 임파워먼트를 의미하며, 지역조직구성원들이 개인적 차원에서 자신들의 직무에 대해 느끼는 믿음인 자기효능감과 밀접하게 관련되어 있다.

둘째, 거시적 접근방법은 관계적 접근방법을 의미하며, 지역조직구성원에게 권한과 책임을 부여하는 관리기법이다. 거시적 관점의 임파워먼트는 조직성과 등을 증진시키기 위한 목적으로 조직구성원의 역량을 발휘할 수 있는 효과적인 권한과 책임의 이동을 통해 조직 내 권한의 균형을 이루는 것에 초점을 둔다.

3. 임파워먼트의 중요성과 그 효과

임파워먼트는 지역조직구성원들로 하여금 자신의 일이 조직의 성패를 좌우한다는 강한 사명의식을 갖도록 한다. 따라서 임파워먼트는 우수한 인력을 양성하거나 확보하는 것에 초점을 두며, 업무를 수행하는 조직구성원 개인의 역량을 향상시키는 데 초점을 둔다. 임파워먼트는 조직구성원이 담당하고 있는 일에 대해 스스로 의사결정권을 갖게 하여 통제감을 높임으로써 무력감과 스트레스를 해소하고, 나아가 강한 업무의욕을 갖게 한다. 이러한 임파워먼트의 실행을 통해 지역사회는 다음과 같은 효과를 얻을 수 있다. 이해관계자에 대한 서비스를 향상시키고, 지역구성원의 잠재능력을 최대한 발휘하게 하며, 환경변화에 신속하고 탄력적인 대응을 가능하게 한다. 또한 지시, 점검, 감독, 감시, 연락, 조정 등에 필요한 노력과 비용이 줄어들기 때문에 코스트가 절감

된다. 그러나 임파워먼트의 취지와 효과가 아무리 바람직하다 할지라도 이를 실행에 옮기지 못하면 의미가 없다.

4. 임파워먼트의 구성요소

임파워먼트의 구성요소는 의미, 역량, 자기결정력, 영향력 등 일반적으로 네 가지 하위요인으로 구성되어 있다. 그 내용을 간략하게 살펴보면 다음과 같다.

첫째, 의미는 주어진 과업의 목적과 요구되는 역할이 개인의 신념과 가치관에 얼마나 부합되는가를 뜻한다. 임파워먼트의 구성요소로서 의미는 조직구성원들이 인식과 판단을 근거로 하는 심리적 요인을 의미한다. 개인적으로 의미 있는 과업을 수행하는 개인은 그렇지 않은 개인에 비해 목적의식과 열정을 가지고 에너지를 투입하는 행태를 보인다.

둘째, 역량은 특정 과업에 대한 개인의 능력에 대한 믿음을 의미하며, 개인의 능력에 대한 조직구성원 개개인들이 소유하고 있는 기술이나 능력으로 업무를 수행할 수 있다고 믿는 태도나 지각을 말한다. 잠재적인 능력은 개인적인 신념을 반영하기 때문에 조직구성원들이 직무를 수행하는 데 있어서 자신의 능력에 대한 확신감이 없다면 임파워먼트의 지각 정도가 낮아지게 된다.

셋째, 자기결정력은 개인이 누구의 간섭 없이 재량권이나 주도권을 가지고 행동을 통제할 수 있다는 믿음이나 행동을 의미한다. 자기결정력은 직무활동 방식, 작업과정의 시작과 유지 등에 대한 자율성과 작업에 대한 속도와 노력 등에 대한 의사결정이 포함된다. 자기결정력이 주어지게 되면 조직구성원들은 자신의 행동이 외부적인 요인의 통제 속에서 발생하는 것이 아니라 자기 자신의 결정에 의해 발생한 것으로 판단하기 때문에 과업을 수행하는 데 있어서 진취적이고 능동적인 역량을 나타내게 된다.

넷째, 영향력은 과업수행에 대한 전략적·관리적·실무적 절차와 결과에 대하여 개인이 자신이 속한 조직에 영향력을 미칠 수 있는 정도를 의미한다.

영향력은 소속된 팀이나 조직에서 개인이 얼마나 차별화되어 있는 존재인가를 지각하는 정도를 반영한다. 조직구성원은 목표달성을 위한 자신의 활동이 조직 전체의 시스템에 영향을 미칠 수 있다는 신념을 통해 임파워먼트를 지각하게 된다.

5. 임파워먼트에 대한 평가와 전망

조직구성원 개인과 조직의 임파워먼트는 조직의 정책수립 및 의사결정 과정에서 계층제의 상위직에 위치한 구성원만이 가지고 있던 권한과 책임을 중하위직 조직구성원에게 부여하고, 그 결과에 대한 책임을 지우는 과정에서 출발한다. 이러한 임파워먼트는 개인적 측면에서 조직구성원의 자긍심, 상하 대인관계 능력 및 집단의사결정 능력을 증진시킨다. 조직적 측면에서는 환경에 대한 탄력성의 증대와 조직경쟁력의 확보 및 조직풍토 개선을 이끌어 낸다. 이러한 임파워먼트에 대한 논의는 급변하고 있는 외부환경에 대응하고 성과를 극대화하기 위해 기존의 권위적 의사결정과 집권적 운영 대신에, 조직구성원 간 협력을 바탕으로 자율성과 책임성을 강화해 가는 조직관리 전략이 강하게 요구되는 공공부문에서 중요한 의미를 갖는다. 특히 전형적인 계층조직인 정부관료제의 한계에 대한 비판이 확산되고, 정부조직에서 발생하는 문제점에 대한 해결노력이 요구되는 공공부문에서 임파워먼트에 대한 관심과 연구는 활성화될 것으로 전망된다.

Key Point

- 옹호(advocacy)는 일반적으로 다른 대상의 권리를 대변하고 지지하고 싸우고 방어해 주는 활동들로 지역사회복지실천기술에서 대상자의 이익을 두둔하고 편들어 지키는 모든 활동을 의미하며, 그 유형으로는 자기옹호(self-advocacy), 정치적 옹호(political advocacy), 시스템 옹호(systems advocacy), 미디어 옹호(media advocacy)가 있다.

- 옹호의 기술과 전술로는 설득, 대변, 탄원서, 표적체계 난처하게 하기, 정치적 압력 등이 있다.

- 임파워먼트는 실무자들의 업무수행 능력을 제고시키고, 관리자들이 지니고 있는 권한을 실무자에게 이양하여 그들의 책임범위를 확대함으로써 종업원들이 보유하고 있는 잠재능력 및 창의력을 최대한 발휘하도록 하는 방법이라고 말할 수 있다. 임파워먼트는 거시적 차원에서의 구조적 변화에 초점을 두는 접근방법과 구조의 변화가 없더라도 개인의 힘이나 통제력이 증대되었다고 느끼는 미시적 접근방법으로 구분할 수 있다(Gutierrez, 1990). 그리고 임파워먼트는 의미, 역량, 자기결정력, 영향력 등 일반적으로 네 가지 하위요인으로 구성되어 있다.

Part 04

공공지역사회복지실천의 추진체계

Chapter 11

지방자치와 지역사회복지

제1절 지방자치[1]

1. 지방자치의 의의

지방자치는 자기통치의 원리를 담고 있다. 즉, '지역의 문제를 지역주민이 스스로 처리하고 다스린다'는 의미를 담고 있다. 따라서 지방자치의 원형은 국가 성립 전의 단계에서 찾아볼 수 있으나 근대적 의미의 지방자치는 통일국가의 출현과 함께 성립되었다. 근대적인 통일국가 안에서는 중앙정부 단독으로 국정 전반을 모두 처리할 수 없으므로 일정한 지역의 주민이 자치적인 단체를 조직하고 일정한 사항에 대해 국가의 권력지배로부터 상대적으로 독립하여 자치권을 행사하도록 국가가 자치단체와 자치권을 인정할 때 지방자치제는 그 의미를 갖게 된다 하겠다(김형배, 1988). 지방자치는 지방화 시대의 중요성이 강조되면서 지방자치와 지방분권, 지방행정, 지방정부라는 용어가 혼용되어 사용되고 있다(권육상 외, 2009). 지방자치는 각 지방이 행정 및 정치 행위에 있어 각 지방의 실정에 맞도록 자치적인 결정과 운영을 한다는 의미이다. 이를 위해 각 지방자치단체장과 함께 지방의회를 두고 있다. 우리나라에서는 지방자치의 단위가 광역과 기초로 나누어져 있으며, 각각의 단위마다 자치단체장과 지방의회를 주민들의 투표로 선출하여 구성하도록 하고 있다.

---

1) 국가기록원. 기록으로 보는 지방자치의 발자취. http://theme.archives.go.kr/next/localSelf/viewMain.do 참고.

2. 지방자치의 목적 그리고 효과

우리나라의 경우에는 지방자치의 목적을 지방자치법에서 명확하게 규정하고 있다. 지방자치법 제1조에 따르면, 지방자치행정의 목적을 민주적이고 능률적으로 수행하고, 지방을 균형 있게 발전시키며, 대한민국을 민주적으로 발전시키는 것으로 제시하고 있다. 즉, 지방행정의 효율적이고 민주적인 운영을 통하여 지방의 균형발전과 국가의 민주발전을 확보하고자 하는 것이다. 지방자치가 탄생한 원인은 주민자치와 단체자치에서 찾을 수 있다. 여러 국가들이 지방자치를 실시하는 목적은 지방자치가 보유하고 있는 다양한 효과 때문이다. 지방자치의 효과는 시대와 국가에 따라서 달라지기도 하지만, 기본적으로 지방자치는 정치적 측면, 행정적 측면, 사회적 측면, 경제적 측면에서 다음과 같은 효과를 가지고 있기 때문이다.

정치적 측면에서 지방자치는 민주주의를 전반적으로 고양하는 효과를 가지고 있다.

첫째, 지방자치는 지역주민과 그 대표자들의 참여·토론·비판·협조를 통해서 공동문제를 처리함으로써 민주주의의 훈련장으로서 역할을 수행한다.

둘째, 지방자치는 국가기능의 확대에 따른 국정의 전제화와 관료화에도 불구하고 일정한 독립성을 통해서 적절한 견제기능을 담당할 수 있다.

셋째, 지방자치는 중앙정부의 정권교체 등 정국변동에 따르는 국정의 전반적인 마비와 혼란을 방지하는 역할을 수행할 수 있다.

행정적 측면에서 지방자치는 행정의 효율성과 다양성을 확보하는 장치로서의 효과를 가진다.

첫째, 지방자치는 각 지역의 여건과 주민들의 요구를 가장 잘 파악할 수 있으므로 지역실정에 부합하는 행정을 펼칠 수 있다.

둘째, 지방자치는 정책의 지역적 실험을 가능하게 하므로 전국적 실시에서 발생할 수도 있는 시행착오를 최소화할 수 있다.

셋째, 지방자치는 전국적이고 국가적인 사무는 국가가, 주민생활과 밀접한 지방적인 사무는 지방자치단체가 서로 분담함으로써 분업을 통한 행정의 효율성을 높일 수 있다.

넷째, 지방자치는 부처별로 분담하는 중앙정부에 비하여 일정한 지역 안에서 실시되는 여러 분야의 행정을 종합적으로 수행함으로써 지역주민의 편의를 도모할 수 있다.

사회적 측면에서 지방자치는 중앙중심의 단원적 사회에서 지방이 포함된 다원적 사회로의 이행을 촉진시킨다.

첫째, 지방자치는 각 지역의 역사적 배경과 지리적 조건 및 공동체를 바탕으로 지역만의 고유한 특수성을 발전시킴으로써 전국적 측면에서 보면 다원적 사회를 형성하도록 한다.

둘째, 지방자치는 각 지역의 발전을 도모하는 주체가 지방자치단체와 지역주민이므로 지역발전을 위한 상호 간 경쟁을 촉발시킨다.

경제적 측면에서 지방자치는 특화된 지역발전과 공급의 다양성을 발전시킨다.

첫째, 지방자치는 국가주도의 대량생산과 전국적인 산업육성과 달리, 지역별 특수한 자원에 기초한 소규모의 다양한 산업정책을 촉진시킨다.

둘째, 지방자치는 국가주도의 획일적인 행정서비스 공급이 아닌 지역주민의 선호에 초점을 맞추는 다양성에 높은 비중을 두게 된다.

3. 지방자치의 과정과 발자취

지방자치는 국가별로 다양한 목적에 기초하여 도입되고 발전하여 왔다. 우리나라도 제헌헌법에서 지방자치에 관한 내용을 규정하였으며, 1949년에 지방자치법의 제정을 통하여 지방자치가 본격적으로 도입되어 현재에 이르고 있다. 1948년부터 현재까지의 지방자치 과정을 보면, 도입기와 중단기 및 부활·발전기 3단계로 구분할 수 있다.

1) 지방자치 도입기 : 1948~1960년

지방자치의 도입기는 1948년 제헌헌법에 지방자치 관련 조항의 신설과 1949년 지방자치법의 제정에 따라, 1952년 제1차 지방선거를 통해서 기초 및 광역의회의 의원을 선출함으로써 시작되어 1960년 제3차 지방선거까지가 해당된다. 정부수립 당시 우리나라의 지방행정조직은 조선총독부 지방관제(칙령 제354호, 1914년)에 의한 것이었으므로, 이를 대체하기 위하여 1948년 「지방행정에 관한 임시조치법」을 제정·공포하였다. 이후 1948년 제헌헌법에서 지방자치가 제도적으로 보장되었고, 제헌의회는 1948년 8월 20일부터 지방자치법 제정을 논의하였다. 그러나 지방자치의 즉각적 실시를 주장하는 국회와 1년 이내의 기간에 대통령령으로 실시시기를 정하여 시행하자는 정부의 의견대립으로 지연되다가 1949년 7월 4일 지방자치법이 제정·공포되었다. 그러나 정부는 치안유지와 국가의 안정과 국가건설 과업의 효율적 수행 등을 이유로 지방자치의 실시를 연기하다가 1952년 지방의원 선거를 통하여 비로소 지방자치를 실시하게 되었다. 1952년 실시된 지방의회 선거는 4월 25일에 시·읍·면의회 의원선거가, 5월 1일에 도의회 의원선거가 실시되었다. 하지만 전쟁 중에 선거가 실시되었기 때문에 서울특별시, 경기도, 강원도와 치안이 불안했던 전라북도 4개 지역은 선거를 실시하지 못하였다. 대한민국 최초의 지방선거인 1952년 시·읍·면의회 의원 선거에서는 17개 시에서 378명의 시의원이, 72개 읍에서 1,115명의 읍의원이, 1,308개 면에서 16,051명의 면의원이 선출되었다. 1956년 제2기 지방선거에는 기초자치단체의 장인 시・읍・면장을 임명제에서 직선제로 바꾸어 지방의원 선거와 더불어 실시하였다. 하지만 1958년 제4차 지방자치법이 개정되면서 시・읍・면장의 직선제는 폐지되고 다시 임명제로 환원되었다. 1960년 4・19혁명 이후 민주당 정부가 들어서고, 같은 해 11월 지방자치법이 개정되면서 지방의회와 단체장을 직선제로 하는 완전한 민선 지방자치제의 기틀이 마련되었다. 이에 따라 1960년 12월 12일에 서울특별시・도의회 의원선거가, 12월 19일에 시・읍・면의회 의원선거가, 12월 26일에 시・읍・면장 선거가, 12월 29일에 서울특별시장・도지사 선거가 실시되었다.

2) 지방자치 중단기 : 1961~1990년

지방자치의 중단기는 1961년 「지방자치에 관한 임시조치법」이 시행됨으로써 지방의회가 해산되고, 자치단체장이 임명제로 전환되면서 1991년 지방자치가 부활될 때까지가 해당된다. 1961년 5・16군사정변으로 인해 지방자치는 제도의 중단이라는 격변의 기로에 들어서게 되었다. 군사혁명위원회는 도입기의 지방자치가 민주주의의 기여라는 성과에도 불구하고, 다양한 현실적 문제를 야기하는 것으로 판단하였다. 즉, 선거를 둘러싸고 발생되는 씨족적 파쟁과 민심의 분열, 금품매수, 정당파쟁, 이권청탁, 정실행정, 예산낭비 등의 문제와 지방의회의 자치단체장 불신임권 남용 등으로 효율적인 지방행정의 수행이 곤란하다는 것이었다. 이에 지방행정의 능률화를 위해서는 새로운 방향의 정립이 필요하고, 그것은 지방자치의 구현보다는 지역개발의 추진에 중점을 두는 것이 바람직하다고 판단하였다. 이에 따라 군사혁명위원회는 지방의회를 해산하고 지방의회의 기능을 상급 기관장이 대신하게 함으로써, 사실상 지방자치제도는 중단되었다. 1962년 12월에는 헌법 개정을 통해 지방자치단체장의 선거제 관련 규정을 삭제하였고, '지방의회의 구성시기는 법률로 정한다'는 부칙 규정을 신설하였다. 그러나 실제로 이러한 법률을 제정하기 위한 조치는 취해지지 않았다. 즉, 1962년 개정헌법으로 삼권분립에 근거한 대통령중심제가 채택됨에 따라, 이전의 헌법보다 대통령의 권한이 강화되는 중앙집권체제가 마련된 것이다. 이후 1972년 헌법개정을 통해 지방의회의 구성을 조국통일이 될 때까지 보류함으로써 지방자치의 부활은 요원하게 되었다.

3) 지방자치 부활 · 발전기 : 1991년~현재

부활 · 발전기는 1988년 지방자치법의 전문개정을 통해서 1991년 기초 및 광역의회 의원이 선출되고, 1995년 자치단체장을 주민이 직접 선출함으로써 본격화되어 현재에 이르고 있다. 지방자치는 1991년 광역 및 기초의회의 의원선거를 통해서 공식적으로 부활되었으나, 실제적으로는 1987년 6 · 29선언에서 노태우 민정당 대표의 지방자치 실시 발표와 같은 해 10월 헌법 개정, 그리고 1988년 지방자치법의 전면개정으로 부활을 위한 토대가 마련되었다. 즉, 1988년 노태우 정부가 출범하면서 지방자치의 실시를 위한 논의가 본격적으로 전개되었고, 지방자치의 부활이 추진되었다. 기본적으로 지방자치의 부활은 다양한 원인이 작용하였지만, 당시의 정치적 상황이 주된 배경으로 지적되고 있다. 하지만 정치권의 이해관계로 지방자치의 부활은 잠시 표류하기도 했다. 그러나 1991년 3월에 시 · 군 · 구 · 자치구 의원선거가, 6월에는 시 · 도 의원선거가 실시됨으로써 지방자치가 30년 만에 부활하게 되었다. 이후 1995년 5월에는 지방자치단체장(광역, 기초)과 지방의회 의원(광역, 기초)을 동시에 뽑는 4대 지방선거가 실시됨으로써, 완전한 민선 자치시대가 다시 막을 열게 되었고 현재까지 지속되고 있다.

이상의 지방자치의 과정을 표로 정리하면 다음과 같다(표 11-1).

〈표 11-1〉 지방자치의 과정

구 분	도입기 (1948~1960년)	중단기 (1961~1990년)	부활 · 발전기 (1991년~현재)
자치단체 종류	■ 광역단체 : 서울특별시 · 도 ■ 기초단체 : 시 · 읍 · 면	■ 광역단체 : 서울특별시 · 직할시 · 도 ■ 기초단체 : 시 · 군	■ 광역단체 : 특별시 · 광역시(특별자치시) · 도(특별자치도) ■ 기초단체 : 시 · 군 · 자치구
기관 구성	■ 기관대립형 (지방의회 + 집행기관)	■ 기관통합형 (지방의회 폐지)	■ 기관대립형 (지방의회 + 집행기관)
단체장 선출	■ 1기(1952년) : 임명제/ 간선제 - 서울특별시장 · 도지사 : 대통령 임명 - 시 · 읍 · 면장 : 의회간선 ■ 2기(1956년) : 임명제/ 간선제 - 서울특별시장 · 도지사 : 대통령 임명 - 시 · 읍 · 면장 : 주민직선 ■ 3기(1960년) : 주민직선 - 서울특별시장 · 도지사 : 주민직선 - 시 · 읍 · 면장 : 주민직선	■ 임명제 - 국가공무원으로 충원	■ 4기(1995년)~9기(2014년) : 주민직선 - 시 · 도지사 : 주민직선 - 시 · 군 · 구청장 : 주민직선
의회의원 선출	■ 1기(1952년)~3기(1960년) : 주민직선 - 서울특별시 · 도의원 : 주민직선 - 시 · 읍 · 면의원 : 주민직선	■ 의회폐지 - 서울특별시 · 도 : 내무부장관 승인 - 시 · 군 : 도지사 승인	■ 4기(1991년)~10기(2014년) : 주민직선 - 시 · 도의원 : 주민직선 - 시 · 군 · 구의원 : 주민직선

다음의 〈사진 11-1〉에서 〈사진 11-3〉은 지방자치의 발자취를 나타낸 것이다.

〈사진 11-1〉 지방자치 도입기(1948~1960년)

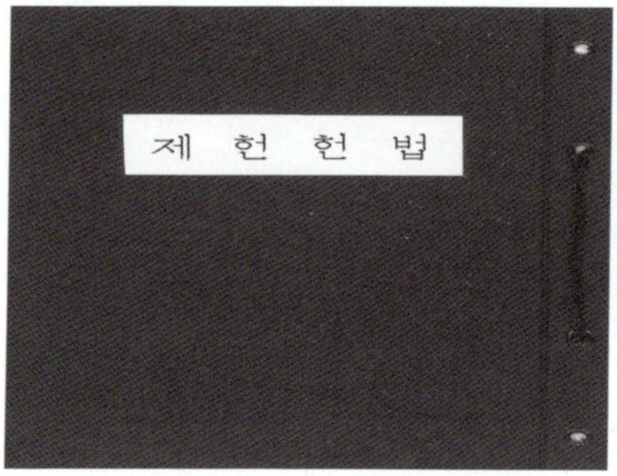

대한민국 헌법(1948)

지방장관회의(1950년)

선거운동(1952년)

투표광경(1956년)

지방장관회의(1958년)

전국 시·도의원 투표(1960)

〈사진 11-2〉 지방자치 중단기(1961~1990년)

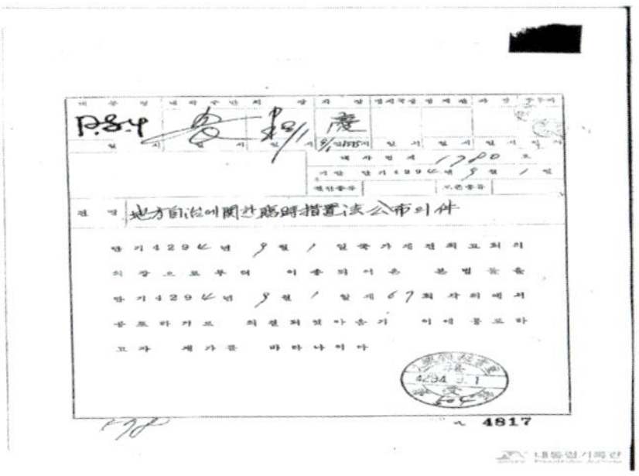
地方自治에關한臨時措置法公布의件

4817

지방자치에 관한 임시조치법(1961년)

헌법공포식(1962년)

전국지방장관회의(1973년)

헌법개정안 국민투표(1987년)

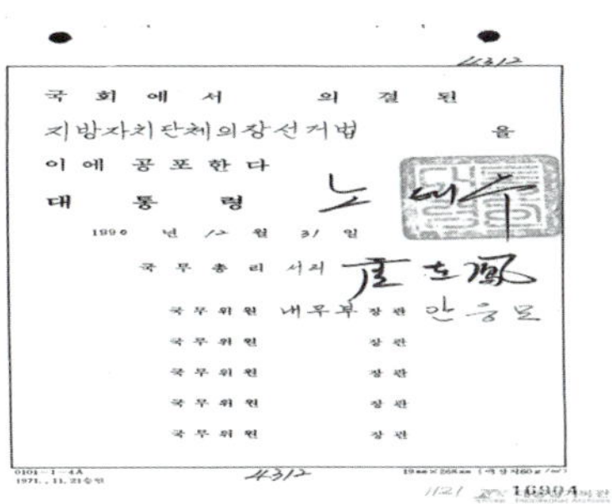
국 회 에 서 의 결 된

지방자치단체의장선거법 을

이에 공포한다

대 통 령 노태우

1990 년 12 월 31 일

국무총리서리 노재봉

국무위원 내무부장관 안응모

국무위원 장관

국무위원 장관

국무위원 장관

국무위원 장관

지방자치단체의장 선거법(1990년)

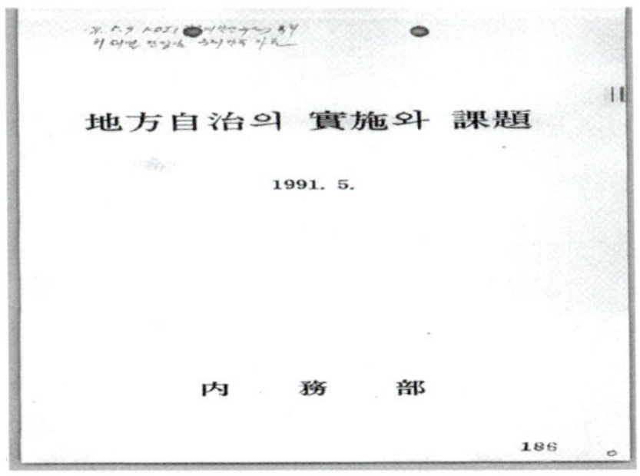
地方自治의 實施와 課題

1991. 5.

內 務 部

186

지방자치조치사항(1990년)

〈사진 11-3〉 지방자치 부활 · 발전기(1991년~현재)

지방의회기초의원 개원식(1991년)

지방자치제도 선거투표 및 개표(1995년)

지방자치단체개혁박람회(2000년)

전국동시지방선거투표(2010년)

전국동시지방선거(2018년)

그동안 나타난 변화를 살펴보면 지방자치제가 실시되기 이전에는 대부분이 중앙정부인 보건복지부에서 계획된 예산과 사업을 지방행정조직을 이용하여 예산을 지원하고 감사하는 기능만을 수행하여 왔다. 때문에 지방자치단체에서는 지역을 중심으로 한 지역사회복지 계획을 수립하지 못하고 대부분의 사업들이 상부에서 지시한 사업만을 수행하여 왔다. 이에 중앙정부의 역할축소와 지방정부의 자율성 강화에 대한 사회적 요구는 지속적으로 증가해 왔다. 특히 중앙정부가 사회복지서비스를 일방적으로 기획하고 지방정부가 집행하는 형태를 탈피하여 지역의 특성과 지역주민의 복지수요를 전망하고 복지자원을 조달하고 관리하며, 이에 부응하는 사회복지 전달체계를 지역단위별로 설계하여 추진할 필요성이 제기되었다. 지방분권화를 통하여 지방정부의 자율성을 강화하고, 지역의 특색에 맞는 정책의 수립과 지역 간 균형 있는 발전을 도모하고 지역주민의 참여기회를 확대해 나갈 수 있게 된다.

제2절 지방재정 이양

1. 지방재정 이양의 추진배경

지방분권을 주요 국정과제로 선정한 참여정부는 2003년 3월 정부혁신분권위원회를 발족시키고, 2003년 7월 지방분권화를 추진하기 위하여 지방분권과 관련된 법률의 제·개정 및 국고보조사업정비 등의 추진 일정이 담긴 로드맵을 발표하였다. 참여정부의 대통령자문 정부혁신지방분권위원회를 중심으로 '참여정부 지방분권 추진 로드맵'에 따라 지방이양 및 국고보조사업의 정비가 추진되었다. 이 로드맵에 따라 정부혁신지방분권위원회는 국고보조금정비추진계획을 마련하여 국고보조사업 중 국가사무가 아닌 경우 또는 단순하고 반복적인 보조사업은 원칙적으로 지방으로 이양하도록 하는 등 국고보조금정비사업을 추진하였으며 이는 다음과 같이 요약된다.

첫째, 지방자치단체가 우선적으로 추진해야 한다고 보는 성격의 사업을 지방으로 이양한다.

둘째, 포괄적인 지원원칙하에 동일 분야에 대한 소액분산 투자, 사후정산 등에 따른 비효율과 낭비요인을 최소화한다.

셋째, 중앙정부는 정책수립과 밀접히 연계되어 있고 대내·외 여건변화에 국가가 대처해야 하는 사업은 국고보조대상 사업으로 한다는 기준을 적용하였다.

더불어 지방분권전문위원회는 지방분권추진 3대 원칙으로 선분권후보완 원칙, 보충성의 원칙, 포괄성의 원칙을 설정하였다. 이를 위한 구체적인 추진전략으로 중앙권한의 획기적인 지방이양, 획기적인 재정분권의 추진, 지방정부의 자발적 혁신과 연계, 혁신과 기능이양에 대한 인센티브 체제 구축, 그리고 정치권, 시민사회, 학계, 언론 등의 여론수렴을 제시하였다. 이러한 원칙은 지방분권의 선도적 우선추진 과제로 재정분권에도 그대로 적용되고 있다. 이는 재정분권이라는 세부과제의 목표가 '정부 간 재정구조화로 지방의 자주성 강화'라는 점을 통해 확인할 수 있다. 또한 궁극적인 목표를 지방재정의 자주성 강화로 하고 있다(정부혁신지방분권위원회, 2003). 그리고 2004년 사회복지서비스 관련 국고보조사업의 지방이양을 위한 국고보조금 정비방안이 확정되어 국고보조사업을 2005년부터 지방으로 이양하게 되었다.

2. 지방재정 이양의 과정과 주요 내용

국고보조금은 지방재정의 자율성을 저하시키고 지역 간 복지의 격차를 심화시킬 수 있다는 다양한 비판이 있었다. 따라서 국고보조금사업 중 일부는 국고보조금사업으로 유지하고, 일부는 지방이양 대상사업(한시적 분권교부세로 지원, 분권교부세는 2004년 노무현 정부에서 태어났다)으로 구분하였다.

중앙정부가 지방자치단체에 재원을 이양하는 방법은 두 가지이다. 하나는 사용처를 구체적으로 정해서 ○○○사업용으로만 △△△금액을 배정하는 분권교부세이다. 또 다른 하나는 사용처를 구분하지 않고 한꺼번에 한도만 정해 지원하는 보통교부세다. 분권교부세[2]는 중앙정부가 사회복지 관련 국고보조금 사업 147개 중 71개 사업은 국고보조사업으로 유지하고, 76개 사업은 국고보조사업을 지방자치단체로 이관(이후 67개 사업은 구조조정을 통해 52개로 통폐합됨)하면서 여기에 드는 재원을 보전하기 위해 2005년 도입한 것으로, 5년간 한시적으로 운영한 뒤 2010년부터 보통교부세에 통합・폐지될 예정이었다. 하지만 사회복지사업의 수요급증 등으로 국고보조 때보다 지방의 재정부담이 커지는 결과가 발생함에 따라 정부는 분권교부세대상 사업을 구조조정하기로 하고 운영기한을 5년간 연장했다. 그리고 안전행정부는 2015년 1월부터 분권교부세를 보통교부세에 통합하는 내용의 지방교부세법 개정안을 입법예고하였으며 현재는 폐지되었다. 개정안은 계획대로 2015년부터 분권교부세가 보통교부세에 통합된다고 규정하고, 보통교부세를 받지 않고 분권교부세만 받아온 지방자치단체 등의 재정 충격을 완화하는 방안을 담았다. 현재 분권교부세만 받는 지방자치단체는 서울시 본청과 경기도 용인, 성남, 과천, 수원, 화성, 고양 등 6곳이다. 이들 지방자치단체에는 2015년에는 전년도에 받은 분권교부세액만큼 보통교부세가 지원된 뒤 해마다 20%씩 줄어 2020년에는 지원이 중단된다.

3. 지방재정 이양의 결과와 논의점

분권교부세는 지방의 재정 자율성을 높이기 위해 도입되었지만 도리어 이를 훼손하는 장치로 전락했다는 비판이 끊이지 않았다. 이에 따라 분권교부세가 폐지되면 지방의 재정 자율권이 다소 높아질 것으로 전망된다. 특히 정부

2) 세금을 거두어 정부에서 배분해 주는 정부교부금의 변형이며, 국세 중의 일부 비율을 기업이나 본사가 있는 지방자치단체에 자동적으로 이체해 주는 제도이다. 지방세의 지나친 종목확대를 방지하고 정부교부금 명목으로 주어야 할 예산이므로 지방자치단체가 기업 유치활동을 많이 하면 이익을 보장하는 취지가 있다.

가 발표한 '지방재정 건전화 방안'에 따라 분권교부세대상 사업 중 정신요양시설, 장애인거주시설, 노인시설(양로) 운영사업은 2015년부터 국고보조사업으로 환원되어 지방의 복지비 부담도 다소 덜 수 있을 것으로 보인다. 이유는 재정자립도가 낮은 지방의 경우 복지시설에 대한 지원이 우선순위에서 밀려나 지역별 복지수준의 격차가 심화되는 결과로 나타나는 결과를 낳아 복지시설의 재정안정성을 확보해야 한다는 목소리가 커지면서 중앙정부의 사업으로 환원되었다. 하지만 아동복지사업은 제외되어 논란이 되고 있다. 이처럼 보통교부세로 이양될 경우는 용도가 정해지지 않았기 때문에 각 지방자치단체에서는 이를 복지분야에 사용하기보다는 도로나 시설, 건설 등에 투입할 가능성이 클 수 있다는 점이다.

제3절 지방자치가 지역사회복지에 미치는 영향

지방자치가 지역사회에 미치는 영향은 긍정적 측면과 부정적 측면으로 나누어 살펴보고자 한다(사회복지교육연구센터, 2015).

1. 지방자치의 긍정적 측면

지방자치제의 긍정적 측면으로는

첫째, 지방정부의 자율성과 지역주민의 욕구를 확대시킬 수 있다. 지역주민의 자율성과 새로운 욕구나 변화된 욕구에 민감하게 반응하여 지역의 특성에 맞는 복지정책의 수립을 가능하게 한다.

둘째, 지방정부의 권한과 책임성을 강화한다. 지방정부의 권한과 책임성 강화는 지방정부가 지역주민의 욕구에 보다 적극적으로 대응하게 한다.

셋째, 지방정부는 지역사회 주민들에게 밀착된 서비스로 주민들의 욕구에 적합한 서비스를 제공하는 데 효과적일 수 있다. 즉, 지역의 다양성과 특수성 및 지역주민의 욕구를 적극적으로 반영할 수 있다.

이 외에도 지방자치제를 통해 지역사회와 지역주민들의 의견을 중요시하여 복지분야 지방재정의 증가와 사회복지 기능의 강화를 위하여 사회복지 관련 전문 행정부서의 전문성과 활동범위가 넓어지게 된다. 또한 사회복지행정이 국가중심의 행정에서 지방중심으로 변화되고, 민간 사회복지단체의 육성이 강화되어 주민의 자발적 참여에 의한 자원봉사 또는 민간참여가 활발해지게 된다. 또한 개인의 권리와 자유의 신장과 주민복지의 증진, 자원의 효율적인 배분을 기대할 수 있다.

2. 지방자치의 부정적 측면

지방자치의 부정적 측면으로는

첫째, 중앙정부는 사회복지에 대한 책임성 약화 및 사회복지서비스 공급 축소를 가져올 수도 있다. 즉, 중앙정부가 맡아야만 하는 사회복지의 역할을 축소시킬 수 있다.

둘째, 지방정부의 경우 지역개발정책에 우선순위를 두고 지역복지정책에 상대적으로 소홀히 한다면 복지예산이 감소될 가능성이 있다.

셋째, 지역 간 복지수준의 격차와 불평등을 심화시킬 수 있다. 지방분권화를 통해 지방자치단체들 간의 재정력 격차가 확대되면 재정이 취약한 지방정부의 경우 복지예산의 감축이 이루어질 수 있다.

넷째, 지방자치단체 간의 경쟁심화로 지역이기주의가 심화될 수 있다.

이와 같이 지방자치의 부정적 측면으로, 자원분배를 둘러싼 갈등과 사회적 형평성의 문제와 지역이기주의(NIMBY, PIMFY) 등과 같은 지방자치제의 역기능을 가져올 수 있다.

3. 지방자치와 향후 과제

각 지방자치단체들은 향후 복지재정의 불평등과 복지수준의 격차를 줄일 수 있는 정책과 중앙정부와 지방정부 간의 역할분담과 지속적이고 유기적인 관계가 이루어져야 한다. 또한 중앙정부는 지역사회복지와 관련된 재정확대와 재정확대를 위한 재정적 지원과 노력이 필요하다. 그리고 지역주민의 삶의 질 향상을 위해 적극적인 주민참여와 민간부문의 역량강화가 이루어져야 한다. 더불어 지역사회 수준에서 사회복지를 주도적으로 기획하고 집행할 수 있는 다양한 제도적 장치와 환경을 마련할 필요가 있다.

Key Point

- 지방자치는 각 지방이 행정 및 정치 행위에 있어 각 지방의 실정에 맞도록 자치적인 결정과 운영을 한다는 의미이다. 지방자치의 과정은 도입기(1948~1960년), 중단기(1961~1990년), 부활·발전기(1991년~현재)로 구분해 볼 수 있다.

- 지방자치제의 긍정적 측면으로는 지방정부의 자율성과 지역주민의 욕구를 확대, 지방정부의 권한과 책임성을 강화, 지방정부의 지역사회 주민들에게 밀착된 서비스로 주민들의 욕구에 적합한 서비스를 제공하는 데 효과적일 수 있다. 지방자치제의 부정적 측면으로는 중앙정부는 사회복지에 대한 책임성 약화 및 사회복지서비스 공급 축소, 지방정부의 경우 지역개발정책에 우선순위를 두고 지역복지정책에 상대적으로 소홀히 한다면 복지예산의 감소 가능성, 지역 간 복지수준의 격차와 불평등의 심화, 지방자치단체 간의 경쟁심화로 지역이기주의가 심화될 수 있다.

Chapter 12

공공지역사회복지 전달체계와 개편과정

제1절 지역사회복지 전달체계의 의의

한 국가는 다양한 정책들의 집행을 위한 별도의 조직과 인력을 필요로 한다. 특히 공공부조나 사회복지서비스의 원료는 개별적인 욕구를 가진 개인을 대상으로 한다는 점에서 다른 형태의 집행체계를 필요로 하게 된다. 한 국가의 정책을 고려해 볼 때, 집행체계는 결국 국가가 복지서비스를 생산하여 개인들에게 제공하는 형태를 갖게 되므로 이를 전달체계라고 부를 수 있다. 결국 이러한 체계는 제공자 간이나 서비스제공자와 이용자 사이에 있는 기관의 조직들을 배열하는 것이라 정의할 수 있다(Gilbert & Terrell, 2012). 이렇게 정의할 때 사회복지서비스 전달체계는 큰 틀에서 운영의 주체에 따라 공공전달체계와 민간전달체계(민간전달체계는 제5부 사회서비스 제도화와 민간지역사회복지실천의 추진체계에 기술)로 구분할 수 있다.

공공전달체계는 사회복지서비스를 중앙정부와 지방정부, 공공기관이 직접 공급하고 관리, 운영하는 것을 의미한다. 반면에 민간전달체계는 공공기관의 위탁을 받아 민간이나 민간단체가 사회복지서비스를 제공하는 것을 의미한다. 그리고 공적전달체계는 보건복지부가 사회복지서비스를 별도의 전달체계를 구축하여 서비스를 공급하는 방식과 기존의 지방행정조직에 업무를 위임하여 처리하는 방식으로 나누어 볼 수 있다. 우리나라 지방사회복지서비스 전달체계는 중앙부처를 중심으로 광역자치단체인 서울특별시, 각 광역시 · 도에서 시・군・구를 거쳐 읍・면・동에서 복지서비스 대상자로 연결되는 전달체계 면에서 후자의 경우에 속한다(서원석 외, 2014). 지역사회복지 전달체계는 사회복지급여 및 서비스를 필요로 하는 수요자들에게 사회복지 서비스와 급여를 적절하게 제공할 수 있도록 하는 환경과 구조와 관련된 것으로 이해하는 것이 바람직하며, 사회복지 전달체계는 정부 간 관계, 일선 사무소의 조직구성, 인력 그리고 제공자 간 연계 등 다양한 측면을 포괄하는 개념이며 공공과 민간 제공자의 관계를 포괄한다.

현행 사회복지서비스 전달체계는 |그림 12-1|과 같이 보건복지부를 정점으로 각 시・도를 거쳐 다시 시・군・구에서 행정의 최소단위인 읍・면・동으로 이어지고 복지대상자에게 최종 전달되는 상의하달식의 수직적인 조직이다. 복지대상자가 사회복지시설에서 생활하거나 시설을 이용하는 경우에는 시・군・구에서 사회복지시설을 거쳐 복지대상자에게 서비스가 전달된다.

공공지역사회복지의 전달체계를 보면, 보건복지부로 대표되는 중앙정부는 법령에 의해서 사회복지 관련 정책을 개발하고 전국적인 지침을 만들며, 시・도 광역자치단체와 시・군・구 기초자치단체는 해당 업무를 기획, 지원, 관리하며, 일선 행정기관인 읍・면・동의 사회복지담당자가 복지대상자에게 직접 서비스를 제공한다.

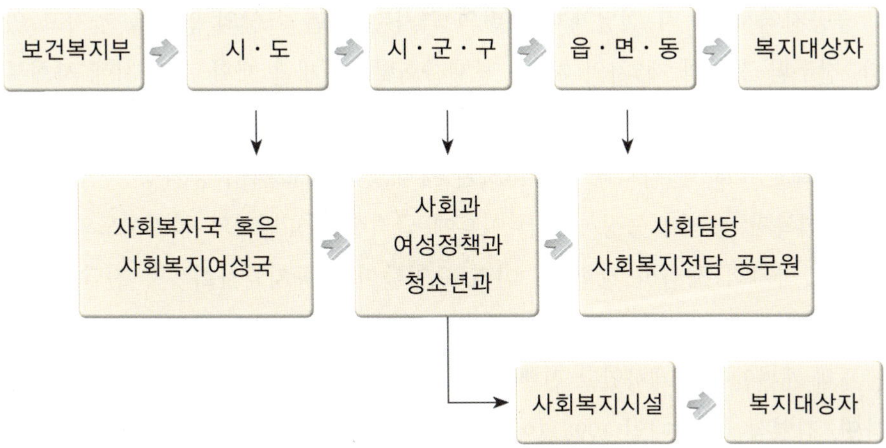

|그림 12-1| 공공복지 전달체계

제2절 공공지역사회복지 전달체계와 개편

우리나라 역대 정부별 복지정책과 정책기조는 3 · 4 · 5공화국의 성장주도기로 사회보험이 우선시되는 시기로 대변되며, 오랜 군사정부 시절을 종식하고 문민정부인 김영삼 정부가 탄생하여 선진적인 사회보장제도의 골격을 대부분 갖추었다. 국민의 정부로 일컬어지는 김대중 정부 때에는 경제위기로 대량실업이 발생하고 빈곤층이 증가하면서 진보적 이념을 바탕으로 생산적 복지가 탄생되었다. 그리고 참여정부인 노무현 정부 때 국가복지 강화의 시대로 접어든다. 이러한 시대적인 흐름을 토대로 복지의 확대기에 접어든다. 참여정부를 근본으로 이명박 정부의 능동적 복지와 박근혜 정부의 맞춤형 고용 · 복지제도가 그것이다(최병호, 2014).

공공지역사회복지 전달체계 개편의 역사는 30년 이상의 연혁을 가지고 있다. 전두환 정부의 제5차와 제6차 경제사회발전 5개년 계획 수립 시에 사회복지서비스 전달체계 개선과 사회복지사무소 설치의 제안이 있었다. 그러나 실질적으로는 1987년 사회복지 전문요원 배치를 시초로 하여 공적행정 전달체계에 사회복지 영역이 등장하였다. 이후에 급격한 사회변화와 복지제도의 증가, 그리고 국가적 책임의 강화 등 여러 요인들이 공공지역사회복지 전달체계에 대한 변화를 요구했다. 이러한 과정 속에 정부는 다양한 공공지역사회복지 전달체계 개편안을 설계하였고 집행을 시도하였다. 〈표 12-1〉을 통해 시기별로 본다면, 김영삼 정부 때인 1995년에서 1999년의 보건복지사무소 시범사업, 노무현 정부 아래 전반기의 2004년에서 2006년의 사회복지사무소 시범사업, 후반기의 2006년에서 2009년 주민생활지원서비스 개편, 이명박 정부 아래 희망복지 전달체계, 2009년에서 2011년 사이의 2차례의 개편, 그리고 박근혜 정부 아래 맞춤형 복지전달체계 개편 등이 그러한 개편 시도들이다(김이배, 2014).

〈표 12-1〉 공공지역사회복지 전달체계 시기별 개편안

시 기	개편명	개편의 주요 목적	개편의 주요 내용	결 과
1995. 7.~ 1999. 12.	김영삼 정부 보건복지사무소 시범사업	보건·복지 연계	보건소 중심 운용체계	큰 성과 없이 종료
2004. 7.~ 2006. 6.	노무현 정부 사회복지사무소 시범사업	시·군·구에 사회복지사무소 설치로 전문성 및 통합성 강화	업무중심을 시·군·구로 조정	1년차 즈음 부정적 평가
2006. 7.~ 2009. 12.	노무현 정부 시·군·구 주민생활지원 행정 개편	주민생활서비스 제공	8대 영역 서비스 제공	초기부터 부정적 평가/ 후기 때 수정
2008. 11.~	이명박 정부 희망복지 전달체계 설치 시도	서비스의 질적 강화	희망복지129 설치	경제위기로 시행 보류

2009. 6.~	이명박 정부 1차 개편	복지정책 관리	사회복지통합관리망 운영	재정효율성 강화
2011. 7.~	이명박 정부 2차 개편	지역별 통합사례 관리체계 강화	인력증원, 희망복지 지원단 설치(2012. 4)	일정 정도 긍정적
2013. 9.~	박근혜 정부 맞춤형 전달체계 개편	원스톱 통합서비스 제공	도시형은 동 복지기능 강화, 농촌형은 희망복지 강화	대민편의성 향상 기관 간 공통기능 활용자원의 효율적 운영
2014.~ 2017.		복지사각지대 해소	복지담당 공무원 확충 및 관리방안, 사회복지 통합업무	복지체감도 향상

출처 : 김이배(2014) 재인용 및 재구성.

이러한 시도들을 바탕으로 이 절에서는 보건복지사무소 시범사업, 사회복지사무소 시범사업과 주민생활지원서비스, 희망복지 전달체계 개편으로 이어지는 개편에 대해 살펴보고, 특히 최근의 이명박 정부와 박근혜 정부, 그리고 문재인 정부의 전달체계 개편에 대해 추가적으로 지면을 할애하고자 한다.

1. 보건복지사무소 시범사업[1] : 1995~1999년

1) 보건복지사무소 시범사업 추진배경

보건복지사무소 시범사업의 추진배경은 첫째, 시・도에서 시・군・구 그리고 읍・면・동으로 연결되는 복지대상자에 대한 연결이 일방적이고 수직적 전달체계로 지역주민의 복지욕구에 능동적으로 대처하기가 곤란한 문제가 있었다. 따라서 복지전달체계의 통합을 통한 복지전달의 효율성 제고와 지역단위의 복지서비스 프로그램 개발 및 적용과 민간복지 자원의 발굴 및 연계와 조

1) 이현송(1997). 보건복지사무소 시범사업의 실시 및 추진배경 참고.

정의 필요성에서였다. 둘째, 보건과 복지서비스의 대상자 일치를 근거로 한 서비스 공급조직 통합으로 보건과 복지의 포괄적 서비스 제공이었다. 즉, 저소득층의 문제는 빈곤과 질병 등 복합적 성격을 가지며, 노인과 장애인구의 증가로 보건과 복지의 연계수요가 증가할 것으로 예상되었다. 그리고 보건소 진료대상자들 대부분이 의료보호 환자이고, 또한 65세 이상자이며, 방문보건사업 주요 대상자의 대부분이 생활보호대상자 및 주변 저소득층에 한정되어 있었다. 셋째, 보건과 복지서비스 환경의 변화와 통합적 서비스 공급요구의 증대였다. 즉, 공공부조 중심으로 물질적인 단순 지원방식으로부터 결손가족, 노인, 장애인 등 복지서비스 대상자 및 복지욕구가 다양화되고 복지서비스 공급체계에 있어서 전문화가 요청되고 있었다. 또한 공급자 중심의 보건 및 복지서비스 전달체계에서 지역의 이용자 중심 서비스 전달방식으로 전환의 필요성이 대두되고 있었다.

2) 보건복지사무소 시범사업 추진경과

시범보건복지사무소는 대도시와 중소도시 그리고 농촌지역으로 구분하여 설치되었다. 지방자치단체의 신청을 받아 자발적 참여의사와 복지서비스 대상자의 여건 및 활용공간 등을 고려하여 실시대상 지역 5개소를 선정하였다고 밝히고 있다(강혜규, 1998). 시범보건복지사무소 설치와 운영안에 제시된 사업목적을 보면, 사회취약계층을 주요 대상으로 한 지역주민들에게 보건 및 의료와 사회복지서비스를 포함하는 포괄적인 서비스를 제공하는 방안을 마련하기 위하여, 현행 보건소 조직 내에 사회복지 담당부서를 신설하여 시범기간 동안 보건의료 및 복지서비스 기능을 연계수행하는 시범사업을 운영한다고 제시되고 있었다.

실질적인 추진경과는 1994년 1~6월에 사회복지정책심의위원회에서 공적복지 전달체계 개선방안으로 보건복지사무소 설치안을 복지부에 건의하였다. 동년 9월에 보건복지사무소 설치안을 정부안으로 확정하였다. 이듬해 1995년 지도평가위원회를 구성하여 경기도 안산시, 전라북도 완주군, 강원도 홍천군, 대구시 달서구, 서울시 관악구의 순으로 개소하였다. 그리고 1997년 8차와 9차 시범사업 평가위원회를 개최하였고, 시범사업 기간은 1999년까지 연장되었다.

3) 보건복지사무소 시범사업 추진방향

보건복지사무소의 추진방향은 세 가지의 기본 원칙으로 요약될 수 있다. 첫째, 효율적인 복지전달체계의 제도화였다. 예상되는 복지서비스 수행상의 여건변화를 예측하여 효율적인 운영방안 및 제도를 개발하고, 보건과 복지의 통합서비스 체제 마련에 따른 문제점을 파악하여 |그림 12-2|와 같이 지역주민에 대한 포괄적인 보건과 복지서비스의 제공체계를 마련하기 위해 기존의 사회복지 전달체계와 보건의료 전달체계로 양분되었던 기능을 보건복지 전달체계로 통합하기 위함이었다. 또한 시범보건복지사무소와 관련 기관 및 인력, 그리고 제도 간의 소관업무를 명확히 하고, 업무수행 연계체제를 체계화하였다. 둘째, 효과적인 복지서비스 프로그램의 개발이었다. 지역사회복지사업 활성화를 위한 전문적 복지서비스 프로그램을 개발하고 노인, 장애인 등에 대한 가정방문사업을 하는 등의 효과적인 복지서비스 프로그램을 개발하고, 또한 지역 민간복지 인력 및 자원을 발굴하여 연계사업의 활성화 방안을 마련하는 것이었다. 셋째, 사업의 효과성 및 타당성에 대한 분석 및 평가였다. 시범사업 진행 전반에 대하여 객관적으로 분석하고 평가하며, 특히 복지서비스를 양적 및 질적인 측면에서 개선효과와 능률성에 대하여 평가를 하며, 복지투자의 효과성을 분석하고 평가하는 것이었다.

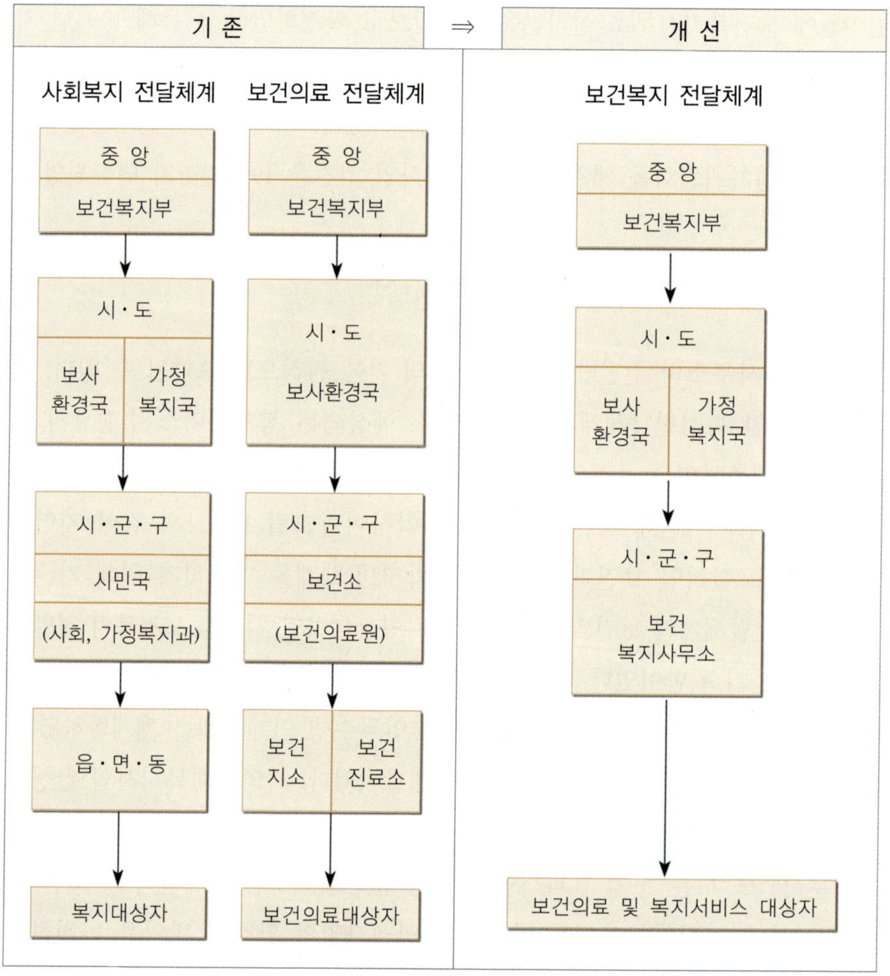

|그림 12-2| 시범보건·복지 전달체계 비교

4) 보건복지사무소 시범사업 개편안의 분석 및 사업의 평가

보건복지사무소 시범사업은 지역사회복지 전달체계와 관련하여 최초 시도였다는 점에서 의의가 있다. 이재완(1998)에 의하면, 어렵게 시도되었던 보건복지사무소 설치는 국민들의 보건과 복지 욕구에 대응하는 측면과 미비한 공적복지 전달체계를 보건소 조직을 활용하여 확립하고자 한 시도였으며, 정부의 막

대한 투자비용을 절감하려는 것이었다. 이는 사회복지사무소 설치보다는 보건복지사무소를 설치하는 것이 예산절감에 효과적이었기 때문이었다. 그러나 시범사업은 짧은 기간에 어떠한 명확한 목표달성의 성과를 산출하기 어려운 점들이 있었던 것으로 파악되었다(변재관 · 강혜규, 1999). 목표와 취지는 바람직한 면이 있었으나 보건복지사무소의 보건 · 복지연계서비스 제공이라는 궁극적인 목표는 효과가 미흡하였다는 점이었다. 결국 시범사업을 통하여 정책적 목표의 타당성과 함께 인적 · 물적자원 등의 정책수단과 조직의 통합보다는 서비스의 연계와 협조, 협력을 찾을 수 있는 방향으로 나아가는 것이 적절한 방법이라는 의의를 제공하는 사업이었다.

2. 사회복지사무소 시범사업[2] : 2004~2006년

1) 사회복지사무소 시범사업 추진배경

고령화와 핵가족화 등 사회경제적 여건변화는 국민의 복지욕구 급증과 관련 복지정책 및 예산의 지속적인 확대요청, 그리고 사회적 일자리 제공 등 탈빈곤 대책 추진과 기초생활수급자 및 차상위계층 등 지원대상 확대, 공적노인요양보장제 도입 등 지방자치단체 복지업무의 지속적 확대가 예상되었다. 또한 신빈곤층의 대두, 가족해체 및 위기가정 증가 등으로 다양한 복지수요에 효과적인 대응체계의 마련이 필요하게 되었고, 지방화에 따라 중앙정책의 지방이양 등 지방의 자율성과 책임성이 강화되고, 민간의 복지참여 확대로 민간분야의 복지기능 확대추세 등이 주요한 배경이 되었다. 한편 공적복지 전달체계의 비효율성과 비전문성으로 급변하는 복지수요에 효과적인 대처의 미흡과 공공과 민간복지기관 간 정보 공유와 연계 및 협력체계가 구축되지 않고 개별적으로 대응함으로써 복지서비스의 중복과 누락이 발생하였다. 이에 따라 지난 5년간 복지예산은 3배 이상 증가했으나, 국민의 복지체감도는 정체되고 국

2) 본 내용은 사회복지사무소 시범사업 기본 계획(보건복지부, 2004)을 참고로 재구성됨.

가의 도움을 받지 못하는 사각지대가 존재하고, 서비스의 질적 개선 문제가 제기되어 공적복지 전달체계 개편이 논의되었다.

2) 사회복지사무소 시범사업 개편방안

사회복지사무소 시범사업의 개편방안은 두 가지로 요약될 수 있다. 첫째, 사회복지사무소를 설치하여 공공복지 인프라를 강화하는 것이었다. 둘째, 지역사회복지협의체를 구성하여 공공 및 민간 복지네트워크를 구축하는 것이었다. 사회복지사무소는 시·군·구의 복지전담기구로 일하는 방식을 대폭 개선함으로써 주민에 대한 복지서비스를 확대할 수 있는 여력을 확보하고, 복지 업무를 효율화 및 전문화하고, 기초생활 보장 및 노인, 장애인, 아동 등에 대한 복지서비스를 보다 내실 있게 제공할 수 있는 시스템을 구축하기 위함이었다. 그리고 |그림 12-3|과 같이 지역 내 다양한 복지주체를 중심축으로 하여 수요자의 욕구에 맞게 자원을 연계하는 조정자(coordinator)로서의 역할을 수행하는 것이다. 더불어 지역사회복지 발전을 위한 종합계획을 수립하고 주민욕구를 반영한 정책을 개발하고 시행하는 등 지역의 복지증진에 대한 지방자치단체의 역할을 강화하는 것이다. 지역사회복지협의체는 시·군·구 내 공공 및 민간의 복지공급자와 수요자 간의 연계와 협력기구로서 지역복지 증진을 위해 민간의 참여기반을 마련함으로써 지역 내 복지문제를 해결하기 위한 민주적 의사소통 구조를 확립하고 참여복지를 구현하는 것이다. 지역사회복지 네트워크를 통해 주민들이 필요로 하는 서비스를 one-stop으로 제공하고, 지역복지에 관한 정보를 공유할 수 있는 체계를 마련하여 지역사회의 민간자원을 적극 활용하여 국가 재정 및 공적 제도의 한계를 보완하기 위함이었다.

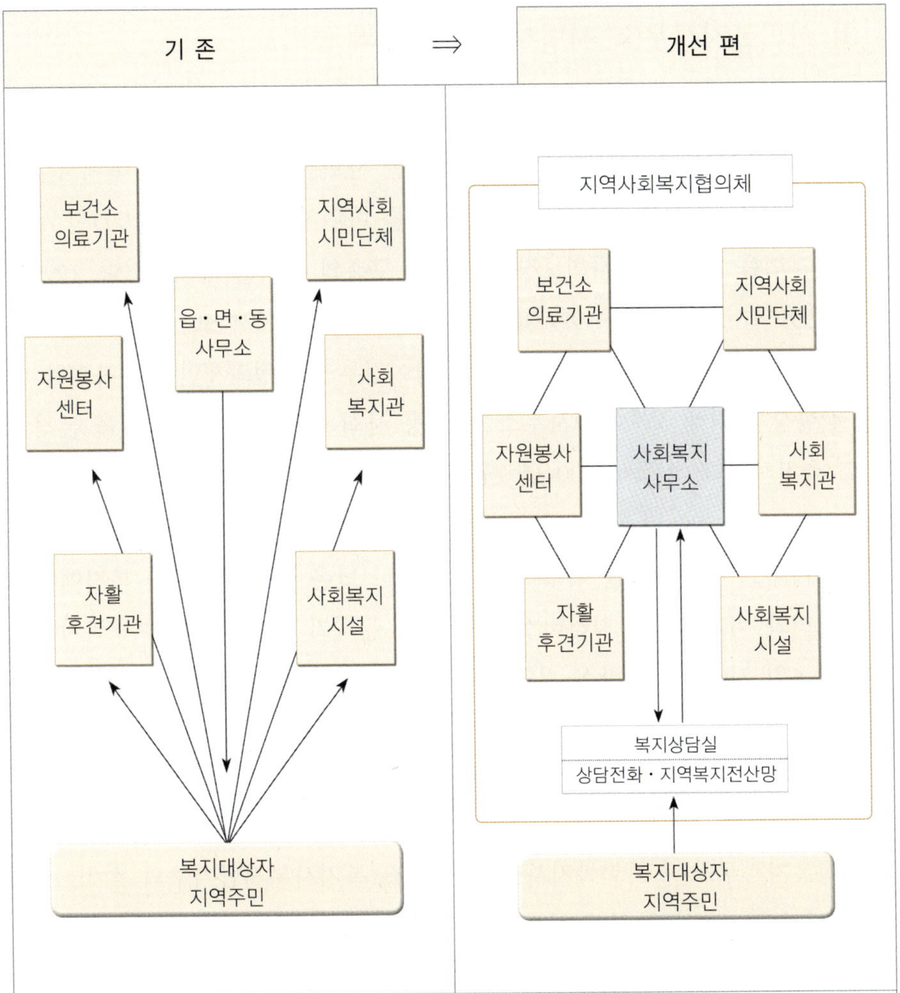

기 존	개선 편
• 기관 간 연계체계 미구축으로 서비스 중복 · 누락 • 모든 기관을 일일이 접촉해야 서비스 가능	• 사회복지사무소가 지역복지의 중심경로(hub) 역할 • 지역복지협의체를 통해 연계, one-stop 서비스

|그림 12-3| 공공 · 민간 지역복지 전달체계 개편방안

출처 : 보건복지부(2004). 사회복지사무소 시범사업 기본 계획, p. 6.

3) 사회복지사무소 시범사업 추진경과

사회복지전담 행정기구의 필요성 등 사회복지 전달체계 개편에 대한 논의는 1980년대 초부터 지속되어 왔다. 1992년 사회복지사업법에는 복지사무전담기구에 관한 규정을 신설하여 법적 근거를 마련하였다. 그리고 1995년 사회보장기본법을 제정하여 사회보장 전달체계 구축의 원칙을 명시하였다. 1995년부터 1999년까지(1995. 7.~1999. 12) 4년 동안 5개 지역에서 보건복지사무소 시범사업을 실시하게 된다. 그 후 2003년 참여정부의 국정과제인 참여복지와 삶의 질 향상을 위해 사회복지사무소 설치 등 사회복지 전달체계 개편을 본격적으로 추진하였다. 이듬해 2004년 7월부터 2006년 6월까지 사회복지사무소 시범사업을 거쳐 2006년 7월부터 복지를 포함한 8대 서비스를 포괄하는 주민생활지원서비스 전달체계를 확립하였다. 그러나 낮은 복지체감도와 복지예산의 부실관리와 비효율적 복지서비스 제공 등의 문제가 지적되면서 보건복지부는 2009년 6월 사회복지서비스 전달체계 개편방안을 마련하였다.

4) 사회복지사무소 시범사업 목표와 기능

사회복지사무소는 사회복지사업법 제15조 복지사무전담기구의 설치가 법적 근거이다. 동법 제1항에서는 사회복지사업에 관한 업무를 효율적으로 운영하기 위하여 필요한 경우 시·군·구 또는 읍·면·동에 복지사무를 전담하는 기구를 따로 설치할 수 있고, 제1항에 따른 복지사무전담기구의 사무 범위 및 조직과 그 밖에 필요한 사항은 해당 시·군·구의 조례로 정한다고 규정되어 있다. 이러한 법적 근거를 바탕으로 사회복지시범사무소는 다음과 같은 목표와 기능하에 추진되었다(한국보건사회연구원·보건복지부, 2003).

첫째, 지방자치단체의 책임성과 자율성 강화이다.
둘째, 지역주민에 대한 서비스 제공의 포괄성 및 다양성 확보이다.
셋째, 지역사회의 민간부문 참여 및 공공과 민간의 협력증진이다.

넷째, 국민기초생활 보장제도를 비롯한 공공부조제도의 집행력 및 예산의 활용성 제고로 추진되었다.

그리고 시범사업의 기능은 다음과 같다.

첫째, 시 · 군 · 구 단위 지방행정기관으로서 사회복지 관련 사무를 전담한다.
둘째, 국민기초생활 보장제도를 비롯한 공공부조제도 집행을 전담한다.
셋째, 노인, 장애인, 아동, 가족 등에 대한 기존 공공복지서비스제도 집행 및 기초 사례관리를 한다.
넷째, 지역단위 사회복지를 종합적으로 기획한다.
다섯째, 지역복지 프로그램을 기획 및 개발한다.
여섯째, 지역사회의 공공과 민간 자원을 관리하고 조정하며 연계한다.
일곱째, 지역사회복지의 중심경로(hub)로서 관련 민간복지기관과의 협력을 바탕으로 실시되었다.

5) 사회복지사무소 시범사업 주요 업무

사회복지사무소의 주요 업무는 다음과 같다.

첫째, 시 · 군 · 구와 읍 · 면 · 동에서 수행하고 있는 기존 사회복지 업무를 담당하였다. 예를 들면, 국민기초생활 보장과 의료급여 및 자활사업 등 공공부조 업무와 노인, 장애인, 아동, 모 · 부자 등 사회복지서비스 등과 관련된 업무이다.
둘째, 국민기초생활 보장 및 복지서비스의 내실화이다. 이는 수급자 자산조사와 상담 및 관리의 효율화, 그리고 지원대상자의 적극적 발굴을 통하여 집중관리와 지원이 필요한 가구를 발굴하여 서비스를 연계하여 제공하는 활동을 담당하였다.

셋째, 민간자원의 개발과 연계 등 지역사회복지의 활성화이다. 즉, 지역사회복지협의체를 구성하고 운영하며, 지역사회 욕구조사 실시와 지역복지계획 수립, 그리고 지역단위 복지사업 개발과 지역사회 내의 공공 및 민간자원의 관리와 연계 및 조정의 업무를 하였다.

6) 사회복지사무소 시범사업 기본 모형

사회복지사무소 시범사업의 기본 모형은 대도시형(3개과형), 일반도시형(2개과형), 농어촌형(1개과형)으로 실시되었다. 대략적인 내용을 살펴보면 다음과 같다.

(1) 대도시형(3개과형)

대도시형의 적용지역은 특별시·광역시의 자치구(도의 시 지역 일부 포함) 중 현재 시·구에 사회복지 관련 과(課)가 2개 설치된 지역으로, 지역 특성은 인구가 약 40만 명 이상으로 많은 비교적 민간복지 자원이 풍부하며, 도시지역의 교통이 편리하여 접근성이 양호한 지역에 해당된다. |그림 12-4|와 같이 시범사무소 기구는 소장(4급), 3개 과(5급 과장), 약 12개 팀으로 구성되었다.

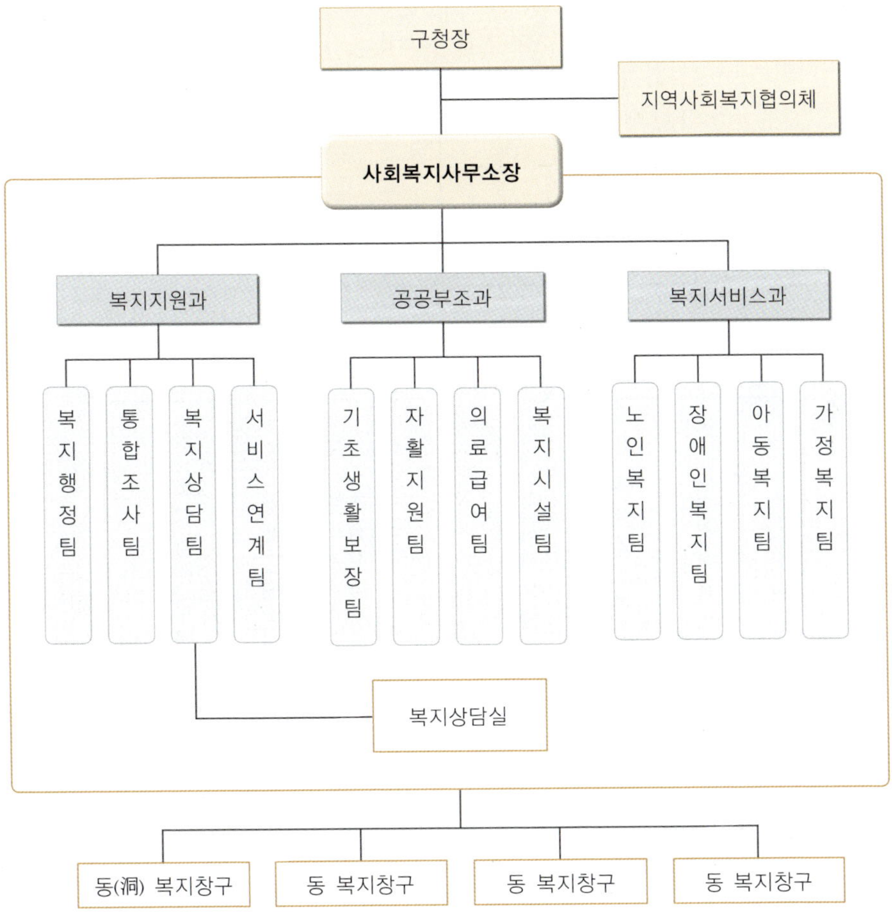

|그림 12-4| 대도시형(3개과형) 사회복지사무소 기본 모형

(2) 일반도시형(2개과형)

일반도시형의 적용지역은 일반적인 중소도시인 도의 시 지역(특별시, 광역시의 자치구 일부 포함) 중 현재 시·구에 사회복지 관련 과가 1개 설치된 지역이다. 지역 특성은 인구가 약 10~40만 명 수준이고 대체로 민간복지 자원의 분포가 양호하며, 도시지역이므로 접근이 어렵지 않은 지역이다. |그림 12-5|와 같이 시범사무소 기구는 소장(4급), 2개 과(5급 과장), 8~10개 팀으로 구성되었다.

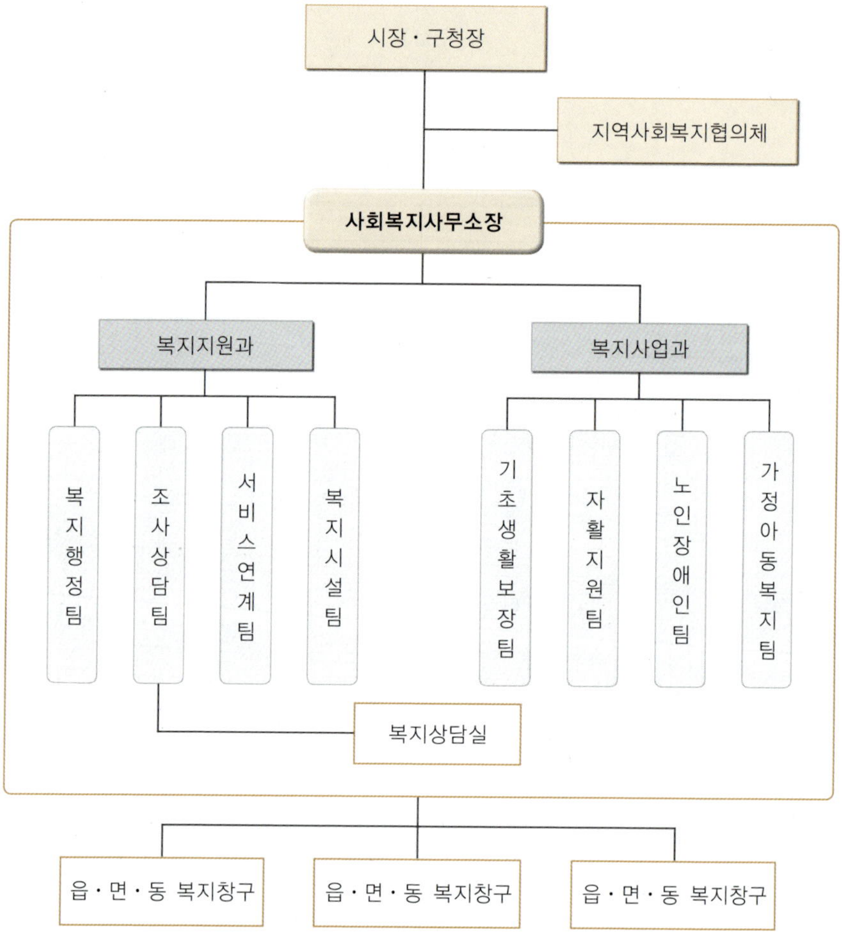

|그림 12-5| 일반도시형(2개과형) 사회복지사무소 기본 모형

(3) 농어촌형(1개과형)

농어촌형의 적용지역은 도의 군 지역 전체와 도의 시 지역 중 국 단위 조직이 없는 소도시 일부가 포함된다. 지역 특성은 인구가 약 10만 명 이하로 적고 대부분 활용 가능한 복지자원이 적으며, 교통이 불편하고 사무소까지의 거리가 멀어 접근성이 떨어지는 지역이다. 시범사무소 기구는 소장(5급), 6~8개 팀으로 구성된다.

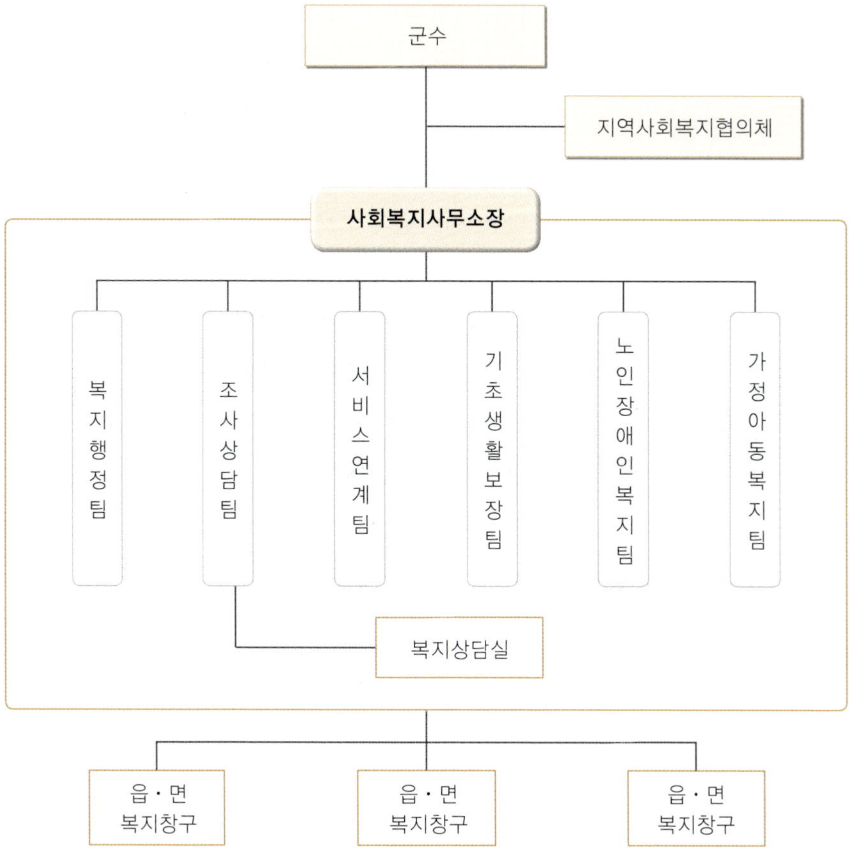

|그림 12-6| 농어촌형(1개과형) 사회복지사무소 기본 모형

7) 사회복지사무소 시범사업 개편안의 분석 및 사업의 평가

사회복지사무소 시범사업의 기대효과는 시·군·구 사회복지부서의 기능별·대상별 팀 설치 및 인력 재배치를 통해 시·군·구와 읍·면·동의 기능을 조정하여 복지업무의 집중과 분화가 가능하도록 하는 것이었다. 그리고 지역복지의 종합기획과 자원관리의 역할을 강화하며, 관련 공공기관, 공공과 민간 기관이 협력을 통해 지역복지의 총량이 제고되도록 한다는 것이다. 궁극적으로 수요자 편의향상의 도모를 기대하고자 한 것이었다. 즉, 인력의 별도 충원 없이 업무수행 방식과 격차를 개선함으로써 효율성을 극대화하고, 전문서비스 투입여력을 확보한다는 취지였다.

정부는 사회복지사무소 시범사업을 실시 전과 후의 시범지역과 비교지역의 성과를 평가하고 2006년부터 다른 시・군・구로 확대 실시할 예정이었다. 그러나 사회복지사무소 시범사업에 대한 평가를 거쳐 전국적으로 확대하겠다는 당초의 계획은 실현되지 못하고 시범사업에 그치게 되었다. 2006년 사회복지사무소 시범사업이 종료됨에 따라 2006년 7월부터 복지서비스 전달체계는 주민생활지원서비스 제공방식으로 개편되기 시작하였다. 시・군・구 단위에 주민생활지원국이 2006년 7월부터 새로운 복지행정조직으로 개편되어 시범적으로 이루어졌다. 그리고 2007년 7월부터 전국적으로 확대되어 시・군・구와 읍・면・동에서 8대 서비스를 포괄하는 주민생활지원서비스를 지원하는 형태로 전환되었다.

사회복지 시범사업 2차년도 평가연구(백종만 외, 2006)에서는 시범사업 실시기간 동안 시・군・구의 인지도와 방문횟수의 증가와 기관연계서비스 수급경험과 농・어촌지역의 만족도가 증가하였고, 지역문제 해결에 대한 신뢰성 증가와 복지대상자의 시설이용 편의에 대한 인식 악화를 일정 부분 방지하는 효과가 있는 것으로 나타났다. 그러나 복지업무에 대한 인지도 개선에는 크게 기여하지 못하였고 문제해결에 대한 도움 정도의 변화는 미흡한 것으로 나타났다.

3. 주민생활지원서비스 개편 : 2006~2009년

주민생활지원서비스 개편은 많은 담론을 불러일으킨 개편안으로 평가되고 있다. 즉, 절차적 문제로 시범사업이 없이 실시된 점과 주민생활지원서비스의 개념과 8대 서비스의 시행, 민관협력의 개념 등 다양한 논쟁점들이 제시되었고, 가장 급진적인 개혁안으로 평가되고 있었기 때문이다(경제정의실천연합, 2005; 이현주, 2007).

주민생활지원서비스 개편안은 시 · 군 · 구에 주민생활지원국이라는 통합서비스 조직의 설치가 핵심이었다. 그리고 시 · 군 · 구의 기획 및 통합조사팀을 통해 업무의 전문화를 시도하고, 읍 · 면 · 동에서는 행정직도 사회복지 업무를 하게 함으로써 사회복지직이 전문성을 필요로 하는 업무에 집중할 수 있도록 하자는 것이었다. 개괄적인 내용을 살펴보면 다음과 같다. 2006년 7월부터 시 · 군 · 구 단위의 복지서비스 전달체계가 주민생활지원서비스 제공방식으로 단계적인 개편을 시작하였다. 주민생활지원서비스는 주민의 다양한 복지수요를 반영하여 폭넓은 서비스를 제공한다는 취지가 있었다. 즉, 주민생활지원서비스는 저소득과 취약계층에게 제공되는 협의의 복지서비스뿐 아니라 주민 삶의 질 향상을 위한 광의의 복지서비스를 포괄하는 개념이었다. 주민생활지원서비스가 필요한 사람들에게는 서비스의 중복과 누락 없이 편리하게 전달될 수 있도록 업무처리시스템과 메커니즘을 주민의 관점에서 전면적으로 재설계하여 주민의 복지를 증진하는 것이다. 이러한 주민생활지원서비스 전달체계 개편의 취지는 첫째, 지방화와 주민참여를 기조로 하는 행정환경의 변화에 대응하고, 둘째, 사회복지 등 주민생활서비스의 급증하는 수요에 대응하고, 셋째, 지방자치단체의 기능혁신을 통해 지역사회의 새로운 거버넌스 체계를 구축하며, 주민생활서비스 전달체계의 문제점을 개선하기 위함이었다. 주민생활지원서비스는 〈표 12-2〉와 같이 8개 분야 236개의 서비스를 중앙부처에서 제공하였다.

〈표 12-2〉 분야별 서비스 현황 (단위 : 개)

계	복 지	보 건	주 거	고 용	교 육	문 화	체 육	관 광
236	115	36	6	44	11	19	1	4

1) 주민생활지원서비스 추진배경[3)]

주민생활지원서비스 전달체계 개편의 추진배경은 첫째, 복지 등 사회서비스에 대한 수요 증가이다. 즉, 사회서비스에 대한 욕구는 그 양적인 측면에서나 또는 질적 측면에서 증가하고 있지만 서비스는 전문화되지 못한 채 기초보장을 중심으로 단순조사 및 선정과 급여지급 업무에 한정되는 경향을 보여왔다. 둘째, 분권화와 높아진 지방자치단체의 자율성과 책임성이다. 이는 지방자치제의 실시와 재정분권의 본격화로 서비스 기획 및 생산, 제공에서 지방자치단체의 역할과 책임이 높아진 반면 지방자치단체는 단순 집행업무에 한정된 역할수행의 경험을 가지고 있어 자체 기획을 위한 조직구조나 전문성 확보 등의 준비가 부족하였다. 셋째, 서비스 제공의 중복과 누락의 문제 대두이다. 기존 공적서비스 대상의 경우는 중복수급 등 자원활용의 비효율성 문제가 지적되었고, 서비스 영역의 확대로 서비스 간 조정부재의 문제는 더욱 커지는 경향을 보였다. 반면 서비스 연계 및 조정을 위한 기제는 부재하였으며 대체로 서비스 제공자의 개인적 의지나 인맥을 통한 연계가 이루어지는 등의 문제점들이 노출되어 개편의 배경이 되었다.

2) 주민생활지원서비스 개편의 내용

(1) 주민생활지원서비스의 범위

주민생활지원서비스는 취약계층에게 제공되는 복지서비스 이외에 주민생활의 질 향상을 위해 제공되는 서비스를 모두 포괄한다. 기존의 복지서비스는 주로 수급계층을 포함한 빈곤하고 취약한 계층에게 국한된 서비스로 취급되었지만, 주민생활지원서비스를 통해 지역주민 일반에게도 공공서비스의 일환으로 복지서비스가 제공되는 기회의 확대를 꾀하였다. 구체적으로 보면 주민생활지원서비스는 ① 복지, ② 보건, ③ 고용, ④ 주거, ⑤ 평생교육, ⑥ 생활체

3) 이현주(2007). 한국보건사회연구원 「사회복지 전달체계 관련 조직 및 인력개선」 정책현안 자료를 참고.

육, ⑦ 문화, ⑧ 관광 등 8대 영역의 서비스를 포괄하는 개념이다. 이 서비스 영역에 의해 주민은 평균적으로 256개(중앙 216 + 시 · 도 26 + 시 · 군 · 구 14)[4]의 주민생활지원서비스를 6개 유형의 전달체계를 통해 제공받고 있다고 분석된다.

(2) 주민생활지원서비스 인력 및 업무 재배치

주민생활지원서비스 조직개편의 주요 내용으로는 첫째, 시 · 군 · 구에 주민생활지원 전담부서를 설치하는 것이다. 평생교육, 문화, 복지, 고용, 여성 · 보육 지원, 주거복지, 청소년 등 주민생활지원 관련 업무를 하나의 부서로 통합하였다. 또한 주민생활지원 기획, 서비스 연계 · 조정, 통합조사, 주거복지, 자활 · 고용, 교육 · 문화영역 중 주민생활지원을 위한 업무담당 부서를 신설하거나 그 기능을 강화하였다. 그러나 지역적 상황과 현 직제상의 여건을 고려하여 대도시형과 중소도시형, 군단위형으로 나누어 차별적인 직제 구성을 제시하고 있었다. 둘째, 읍 · 면 · 동에 주민생활지원팀 설치를 제시하고 있었다. 읍 · 면 · 동의 조직은 행정민원담당과 주민생활지원담당으로 이원화하고, 읍 · 면 · 동 행정인력을 조정하여 주민생활지원 업무로 확대 배치하여 찾아가는 서비스, 정보제공 · 의뢰 · 연계 등 주민생활지원서비스를 강화하는 기반을 마련한다. 주민생활지원팀은 6급 담당을 신설하고, 기존 사회복지직과 행정직이 협업하여 주민생활지원 업무를 처리하도록 하고 있었다. 셋째, 사회복지직 및 행정직의 배치 조정을 꾀하였다. 시 · 군 · 구 주민생활지원 부서의 서비스조정 · 연계팀, 통합조사팀에는 사회복지직을 집중 배치하고, 경력 있는 복지직을 담당으로 배치하기를 권장하였으며, 시 · 군 · 구 주민생활지원 부서에 배치할(서비스 조정 · 연계, 통합조사팀 등) 인력을 감안하여 기존 읍 · 면 · 동의 사회복지직 인력을 이관하였다. 그리고 읍 · 면 · 동에는 복지직 1인 담당 기초보장 150~250가구 기준으로 배치(영구임대아파트단지 등 도시지역 저소득층 밀집

---

4) 2005년 12월 조사 결과 이 중 지방자치단체를 통해 제공되는 서비스가 79%임

동의 경우 250가구 수준 담당 기준)하고 기타 필요한 인력은 본청의 쇠퇴되는 기능에 배치된 인력을 주민생활지원국(과)으로 재배치하여 보충하였다.

(3) 주민생활지원서비스 업무 및 서비스 여건 개선

주민생활지원서비스 업무 및 서비스 여건 개선은 첫째, 업무효율화 및 실질적 연계를 위한 on-line 체계의 구축이다. 이는 지방교육청, 보건소, 고용지원센터 등 통합서비스 제공을 위해 필요한 공공기관 간 전산시스템의 연계방안을 마련하여, 단기적으로 이미 운영 중인 복지행정시스템의 기능개선을 위하여 외부의 공공기관 전산망을 시·군·구 전산망과 연결하는 것이다. 이러한 연결은 주민에게 필요한 각종 정보제공과 on-line 서비스 신청 및 자격조회가 가능한 주민생활지원 포털을 구축하는 것이다. 둘째, 읍·면·동 사무소에 상담공간을 마련하는 것이다. 대민서비스가 이루어지는 일선 행정창구에서 필수적인 상담을 위해 필요한 공간과 조건을 마련하는 것이다. 셋째, 슈퍼비전 및 사례회의 등 민주적 의사소통 체계를 마련하는 것이다. 사례회의를 통한 업무중심의 의사소통과 슈퍼비전 체계를 통해 공식적이고 탄력적인 상호 지원이 이루어지는 행정문화를 활성화하도록 한다는 것이다.

3) 개편안의 분석 및 사업의 평가

주민생활지원서비스 전달체계로의 개편은 조직구조와 인력의 배치, 업무분담, 그리고 업무 간 연계에 이르기까지 서비스행정의 총체적인 변화를 포괄하는 것으로 개편의 내용이 매우 포괄적이었다. 개편의 목적으로는 지방자치단체 또는 지역별로 민감하고 고품질의 주민생활지원서비스를 제공하는 능력을 갖추는 것이었고, 하위 목표로는 기획력 제고와 서비스 전문화 그리고 서비스 연계 및 통합서비스 제공, 서비스 대응성 향상이었다. 개편 후 시·군·구에 주민생활지원 전담부서(대도시의 경우 국) 설치로 조직을 개편하였고, 기능적 분화를 중심으로 통합조사팀, 총괄기획팀, 서비스연계팀 등 주요 신생팀의 구성과 전문성 지원, 읍・면・동에 주민생활지원담당 설치, 사회복지직 및 행정직의 배치 조정, 사례관리 강화 및 서비스 제공 실시, 상담공간으로서 상담실의 마련 등의 넓은 의미의 개편이었다.

4. 희망복지 전달체계 개편 : 2008~2017년

1) 희망복지 전달체계 추진배경

이명박 정부는 복지전달체계의 문제점을 해결한다는 취지로 2008년 12월 희망복지 전달체계 방안을 발표하여 꼭 필요한 사람에게 꼭 필요한 서비스를 제공하는 효율적 복지행정시스템을 구축을 목표로 핵심 국정과제 공청회까지 실시되었지만 경제위기로 인해 본격적으로 실시되지는 못하였다. 이후 희망복지 전달체계 개편안은 2009년 6월 사회복지통합관리망구축(2010년 1월 개통), 2012년 4월 희망복지지원단 설치와 민간복지기관의 기능조정, 그리고 적정급여 관리체계 구축을 과제로 제시하였으며, 2013년 사회보장정보시스템이 완전 개통되었다. 행복e음은 복지행정의 효율성 제고방안과 복지급여통합전산망 운영을 통해 복지서비스 제공의 효율성을 높이기 위한 정책안이었다. 복지급여통합전산망 운영방안으로는 세 가지를 제시하고 있다. 첫째, 모든 복지서비스제공 대상자의 정보를 통합관리하고 자격 및 자산변동 정보를 반영하는 등 통합데이터베이스 구축 및 운영체계를 개선하는 것이다. 둘째, 대상자 개인별, 가구별로 지급되는 급여 및 서비스 이력정보를 통합 및 관리하고 부정수급 검출시스템을 구축하는 것이다. 그리고 수급자격 관리상황 점검과 중점관리 대상 수급자의 선별 및 관리를 위한 모니터링을 실시하는 것이다. 셋째, 민간복지기관과 공공전달체계의 연계 및 민간복지기관 간 연계시스템을 구축하는 것이다. 즉, 대상자가 어느 기관을 방문하든 필요한 서비스에 관한 정보를 제공받을 수 있는 「any-stop, one-stop」 체계를 조성하는 것이다. 더불어 민간복지기관의 복지서비스 제공내역도 체계적으로 관리하여 중복수혜 등 비효율을 제거한다는 것이었다.

2) 희망복지 전달체계 추진내용

희망복지지원단은 지역단위에서 수요자 중심의 사회복지서비스의 통합을 이루고자 하는 취지로 도입된 것이다. 이는 기존의 분절적 지원에서 벗어나 복지·보건·고용·교육 등 다양한 서비스를 통합적이고 맞춤형으로 연계하여 제공함으로써 대상 가구의 복합적 욕구에 효과적으로 대응하여 복지체감도를 향상시키고자 하는 것이다. 또한 지역단위 맞춤형 서비스 제공체계로 통합사례관리, 지역 공공·민간자원 관리, 긴급복지, 개별 사례관리사업 및 방문형서비스사업 연계·협력체계 구축, 읍·면·동 주민센터의 복지업무 지도감독 등 컨트롤타워의 기능을 수행하는 것이다. 또한 통합사례관리를 통해 차상위계층의 빈곤전락을 예방하고, 자활대상자 등에 대한 탈빈곤 지원에 초점을 둔다. 그리고 읍·면·동 지역주민을 위한 공공종합복지서비스 수행기능을 강화하는 것이다.

희망복지지원단은 복지체감도 증대를 위한 전달체계 개편의 일환으로 |그림 12-7|과 같이 2012년도부터 구성하여 복합적인 욕구를 가진 대상자에게 통합사례관리를 통해 공공과 민간의 급여와 서비스 그리고 자원 등을 맞춤형으로 연계하고 제공하는 통합서비스 제공체계를 의미한다. 대상자의 통합관리는 사회복지통합관리망(행복e음) 및 복지자원관리시스템을 활용하여 관리한다. 즉, 상담 내실화(상담실 활용, 상담예약제 도입) 및 복지정보 종합안내, 지역주민의 권익옹호 역할 수행 등 찾아가는 서비스 활성화와 공공·민간의 방문서비스사업 간 연계와 협력체계를 구축·운영한다. 민관합동의 희망복지지원단은 관의 주민생활지원국을 중심으로 사회복지과, 가정복지과, 문화체육과와 같은 과 간 기능을 조정하여 주무기능과 행정업무를 조정한다. 주요 기능으로는 통합사례관리와 시·군·구 129콜센터, 긴급지원서비스, 현장방문 등이다.

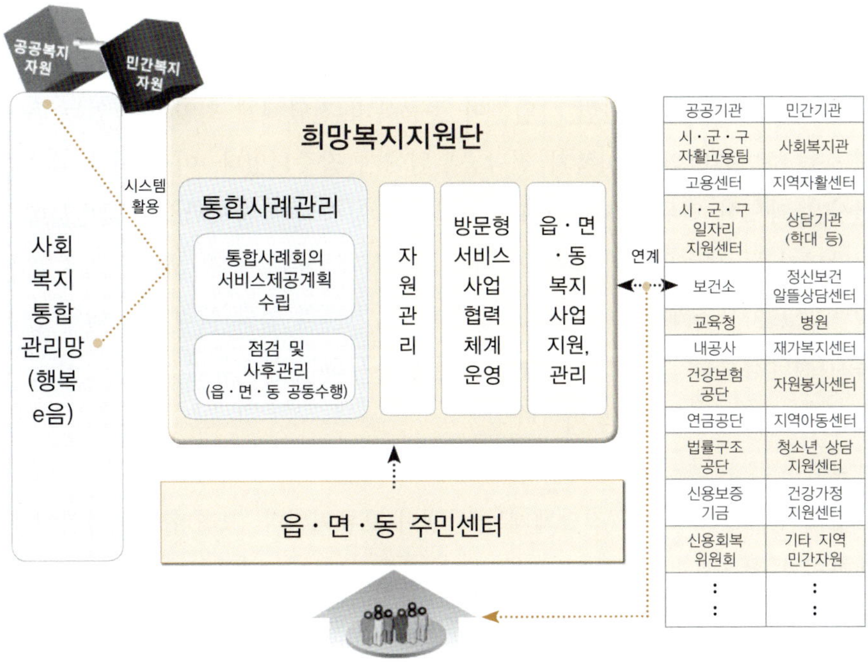

① 복합적인 욕구를 가진 사례관리대상자 의뢰(주민센터 → 희망복지지원단)
② (희망복지지원단) 심층욕구 조사, 통합사례관리 회의 실시 및 종합서비스 제공계획 수립, 모니터링
* 읍·면·동 주민센터와 방문형 서비스 체계화 등을 통한 사후관리 지원체계 연계협력
③ (민관협력) 지역사회복지협의체를 중심으로 공공 및 민간 협력 강화를 통한 지역단위 통합서비스 제공체계 구축
④ (시스템) 사회복지통합관리망(행복e음), 복지자원관리시스템을 통한 대상자 통합관리

|그림 12-7| 희망복지지원단 업무수행 체계도

출처 : 보건복지부(2012). 희망복지지원단 업무안내, p. 8.

3) 희망복지 전달체계 개편안의 분석 및 평가

희망복지 전달체계 개편은 사회복지통합관리망구축(2009. 6), 희망복지지원단 설치(2012. 4) 등 다양한 시도를 하였지만 만족할 만한 성과를 얻지 못했다. 수

차례의 공공사회복지 전달체계 개편의 실패요인은 휴먼서비스 욕구의 급격한 증가에 따라 고용노동부, 여성가족부, 국토교통부, 교육부 등 총 16개 부처의 289개에 이르는 복지 관련 사업들이 공공복지 전달체계 최일선에 있는 읍·면·동 주민센터의 사회복지 전담공무원에게 집중되었다. 이로 인한 깔대기 현상은 과도한 업무증가로 이어져 효과적인 양질의 복지서비스가 국민들에게 전달되지 못하는 원인이 되었다. 이는 사회복지 전문인력을 효율적으로 활용할 수 있는 구조개편이 이루어지지 못하고, 기존의 일반 행정기관 내의 공공복지 전달경로를 그대로 답습하여 국민들이 원하는 복지휴먼서비스가 이루어지지 못하였다는 것을 의미한다.

경제위기로 희망복지 전달체계는 시행이 보류되었다. 그러나 공공영역에 사례관리가 처음으로 등장하였고, 이후 등장할 사회복지통합관리망이 제시되었기에 혁신적인 개념들이 제시된 개선시도라고 평가될 수 있다. 하지만 당시의 전달체계 문제점들이 사례관리를 전면에 내세울 정도의 문제들이었는가에 대한 문제와 수요자 중심의 맞춤형 통합서비스를 제공하겠다는 방향성은 타당하지만 사례관리를 전면적으로 내세울 만큼의 사회적 욕구와 그에 대한 업무조건을 마련하는 데에는 미흡하였다. 조직 및 실행인력이 개편안 당시 매우 부족한 상황에서 서비스의 질적 향상은 다소 이상적인 측면이 있었다(김이배, 2014).

5. 이명박 정부의 전달체계 개편 : 2008~2012년

1) 이명박 정부의 전달체계 개편배경

이명박 정부는 2009년 6월 사회복지 전달체계 개선을 위한 종합대책을 제시하였다(지은구, 2013). 종합대책에서 제시된 전달체계 개편은 복지예산의 확대에도 불구하고 국민들의 복지체감도도 낮았다는 것이다. 따라서 복지예산의 효율적 사용과 더불어 복지예산 관련 부정사례가 발생하지 않도록 일자리 복지예산 집행과정의 불합리한 점을 개선하기 위한 필요성에서였다. 또한 행정부처 간 사업 간 중복은 복지서비스의 비효율성 증가와 복지체감도 저하, 그리고 복지사업의 유사와 중복으로 인해 예산집행의 비효율성이 초래되고, 수급자 간 형평성 문제와 공급자 위주의 다층화, 다기능화되어 있어 민간복지 전달체계로의 효율적인 서비스전달이 곤란하였다. 이명박 정부는 이후 2011년 7월 1차 개편에 대한 수정안을 담은 복지전달체계 개선대책을 다시 내놓았는데 개선대책의 필요성에 대해서는 다음과 같이 제시하였다. 첫째, 현재의 읍·면·동 주민센터의 평균 1.6명 수준의 복지인력으로는 찾아가는 서비스나 능동적인 서비스 제공이 불가능하여 인력보충 필요한 점이었다. 둘째, 공공전달체계의 효율화를 위하여 동일하거나 유사한 사업은 중복적으로 받을 수 없도록 하고 복지사업별로 다양한 현행 선정기준을 표준화(소득인정액, 최저생계비, 전국가구평균소득 등으로)하는 것이었다. 셋째, 복지 관련 정부전산망의 효율적 운영을 위해 전산망의 통합 필요성과 지역사회 내 자원연계 및 위기가구 개발 및 주민들의 다층적·복합적 욕구에 대한 적극적 대응의 필요성에서였다.

2) 이명박 정부의 전달체계 개편의 내용

이명박 정부에서 발표된 공공사회복지 전달체계 개편안의 주된 내용을 살펴보면 다음과 같다.

첫째, 통합적인 서비스 조정이다. 주민생활과 연관이 있는 8대 통합서비스 중에서 문화, 체육, 관광업무를 일반행정업무로 이관하여 5대 서비스로 조정하고, 사회복지직 인력은 5대 서비스에 집중배치하고 주민생활지원 부서는 5대 서비스에 주력하는 것이다.

둘째, 최소수준의 사회복지 인력 보강이다. 공무원 정원 동결기조를 유지하면서 결원의 경우 사회복지직을 신규채용하고 인력 재배치를 통하여 인력을 보강하고, 사각지대 발굴과 맞춤형 서비스 제공을 위해 주민센터 복지전담인력이 평균 3명 수준이 되도록 단계적으로 확충하는 것이다.

셋째, 5대 주민통합서비스 제공(복지, 고용, 주거, 교육, 보건)을 위해 희망복지지원단을 설치·운영하는 것이다. 희망복지지원단은 공공과 민간의 연계를 강화하고 주민에게 다양한 서비스가 통합적으로 제공되도록 하는 것이 목적이다.

넷째, 복지전산망 구축 및 통합운영이다. 복지서비스 105개, 보건서비스 14개를 개인별, 가구별로 통합하여, 소득 및 자산자료, 서비스 및 자격관리자료를 연계시키는 사회복지통합관리망을 구축하여 시행하는 것이다. 교육 관련 전산망과 고용 관련 전산망의 통합연계를 추진하는 사회복지통합관리망(보건복지부)과 복지정보공유시스템(행정안전부)을 사회복지통합관리망으로 통합운영하는 것이다.

이상의 내용으로 미루어 볼 때 이명박 정부의 전달체계 개편은 민간복지 전달체계 효율화와 민관협력 강화, 그리고 복지예산사업 정비와 전자바우처 사업의 확대 등으로 요약될 수 있다.

3) 이명박 정부의 전달체계 개편안의 분석 및 평가

이명박 정부는 재정적 효율성 강화라는 긍정적인 부분이 있을 수 있으나, 정보통신망 정비 등 관리통제의 강화로 전달체계 개편안이 2회에 걸쳐 발표되었으며 결과적으로 많은 기초생활보장 수급자들의 급여가 박탈되는 현상이 발생되었다. 그리고 급여체계 개편을 위하여 통제권 강화를 목적으로 복지혜택의 중복 및 부정수급 여부를 확인할 수 있는 사회복지통합전산망을 구축하였지만 사회복지사가 문서를 처리하는 데 많은 시간을 할애하는 역기능이 존재하였다. 또한 주민통합서비스 제공을 위한 희망복지지원단을 발족하였다. 희망복지지원단은 정부가 지원하는 급여혜택만으로는 주민들의 욕구를 해결할 수 없으므로 민간조직이 제공하는 다양한 전문적 서비스에 대한 정보를 제공할 수 있도록 하는 연계사업이 핵심이다. 그러나 현재의 희망복지지원단은 지원단의 필요성 그리고 실질적인 연계방안에 대한 구체적인 논의도 이루어지지 않은 채 중앙정부의 지시에 의해 시・군・구 중심으로 조직구성이 진행되고 있다. 또한 희망복지지원단은 기존의 조직구조(지역사회복지협의체 등)와의 역할중복문제 그리고 사례관리의 핵심적인 기초선인 주민센터의 기능강화 방안을 고려하지 않아 단순히 중앙정부의 지시에 의해서 만들어지는 시・군・구 중심의 하나의 관료적인 권력기관으로 변모될 가능성을 내포하고 있는 것으로 평가된다.

6. 박근혜 정부의 전달체계 개편[5] : 2013~2017년

1) 박근혜 정부의 전달체계 추진배경

2013년 2월 출범한 박근혜 정부는 주민센터를 맞춤형 복지구현을 위한 허브기관으로 개편하는 것을 국정과제에 포함하여 2013년 9월 제4차 사회보장위원회에서 국민 중심의 맞춤형 복지전달체계 구축방안을 추진전략으로 국민행복과 국가발전이 선순환하는 새로운 복지정책 패러다임을 제시하였다. 그리고 동년 11월 〈표 12-3〉과 같이 동 주민센터 복지기능 보강지침을 지방자치단체에 시달하여 2014년 4월까지 최일선 기관인 동 주민센터에 대한 복지기능 보강을 추진하도록 하였다. 그리고 2015년 성과계약 방식을 도입하여 맞춤서비스의 단계적 확대와 희망복지지원단 권역센터를 설치하여 복지수요를 가진 사람들에게 지역 내 민관 복지자원을 활용하여 맞춤형 상담 및 지원을 실시하였다. 그리고 2016년 읍・면・동 복지허브화와 읍・면・동 중심 통합서비스 제공과 맞춤형 개별급여와 구석구석 복지안내 강화 등을 추진하는 것이다.

---

5) 김필두 외(2015).「읍・면・동 복지기능 강화 시범사업 평가 및 전달체계 개편 모형 개발」; 관계부처합동(2013).「국민중심의 맞춤형 복지전달체계 구축방안」; 교육부 외(2016).「2016년 국민행복 분야 업무계획」; 보건복지부(2016).「2016년 업무보고」 보도자료 참고.

〈표 12-3〉 동 주민센터 복지기능 보강지침 내용

목 적	내 용	결 과
읍·면·동 찾아가는 서비스 확대	• 희망복지지원단 사례관리 기능의 읍·면·동 이관, 읍·면·동의 전문적 서비스 기능 강화 – 공무원, 민간전문인력 등 복지인력 확충에 따른 단계적 확산 추진	복지상담, 찾아가는 서비스, 보건·고용 등 연계, 민관협력 활성화 등 지역밀착형 서비스 강화
동 주민센터 복지기능 보강 업그레이드	• 복지동장제·복지팀·복지코디네이터 배치 등 복지행정 기반 강화	민원업무와 복지업무가 균형을 이루는 '주민·복지센터'로 개편 추진
복지담당공무원 단계적 확충	• 복지담당공무원 6천 명 추가 배치(동 주민센터 2~3명, 군 희망복지지원단 3명 수준), 사례관리 등을 전담하도록 업무 부여	복지대상자와의 접점인 읍·면·동의 체감도 높은 복지서비스 제공
행정직 등의 복지분야 근무 제도화	• 복지분야 근무자 인사우대 등 복지업무 기피 해소방안 – 지방자치단체의 복지공무원 감축행위 방지 위한 인력모니터링 방안 등	인력 확충 효과 공고히 정착
민관협력 활성화	• 복지통장·이장제 확대, 동복지협의체 등 읍·면·동 단위 민관협력기구와 긴밀하게 협조 – 읍·면·동 단위 인적 안전망 구성	사각지대 및 복지자원 발굴 취약계층 모니터링
	• '민관복지자원 통합DB' 연계 확대 등 개선 – 종합사회복지관 대상자정보 공유 방안 마련	민간자원 활용 확대 복지지원 민관협력 강화

출처 : 보건복지부(2014). 2014년 읍·면·동 사회복지 업무안내; 보건복지부(2016). 2016년 맞춤형 통합서비스 업무보고 재구성.

박근혜 정부의 전달체계는 복지깔때기[6] 해소와 원스톱 통합서비스 제공 등 체감도 높은 국민중심의 복지를 구현하기 위해 맞춤형 복지전달체계를 구축하는 것을 목표로 하고 있다. 이와 같이 새로운 정책의지와 기존 복지제도에 따

6) 중앙의 특정 부처가 정책을 전담하여 정책을 생산하는 구조가 아니라, 여러 부처에서 분야별로 자신의 부처 소관의 복지정책을 결정하는 구조인데, 이렇게 분리되어 결정된 정책들이 일선에 모여 혼선을 유발하는 것을 '복지깔때기' 구조라고 부른다(이철주·한승주, 2014).

른 자동적인 지출증가가 반영되어 2014년에는 중앙정부 복지예산이 100조 원 시대로 진입하는 전기를 맞았다. 총지출의 30%에 해당하는 106조 원을 복지분야에 투입하여, 국민이 행복한 희망의 새 시대를 위한 맞춤형 고용・복지영역의 국정과제 이행에 역량을 집중하였다.

2) 박근혜 정부의 전달체계 개편의 내용

박근혜 정부의 국민중심 맞춤형 복지전달체계 개편의 구체적인 내용은 다음과 같다.

첫째, 2014년 6월부터 12월까지 읍・면・동 복지기능 강화 시범사업이 14개 시・군・구에서 진행되었다. 시범 동에는 복지코디네이터를 배치하고 방문간호사 등 보건분야 전문인력 배치 등을 통해 개인별 욕구에 맞는 복지서비스 심층상담 지원과 복지대상자 발굴, 그리고 서비스 연계와 사례관리 등의 업무분담이다. 또한 찾아가는 서비스 확대 및 방문형 서비스 간에 연계를 강화하고 사례관리대상자를 적극 발굴하며, 민간전문인력의 협업을 통한 맞춤형 서비스가 가능하도록 하였다. 그리고 공공기관 및 복지관 등과 민관기관과의 네트워크 구축, 지역자원 조사 및 개발을 통한 민간자원 발굴 및 연계강화에 중점을 두도록 하는 내용이다. 즉, 업무조정 및 인력 재배치를 중심으로 동 주민센터 기능보강형 중심으로 우선 추진하고, 종합상담과 민관협력 등의 활성화이다. 동 주민센터 복지기능 보강지침 시행을 통해 동 주민센터의 복지 허브화가 추진되었다. 이를 통해 복지서비스를 강화할 여건을 마련하고자 하는 방안이다. 이와 더불어 업무처리 절차와 양식개선 등의 업무 프로세스 개선을 통해 지방자치단체 일선 공무원의 업무부담을 대폭 경감시키고자 하였다. 둘째, 지방자치단체의 기능조정을 통해 복지인력을 확보하고 복지동장제 도입과 복지인력 최소배치 기준 설정 등을 통해 동 주민센터의 복지기능을 강화한다는 것이다. 이를 위해 동 주민센터 2~3개소를 통합하여 운영하는 통합형, 복지

업무를 전담하는 기관인 거점형, 권역센터에서 통합사례관리 등 일부 복지업무를 전담 처리하는 부분거점형 등 행정조직 변화가 필요한 모형은 2014년 6월부터 12월까지 시범사업을 통해 개편효과를 검증하였다. 셋째, 2015년부터 성과계약 방식을 도입하여 다양한 모형을 확산하는 등 원스톱 맞춤서비스를 단계적으로 확대하고 행정 및 재정적인 인센티브를 마련하여 추진한다는 것이다. 넷째, 희망복지지원단[7] 권역센터 시범사업을 실시하고, 2015년 복합서비스센터 50개소 설치 및 우체국, 농협 등을 활용하여 부족한 서비스 제공기능을 보완하고 접근성을 향상시킨다는 것이다. 더불어 민관협력을 통한 풀뿌리 복지공동체를 확산하기 위해 정부가 제시하는 민관협력 모델을 토대로 민간자원의 연계와 지원이 활성화될 수 있도록 하고, 민간참여에 대한 인정과 보상도 확대해 나갔다.

보건복지부가 2016년 업무보고서 정책방향에서 밝힌 중점과제(보건복지부, 2016)는 첫째, 읍·면·동 복지허브화와 읍·면·동 중심 통합서비스 제공 등 기존의 시·군·구 체계와 함께 읍·면·동 중심의 복지전달체계 강화를 주요 내용으로 하고 있다. 복지허브화로 700개 읍·면·동에 맞춤형 복지전담팀을 |그림 12-8|과 같이 설치하여 사례관리를 전담하도록 하였다. 추진방향으로는 2018년까지 3,496개 모든 읍·면·동 복지허브화를 목표로 복지인력 6천 명 확충[8] 및 지방자치단체별 업무조정을 통한 여유인력을 활용하여 맞춤형 지원 시행여건 조성을 제시하고 있다. 맞춤형 복지전담팀이 설치된 읍·면·동에서는 ① 찾아가는 서비스, ② 가구별 맞춤형 통합서비스, ③ 민간자원 연계 활성화가 중심을 이룬다. 구체적인 내용을 살펴보면, 찾아가는 서비스는 지역사회 복지통(이)장, 읍·면·동 지역사회보장협의체 위원들과 협력하여 도움이 필요한 주민 발굴, 장애인·노인 등에 대한 방문상담을 활성화하는 것이

---

7) 보건복지부(2014). 「2014 희망복지지원단 업무안내」 참조.

8) 2014~2017년 복지인력 6천 명 확충 계획에 따른 4,800여 명 활용(2014년 1,117명 시·군·구 맞춤형 급여팀 배치, 2015년 1,660명 선발·배치 완료)

다. 그리고 맞춤형 통합서비스는 복합적 욕구가 있는 대상에게 심층상담을 통해 욕구를 확인하고 수요자의 입장에서 필요한 여러 가지 지원을 통합적으로 지원하는 것이다. 민간자원 연계 활성화는 지역사회복지기관 및 지역사회보장협의체 등과 연계를 강화하여 공적자원뿐 아니라 민간자원도 적극 연계하는 것이다.

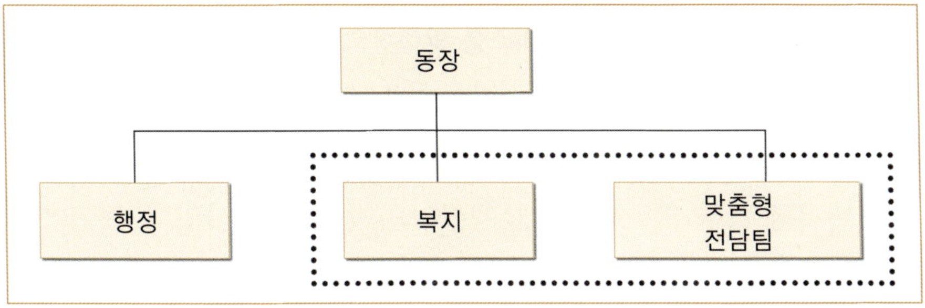

|그림 12-8| 맞춤형 복지전담팀

둘째, 기초생활보장제도는 맞춤형 개별급여로 개편하고, 4대 중증질환 등 의료보장의 지속강화(2013~2016년 약 1조 8,350억 원 가계의료비 부담 경감/ 4대 중증 약 8,350억 원, 3대 비급여 약 1조 원)와 전 계층 보육서비스 맞춤형 개편, 그리고 기초연금과 장기요양보험 등 노인복지 강화를 통해 생애주기별 맞춤형 복지제도를 안착시킨다는 것이다. 맞춤형 기초생활보장제도 정착은 2016년 기준 중위소득과 생계급여 수급자 선정기준 인상 등을 통해 기초생활보장 지원대상을 확대한다는 것이다. 맞춤형 급여개편은 수급자 규모 및 생활실태와 변화를 파악하기 위해 기초생활보장 실태조사를 실시한다. 또한 근로빈곤층의 근로유인을 확대하고 탈빈곤을 돕기 위해 2010년 4월부터 저소득층 자산형성지원 사업(본인이 일정액을 저축하면 일정액 추가 매칭 지원)을 추진하게 된다. 이러한 예로 희망키움Ⅰ·Ⅱ 통장은 일하는 생계·의료수급가구 및 차상위자를 대상으로 정부에서 일정액을 지원하는 것이다. 그리고 자활근로 참여자를

대상으로 하는 내일키움통장은 정부지원 없이 자활사업단 매출액으로 지원하였으나, 2016년부터는 자산형성사업 가입대상자를 확대하고, 특히 내일키움통장 가입자에게는 정부에서 추가 지원한다는 것이다. 셋째, 구석구석 복지안내 강화이다. 이는 정부 3.0으로 표현되며, 위기가구 선제발굴과 취약계층 필수서비스의 지속적인 확충과 준비하지 못한 복지수요 대응 등을 통해 복지사각지대를 적극 해소하는 것이다. 그리고 4대 중증질환(암, 심장, 뇌혈관, 희귀난치질환) 등 의료보장 지속 강화와 보육서비스를 맞춤형으로 개편, 어르신 복지강화, 긴급복지 적극 안내, 자살예방, 수화서비스 등 129콜센터 복지상담 강화 등이다.

3) 박근혜 정부의 전달체계 개편안의 분석 및 사업의 평가

박근혜 정부는 맞춤형 복지가 국민의 삶 구석구석 스며들 수 있도록 국민과 가장 가까이에서 실질적으로 서비스를 제공하는 읍・면・동 주민센터의 복지기능을 대폭 강화하는 시범사업을 전국 15개소에서 실시했다. 시범사업 결과 복지사각지대 발굴이 6.2배, 서비스 연계실적이 3.4배로 확대되고 주민 만족도가 향상(82점 → 93점)되는 등의 성과를 확인할 수 있었다. 또 읍・면・동에 인적안전망(복지 이・통장 9만 4,000명, 지역사회보장협의체 6만 3,000명, 좋은 이웃들 2만 3,000명 등)을 활용해 사각지대를 적극 발굴하고 다양한 공공 및 민간 복지자원을 대상자별 맞춤형으로 통합・지원하였다.

이처럼 박근혜 정부는 이명박 정부에서 강조하였던 희망복지지원단보다는 주민센터에 대한 개편을 강조하고 있다. 하지만 전달체계의 관련 부처의 개편과 관련된 영향은 여전하다(이현주・유진영, 2015). 예를 들면, 읍・면・동 복지기능 강화 모델은 보건복지부가 당초 욕구별 지원이 가능한 인프라를 갖추는 것으로 개발된 것이다. 이 모델은 읍・면・동의 복지기능을 강화하는 것과 통합형과 거점형으로 일선의 전달체계의 행정단위를 읍・면・동 이상으로 변경하는 논의를 포함하는 것이었다. 이러한 단위 개편은 행정안전부와의 협력이 절대적으로 필요하다. 그러나 기대한 협력은 순조롭지 않았고 결과적으로 일선의 조직 개편을 최소화하는 복지기능 강화 모형만 보건복지부의 주관으로 추진하였다. 또한 공공의 전달체계에서 전문성과 자율성은 무엇이며, 무엇을 기대할 수 있는지에 대한 논의가 전제되지 않은 채, 전문인력의 배치와 역할이 변화되지 못하였다는 점이다.

7. 문재인 정부의 전달체계 개편[9] : 2017~2022년

1) 문재인 정부의 전달체계 추진배경

포용적 복지국가(Inclusive Welfare State)를 천명한 문재인 정부에서는 사회복지 전달체계상의 다양한 변화가 시도된다. 특히 사회서비스 분야에 있어 주민주도형 공공서비스, 읍・면・동 체계의 개편, 지역사회돌봄(community care)으로의 돌봄 서비스 제공 양식의 변화를 비롯하여 사회서비스 공공성 강화를 위한 사회서비스원의 설립 추진에 이르기까지 의욕적인 변화가 시도되었다. 복지전달체계에 있어서는 광역 및 기초의 지방정부에 대해 사회서비스에서의 역할이 소극적으로 부여되고, 심지어 서비스급여 제공의 주체를 민간 비영리 및 영리에까지 맡겨왔다는 점에서 문재인 정부 들어 시작된 이러한 개편작업은 공공기관의 역할과 작동방식에 대해 심대한 변화를 동반하지 않을 수 없었다. 이에 따라 중앙정부와 지방정부 간, 광역자치단체와 기초자치단체 간, 공공과 민간 간, 민간과 민간 간의 역할에 대한 재정립은 물론, 최종적으로는 서비스가 이루어지는 지역사회 안에서 이들의 역할들이 어떻게 연계되고 하나의 체계 안에서 원활하게 작동되느냐 하는 복지전달체계의 재구조화를 하게 된다.

문재인 정부는 포용적 복지국가를 내걸며 선진적인 복지국가의 구축을 시도하고 다양한 복지제도의 도입 또는 확대를 추진하게 된다. 구체적으로는

9) 이태수 외(2018), 김미곤 외(2017), 대한민국정부(2017)를 참고로 재구성.

커뮤니티케어, 사회서비스원, 주민자치형 공공서비스로의 주민센터 개편 등 복지전달체계의 개편 시도를 하고 있다.

이와 같이 포용적 복지는 경제성장의 과실을 어느 계층도 소외됨이 없이 누리는 상태를 의미하며 포용적 복지의 핵심 중의 하나는 사각지대를 축소하여 사회적 배제로부터의 포용을 달성하겠다는 배경이 있다고 하겠다.

2) 문재인 정부의 전달체계 개편의 내용

국민의 기본생활을 보장하는 맞춤형 사회보장의 일환인 전달체계 개편의 주요 내용을 간략하게 살펴보면 다음과 같다.

첫째, 국민기초생활보장 주거급여는 2018년부터 부양의무자 기준 폐지, 생계·의료급여는 소득재산 하위 70% 중 노인·중증장애인이 포함된 가구에 대한 부양의무자 기준 적용 제외(2019년부터 단계적 확대)를 통해 자활대상자 확대 및 자활급여 단계적 인상 등 취약계층 자립 지원을 주요 골자로 하는 공공부조 혁신이다. 그리고 2018년부터 0~5세 아동수당 월 10만 원을 지급하고 2017년부터 미취업 청년에 대해 청년구직촉진수당(30만 원, 3개월)을 지급하는 생애맞춤형 소득지원이다[2018년에 기초연금·장애인연금(기초급여)을 25만 원으로 인상]. 그리고 국민연금·고용보험 등 사회보험 사각지대를 해소하고, 두루누리 사회보험료 지원사업에 건강보험료를 추가 지원하여 사회보험 사각지대를 해소하는 것이다. 장애인 지원 강화 측면에서는 장애등급제 단계적 폐지 및 종합지원체계 도입을 추진하고 장애인권리보장법 제정, 장애인 보조기 건강보험 급여 적용 확대이다. 또한 권역별 어린이 재활병원 설치 등 의료지원 확대하여 탈 시설 등 지역사회 정착 환경 조성하는 것이다.

둘째, 고령사회를 대비하여 건강하고 품위 있는 노후생활보장의 일환으로 전달체계 개편의 주요 내용은 국민연금과 기초연금의 적정수준 보장으로 국민연금 소득대체율 인상을 2018년 국민연금 재정계산과 연계하여 사회적 합의하에 추진하는 노후소득 보장 강화이다. 그리고 정부는 두루누리 건강보험 지원 확대, 건강보험 임의계속 가입기간・대상을 확대 추진하여 신중년의 생활안정을 지원하는 것이다. 특히 2017년부터 전국 252개 치매안심센터 확충 및 치매안심병원 확충 추진으로 2018년부터는 중증치매 환자 본인부담률 인하 및 고비용 진단검사 급여화와 장기요양 치매수급자 본인부담 경감 확대를 통해 치매 국가책임제를 시행하고 있다. 또한 노인 일자리 수를 2017년 43.7만 개에서 2022년 80만 개로 확대하고, 공익활동 참여수당을 2020년까지 40만원으로 인상하는 안을 추진하고 있다.

셋째, 건강보험 보장성 강화 및 예방 중심 건강관리 지원 전달체계 개편의 주요 내용은 선별급여 적용항목 확대 및 신포괄수가 확대 등의 추진으로 비급여 풍선효과의 해소를 통해 선택진료 폐지, 상급병실 단계적 급여화, 간호・간병통합서비스 확대건강보험 보장 강화이다. 그리고 저소득층 의료비 부담 완화를 위해 소득수준을 고려하여 본인부담상한액을 설정하는 것이다. 또한 가계부담을 대폭 경감하고 40대 이상 진단 바우처 도입 등 건강검진 사후관리강화와 초・중・고생 독감 예방접종 국가 지원 확대로 예방적 건강관리 실현이다. 그리고 정신건강 관련 서비스 전달체계 개편 및 전문인력 충원과 근무조건 개선, 자살예방 및 생명존중 문화 확산을 통하여 정신건강 증진체계를 강화하는 것이다.

넷째, 의료공공성 확보 및 환자 중심 의료서비스 제공 전달체계 개편의 주요 내용은 2020년까지 1차 의료기관과 대형병원의 역할정립을 유도할 수 있는 건강보험 수가구조 개편방안을 마련하여 지역사회기반 의료체계로 개편하는 것이다. 이를 위해 2019년부터 환자 의뢰-회송 사업 시행 및 진료권역별 정보교류시스템 구축을 통해 국가적 진료정보 교류 인프라를 연계하는 것이다. 그리고 2022년까지 의료 취약지에 300병상 이상 거점 종합병원 확충으로 취약지 의료 수준을 제고하여 의료격차를 해소하는 것이다. 더불어 2022년까지 응급의료전용헬기, 소아 전문응급센터 및 재활병원 확대, 전국에 권역외상센터 확대 및 심혈관센터 지정・설립 등으로 환자 중심 응급의료체계 구축과 2022년까지 고위험 감염병 및 원인미상 질환 대응을 위한 시설・장비・인력을 갖춘 중앙・권역별 감염병 전문병원을 설치하여 의료의 공공성 및 감염병 관리체계를 강화하는 것이다.

3) 문재인 정부의 전달체계 개편안의 분석 및 사업의 평가

문재인 정부에서 기초생활보장제도와 부양의무자 기준은 부양의무자 기준 폐지의 원칙을 천명하고, 장애등급제 부양의무제 폐지는 광화문 농성장에 보건복지부장관이 방문해 이 원칙을 다시 확인하였다. 더불어 2020년 계획하는 2차 기초생활보장 종합계획에 부양의무자 기준 완전 폐지를 위한 로드맵을 포함시키도록 노력할 것이라고 선언했다. 이는 복지국가가 나아갈 길로 천명했다는 점에서는 일진전이 있었지만 실제 계획은 미진한 수준에 그쳤다. 주거급여 완전 폐지는 2018년 말로 너무 늦게 계획되어 있었으며 생계 의료급여에 대한 계획은 수급가구가 아닌 부양의무자가구가 중증장애인(2019년)이나 노인(2022년)인 경우에 한정했다. 이는 수급가구의 욕구에 기반하지 않는다는 점에서 빈곤이라는 위기 특성과 상반되고, 기초생활보장제도의 취지에 걸맞지 않는다. 이로 인해 사각지대 개선효과가 낮을 것으로 평가한다.

사회서비스 공공성 강화는 사회서비스 공단 설립의 구체적인 계획은 아직 나오지 않고 있다. 일부 집단의 반발 역시 크다. 사회서비스 공공성 강화와 종사 노동자, 이용자의 권리 강화라는 두 마리 토끼를 모두 잡는 사회서비스공단이 설립될지는 아직 미지수다. 핵심적인 것은 시장화 된 사회서비스와 복지 전달체계에 대한 반성과 이를 역전하기 위한 재정마련이다. 현재 위탁운영 중인 시설의 공단으로의 전환운영, 사회서비스 노동자의 열악한 처우 개선과 이를 뒷받침할 수 있는 탄탄한 재정계획이 동반되어야만 실제 효과를 거둘 수 있을 것으로 평가된다.

건강보험은 건강보험의 주된 문제점인 낮은 보장율과 비급여항목으로 인해 의료비 부담이 크다는 점이다. 이 때문에 건강보험뿐만 아니라 실손보험 등 민간보험에 많은 돈을 사용해야 하는 것 역시 문제다. 빈곤층의 경우 1종 의료급여 환자가 된다고 해도 비급여 항목에 대해서는 똑같이 자기부담금이 발생하기 때문에 치료를 포기하게 된다. 현재 문재인 정부의 건강보험 정책은 보장성강화와 의료비 경감이라는 큰 방향을 잡고 있다. 그러나 구체적인 목표치는 후퇴하거나 미진한 수준으로 평가된다(김윤영, 2017).

우리는 누구도 예측하지 못했던 국정농단과 촛불혁명, 그리고 이어 전개된 대통령 탄핵과 갑작스러운 19대 대통령 선거, 문재인 대통령의 당선, 국정과제의 발표 등을 겪었다. 시민혁명사에 있어 새로운 이정표를 만든 촛불혁명이 탄생시킨 문재인 정부는 국민주권시대를 내세우며 국민의 나라, 정의로운 대한민국을 국가비전으로 천명하였다. 문재인 정부는 5대 국정 목표와 20대 전략, 100대 국정과제, 487개 세부실천과제를 발표하면서 정책추진의 청사진을 내놓았다. 이는 더불어 성장하는 국민경제를 만드는 한편 복지국가의 확립을 통해 국가가 국민의 인간다운 삶을 보장하겠다는 것으로 풀이할 수 있겠다.

참고 역대 정부의 주요 복지정책

정부별(대통령) 정책 기조	3·4공화국 박정희 (1960~1980)	5공화국 전두환 (1981~1987)	6공화국 노태우 (1988~1992)	문민정부 김영삼 (1993~1997)	국민의 정부 김대중 (1998~2002) 생산적 복지	참여정부 노무현 (2003~2007) 참여복지	이명박 정부 이명박 (2008~2012) 능동적 복지	박근혜 정부 박근혜[10] (2013~2017) 맞춤형 고용·복지	문재인 정부 문재인 (2017~2022) 포용적 복지국가
사회보험				고용보험 (1995)	산재/ 고용보험 확대(2000~2005)				부양의무제 단계적 폐지(2018)
	건강보험 (1977)	건강보험 확대	전국민건강보험 (1989)		의약분업(2000) 건강보험통합 (조직 2000, 재정 2003)		노인장기 요양보험(2008)	의료보장성 강화(2013~) 장기요양 치매 특별등급신설	국민연금 및 고용보험 사각지대완화
	공무원연금 (1960), 군인연금(1963), 사학연금(1975)		국민연금(1988)	국민연금 확대	전국민 국민연금 기반구축(1999)	국민연금법 개정(급여인하 등, 2007)	공무원연금법 개정(2009)		
공공부조, 보훈	생활보호제도 (1962) 국가보훈(1962) 의료보호제도 (1977)	영세민종합대책 (1982) 사회복지 전문요원 (1987)	저소득층 영구임대주택 (1989)		경로연금 (1998) 국민기초생활 보장제도 (2000)	기초노령 연금법(2007) 차상위계층 지원(2004) 장애수당 확대 (2005)	기초노령연금 (2008) 장애인연금 (2010)	기초연금(2014) 기초보장 맞춤형 급여(2014) 일을 통한 빈곤탈출 (2013)	기초연금인상 (2018) 청년고용촉진수당제(2017) 장애인연금인상 (2018)
사회서비스	가족계획사업 (1962) 심신장애자 종합대책(1978)	노인복지 기반 마련(1981) 재가노인 복지사업(1987)	장애인복지 대책위원회 (1989) 장애인등록제 (1988)	공중보건, 건강증진 확대 (1995) 보육시설 확충 계획(1995) 퇴직연금제도 도입(1995)	장애인복지 5개년계획(1998)	보육확대(2004) 저출산·고령 사회 본격대응 (2005) 사회서비스 일자리(2004) 다문화가족센터 (2006)	5세아 누리과정, 0~2세아 무상보육(2012) 적극적 노동시장정책 (2008)	무상보육·무상 교육 실현과 내실화(2013~) 보편적 주거복지, 경력단절여성 지원 등	아동수당제신설, 장애인 등급제 단계적 폐지, 정신건강복지 센터통합운영, 치매안심센터 및 안심병원 확대(2017)
교육 분야							든든학자금 대출 (ICL, 2010) 맞춤형 국가 장학금(2012)	든든학자금 대출이자 인하, 반값등록금 지원확대(2013)	육아휴직급여액 인상
조세 지출							근로장려세제 (EITC, 2009)	EITC 확대	

출처 : 최병호(2014), p. 92 재인용.

10) 헌법재판소는 2017년 3월 10일 대심판정에서 피청구인 박근혜 대통령을 대통령직에서 파면(기존 임기 2013년 2월 25일부터 2018년 2월 24일)시키기로 재판관 8명 전원일치로 결정하였다. 헌법재판소는 세계일보 사장 인사 개입, 문화체육관광부 간부 좌천에 대통령이 개입하였는지 확인하기 어렵고 세월호 침몰 사고 당시 대통령이 국가원수와 행정부 수반과 최고 군 통치자로서 전반적인 능동적인 작위적 행위로 헌법상 생명권을 보호할 의무가 있으나 명백한 생명권 보호 침해를 규정할 증거가 없다고 말했다. 하지만 최순실의 국정개입을 통해 사익을 도모하도록 한 것은 헌법과 법률을 위배한 중대한 법 위반이라고 판단하여 박근혜 대통령을 대통령직에서 파면하도록 결정하였다.

제3절 사회복지전담공무원

1. 사회복지전담공무원 연혁

1987년 우리나라 공공복지 역사에서 최초로 사회복지사들이 전문가로서 인정을 받아 사회복지전담공무원 별정직으로 임용되었다. 그러나 사회복지전담공무원의 채용에 대한 법적 근거는 전혀 마련되지 않은 채 이루어지고 있었다. 사회복지전문요원의 임용이 법적 근거 없이 이루어지고 있는 문제를 제기하고, 전국사회복지전문요원동우회는 법적 근거를 보건사회부(현 보건복지부)에 요구하였다. 그 결과 1991년 7월 보사부훈령 제622호「사회복지전문요원의 직무 및 관리운영에 관한 규정」을 제정하였다. 사회복지전문요원은 생활보호사업 등 사회복지 업무의 효율적 추진을 기하기 위하여 지방자치단체의 장이 사회복지사업법 제8조의 규정에 의한 사회복지사 자격을 가진 자 중에서 선발하여 읍・면・동 행정기관에 배치한 지방공무원이라 정의하였다. 사회복지전문요원에 대한 직무 및 관리규정을 만들었으나 이는 보건사회부 훈령에 그치는 것이었다. 따라서 법률에 임용근거를 만들기 위한 건의를 보건복지부, 국회 등에 수차례 걸쳐 요구를 하였다. 그 결과 1992년 12월 8일 법률 제4531호에 의거 사회복지사업법 전부개정을 통해 법 제10조에 사회복지전담공무원 조항이 신설되어 사회복지전담공무원의 법적 근거가 마련되었다. 이듬해 1993년 6월 9일 시행된 사회복지사업법 제10조(사회복지전담공무원)에는 법에서 정한 사업에 관한 업무를 담당하게 하기 위하여 시・군・구 및 읍・면・동에 사회복지전담공무원을 둘 수 있으며, 사회복지전담공무원은 사회복지사의 자격을 가진 자로 한다는 조항이 시행되었다. 사회복지전담공무원은 1997년 9월 29일 제2차 개정(훈령 제39호)이 이루어졌으나, 1999년 10월 1일 행정자치부에서「사회복지전문요원 일반직 전환 및 신규채용 지침」승인이 되면서 2000년부터는「사회복지전문요원의 직무 및 관리운영에 관한 규정」이 폐지되게 되었다. 이러한 과정을 거쳐 오늘날 사회복지전담공무원들의 법적 근거가 만들어진 것이다. 현재 사회복지사업법 제14조 제1항에는 사회복지사업에 관한 업무를 담당하게 하기 위하여 시 · 도, 시 · 군 · 구 및 읍 · 면 · 동 또는 제15조에 따른 복지사무 전담기구에 사회복지 전담공무원을 둘 수 있다고 규정하고 있다.

> 1987년 사회복지전문요원 배치
> 1992년 사회복지전담공무원에 대한 법적 근거 마련
> 1999년 사회복지전문요원을 일반직 사회복지전담공무원으로 전환
> 2000년 사회복지전담공무원 시행

2. 사회복지전담공무원 규모

지방자치단체의 사회복지 업무는 사회복지 업무를 전담하고 있는 사회복지전담공무원과 부족한 사회복지전담공무원의 업무를 보충하기 위한 일반행정 직렬의 공무원, 즉 사회복지담당공무원이 함께 담당한다(김경호 · 소순창, 2010 재인용). 사회복지전담공무원의 규모는 전국 시 · 도별로 집계된 사회복지와 관련하여 공무원의 구성은 〈표 12-4〉와 같다. 그리고 보건복지부 통계포털(2016)에 보면, 사회복지전담공무원은 1987년 700명을 시작으로 2005년 9,920명, 2010년 10,399명, 2011년 10,581명, 2012년 13,399명, 2013년 14,977명, 2014년 16,475명으로 조사되고 있다.

〈표 12-4〉 전국 시 · 도별 사회복지 관련 공무원 현황(2013년 2월 말 기준)

시 · 도명	사회복지공무원 현원								
	계	전 담	담 당	세 무	보 건	시 설	농 업	기 능	기 타
전 국	24,769	13,382	9,336	74	421	136	157	741	522
서 울	434	37	222	0	39	6	5	50	75

부 산	135	48	74	0	0	1	0	7	5
대 구	212	27	88	0	15	5	0	49	28
인 천	163	31	106	0	5	0	0	15	6
광 주	123	21	59	0	27	3	0	5	8
대 전	114	24	68	0	0	3	0	19	0
울 산	62	11	46	0	2	1	0	2	0
세 종	40	22	14	0	0	0	0	4	0
경 기	147	31	64	-	35	1	-	5	11
강 원	69	14	37	0	1	1	0	4	12
충 북	81	11	58	0	2	0	0	4	6
충 남	74	14	49	0	3	0	0	0	8
전 북	60	16	30	0	1	2	0	4	7
전 남	60	15	31	0	6	1	0	4	3
경 북	73	17	47	0	6	0	0	1	2
경 남	81	17	48	0	3	0	0	7	6
제 주	45	11	27	0	1	0	0	2	4

출처 : 김성근 · 허용창(2015). 보건복지부 내부자료, p. 47 재인용.

3. 사회복지전담공무원 업무

사회복지사업법 제14조 제3항은 복지전담공무원의 업무를 그 관할지역에서 사회복지를 필요로 하는 사람 등에 대하여 항상 그 생활실태 및 가정환경 등을 파악하고, 사회복지에 관하여 필요한 상담과 지도를 한다고 규정하고 있다. 그리고 사회복지사업법 제2조 제1호와 제14조 제1항은 사회복지사업과 관련한 개별 법령을 통해 사회복지담당공무원이 주로 담당해야 할 제도 및 대상들을 제시하고 있다.

사회복지사업법 제2조 제1호 개별 법령

국민기초생활 보장법, 아동복지법, 노인복지법, 장애인복지법, 한부모가족지원법, 영유아보육법, 「성매매방지 및 피해자보호 등에 관한 법률」, 정신보건법, 「성폭력방지 및 피해자보호 등에 관한 법률」, 입양특례법, 「일제하 일본군위안부 피해자에 대한 생활안정지원 및 기념사업 등에 관한 법률」, 사회복지공동모금회법, 「장애인 · 노인 · 임산부 등의 편의증진 보장에 관한 법률」, 「가정폭력방지 및 피해자보호 등에 관한 법률」, 「농어촌주민의 보건복지증진을 위한 특별법」, 「식품기부 활성화에 관한 법률」, 의료급여법, 기초연금법, 긴급복지지원법, 다문화가족지원법, 장애인연금법, 「장애인활동 지원에 관한 법률」, 「노숙인 등의 복지 및 자립지원에 관한 법률」, 「보호관찰 등에 관한 법률」, 장애아동 복지지원법, 「발달장애인 권리보장 및 지원에 관한 법률」, 청소년복지지원법

이렇게 기본적으로도 많은 업무가 기존의 업무와 더불어 점점 더 사회복지전담공무원들의 업무부담을 증가시켰고, 많은 학자들과 현장에서 일하는 공무원들 가운데에서 '복지깔때기'라고 부르는 논의가 확대되기 시작했다(김성근 · 허용창, 2015). 사회복지전담공무원에게 배정되는 업무상황은 2013년 '사회복지전담공무원들의 자살사건'이 발생하면서 사회복지 전달체계는 담당자들의 업무과중 해소와 더 넓은 범위의 서비스 제공이라는 다소 모순적 과제를 해결해야 할 상황이 되었다. 같은 해 발생한 '송파 세 모녀 자살사건'을 계기로 각종 사회복지제도 사이에 존재하는 사각지대 개선이라는 문제가 제기되면서 사회복지 전달체계의 개선은 이전보다 훨씬 복잡한 문제들을 동시에 해결해야 하는 상황에 직면하게 되었다.

Key Point

- 공공복지는 국민들에게 정신적이고 물질적인 삶을 보장해 인간다운 생활을 영위할 수 있도록 국가가 제공하는 복지를 뜻한다.

- 정부는 다양한 사회복지 전달체계 개편안을 설계하였고 집행을 시도하였다. 시기별로 본다면, 김영삼 정부 때인 1995년에서 1999년의 보건복지사무소 시범사업, 노무현 정부 아래 전반기의 2004년에서 2006년의 사회복지사무소 시범사업, 후반기의 2006에서 2009년 주민생활지원서비스 개편, 이명박 정부 아래 희망복지 전달체계, 2009에서 2011년 사이의 2차례의 개편, 박근혜 정부 아래 맞춤형 복지전달체계 개편 그리고 문재인 정부의 포용적 복지국가 등이 그러한 개편 시도들이다.

- 1987년 대한민국 공공복지 역사에서 최초로 사회복지사들이 전문가로서 인정을 받아 사회복지전담공무원 별정직으로 임용되었다.

Part 05

사회서비스 제도화와 민간지역사회복지실천의 추진체계

사회서비스는 일반적인 의미에서 개인이나 사회 전체의 복지증진 및 삶의 질 향상을 위해서 사회적으로 제공되는 서비스를 의미한다. 사회서비스는 사회복지서비스와 대인사회서비스, 그리고 사회적 보호 등 다양한 용어들과 혼용되고 있지만, 일반적으로 공공행정(일반행정, 환경, 안전), 사회복지(보육, 아동, 장애인, 노인), 보건의료(간병, 간호), 교육(방과 후 활동, 특수교육), 문화(도서관, 박물관, 미술관 등 문화시설 운영), 국방 등을 포함한다. 대부분의 국가에서 노인, 장애인, 아동을 사회서비스의 주요 대상으로 설정하고 있으며, 서비스 내용으로는 돌봄, 기초적 의식 및 주거보장, 보건의료, 교육, 고용 등을 포함하고 있다는 데 공통점이 있다(강혜규, 2007; 사회복지연구센터, 2014). 이러한 점들을 바탕으로 할 때, 사회서비스는 사회적으로 인정된 문제에 대하여 개인과 국가의 집합적인 대응이 필요하고 공동으로 책임지는 지역적인 서비스로 볼 수 있다.

사회적기업 육성법 제2조 제3호는 사회서비스를 교육, 보건, 사회복지, 환경 및 문화 분야의 서비스와 그 밖에 이에 준하는 서비스라고 명시하고 있으며, 사회보장기본법 제3조 제4호에서는 국가 · 지방자치단체 및 민간 부문의 도움이 필요한 모든 국민에게 상담, 재활, 직업의 소개 및 지도, 사회복지시설의 이용 등을 제공하여 정상적인 사회생활이 가능하도록 지원하는 제도라 명시하고 있다.

제5부에서는 이러한 민간지역사회복지실천의 추진체계로서의 중심축을 형성하고 있는 사회복지관, 재가복지, 자원봉사센터, 자활사업, 지역아동센터, 공동모금제도(사회복지공동모금회), 사회복지협의회에 대해 살펴보고자 한다.

Chapter 13

사회복지관[1]

제1절 사회복지관의 개요

1. 사회복지관의 개념

사회복지관은 지역사회를 기반으로 일정한 시설과 전문인력을 갖추고 지역주민의 참여와 협력을 통하여 지역사회복지 문제를 예방하고 해결하기 위하여 종합적인 복지서비스를 제공하는 시설을 말한다. 여기서 지역사회복지란 주민의 복지증진과 삶의 질 향상을 위하여 지역사회 차원에서 전개하는 사회복지를 말한다(보건복지부, 2016).

2. 사회복지관의 목표

사회복지관은 사회복지서비스 욕구를 가지고 있는 모든 지역사회 주민을 대상으로 보호서비스, 재가복지서비스, 자립능력 배양을 위한 교육훈련 등 그들이 필요로 하는 복지서비스를 제공하고, 가족기능 강화 및 주민 상호 간 연대감 조성을 통한 각종 지역사회 문제를 예방하고 치료하는 종합적인 복지서비스 전달기구로서 지역사회 주민의 복지증진을 위한 중심적 역할을 수행하는 목표를 가지고 있다.

1) 이 내용은 보건복지부(2016)의 「2016 사회복지관 운영관련 업무처리 안내」 참고.

3. 사회복지관의 역사

우리나라 사회복지관의 역사는 다음과 같다.

- 1906년 : 원산 인보관 운동에서 사회복지관사업 태동
- 1921년 : 서울에 최초로 태화여자관 설립
- 1926년 : 원산에 보혜여자관 설립
- 1930년 : 서울에 인보관 설치
- 1975년 : 국제사회복지관연합회 회원국 가입
- 1976년 : 한국사회복지관연합회 설립(22개 사회복지관)
- 1983년 : 사회복지사업법 개정으로 사회복지관 운영 국고보조
- 1986년 : 사회복지관 운영 · 국고보조사업지침 수립
- 1989년 : 주택건설촉진법 등에 의해 저소득층 영구임대아파트 건립 시 일정 규모의 사회복지관 건립을 의무화
  사회복지관 설치 · 운영규정 제정
  사회복지법인 한국사회복지관협회 설립
- 2004년 : 사회복지사업법 시행규칙에 사회복지관의 설치기준 신설
- 2012년 : 사회복지사업법 개정

4. 사회복지관의 법적 근거

- 사회복지사업법 제34조의5(정의)
- 사회복지사업법 시행규칙(보건복지부령) 제23조(사회복지관의 설치기준) 및 제23조의2(사회복지관의 운영기준)
- 주택법 제2조 제9호, 주택건설기준 등에 관한 규정 제5조, 제6호

5. 사회복지관 운영의 기본 원칙

사회복지관이 행하는 사회복지사업은 인도주의와 서비스를 필요로 하는 자의 존엄유지를 전제로 지역성, 전문성, 책임성, 자율성, 통합성, 자원활용성, 중립성, 투명성의 원칙하에 수행되고 있다(보건복지부, 2016).

첫째, 지역성의 원칙이다. 사회복지관은 지역사회의 특성과 지역주민의 문제나 욕구를 신속하게 파악하여 사업계획 수립 시 반영하여 지역사회의 문제를 해결하고, 이에 따른 서비스를 제공하여야 하며, 지역주민의 적극적 참여를 유도하여 주민의 능동적 역할과 책임의식을 촉진하여야 한다.

둘째, 전문성의 원칙이다. 사회복지관은 다양한 지역사회 문제에 대처하기 위해 일반적 프로그램과 특정한 문제를 해결할 수 있는 전문적 프로그램이 병행될 수 있도록 지식과 기술을 보유한 전문인력이 사업을 수행하도록 하고, 이들 인력에 대한 지속적인 재교육 등을 통해 전문성을 증진하도록 하여야 한다.

셋째, 책임성의 원칙이다. 사회복지관은 서비스 이용자의 욕구를 충족하고 지역사회 문제를 해결함에 있어서 효과성을 극대화하기 위하여 최선의 노력을 기울여야 한다.

넷째, 자율성의 원칙이다. 사회복지관은 다양한 복지서비스를 효율적으로 제공하기 위하여 사회복지관의 능력과 전문성이 최대한 발휘될 수 있도록 자율적으로 운영하여야 한다.

다섯째, 통합성의 원칙이다. 사회복지관은 사업을 수행함에 있어 지역 내 공공 및 민간 복지기관 간에 연계성과 통합성을 강화시켜 지역사회복지 체계를 효율적이고 효과적으로 운영되도록 하여야 한다.

여섯째, 자원활용성의 원칙이다. 사회복지관은 주민욕구의 다양성에 따라 다양한 기능인력과 재원을 필요로 하므로 지역사회 내의 복지자원을 최대한 동원하고 활용하여야 한다.

일곱째, 중립성의 원칙이다. 사회복지관은 정치활동, 영리활동, 특정 종교활동 등에 이용되지 않게 중립성이 유지되어야 한다.

여덟째, 투명성의 원칙이다. 사회복지관은 자원을 효율적으로 이용하고 운영과정의 투명성을 유지하여야 한다.

제2절 사회복지관 사업대상과 사업내용

1. 사업의 대상

2015년 말 기준 사회복지관은 452개소가 있다. 사회복지관에서는 저소득 취약계층과 지역주민에 대한 실질적인 사회복지서비스가 이루어질 수 있도록 각 사업을 유기적으로 연계하여 실시하고 있다. 따라서 사회복지관 사업의 대상은 사회복지서비스 욕구를 가지고 있는 모든 지역주민이며 다음과 같은 주민을 우선적인 사업의 대상으로 하고 있다.

첫째, 국민기초생활 보장법에 따른 수급자 및 차상위계층
둘째, 장애인, 노인, 한부모가족 및 다문화가족
셋째, 직업 및 취업 알선이 필요한 사람
넷째, 보호와 교육이 필요한 유아·아동 및 청소년
다섯째, 그 밖에 사회복지관의 사회복지 서비스를 우선 제공할 필요가 있다고 인정되는 사람

2. 사업의 기능과 분야 그리고 내용

사회복지관은 지역사회의 특성과 지역주민의 복지욕구에 대한 조사결과를 바탕으로 사업내용을 자율적으로 결정하되, 분야별 사업 및 내용 중에서 해당 사회복지관의 실정에 적합한 프로그램을 선정하여 수행하고 있다. 단, 관할 시장 · 군수 · 구청장이 지역적 특성을 감안하여 필요하다고 인정한 경우에는 예외사항을 두거나 별도의 사업을 개발하고 추진할 수 있다.

사회복지관은 사회복지사업법 시행규칙 제23조의2 제1항에서 〈표 13-1〉과 같이 사무분야와 사업분야별로 이를 수행할 수 있는 직원을 각각 두거나 겸직할 수 있도록 하되, 직원의 수는 사회복지관의 규모 및 수행하는 사업을 고려하여 정하고 있다. 큰 틀에서 사회복지관의 사업내용으로 기능과 사업분야 그리고 사업내용에 대해 살펴보기로 한다.

〈표 13-1〉 사회복지관 사업내용

기 능	사업분야	사업내용
사례관리 기능	사례발굴	개입대상자를 발굴하여 개입계획 수립
	사례개입	개입대상자의 맞춤형 및 사례개입
	서비스 연계	정보제공, 연계, 의뢰
서비스 제공 기능	가족기능 강화	1. 가족관계증진사업 2. 가족기능보완사업 3. 가정문제해결 · 치료사업 4. 부양가족지원사업 5. 다문화가정, 북한이탈주민 등
	지역사회 보호	1. 급식서비스 2. 보건의료서비스 3. 경제적 지원 4. 일상생활 지원 5. 정서서비스 6. 일시보호서비스 7. 재가복지봉사서비스

	교육문화	1. 아동·청소년 사회교육 2. 성인기능교실 3. 노인 여가·문화 4. 문화복지사업
	자활지원 등 기타	1. 직업기능 훈련 2. 취업알선 3. 직업능력 개발 4. 그 밖의 특화사업
지역 조직화 기능	복지네트워크 구축	지역사회연계사업, 지역욕구조사, 실습지도
	주민조직화	주민복지증진사업, 주민조직화사업, 주민교육
	자원개발 및 관리	자원봉사자 개발·관리, 후원자 개발·관리

출처 : 사회복지사업법 시행규칙 별표 3 재구성.

〈표 13-1〉을 바탕으로 하여 사회복지관의 기능별 각 사업분야에 대한 구체적인 사업내용을 살펴보면 다음과 같다.

1) 사례관리 기능

사례관리는 사례발굴, 사례개입, 서비스 연계 사업분야로 나누어져 있다.

(1) 사례발굴

사례발굴은 지역 내 보호가 필요한 대상자 및 위기개입대상자를 발굴하여 개입계획을 수립하는 것이다.

(2) 사례개입

사례개입은 지역 내 보호가 필요한 대상자 및 위기개입대상자의 문제와 욕구에 대한 맞춤형 서비스가 제공될 수 있도록 사례개입하는 것이다.

(3) 서비스 연계

서비스 연계는 사례개입에 필요한 지역 내 민간 및 공공의 가용자원과 서비스에 대한 정보를 제공하고 연계하며 의뢰하는 것이다.

2) 서비스 제공기능

서비스 제공은 가족기능강화사업, 지역사회보호사업, 교육문화사업, 자활지원 등 기타 사업의 기능으로 나누어져 있으며, 각 기능별로 사업이 세분화되어 있다.

(1) 가족기능강화사업

① 가족관계증진사업

가족관계증진사업은 가족구성원 간의 의사소통을 원활히 하고 각자의 역할을 수행함으로써 이상적인 가족관계를 유지함과 동시에 가족의 능력을 개발하고 강화하는 사업이다(예 가족교육, 부모교육, 가족역할훈련, 대인관계훈련, 의사소통 향상교육 등).

② 가족기능보완사업

가족기능보완사업은 사회구조 변화로 부족한 가족기능, 특히 부모의 역할을 보완하기 위하여 주로 아동과 청소년을 대상으로 실시되는 사업이다(예 방과 후 아동보호 및 교육, 청소년 대상 공부방 및 도서관 운영, 사회성 향상, 감성교육, 심성발달 프로그램, 진로탐색 및 지도, 학교사회사업 등).

③ 가정문제해결 · 치료사업

가정문제해결 · 치료사업은 문제가 발생한 가족에 대한 진단과 치료를 하고 사회에 복귀할 수 있도록 하는 지원사업이다(예 장애아동조기교육, 음악 · 놀이 ·

미술·특수치료, 장애인 사회적응, 청소년범죄예방, 약물중독치료, 발달장애인서비스, 아동학대 및 방임 예방, 노인학대 예방, 해체위기가정 예방 등).

④ 부양가족지원사업

부양가족지원사업은 보호대상 가족을 돌보는 가족원의 부양부담을 줄여주고 관련 정보를 공유하는 등 부양가족 대상의 지원사업이다(예 치매가족 지원, 장애인가정 지원 등).

⑤ 다문화가정, 북한이탈주민 등에 관한 사업

다문화가정과 북한이탈주민 등에 관한 사업은 지역 내 이용자 특성을 반영한 사업이다(예 다문화가정 위기문제, 북한이탈주민 적응문제 등).

(2) 지역사회보호사업

① 급식서비스

급식서비스는 지역사회에 거주하는 요보호노인이나 결식아동 등을 위한 식사제공서비스이다(예 식사배달, 밑반찬배달, 경로식당, 무료급식 등).

② 보건의료서비스

보건의료서비스는 노인, 장애인, 저소득층 등 재가복지사업 대상자들을 위한 보건과 의료 관련 서비스이다(예 간병서비스, 물리치료, 재활치료, 보건교육, 방문간호, 영양서비스 등).

③ 경제적 지원

경제적 지원은 경제적으로 어려운 지역사회 주민들을 대상으로 생활에 필요한 현금 및 물품 등을 지원하는 사업이다(예 의료비, 교육비, 생활비 지원, 후원품 제공, 생활용품 지원 등).

④ 일상생활 지원

일상생활 지원은 독립적인 생활능력이 떨어지는 요보호대상자들이 시설이 아닌 지역사회에 거주하기 위해서 필요한 기초적인 일상생활을 지원하는 서비스이다(예 청소, 세탁, 장보기 등 가사서비스, 목욕, 이·미용, 심부름, 차량지원, 주거환경 개선 등).

⑤ 정서서비스

정서서비스는 지역사회에 거주하는 독거노인이나 소년소녀가장 등 부양가족이 없는 요보호대상자들을 위한 비물질적인 지원서비스이다(예 말벗, 안부전화 등 노인정서 지원, 의형제·의부모 관계맺기, 멘토링 등).

⑥ 일시보호서비스

일시보호서비스는 독립적인 생활이 불가능한 노인이나 장애인 또는 일시적인 보호가 필요한 실직자와 노숙자 등을 위한 보호서비스이다(예 노인주간단기보호, 치매노인센터, 장애인 주간단기보호, 실직자 쉼터, 노숙자 쉼터, 공동생활가정 등).

⑦ 재가복지봉사서비스

재가복지봉사서비스는 가정에서 보호를 요하는 장애인, 노인, 소년소녀가정, 한부모가족 등 가족기능이 취약한 저소득 소외계층과 국가유공자와 지역사회 내에서 재가복지봉사서비스를 원하는 사람에게 다양한 서비스를 제공하는 것이다(예 가사, 간병, 정서, 의료, 자립지원서비스 등).

(3) 교육문화사업

① 아동·청소년 사회교육

아동·청소년 사회교육은 주거환경이 열악하여 가정에서 학습하기 곤란하거나 경제적 이유 등으로 학원 등 다른 기관의 활용이 어려운 아동과 청소년에게 필요한 경우 학습내용 등에 대하여 지도하거나 각종 기능교육을 하는 것이다(예 컴퓨터, 피아노, 미술, 태권도, 서예 등).

② 성인기능교실

성인기능교실은 기능습득을 목적으로 하는 성인사회교육사업이다(예 조리사, 이·미용사, 양재, 제과·제빵, 도배사, 에어로빅강사 등).

③ 노인여가·문화

노인여가·문화는 노인을 대상으로 제공되는 각종 사회교육 및 취미교실 운영사업이다(예 체조교실, 생활체육, 단전호흡 등 건강운동교실, 노래교실, 춤교실 등 여가 프로그램, 노인대학, 컴퓨터, 한글교육, 교양교육, 경로당지원사업 등).

④ 문화복지사업

문화복지사업은 일반주민을 위한 여가와 오락 프로그램, 그리고 문화 소외집단을 위한 문화 프로그램과 그 밖에 각종 지역문화행사사업이다(예 일반주민 여가, 장애인문화체험, 영화상영, 춤축제, 음악회 등).

(4) 자활지원 등 기타 사업

① 직업기능훈련

직업기능훈련은 저소득층의 자립능력 배양과 가계소득에 기여할 수 있는 기능훈련을 실시하여 창업 또는 취업을 지원하는 사업이다(예 봉제, 컴퓨터훈련, 공예품제작, 창업교실 등).

② 취업알선

취업알선은 직업훈련 이수자와 기타 취업희망자들을 대상으로 하는 취업에 관한 정보제공 및 알선사업이다(예 가사도우미, 산모도우미, 간병인, 경비직, 조리원, 사무원, 일용직 등).

③ 직업능력개발

직업능력개발은 근로의욕 및 동기가 낮은 주민의 취업욕구 증대와 재취업을 위한 심리·사회적인 지원 프로그램 실시사업이다(예 재활 프로그램, 근로의욕고취 프로그램 등).

④ 그 밖의 특화사업

그 밖의 특화사업으로는 자활공동체 창업, 공동작업장, 노인부업실 등이 있다.

3) 지역조직화 기능

지역조직화 기능은 복지네트워크구축사업, 주민조직화사업, 자원개발 및 관리사업으로 나누어 볼 수 있다.

(1) 복지네트워크구축사업

복지네트워크구축사업은 지역 내 복지기관 및 시설들과 네트워크를 구축함으로써 복지서비스 공급의 효율성을 제고하고, 사회복지관의 지역복지의 중심으로서의 역할을 강화하는 사업이다(예 지역사회연계사업, 지역욕구조사, 실습지도 등).

(2) 주민조직화사업

주민조직화사업은 주민이 지역사회 문제에 스스로 참여하고 공동체 의식을 갖도록 주민조직의 육성을 지원하고, 이러한 주민협력 강화에 필요한 주민의식을 높이기 위한 교육을 실시하는 사업이다(예 주민복지증진사업, 주민조직화사업, 주민교육 등).

(3) 자원개발 및 관리사업

자원개발 및 관리사업은 지역주민의 다양한 욕구충족 및 문제해결을 위해 필요한 인력과 재원 등을 발굴하여 연계 및 지원하는 사업이다(자원봉사자 개발 및 관리, 후원자 개발 및 관리 등).

Key Point

- 사회서비스는 사회복지서비스, 대인사회서비스, 사회적 보호 등 다양한 용어들과 혼용되고 있지만, 일반적으로 공공행정(일반행정, 환경, 안전), 사회복지(보육, 아동, 장애인, 노인), 보건의료(간병, 간호), 교육(방과 후 활동, 특수교육), 문화(도서관, 박물관, 미술관 등 문화시설 운영), 국방 등을 포함한다.
- 사회복지관이란 지역사회를 기반으로 일정한 시설과 전문인력을 갖추고 지역주민의 참여와 협력을 통하여 지역사회복지 문제를 예방하고 해결하기 위하여 종합적인 복지서비스를 제공하는 시설을 말한다.
- 사회복지관 운영의 기본 원칙은 지역성, 전문성, 책임성, 자율성, 통합성, 자원활용성, 중립성, 투명성이다.
- 사회복지관 사업의 내용은 사례관리 기능(사례발굴, 사례개입, 서비스 연계), 서비스 제공기능(가족기능 강화, 지역사회 보호, 교육문화, 자활지원 등), 지역조직화 기능(복지네트워크 구축, 주민조직화, 자원개발 및 관리)이 있다.

Chapter 14

재가복지

제1절 재가복지의 개요

1. 재가복지와 재가복지서비스의 개념

재가복지는 시설복지의 상반되는 개념 또는 시설복지를 보완하는 개념으로 보아야 한다. 재가복지의 기원은 영국의 정신과 치료분야에서 제기되었는데, 정신장애인들이 사회복귀를 위하여 병원과 가정의 중간에서 주간보호나 야간보호서비스를 받을 수 있는 중간시설을 설치하여 그곳을 통해 서비스를 받던 것이 시초였다. 이러한 재가복지서비스는 시설중심의 사회복지를 탈피하는 데 커다란 영향을 미쳤다. 그러나 그것이 시설보호를 부정하는 것이 아니라 오히려 시설보호를 지역사회로 확장하고 개방하는 것이라 할 수 있다. 이러한 생각은 노인, 장애인 등의 복지서비스 분야에도 도입되어 사회복지의 개편에 커다란 영향을 미치게 되었다.

재가복지서비스는 시설보호와 더불어 지역사회복지체계를 구성하는 복지활동의 한 형태로, 여러 가지 도움이 필요한 요보호자(노인, 장애인, 소년소녀가장, 한부모가정, 저소득층 등)를 시설에 수용하지 않고 가정을 중심으로 지역사회에 있는 사회복지시설로 통원하게 하거나 가정봉사원을 가정으로 파견하게 하여 가사원조, 간병, 정서적 지원, 결연 등의 제반 사회복지서비스를 제공하고 요보호자의 기능을 유지・강화하는 동시에 자립할 수 있도록 프로그램을 제공하는 것이다.

2. 재가복지의 등장과 필요성

우리나라에서 재가복지는 노인복지와 장애인복지의 민간분야에서 처음으로 시도되었다. 1980년대 초 한국노인복지회에서 노인결연사업, 상담사업 등을 추진하다가 가정봉사원파견사업으로 확대 실시하였다. 그리고 1980년대 장애인재활협회와 서울장애인종합복지관 등을 중심으로 지역사회중심 재활사업이 실시되었다. 특히 재가복지서비스의 형태로 장애인가정 방문을 통한 상담과 진단치료, 교육 프로그램 등이 시행되었으며, 1990년대에 정부 차원의 지원을 받아 종합적 프로그램으로 발전하게 되었다. 그리고 가정에서 보호를 요하는 장애인, 노인, 소년소녀가장, 모자가정 등 가족부양 기능이 취약한 계층을 중심으로 지역사회 내에서 재가복지서비스를 운영하기 위해 1992년 제7차 경제사회발전 5개년 계획에서 사회복지서비스 분야의 기본 방향을 시설보호에서 재가보호서비스로 확충하고, 선별적인 서비스 중심에서 보편적인 서비스 제공으로, 그리고 사후치료적인 서비스에서 사전예방적인 서비스 강화 등으로 설정하여 1992년부터 재가복지봉사센터가 전국에 설치 및 운영되면서 재가복지사업이 본격적으로 강조되었다.

이러한 재가복지서비스 필요성의 대두는 다음과 같다. 첫째, 시설수용 시 시설병이라는 부정적 면이 나타날 수 있다. 복지시설에서 오랜 기간 생활하면서 시설에의 적응력은 발달하나 오히려 비시설에 부적응한다는 것이다. 즉, 사회적 적응력이 약하게 되는 문제 때문이다. 둘째, 사회복지대상자들을 시설에 입소시켜 서비스를 제공할 경우 수용비용보다 운영비가 더 드는 경제적 낭비의 문제점이다. 즉, 재가복지서비스를 통해 같은 비용으로 많은 대상자들에게 사회복지서비스를 제공하자는 것이다. 결과적으로 시설수용 시 드는 사회적 비용 또는 국가적 재정지원을 절감시켜 효율성을 제고할 수 있는 것이다. 서구의 복지서비스가 탈시설화되는 현상의 근본적인 이유는 여기에 있다. 셋째, 시설보호를 받을 경우 사회적 분리감을 느낄 가능성 때문이다. 시설에 수용된 이용자들을 사회와 격리시킴으로써 사회성원 또는 시민적 자질과 역할을 하기 어렵게 만든다. 따라서 요보호자들에게 사회통합과 정상화의 이념에 입각한 사회복지서비스가 요구된다는 점일 것이다.

제2절 재가복지봉사서비스[1)]

1. 재가복지봉사서비스의 개념

재가복지봉사서비스는 가정에서 보호를 요하는 장애인, 노인, 소년소녀가장, 한부모가정 등 가족기능이 취약한 저소득 소외계층과 국가유공자, 지역사회 내에서 재가복지봉사서비스를 원하는 사람에게 가사 및 간병, 정서적 지원, 의료, 결연 등의 서비스를 제공하는 것이다.

2. 재가복지봉사서비스의 법적 근거

- 사회복지사업법 제41조의2(재가복지서비스)
- 사회복지사업법 제41조의3(보호대상자의 보호자에 대한 지원)
- 사회복지사업법 제41조의4(가정봉사원의 양성)

3. 재가복지봉사서비스의 대상자의 범위

재가복지봉사서비스의 대상자는 지역사회 내 저소득층을 우선으로 하되, 그 범위는 다음과 같다.

---

1) 이 내용은 보건복지가족부(2009)의 「2009년도 사회복지관 운영 관련 업무처리 요령안내」의 재가복지봉사센터 운영안내를 참고. 재가복지봉사서비스는 민간복지서비스 전달체계 개선계획의 일환으로 2010년 1월 1일부터 종합사회복지관 부설 재가복지봉사센터가 종합사회복지관의 재가복지봉사서비스로 흡수·통합되었다.

첫째, 국민기초생활 보장 수급자

둘째, 저소득층 가정으로서 재가복지서비스가 필요하다고 인정되는 자(무의탁 국가유공자 및 유족 등)

셋째, 미신고시설 생활자(장애인, 부녀, 아동, 노인 등)

넷째, 재가복지봉사서비스를 필요로 하는 지역주민

4. 재가복지봉사서비스의 기능과 역할

재가복지봉사서비스는 다음과 같은 다양한 기능과 역할을 수행한다. 첫째, 조사와 진단의 역할이다. 재가복지봉사서비스의 대상자 및 가정의 욕구조사와 문제진단을 통해 필요한 서비스의 종류를 선정한다. 둘째, 서비스 제공의 역할이다. 재가복지봉사서비스 대상별로 측정된 요구와 문제의 진단결과에 따라 직간접적 서비스를 제공한다. 셋째, 자원 동원 및 활용의 역할이다. 재가복지봉사서비스의 내실화와 대상자 및 가정의 욕구와 문제를 해결하기 위해 지역사회의 인적 및 물적 자원을 동원하고 활용한다. 넷째, 교육기관의 역할이다. 자원봉사자 및 지역사회 주민에게 사회복지사업 및 취미와 교양 등에 관한 교육을 한다. 다섯째, 지역사회 연대의식 고취의 역할이다. 지역사회 내의 인적·물적 연계를 통한 계층 간 연대감을 고취시킨다. 여섯째, 사업평가의 역할이다. 재가복지봉사서비스를 평가하기 위하여 서비스 기능, 분야별 효과와 자원 동원 및 활용 효과를 자체평가(feedback)하고 그 결과가 사업에 활용되도록 한다.

5. 재가복지봉사서비스 운영의 기본 원칙

재가복지봉사서비스의 운영원칙은 다음과 같다. 첫째, 적극성의 원칙이다. 서비스대상자의 요청을 기다리지 말고 적극적으로 서비스 욕구를 발굴하여 서비스를 제공하여야 한다. 둘째, 능률성의 원칙이다. 최소의 비용으로 최대의 효과를 거두기 위해 인적·물적자원을 효율적으로 운영하여야 한다. 셋째,

연계성의 원칙이다. 다양한 서비스 욕구를 적절히 수행하기 위해서는 행정기관, 사회봉사단체 등 관련 기관과 수시 연계체제를 갖추고 알선, 의뢰, 자원봉사 등을 수행하여야 한다. 넷째, 자립성의 원칙이다. 서비스 대상자의 신체적·정신적·사회적 자립 및 자활조성에 주안점을 두어야 한다.

6. 재가복지봉사서비스의 내용

재가복지봉사서비스는 요보호대상자의 인구학적 특성과 욕구유형에 따라 필요하다고 판단되는 서비스를 제공한다. 재가복지봉사서비스의 주요 내용은 다음과 같다.

① 가사서비스 : 집안 청소, 식사 준비 및 취사, 세탁, 청소 등
② 간병서비스 : 안마, 병간호 수발, 병원 안내 및 동행, 통원 시 차량 지원, 병원수속 대행, 보건소 안내, 약품 구입, 체온측정, 신체운동, 집안 청소 등
③ 정서적 서비스 : 말벗, 상담, 학업지도, 책 읽어주기, 여가지도, 취미활동 제공, 행정업무
④ 결연서비스 : 서비스대상에 대한 생활용품 및 용돈 등의 재정적 지원 알선, 의부모·의형제 맺어주기 등의 서비스
⑤ 의료서비스 : 지역의료기관, 보건기관과의 연계·결연을 통한 정기 또는 수시방문 진료
⑥ 자립지원서비스 : 탁아, 직업보도, 기능훈련, 취업알선 등
⑦ 주민교육서비스 : 보호대상자의 가족, 이웃, 친지 등을 포함한 지역주민을 위한 재가보호서비스 요령 및 방법교육

Key Point

- 재가복지서비스는 시설보호와 더불어 지역사회복지 체계를 구성하는 복지활동의 한 형태로, 여러 가지 도움이 필요한 요보호자(노인, 장애인, 소년소녀가장, 한부모가정, 저소득층 등)를 시설에 수용하지 않고 가정을 중심으로 지역사회에 있는 사회복지시설로 통원하게 하거나 가정봉사원을 가정으로 파견하게 하여 가사원조, 간병, 정서적 지원, 결연 등의 제반 사회복지서비스를 제공하고 요보호자의 기능을 유지 · 강화하는 동시에 자립할 수 있도록 프로그램을 제공하는 것이다.

- 재가복지봉사서비스는 가정에서 보호를 요하는 장애인, 노인, 소년소녀가장, 한부모가정 등 가족기능이 취약한 저소득 소외계층과 국가유공자, 지역사회 내에서 재가복지봉사서비스를 원하는 사람에게 가사 및 간병, 정서적 지원, 의료, 결연 등의 서비스를 제공하는 것을 말한다.

- 재가복지봉사서비스 운영의 원칙은 적극성, 능률성, 연계성, 자립성이다.

- 재가복지봉사서비스는 가사서비스, 간병서비스, 정서적 서비스, 결연서비스, 의료서비스, 자립지원서비스, 주민교육서비스 등이 있다.

Chapter 15

자원봉사센터[1]

제1절 자원봉사센터의 개요

1. 자원봉사의 역사

우리나라 자원봉사의 역사는 1900년대 초의 도입기를 거쳐 확립기를 지나 지금은 확대기에 있다. 간단한 역사를 살펴보자. 먼저 도입기(1903~1950년대)는 1903년의 기독교청년회(YMCA) 창립을 계기로 비롯되었다. 그리고 1921년에는 마이어스(Myers) 선교사에 의해 우리나라 최초의 인보관인 태화기독교사회관이 설립되어 여성계몽과 아동건강증진활동을 중심으로 전개되었다. 이러한 행위는 해방 후에도 형식적이고 비형식적인 계몽운동과 봉사활동이 사회의 엘리트인 학생들을 중심으로 방학기간 중 또는 여가시간을 이용하여 이루어졌다. 둘째, 확립기(1960~1970년대)로 적십자운동을 중심으로 보다 조직적으로 활성화되었다. 특히 약 21개의 사회복지 관계법령이 제정되어 자원봉사활동을 보호하고 육성하게 되었으며 단계적으로 제도화되었다. 더불어 자원봉사활동은 대학생 농촌계몽운동, 새마을운동 등 전국적으로 자원봉사자의 개발과 제도적 활용이 점차 확대되었다. 그리고 확대기(1980~현재)는 경제수준의 향상과 국민의식의 증대, 그리고 가족구조의 변화로 자원봉사에 대한 관심이 고조되고 있

1) 이 내용은 행정자치부 민간협력과(2016). 「자원봉사 활성화를 위한 자원봉사센터 운영지침」 참고.

다. 민주화운동, 사회행동, 지방자치제의 실시 등으로 지역주민의 참여기회가 확대되었으며, 지역주민의 자발적인 참여는 자원봉사활동을 촉진하였다. 이러한 역사는 대학생 농촌계몽운동, 새마을운동 등으로 사회봉사활동의 영역이 점차 확대되었고, 2005년 자원봉사활동 기본법 제정으로 자원봉사의 제도적 기반이 구축되게 된다. 특히 박근혜 정부는 2014년부터 봉사정신에 입각한 지구촌 새마을운동을 추진하고 있다.

2. 자원봉사와 자원봉사센터의 개념

자원봉사라는 말을 문자가 뜻하는 그대로 해석하면 '**스스로 원해서 받들고 섬긴다**'는 의미가 담겨 있는 한자말이다. 자원봉사활동의 본래 의미는 인간이 가지고 있는 자유의지를 나타내는 것이다. 따라서 자원봉사는 인간을 사랑하는 마음을 가진 사람이 누구의 강요를 받아서가 아니라 자기 스스로 결정해서 남을 위해 또는 내가 사는 지역사회의 복지를 위해 자신의 정신적·육체적 자원을 바탕으로 어떤 계획을 가지고 대가를 바라지 않으면서 일정한 기간 동안 지속적으로 무보수로 행하는 활동이라 할 수 있다. 인간은 사회를 만들어 그 속에서 서로 돕고 어려움도 함께 극복하면서 인종이나 계급, 성별, 학력, 직업, 신체조건에 관계없이 인간이라는 존재를 귀하게 여기고 서로를 사랑하면서 살아간다. 우리는 누군가가 어려움에 처하게 되면 도와주고 싶은 마음이 저절로 생겨나는데 이것이 자원봉사의 출발이며 다음과 같은 특성이 있다.

첫째, 자발성이다. 자원봉사는 지역사회와 이웃의 문제를 자신의 일로 받아들여 스스로 해결하고자 노력하는 것이다.

둘째, 공익성이다. 자원봉사는 개인이나 가족의 이해를 뛰어넘어 다른 사람들의 안녕과 복지 나아가 사회 전반적인 삶의 질을 향상시키는 것이다.

셋째, 무보수성이다. 자원봉사의 대가로 정신적인 보람과 만족 외에는 아무런 반대급부(보수, 권력, 지위 등)도 바라지 않는 것이다.

넷째, 지속성이다. 자원봉사는 한두 번에 끝나는 것이 아니라 꾸준히 실천하는 것이다.

자원봉사센터는 지역사회의 문제해결을 위해 지역사회 내에서 자원봉사에 대한 인식을 증진시키고, 다양한 자원봉사자들의 참여를 촉진하고 개발하고 육성한다. 그리고 자원봉사센터는 지역사회 자원을 개발하고 조직하고 연계하여 자원봉사자를 필요로 하는 기관과 단체들의 자원봉사자 수급과 관리를 지원하여 효과적인 자원봉사가 이루어지도록 지원하는 곳이다. 자원봉사센터는 정부나 기관의 제도화된 서비스만으로는 해결되지 않는 지역사회의 욕구가 있음을 발견한 개인이나 집단들이 필요성을 제기함으로써 자원봉사자를 필요로 하는 기관 및 시설과 자원봉사를 하고 싶어도 어디서, 무엇을, 어떻게 해야 하는지 잘 모르는 사람들을 서로 연결시키는 것으로 시작된다.

3. 자원봉사센터의 법적 근거와 추진체계

자원봉사센터의 법적 근거는 자원봉사활동 기본법 제19조의 제1항 및 제3항(자원봉사센터의 설치 및 운영)과 자원봉사활동 기본법 시행령에 나타나 있다. 자원봉사활동의 추진체계는 |그림 15-1|과 같다.

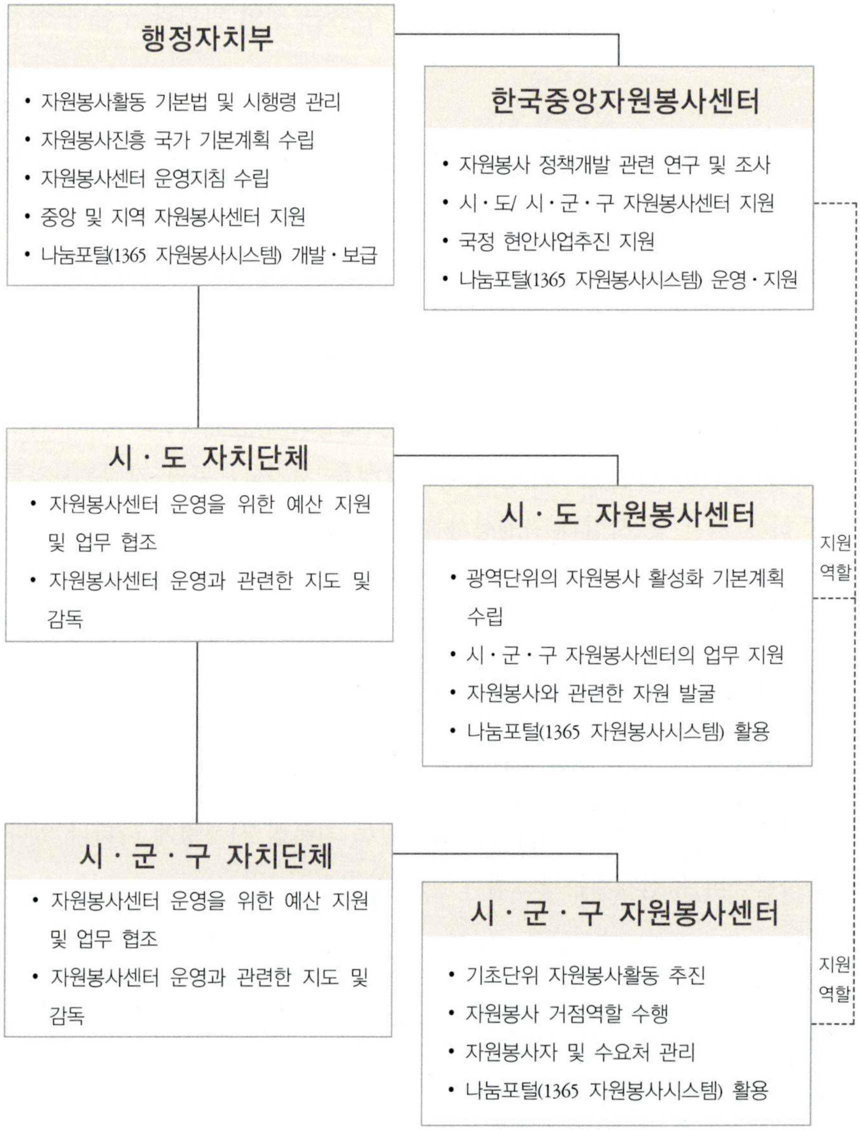

|그림 15-1| 중앙-광역시 · 도-시 · 군 · 구 추진체계

출처 : 행정자치부 민간협력과(2016).

제2절 자원봉사센터 조직

1. 자원봉사센터의 기능과 역할

현재 각 자치단체에 설치되어 있는 각종 자원봉사센터들은 각 부처의 목적에 맞게 설립되어 운영되고 있다. 정부부처에 따라 서로 다른 성격의 설립형태를 보여주고 있고 정부지원의 근거 법도 다르며 센터의 기능에서도 서로 다른 양상을 나타내고 있다. 행정안전부가 설립하고 주도적으로 운용하고 있는 자원봉사센터의 기능과 역할에 대해 살펴보면 다음과 같다. 첫째, 지역사회 문제의 발굴이다. 지역사회 내의 심각한 사회문제 또는 현안문제들을 대상으로 프로그램을 개발하여 지역사회의 발전을 체계적으로 수행한다. 둘째, 자원봉사자의 유치와 지역사회 연계이다. 자원봉사활동을 희망하는 사람과 자원봉사자를 필요로 하는 지역사회나 기관 또는 개인을 체계적으로 유치하고 관리하여 적절하게 연계하는 기능을 한다. 셋째, 자원봉사자에 대한 인정과 보상이다. 자원봉사에 대한 지속성을 담보하여 자원봉사가 일회성으로 끝나는 것이 아니라 수요처에 지속적으로 도움을 줄 수 있도록 하기 위하여 자원봉사자를 유인하는 사회심리적인 보상 프로그램을 제공한다. 넷째, 자원봉사 관련 자료 및 정보제공이다. 자원봉사센터는 지역 내의 교류협력체계 구축 및 운영으로 자원봉사 수요처에 대한 정보는 물론 지역 내 자원봉사 관련 각 센터의 조직화를 통한 유기적 정보자료의 공유 및 상호 활성화할 수 있는 협력체계를 유지한다. 자원봉사센터의 이러한 역할과 기능을 강화하기 위해 자원봉사센터 역할을 명확히 규정하여 자원봉사센터와 자원봉사단체 간 역할 중복으로 인한 혼선방지를 위한 기본 방향을 설정하고 있다. 또한 〈표 15-1〉과 같이 중앙센터, 광역센터와 기초센터 간 역할정립을 통해 자원봉사 활성화를 위한 체계적인 업무추진을 하고 있다(행정자치부 민간협력과, 2016).

〈표 15-1〉 자원봉사센터의 역할 구분

중앙센터	광역센터	기초센터
• 자원봉사 정책 개발 및 연구 • 중앙단위 자원봉사기관·단체, 기업과 협력체계 구축 • 지역자원봉사센터 지원 및 협력 • 자원봉사 아카이브 운영 • 자원봉사 국제교류 및 협력 • 나눔포털(1365 자원봉사시스템) 위탁운영 • 재난 대응 및 지원체계 구축 • 자원봉사 확산을 위한 홍보 및 문화행사 • 그 밖에 자원봉사 진흥에 기여할 수 있는 사업추진	• 중앙센터 및 시·군·구센터와 협력체계 구축 • 광역단위 기관·단체, 기업과의 협력 • 시·군·구 자원봉사 관리자 및 지도자 대상교육 • 자원봉사 프로그램 개발·보급 • 지역 자원봉사 활성화를 위한 조사·연구 • 나눔포털(1365 자원봉사시스템) 서비스 이용 및 회원정보 관리·운영 • 그 밖에 특별시·광역시·도 지역의 자원봉사 진흥에 기여할 수 있는 사업	• 기초단위 기관·단체들과의 협력체계 구축 • 읍·면·동 자원봉사자 모집 및 교육·홍보 • 자원봉사활동 수요처에 자원봉사자 배치 • 자원봉사 프로그램 운영 • 지역자원봉사 및 공동체 활성화의 거점역할 수행 • 자원봉사 관련 정보의 수집 및 제공 • 나눔포털(1365 자원봉사시스템) 서비스 이용 및 회원정보 관리·운영 • 그 밖에 시·군·구 지역의 자원봉사 진흥에 기여할 수 있는 사업

2. 자원봉사센터의 조직 및 인력구성

자원봉사센터는 법인으로 운영하거나 비영리법인에게 위탁하여 운영하는 등 민간주도 운영을 원칙으로 한다. 또한 자원봉사센터 운영의 전문화를 위해 일정 자격요건을 갖춘 인력을 자원봉사센터의 장으로 선임(자원봉사활동 기본법 시행령 제14조 제1항 각 호)하도록 하고 있다. 그리고 자원봉사센터의 원활한 운영을 위한 정책결정기구로 운영위원회를 구성하여야 한다. 시·도 자원봉사센터 조직구성은 자원봉사 활성화를 효과적으로 추진할 수 있도록 조직을 구성하고 운영하여야 한다. 광역자치단체는 인구규모, 자원봉사자 규모 등 지역 자원봉사 환경을 고려하여 자원봉사센터가 효과적으로 운영될 수 있도록 조직 및 인력을 구성하여야 한다. 시·군·구는 지역의 자원봉사 수요에 효과적으로 대응할 수 있도록 자원봉사센터를 운영하여야 하며, 인구규모에 따라 대도시형 · 중도시형 · 소도시형으로 구분하고 있다.

3. 자원봉사활성화 지원

자원봉사활성화 지원은 자원봉사 참여 확대와 지속성을 강화하는 방향으로 자원봉사활동 시간인증(1일 8시간 이내 인정 원칙) 및 인정 프로그램을 실시하고 있다. 자원봉사 인정 프로그램 대상자 선정기준 등은 각 지방자치단체별로 자율적으로 결정된다. 자원봉사실적 적립활용은 자원봉사실적 관리를 통한 증명서 발급 등 소속감과 인정감을 부여하여 자원봉사자에 대한 사기진작 등에 목적이 있다. 〈표 15-2〉는 자원봉사 인정 프로그램 유형과 인정 프로그램의 내용을 예시로 나타낸 것이다.

〈표 15-2〉 인정 프로그램 유형 및 내용 예시

유 형	인정 프로그램의 내용
정서적 인정	• 감사카드, 축하카드(생일, 성년 등), 연하장, 휴대폰 문자 등 • 언어적 · 비언어적 감사의 표시와 관심 표현
기회의 인정	• 국내외 행사 참석기회, 보건소 무료 건강검진 기회 • 전문 심화교육, 워크숍 참석기회 • 국내 · 외 연수, 테마여행 기회
상징적 인정	• 각종 기념품, 활동조끼, 자원봉사자 수첩 제공 • 자원봉사자 배지(누적 봉사활동 시간에 따른 금 · 은 · 동 배지) • 자원봉사자(리더) 명함 제작 또는 자원봉사 인증패 증정 • 이달의 모범 자원봉사자 선정 또는 봉사왕 선정 등
간접적 · 경제적 인정	• 주차할인권, 공공시설 및 복지관 프로그램 이용료 할인 • 놀이공원, 공연관람료 할인 또는 무료티켓 등 제공 • 할인쿠폰 제공(할인가맹점 이용)
사회적 인정	• 추천이나 추천서 제공 • 우수 자원봉사자 표창, 정부포상 추천 • 지역 또는 전국적 미디어 활용 홍보 • 상급학교 진학 시 경력 인정

이 외에도 자원봉사 활성화 지원방안으로는 자원봉사자 보험, 자원봉사센터 코디네이터 운영, 자원봉사 홍보, 자원봉사 유공자 포상, 자원봉사센터 거점 운영 등이 제시되고 있다.

Key Point

- 자원봉사란 인간을 사랑하는 마음을 가진 사람이 누구의 강요를 받아서가 아니라 자기 스스로 결정해서 남을 위해 또는 내가 사는 지역사회의 복지를 위해 자신의 정신적·육체적 자원을 바탕으로 어떤 계획을 가지고 대가를 바라지 않으면서 일정한 기간 동안 지속적으로 무보수로 행하는 활동이다. 따라서 자발성, 공익성, 무보수성, 지속성의 특성을 가진다.

- 자원봉사센터는 중앙센터, 광역센터, 기초센터로 역할이 구분되어 있다.

- 자원봉사 활성화 지원은 자원봉사 참여확대와 지속성을 강화하는 방향으로 자원봉사 활동 시간인증 및 인정 프로그램을 실시하고 있다.

Chapter 16

자활사업[1]

제1절 지역자활사업

1. 자활사업의 목적과 추진체계

자활사업은 근로능력자의 기초생활을 보장하는 국민기초생활 보장제도를 도입하면서 근로역량 배양 및 일자리 제공을 통해 탈빈곤을 지원하고 자활사업을 통해 근로능력 있는 저소득층이 스스로 자활할 수 있도록 자활능력 배양과 기능습득 지원 및 근로기회 제공을 목적으로 하고 있다. 그리고 자활사업의 추진체계는 |그림 16-1|과 같이 보건복지부와 시·도로 연결되는 중앙자활센터와 시·도와 시·군·구로 연결되는 광역자활센터, 그리고 시·군·구와 읍·면·동으로 연결되는 지역자활센터로 형성되어 있다.

1) 이 내용은 보건복지부(2016). 2016년 자활사업 안내(Ⅰ)의 내용을 참고로 하여 구성.

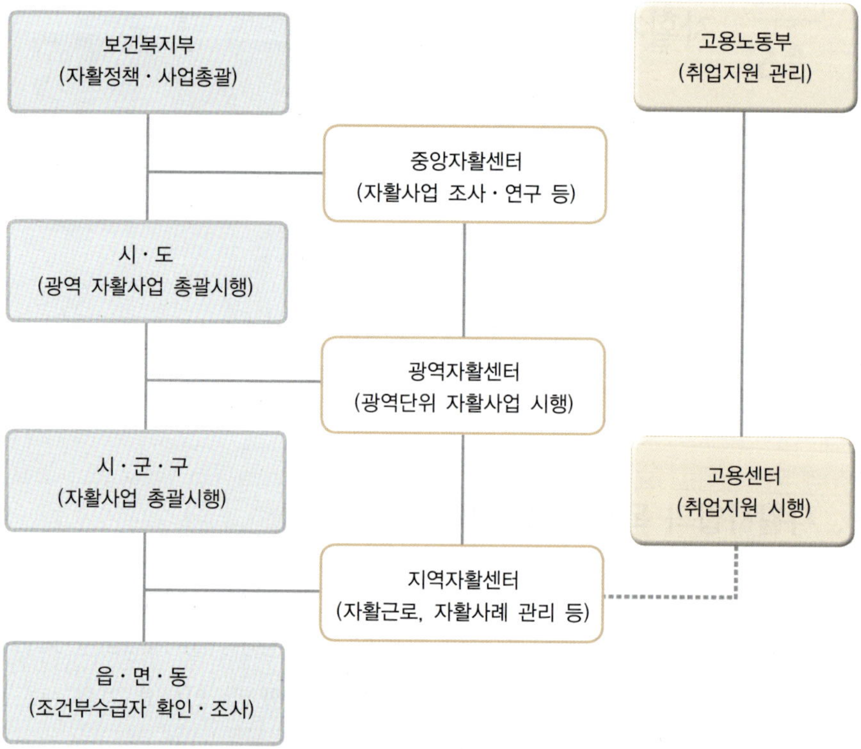

|그림 16-1| 자활사업의 추진체계

출처 : 중앙자활센터 홈페이지(http://www.cssf.or.kr).

2. 자활사업 연혁

자활사업의 연혁은 다음과 같다.

- 1961년 : 생활보호법 제정
- 1974년 : 생활보호사업의 일환으로 취로구호사업 실시
- 1985년 : 취로구호사업을 취로사업으로 명칭 변경
- 1996년 : 자활지원센터 시범사업 실시(전국 5개소)
- 2000년 7월 : 읍 · 면 · 동 50개소 확대지정(1999년 20개소 → 70개소)

- 2000년 10월 : 국민기초생활 보장법 시행(제정 1999. 9. 7)
  - 근로능력자에 대해 근로유인을 위한 소득공제 실시, 조건부 수급자 제도를 통한 자활사업 참여의무 부과, 가구별 종합자활지원계획을 수립하여 체계적인 자활지원
- 2004년 : 광역자활센터(3개소) 시범사업 실시(2004. 1.~2006. 12), 자활근로사업 다양화 추진
- 2006년 : 읍 · 면 · 동을 지역자활센터로 명칭 변경, 자산형성지원(IDA) 도입추진 T/F 구성
- 2008년 : 중앙자활센터 설립 허가 및 운영 – 광역자활센터 확대 설치(3개소)
- 2009년 : 자활인큐베이팅 사업 실시
  - 희망리본사업 실시(2개소, 2천 명)
  - 광역자활센터 확대 설치(1개소)
- 2011년 : 희망리본사업 확대(7개소, 4천 명), 희망키움통장 확대(1.5만 가구), 자활사례조정회의 시범사업 실시(48개 시 · 군 · 구)
- 2014년 : 희망리본사업 확대(10천 명 → 12천 명)
  희망키움통장 차상위계층으로 확대(2014. 7., 10천 가구), 광역자활센터 확대 설치(10개소 → 14개소)
- 2015년 : 희망리본 고용노동부 이관
- 2016년 : 자활장려금(자활소득공제 포함)사업 종료, 저소득층 생업자금 융자사업 종료

제2절 자활사업 대상자 선정 및 조건부과

1. 자활사업의 법적 근거

자활사업의 법적 근거는 국민기초생활 보장법 제9조 제5항과 국민기초생활 보장법 시행령 제3조, 제7조, 제8조에 각각 그 근거를 두고 있다.

2. 자활사업의 대상자 선정

자활사업의 대상자 선정은 국민기초생활 보장법에 따라 수급권자를 자활사업에 참여시키기 위한 사전조치로서 근로능력의 유무를 판정한다. 근로능력 평가 대상자는 생계와 의료급여 수급권자에 한정되며, 주거와 교육급여 수급권자는 근로능력 평가의 대상이 아니다. 근로능력이 있는 수급자에 대하여 |그림 16-2|와 같이 조건부과 및 유예를 결정하고 확인조사 등 자활사업 대상자의 선정과 관리에 필요한 조치를 안내한다.

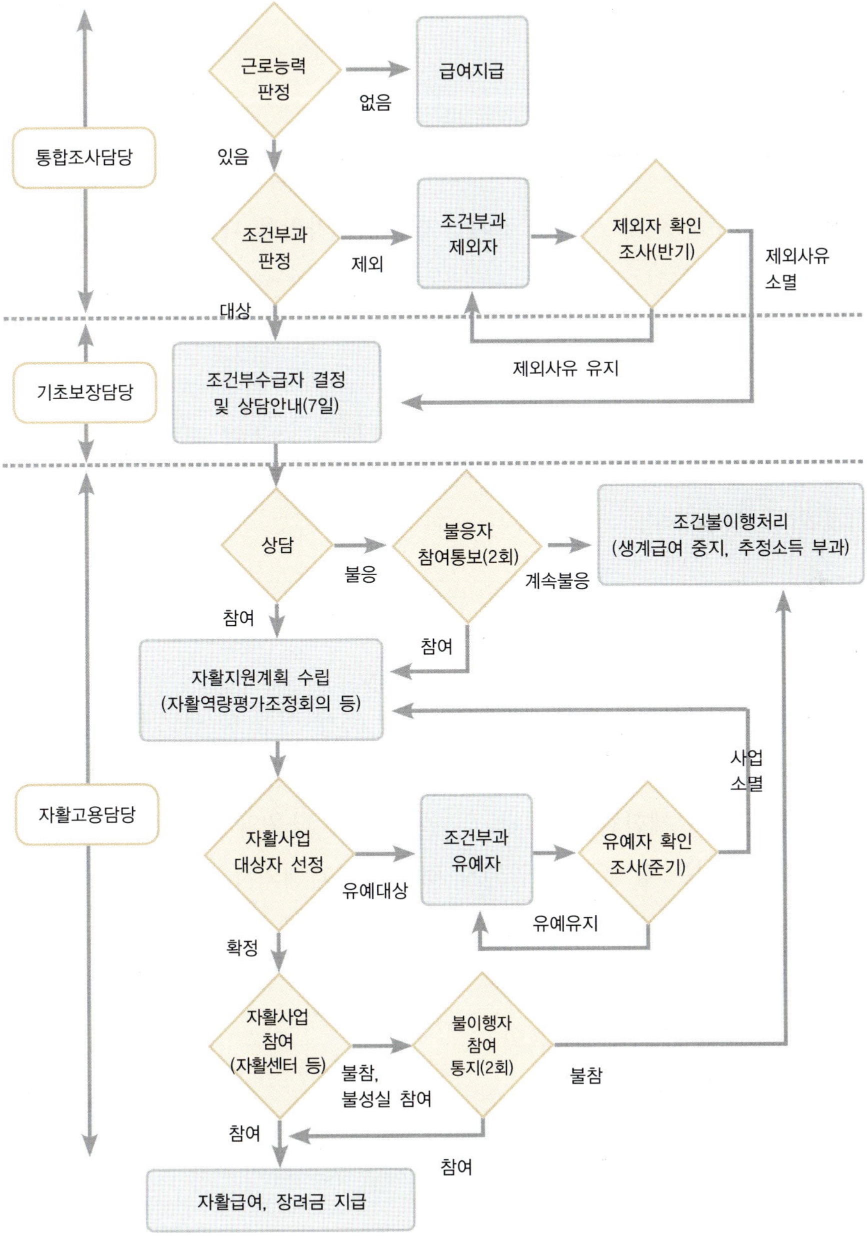

|그림 16-2| 자활대상자 선정 및 관리 절차

출처 : 보건복지부(2016). 2016년 자활사업 안내(Ⅰ), p. 11.

3. 자활사업의 참여자격

1) 조건부수급자

조건부수급자는 자활사업 참여를 조건으로 생계급여를 지급받는 수급자를 말하며 조건부과 여부 판단은 생계급여수급(권)자만을 대상으로 한다.

2) 자활급여특례자

자활급여특례자는 생계 및 의료급여수급자가 자활근로, 자활기업 등 자활사업 및 취업성공패키지(고용노동부)에 참가하여 발생한 소득으로 인하여 소득인정액이 기준 중위소득의 40%를 초과한 자로 하고 있다.

3) 일반수급자

일반수급자는 자활사업 참여 희망자로 만 65세 이상 등 근로무능력자도 희망 시 참여 가능하다. 단, 정신질환자, 알코올질환자 등은 시·군·구청장의 판단하에 참여가 제한될 수 있다. 일반수급자는 다음의 경우로 구분된다. 첫째, 근로능력 없는 생계급여수급권자 및 조건부과제외자, 둘째, 의료·주거·교육급여수급(권)자이다.

4) 특례수급가구의 가구원

특례수급가구의 가구원은 의료급여특례, 이행급여특례가구의 근로능력 있는 가구원 중에서 자활사업 참여를 희망하는 자이다.

5) 차상위자

차상위자는 근로능력이 있고, 소득인정액이 기준 중위소득 50% 이하인 사람 중에서 비수급권자, 그리고 소득인정액이 최저생계비의 120% 이하인 자로서 한국 국적의 미성년 자녀를 양육하고 있는 국적 미취득의 결혼이민자를 포함한다. 만 65세 이상 등 근로능력이 없는 차상위자가 자활사업 참여를 원할 경우 시 · 군 · 구의 자활사업 및 지원예산과 자원의 여건을 감안하여 시 · 군 · 구청장 결정에 따라 참여 가능하다.

6) 근로능력이 있는 시설수급자

근로능력이 있는 시설수급자는 시설수급자 중에서 생계와 의료급여 수급자(행복e음 보장결정 필수)이다. 그리고 일반시설생활자(주거 · 교육급여 수급자 및 기타)는 차상위자 참여절차를 준용한다(그림 16-3).

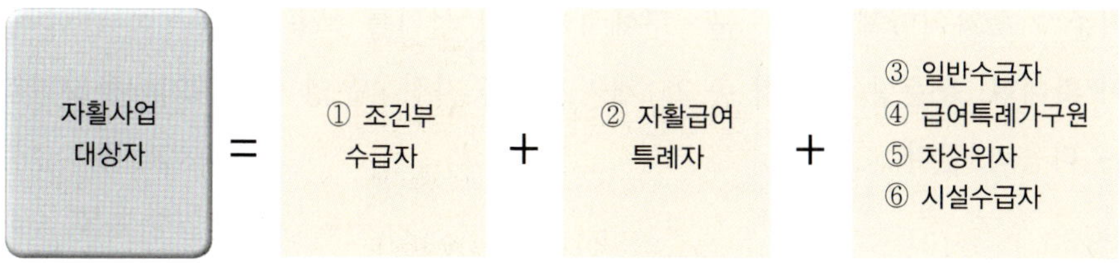

- 의무참여 : ①, 희망참여 : ②~⑥ - 수급자 : ①②③ - 참여우선순위 : ① ➜ ② ➜ ③④⑤⑥

|그림 16-3| 자활사업 참여자격

출처 : 보건복지부(2016). 2016년 자활사업 안내(Ⅰ), p. 11.

제3절 자활사업 지원체계 : 지역자활센터

지역자활센터는 국민기초생활 보장법 제16조, 국민기초생활 보장법 시행령 제22조, 국민기초생활 보장법 시행규칙 제27~30조에 그 근거를 두고 있다.

1. 지역자활센터의 목적 및 추진경과

지역자활센터는 근로능력 있는 저소득층에게 집중적이고 체계적인 자활지원서비스를 제공함으로써 자활의욕 고취 및 자립능력 향상을 지원하고 기초수급자 및 차상위계층의 자활촉진에 필요한 사업을 수행하는 핵심 인프라로서의 역할을 수행함을 그 목적으로 하고 있다. 지역자활센터의 현황은 2016년 기준 기초자치단체인 시·군·구에 1개소씩 설치를 목표로 〈표 16-1〉과 같이 확대형, 표준형, 기본형 총 251개[2] 기관을 지정·운영 중에 있다. 추진경과는 다음과 같다.

- 1996년 : 시범사업 실시 이후 2000년까지 70개소 지정·운영
- 2001년 : 내실 있는 자활사업 추진여건 조성을 위해 169개 기관으로 확대
- 2002년 : 30개소 추가 지정하였으나, 7개 기관은 지정취소 또는 반납
- 2003년 : 지역자활센터 미지정 지역에 17개소 추가 지정
- 2004년 : 지역자활센터가 미지정된 지역을 중심으로 지역자활센터 33개소 신규 지정
- 2006년 12월 28일 : 국민기초생활 보장법 개정으로 지역자활센터로 명칭 변경
- 2010년 12월 27일 : 지역자활센터 5개소 신규 지정(2011년부터 운영)
- 2015년 12월 : 지역자활센터 6개소 신규 지정(2개소 취소, 2016년부터 운영)

2) 지역자활센터 미설치 지역 : 인천광역시 옹진군 등 12개 시·군·구

〈표 16-1〉 지역자활센터 규모 및 지역여건에 따른 유형분류 현황

구 분	계	확대형	표준형	기본형
계	251	67	124	60
도시형	125	(52개소) 서울(강남, 강동, 강북, 강서, 강서등촌, 강서방화, 관악, 관악봉천, 광진, 금천, 동대문, 마포, 서대문, 성동, 성북, 양천, 영등포, 은평, 중랑유린), 부산(금정, 남구, 동구, 부산진, 북구, 북구희망, 사상, 연제, 해운대), 인천(계양, 남구, 남동구, 부평, 부평남부, 서구, 연수), 광주(광산, 광산어등, 남구, 북구동신, 북구일터, 북구희망, 서구, 서구상무), 대전(동구, 중구), 경기(의정부), 전북(전주, 전주덕진), 전남(목포), 경북(포항, 포항나눔), 경남(김해)	(55개소) 서울(구로, 구로삶터, 노원, 노원남부, 노원북부, 도봉, 동작, 송파, 서초, 용산, 종로, 중구), 부산(동래, 사하두송, 사하, 서구, 수영, 영도), 대구(남구, 달서, 동구, 북구, 서구, 수성구, 중구), 인천(남구 미추홀, 동구, 중구), 대전(대덕구, 서구), 울산(남구), 경기(광주, 군포, 김포, 남양주, 부천나눔, 부천소사, 부천원미, 성남, 성남만남, 수원, 수원우만, 수원희망, 시흥일꾼, 시흥작은자리, 안산, 안양, 화성), 충북(청주), 충남(천안), 전남(순천), 경북(경산, 구미), 경남(양산, 마산)	(18개소) 부산(중구), 대구(달서행복), 광주(동구), 대전(유성), 울산(동구, 북구, 중구), 경기(고양, 광명, 구리, 안산양지, 오산, 파주), 충남(아산), 경남(거제, 마산희망, 진해, 창원)
도농복합형	57	(14개소) 대구(달성), 강원(강릉, 원주, 춘천), 충북(충주), 전북(김제, 남원, 익산, 익산원광, 정읍), 경북(안동), 경남(진주), 제주(제주 수눌음, 제주 이어도)	(35개소) 부산(강서, 기장), 울산(울주), 세종(세종, 세종남부), 경기(양주, 용인, 이천, 평택, 포천, 하남), 강원(동해, 삼척, 속초반야), 충북(제천), 충남(공주, 논산, 당진, 보령, 서산), 전북(군산, 군산한마음, 완주), 전남(광양, 여수, 여수시민, 화순), 경북(경주, 김천, 문경, 상주, 영주, 칠곡), 경남(밀양, 사천)	(8개소) 경기(안성맞춤), 충남(예산, 홍성), 전남(나주), 경북(영천), 경남(통영), 제주(서귀포오름, 서귀포일터나눔)

		(1개소)	(31개소)	(34개소)
농촌형	69	전북(고창)	인천(강화), 경기(여주), 강원(고성, 양양, 정선, 태백, 횡성, 철원), 충북(단양, 음성), 충남(금산, 서천), 전북(부안, 임실, 진안), 전남(강진, 구례, 곡성, 무안, 보성, 영광, 영암, 장성, 장흥, 해남), 경북(영덕, 울진, 의성), 경남(거창, 고성, 창녕, 함안, 함양, 합천)	경기(양평), 강원(영월, 인제, 평창, 홍천, 화천), 충북(괴산, 보은, 영동, 옥천, 증평, 진천, 청원), 충남(부여, 청양, 태안), 전북(무주, 순창, 장수), 전남(고흥, 담양, 신안, 완도, 진도, 함평), 경북(고령, 군위, 봉화, 성주, 예천, 청도), 경남(남해, 산청, 하동)

출처 : 보건복지부(2016). 2016 지역자활사업 안내(Ⅰ), p. 164.

2. 지역자활센터의 지정

지역자활센터의 지정은 지역사회의 복지사업 및 자활지원사업의 수행능력과 경험이 있는 사회복지법인 등 비영리법인과 단체에 해당된다. 그러나 사회복지법인 등 비영리법인이 없거나 자활사업 수행이 어렵다고 판단되는 지역의 경우는 지방자치단체에서 지역자활센터를 직접 신청하여 운영이 가능하다.

3. 지역자활센터의 주요 사업

지역자활센터의 주요 사업으로는 첫째, 근로능력 있는 저소득층의 자활의욕 고취 및 기초능력 배양을 위한 교육 프로그램을 개발하고 운영하는 것이다. 전문교육은 광역자활센터 및 자활연수원과 연계를 하여 자활의욕 고취를 위한 교육이 진행된다. 둘째, 자활을 위한 정보제공과 상담, 직업교육 및 취업알선이다. 셋째, 창업을 통해 자활할 수 있도록 기술과 경영지원을 하고, 창업 후에도 적극적인 사후관리를 통해 완전 자립할 수 있도록 지원하는 자영창업 지원, 기술 및 경영지도이다. 넷째, 기초수급자 등 저소득층이 모여 경제적으로 자립할 수 있는 자활기업을 설립해 자립과 자활할 수 있도록 체계적인 지원을 하는 자활기업의 설립 및 운영지원이다. 다섯째, 장애인, 산모·신생아, 노인돌봄바우처사업 등 사회서비스사업을 위탁하여 수행하는 사회서비스지원 사업이다. 여섯째, 수급자나 차상위자의 자활사업 참여나 취업과 창업으로 인하여 지원이 필요하게 된 가구에 대하여 사회복지서비스 등 필요한 서비스 연계와 그 밖에 수급자 등의 자활을 위한 각종 사업이 있다.

Key Point

- 자활사업은 근로능력자의 기초생활을 보장하는 국민기초생활 보장제도를 도입하면서 근로역량 배양 및 일자리 제공을 통해 탈빈곤을 지원하고 자활사업을 통해 근로능력 있는 저소득층이 스스로 자활할 수 있도록 자활능력 배양과 기능습득 지원 및 근로기회 제공을 목적으로 하고 있다.

- 자활사업의 참여자격은 조건부수급자, 자활급여특례자, 일반수급자, 특례수급가구의 가구원, 차상위자, 근로능력이 있는 시설수급자이다.

- 지역자활센터는 국민기초생활 보장법 제16조, 국민기초생활 보장법 시행령 제22조, 국민기초생활 보장법 시행규칙 제27~30조에 그 근거를 두고 있다.

- 지역자활센터의 주요 사업으로는 자활의욕 고취를 위한 교육, 자영창업 지원 및 기술·경영지도, 자활기업의 설립·운영지원, 장애인, 산모·신생아, 노인돌봄바우처사업 등 사회서비스사업을 위탁 수행하는 사회서비스 지원사업, 사회복지서비스 등 필요한 서비스 연계와 그 밖에 수급자 등의 자활을 위한 사업이 있다.

Chapter 17

지역아동센터[1]

제1절 지역아동센터의 개요

1. 지역아동센터의 개념

지역아동센터는 지역사회 아동의 보호와 교육, 건전한 놀이와 오락의 제공, 보호자와 지역사회의 연계 등 아동의 건전육성을 위하여 종합적인 아동복지 서비스를 제공하는 시설로 명시되어 있다.

2. 지역아동센터의 법적 근거

지역아동센터는 아동복지법 제50~52조, 제54~75조에 법적 근거를 두고 있다. 지역아동센터의 설치근거는 아동복지법 제52조 제1항 제8호에 명시되어 있다.

3. 지역아동센터 지원대상과 지원내용

지역아동센터의 지원대상은 맞벌이가정 등의 지역 내 방과 후 돌봄서비스를 필요로 하는 18세 미만의 학령기 아동이며, 만 18세 이상인 경우에도 재학

---

1) 이 내용은 보건복지부(2016). 2016 지역아동센터 지원사업 안내를 참고.

중인 아동은 포함된다. 지역아동센터의 지원내역은 안전한 보호, 급식 등의 아동보호와 일상생활 지도, 학습능력 제고 등 교육기능 그리고 상담・가족지원의 정서적 지원, 체험활동, 공연과 같은 문화서비스 등으로 지역사회 내 아동돌봄에 대한 사전예방적 기능 및 사후 연계 제공을 하고 있다.

4. 지역아동센터 추진경과

지역아동센터의 시작은 1960~1970년대 이후 산업화 과정에서 급격한 경제성장 위주의 정책으로 산업인구가 도시로 유입되면서 도시빈민지역에서 형성되었다. IMF 위기 이후는 실직과 빈곤층의 증가로 가족해체 등이 사회문제로 급격하게 증가되면서 이로 인해 방임되는 아이들과 결식아동들이 증가하게 된다. 그동안 개인의 헌신성에 기대어 빈곤아동들을 보호하였다. 그러나 아동들을 사회적으로 함께 책임지고 보호해야 한다는 인식이 증가하고, 공부방의 기능과 명칭을 지역아동센터로 변경하고 법제화하기 위한 노력이 구체적으로 진행되면서 2004년 1월 29일 개정된 아동복지법에 의해 지역아동센터가 법정 아동복지시설 중 하나가 되었다. 그간의 추진경과는 〈표 17-1〉과 같다.

〈표 17-1〉 지역아동센터의 추진경과

연 도	내 용
2004년	• 아동복지법을 개정하여 지역아동센터(구 공부방)를 아동복지시설로 법제화(총 895개소 시설에 23,347명 아동서비스 지원)
2005년	• 지역아동센터의 양적 증가 및 확대 운영(전국 1,709개소로 확대 운영 – 총 43,749명 아동지원)
2006년	• 지역아동정보센터 설치・운영(조사연구사업, 교육사업, 정보제공사업 등 종합적 운영・지원 추진)
2007년	• 아동복지교사 지원사업 실시 및 아동복지교사지원센터 설치・운영(전문분야별 교육 프로그램 지원을 위해 7개월간 2,700명 아동복지교사 파견)
2008년	• 지역아동센터 시범평가 실시(2008. 8)

연도	내용
2009년	• 전국 지역아동센터 평가 진행(총 3,224개소) 및 컨설팅사업 실시
2010년	• 지역아동센터 평가우수시설 운영비 추가지원(916개소, 월 30만 원) • 사회복지시설정보시스템 활용 의무화(2010. 1)
2011년	• 지역아동센터지원단(중앙 1개소, 시도 15개소) 통합설치 · 운영
2012년	• 지역아동센터평가센터 설치 및 3년 주기 제1기 평가체계 구축 • 평가우수시설 인센티브를 기능강화사업(거점형, 특수목적형)으로 변경 • 학교의 주 5일제 전환에 따른 지역아동센터 토요운영 지원 • 아동복지법 시행령 · 시행규칙 개정을 통한 종사자 자격기준, 시설 설치기준 강화 (2012. 8) • 방과 후 돌봄서비스 관계 부처 간(보건복지부 · 교육부 · 여성가족부 · 안전행정부) 업무협약 체결(2012. 10)
2013년	• 신규시설장의 현장실습 · 컨설팅 참여의무화 • 방과 후 돌봄서비스 연계로 종합적 지원 · 관리체계 마련 • 지역아동센터 맞춤형 사회복지시설정보시스템 고도화 구축
2014년	• 지역아동센터 1기(2012~2014년) 시설평가 완료 • 표준 프로그램 개발 • 지역아동센터 아동패널 구축 및 조사
2015년	• 지역아동센터 2기(2015~2017년) 평가지표 마련 • 지역별 돌봄계획 지표개발 • 사회복지시설정보시스템 전국실태조사 탑재

출처 : 보건복지부(2016). 2016년 지역아동센터 지원 사업안내, p. 5.

제2절 지역아동센터 추진체계

지역아동센터의 추진체계는 보건복지부, 시·도, 시·군·구 담당부서 또는 드림스타트, 아동 이용시설로 구분하여 살펴보고자 한다.

1. 보건복지부

보건복지부는 아동권리과와 지역아동센터중앙지원단의 추진체계를 가지고 〈표 17-2〉와 같이 기본계획 수립으로부터 종사자의 교육 등과 같은 기능과 역할을 하고 있다.

〈표 17-2〉 보건복지부 추진체계

추진체계		기능 및 역할
보건복지부	아동권리과	• 기본계획 수립, 지침 마련, 법령·제도 개선 등 사업총괄 • 국고보조금 지원, 아동복지교사 예산지원·사업총괄 및 평가 • 사업운영 지도·점검, 평가총괄 및 표준화 모델 개발·보급 • 시설정보시스템 개편 및 관리 총괄 • 방과 후 돌봄서비스 추진기관 간의 서비스 연계·조정 등
	지역아동센터 중앙지원단	• 종사자 교육기획, 프로그램 개발, 컨설팅 등 시설운영 지원 • 시도지원단 사업 조정·평가 및 아동복지교사 운영지원 • 시설정보시스템 관리지원 및 중앙지원단전산관리시스템 구축·관리 • 연구개발 및 시설 평가사업 운영 • 홍보, 민간자원 개발·연계 지원 등 유관기관 네트워크 구축 • 중앙부처 방과 후 돌봄서비스 추진업무 지원 등

2. 시·도

시·도는 담당부서와 지역아동센터시도지원단의 추진체계를 가지고 〈표 17-3〉과 같이 사업계획 검토에서부터 시·도 지역아동센터 종사자 교육 등과 같은 기능과 역할을 하고 있다.

〈표 17-3〉 시 · 도 추진체계

추진체계		기능 및 역할
시 · 도	담당부서	• 사업계획의 검토 · 조정 및 국고보조금 예산집행 • 관할 지역아동센터 지원사업에 대한 지도, 점검 • 아동복지교사 시도별 사업총괄 및 지도점검 • 시 · 도 방과 후 돌봄서비스 추진기관 간의 서비스 연계 · 조정 등
	지역아동센터 시도지원단	• 시 · 도 지역아동센터 종사자 교육, 컨설팅 등 시설운영 지원 • 시설정보시스템 관리 · 평가사업 · 아동복지교사 교육 등 지원 • 시 · 도 특성화사업 개발 • 홍보, 정보관리, 민간자원 개발 · 연계지원 등으로 네트워크 구축 • 시 · 도 방과 후 돌봄서비스 추진업무 지원 등

3. 시 · 군 · 구 담당부서 또는 드림스타트

시 · 군 · 구 담당부서 또는 드림스타트는 〈표 17-4〉와 같이 지역아동센터 관리와 예산지원 등과 같은 다양한 기능과 역할을 하고 있다.

〈표 17-4〉 시 · 군 · 구 담당부서 또는 드림스타트 추진체계

추진체계	기능 및 역할
시 · 군 · 구 담당부서 또는 드림스타트	• 시 · 군 · 구 지역아동센터 관리, 예산지원 등 운영 • 시 · 군 · 구 지역아동센터 이용아동 이용 · 종결 관리 • 아동복지교사 예산집행, 운영관리(채용 · 계약, 배정 · 노무, DB관리 등) • 지역아동센터 지도 · 점검, 후원금 내역 관리 • 시 · 군 · 구 방과 후 돌봄서비스 추진기관 간의 서비스 연계 · 조정 등

4. 아동 이용시설

아동 이용시설은 〈표 17-5〉와 같이 거점형과 지역아동센터로 방과 후 돌봄운영 지원, 방과 후 돌봄서비스 제공 등과 같은 기능과 역할을 하고 있다.

〈표 17-5〉 아동 이용시설 추진체계

추진체계		기능 및 역할
아동 이용시설	거점형 지역아동센터	• 시·군·구 방과 후 돌봄운영 지원 • 시·군·구 지역아동센터 공동서비스 개발 및 운영
	지역아동센터	• 지역아동센터 운영으로 방과 후 돌봄서비스 제공 • 방과후 돌봄서비스 추진기관 및 지방자치단체 협조 등

제3절 지역아동센터 서비스 영역

지역아동센터의 서비스 영역은 기본 프로그램과 특화 프로그램으로 구성되어 있다. 〈표 17-6〉과 같이 기본 프로그램은 보호·교육·문화·정서지원·지역사회 연계 영역으로 구성되며, 특화 프로그램은 지역사회 특수성 및 주요 대상의 특성을 고려한 맞춤형 운영 프로그램으로 되어 있다.

〈표 17-6〉 지역아동센터의 서비스 영역

영역 (대분류)	세부영역 (중분류)	세부 프로그램 (소분류)	프로그램 예시 (시설별 선택 운영)
보 호	생 활	일상생활 관리	센터생활 적응지도, 일상생활 지도, 일상예절교육, 부적응아동지도 등
		위생건강 관리	위생지도, 건강지도 등
		급식지도	급식지도, 식사예절교육 등
	안 전	생활안전 지도	저녁돌봄 등
		안전귀가 지도	안전귀가 지도, 생활안전 지도 등
		5대 안전의무교육	교통안전, 실종유괴 예방, 약물오남용 예방, 재난대비, 성폭력 예방 등

교 육	학 습	숙제지도	숙제지도, 학교생활 관리 등
		교과학습 지도	수준별 학습지도, 온라인교육(IPTV 학습 등), 학습부진아 특별지도 등
	특기적성	예체능활동	미술, 음악, 체육지도 등
		적성교육	진로지도, 적성교육(독서, 요리, 과학 등) 등
	성장과 권리	인성·사회성교육	인성교육, 사회성교육 등
		자치회의 및 동아리 활동	자치회의, 동아리 활동 등
문 화	체험활동	관람·견학	공연 및 연극 관람, 박물관 등 견학 등
		캠프·여행	체험활동, 캠프 및 여행 등
	참여활동	공연	공연 등
		행사(문화/ 체육 등)	전시회, 체육대회 등
정서지원	상 담	연고자 상담	부모 및 가족상담, 연고자 상담 등
		아동상담	아동상담 등
	가족지원	보호자교육	보호자교육 등
		행사·모임	부모소모임, 가정방문 등
지역사회 연계	홍 보	기관홍보	기관홍보 등
	연 계	인적연계	자원봉사활동, 인적결연 후원, 후원자 관리 등
		기관연계	지역조사와 탐방, 전문기관 연계 복지단체 연계 등

출처 : 보건복지부(2016). 2016년 지역아동센터 지원 사업안내, p. 35.

Key point

- 지역아동센터는 지역사회 아동의 보호・교육, 건전한 놀이와 오락의 제공, 보호자와 지역사회의 연계 등 아동의 건전육성을 위하여 종합적인 아동복지서비스를 제공하는 시설로 명시되어 있다.

- 지역아동센터의 추진체계는 보건복지부, 시・도, 시・군・구 담당부서 또는 드림스타트, 아동 이용시설로 구분하여 살펴볼 수 있다.

- 지역아동센터의 서비스 영역은 보호(생활, 안전), 교육(학습, 특기적성, 성장과 관리), 문화(체험활동, 참여활동), 정서지원(상담, 가족지원), 지역사회 연계(홍보, 연계)가 있다.

Chapter 18 공동모금제도 : 사회복지공동모금회

제1절 공동모금제도

1. 공동모금제도의 정의 및 유래

공동모금제도는 민간주도로 민간의 기부금품을 자율적으로 모집한 후 이를 각 사회복지 단체나 시설에 배분하는 제도이다. 즉, 민간기부금을 필요로 하는 복지단체나 시설이 개별 모금활동을 하는 대신에 공동모금회라는 일원화된 모금창구를 통해 기부금품을 접수하고 배분받게 된다. 공동모금제도의 기원은 1873년 영국의 리버풀 시에서 지역의 유력인사들이 기부금 모집의 중복과 강제적인 권유를 피하기 위하여 스스로 기부금을 적립하여 자선단체를 구성하게 된 것에서 시작되었다. 그러나 본격적인 지역공동모금이 시작된 것은 1887년 미국의 덴버 시이고, 특히 19세기 후반 영국과 미국을 중심으로 전개되었던 자선조직협회(Charity Organization Society) 운동이 직접적인 계기가 되었다는 것이 일반적인 견해이다. 이후 공동모금회를 크게 발전시킨 나라는 미국인데, 19세기 후반 미국은 급속한 산업화와 도시화로 빈곤 등의 사회문제가 등장하자 민간사회복지기관도 늘어났으며, 이로 인해 민간사회복지기관들이 상호 경쟁적으로 보다 더 많은 액수의 모금을 자선가로부터 얻어내려 경쟁하였다. 이러한 상황이 발생하자 민간사회복지기관들에 기부를 하는 자선가들은 좀 더 효율적인 모금과 배분에 관심을 갖게 되었다. 그래서 복지기관들이 모여서 공동으로 모금을 한다든지, 복지기관 연합단체에서 모금을 하는 사례가 발생하게 되었는데, 1913년 클리블랜드에서 기부자와 모금활동자, 그리고 기금을 배분받는 기관의 자원봉사자로 구성된 자선 및 박애연맹(Federation for Charity and Philanthropy)을 구성하고 모금캠페인을 전개한 것이 오늘날과 같은 공동모금의 본격적인 시작이라고 할 수 있다. 공동모금제도는 현재 북미, 유럽, 아시아, 태평양 지역 국가 등 세계 46개국에서 시행되고 있으며, 시대적인 필요성에 따라 각 국가별로 다양한 명칭과 형태로 운영되고 있다. 우리나라에서는 사회복지공동모금회라 하고 약칭으로 공동모금회라 부른다.

2. 공동모금제도의 의의

공동모금제도는 자선사업의 난립을 막고 지역주민이 신뢰할 수 있는 민간모금단체를 등장시켜 공공성을 증대시킬 수 있다. 사회복지 정신이 상업주의에 악용당하는 부정적인 폐단을 시정하고 국민에게 신뢰를 받을 수 있도록 공동모금제도가 그 역할을 담당한다. 그리고 주민참여의 기회가 많아 자원봉사정신을 함양시킬 수 있으며, 공동모금 기회에 주민대표나 전문가가 참여하여 자신들이 가장 잘 알고 있을 지역욕구에 맞추어 자금의 모금과 분배에 참여할 수 있어 효율성을 높일 수 있다. 또한 사회복지사업의 과학화에 기여할 수 있다. 비전문가들에 의해 객관적 기준 없이 배분이 이루어질 경우 수혜자들의 자립을 해할 수 있다. 따라서 자금의 배분은 단지 나누는 것에 그칠 것이 아니라 전문사회사업가들에 의해서 사회복지서비스와 함께 이루어질 수 있도록 되어야 하며 이를 위한 프로그램의 개발 및 평가가 선행되어야 한다.

3. 공동모금제도의 특징

공동모금제도는 다음과 같은 특징이 있다. 첫째, 봉사활동으로 민간운동을 내포하고 있는 민간성이다. 사회연대, 상부상조의 정신을 바탕으로 지역주민의 자주적 봉사활동으로 전개되는 중요한 민간복지 활동이라고 할 수 있다.

둘째, 지역사회를 중심으로 하는 지역성이다. 지역사회를 단위로 해서 그 지역주민들에 의해 설립된 지역 공동모금회는 거주자와 기부자가 동일시되며, 또한 지역사회에 있는 수혜자와 주민이 동일시될 때 그 지역의 특성에 맞추어 지역사회의 복지증진을 도모할 수 있다. 셋째, 모금을 일원화시키는 효율성이다. 기부자의 선의를 가장 효율적으로 활용하기 위해 모금을 일원화하여 지역사회를 대표하는 공동모금회가 기부자를 대신하여 면밀한 조사와 적정한 평가를 통해 배분함으로써 기부금을 효율적으로 활용할 수 있다. 넷째, 투명성이다. 모금실시에 앞서 각 회원시설 및 단체들로부터 신청한 필요액을 심사하여 배분계획을 세우고 모금 목표액을 결정한다. 이 내용을 공표함으로써 기부자인 지역주민에게 필요한 금액에 관한 이해를 구함과 동시에 모금결과에 대해서도 공표하고 기부금의 배분이 종료된 후에도 그 결과를 투명하게 공개한다. 다섯째, 전국적인 협조를 도모하는 협력성이다. 각 지역 공동모금회는 전국적 협조관계를 유지하면서 같은 기간 동안 전국적으로 일제히 모금운동을 전개하고 여론에 강력하게 호소하여 주민 개개인이 이 운동을 이해하고 참가하도록 함으로써 모금의 극대화를 꾀할 수 있다.

제2절 사회복지공동모금회[1)]

1. 사회복지공동모금회 개념 및 목적과 CI

사회복지공동모금회는 사랑의 열매를 상징으로 하는 법정 모금 및 배분기관이다. 사회복지공동모금회는 공동모금을 통하여 사회복지에 대한 국민의 이해와 참여를 제고함과 아울러 국민의 자발적인 성금으로 조성된 재원을 효율적이고 공정하게 관리하고 운영함을 목적으로 한다. 공동모금제도는 정부

1) 여기에서는 사회복지공동모금회 홈페이지(http://www.chest.or.kr)를 참고.

의 복지정책을 보완하는 대표적 민간체계이며, 과학적이고 전략적인 모금활동을 전개하여 개개인의 삶의 질 향상과 지역사회 변화와 문제를 직접적으로 해결하는 모금 및 배분을 시행하고 있다. 또한 급변하는 사회・경제적 환경 속에서 각종 사회문제를 세계적 차원에서 접근하고 대응하기 위해 미국, 일본, 영국 등 전 세계 46개국이 함께 참여하여 상호 교류와 협력을 통해 성장하는 국제적인 모금제도이다.

사회복지공동모금회 사랑의 열매는 1960년대 홍수 이재민 돕기 모금 때 탄생하였다. 사랑의 열매가 처음 등장한 것은 제3공화국 초기인 1966년 5월 16일자 동아일보다. 당시 영부인인 육영수 여사가 왼쪽 가슴에 사랑의 열매를 달고 있는 사진이 실렸다. 그러나 1970년대 중반 사랑의 열매는 사라진다. 모금활동이 민간에서 정부주도로 넘어가고 사회복지기탁금 관리규정이 만들어지면서이다. 그리고 1990년대 중반까지 정부는 일반인이 아닌, 기업과 관련 단체를 대상으로 모금을 벌였다. 사랑의 열매 달기 캠페인이나 사랑의 열매가 그려진 우표 판매 등 일반인을 대상으로 하는 종전의 모금방식에서 기업과 단체 중심으로 바뀐 것이다. 그렇게 사라졌던 사랑의 열매가 부활한 것은 1991년이다. 사회단체 20여 곳이 참여한 이웃돕기운동추진협의회가 보건복지부와 함께 연말 불우이웃돕기 캠페인을 벌였다. 당시 보건사회부(현 보건복지부) 사회복지정책 본부장이던 이상용 보건복지인력개발원 원장이 모금운동의 상징물로 사랑의 열매를 재탄생시켰다. 그 이후 1998년 민간모금기관인 공동모금회가 설립되고 사랑의 열매가 모금회의 공식 브랜드가 되면서 국내 모금활동은 비약적인 발전을 맞게 된다. |그림 18-1|과 같이 지금의 열매 모습은 2001년 공동모금회의

|그림 18-1|
사랑의 열매 탄생과정

CI(Corporate Identity) 작업으로 완성되었다. 빨간 3개의 열매는 각각 '나 · 가족 · 이웃'의 따뜻한 마음을 상징하고, 초록색 줄기는 더불어 사는 사회를 뜻하는 것으로 정해졌다. 단순히 모금이라는 의미를 넘어 나눔의 문화를 많은 이들과 공유하는 의미가 포함되었다. 이런 친숙한 이미지로 인해 많은 사람들은 여전히 사회복지공동모금회라는 이름 대신 사랑의 열매로 모금회를 인식한다.

2. 사회복지공동모금회의 법적 근거

사회복지공동모금회는 1998년 11월 사회복지공동모금회법에 의해 설립된 국내 유일의 법정 모금 · 배분기관이다. 국민의 성금을 모아 아동 · 청소년, 장애인, 노인, 여성 · 다문화, 지역사회, 해외 등 민간복지사업을 지원한다.

3. 사회복지공동모금회의 연혁

사회복지공동모금회의 연혁은 제1기에서 제4기로 1970년대와 1980년대는 10년 단위로, 1990년대는 법의 제정을 전후로 나누어 살펴보기로 한다.

1) 제1기 : 1970년대

사회복지공동모금회 제1기는 1970년 1월 1일자로 사회복지사업법이 공포되고 1971년 한국사회복지공동모금회를 설립하게 된다. 이 시기에는 공동모금회에 기금의 모금 및 배분권이 없었으며 국가의 지원에 전적으로 의존하고 있었다. 공동모금회가 1972년 11월부터 12월까지 제1회 공동모금활동을 하였으나 국민의 경제적 · 의식적 수준이 성숙되지 못했고, 사업진행 체제의 미비와 대중매체와 사회단체의 비협조, 전문가 부족 등의 이유로 실패하였다. 1975년 보건복지부 주도에 의한 불우이웃돕기모금이 매년 연말 전개되었고(1987년 폐지), 1973년 외국원조 사회복지 관련 기관을 중심으로 백만인 걷기 운동이 실시되었다.

2) 제2기 : 1980년대

사회복지공동모금회 제2기는 1980년에 사회복지사업기금법을 제정하고 이웃돕기성금, 장애인성금, 불우아동결연후원금 등을 사회복지사업기금으로 통합하여 보건사회부가 직접 관리하는 정부주도에 의한 모금과 관리시대이다. 1980년 사회복지사업기금법 제정으로 1981년부터 매년 연말 전개되는 불우이웃돕기에 의한 모금을 사회복지기금으로 적립하였다. 그리고 1989년 한국사회복지협의회 내에 공동모금법 제정위원회가 조직되었다.

3) 제3기 : 1990년대 초에서 공동모금법의 제정 전까지

사회복지공동모금회 제3기인 1990년대는 우리나라에 사회복지공동모금법이 태동되기 위한 움직임이 많았던 시기이다. 1992년 12월은 민간, 경제, 사회단체를 중심으로 이웃돕기운동추진협의회를 결성하였다. 1997년 3월 이웃돕기 성금의 적립금을 이관하는 것을 내용으로 하는 사회복지공동모금법이 제정되었다.

4) 제4기 : 1997년 사회복지공동모금법의 제정과 개정 이후

사회복지공동모금회 제4기는 한국사회복지협의회의 주관 아래 기존 관주도에서 민간주도로의 모금활동으로 조금씩 이양하고자 하였지만 민간단체의 기금이 정부에 의해 쓰인다는 비판이 커지면서 1997년 3월 이웃돕기성금적립금을 이관함을 내용으로 하는 사회복지공동모금법이 제정되었다. 그리하여 제도적으로 중앙공동모금회와 지역공동모금회가 모금과 배분을 같이 할 수 있게 되었다. 공동모금 배분대상과 민간공동모금회의 자율성 등이 제한되며, 기부금품모집규제법의 적용으로 공동모금회의 적극적 활동과 전문성이 제약받고 있다는 비판이 제기되었다. 1998년도에 전국 16개의 광역시와 도에 사회복지공동모금회가 설립되고 사회복지공동모금법의 개정 움직임이 일기 시작하였고 1999년 3월 또다시 사회복지공동모금회법으로 개정되었다.

4. 사회복지공동모금회의 필요성

사회복지공동모금은 사회복지공동모금회법 제2조 제2호에 명시된 바와 같이 사회복지사업이나 그 밖의 사회복지활동 지원에 필요한 재원을 조성하기 위하여 이 법에 따라 기부금품을 모집하는 것을 말한다. 지역사회 주민의 자발적이고 적극적인 참여를 통해 우리나라 전통사상인 상부상조 정신과 시민참여 정신을 고양하고, 조직적이고 체계적인 모금활동을 통해 모금의 효율성을 확보하며, 객관적이고 투명한 배분을 통해 지역사회 내 문제를 주민 스스로 해결하는 데 기여할 수 있다. 또한 사회복지계 전반의 서비스 수준이 향상되며, 사회복지 발전을 위해 정부와 민간이 동반자 관계를 형성한다(김범수, 1999). 사회복지공동모금의 필요성은 다음과 같다.

첫째, 공동모금은 산발적으로 이루어지는 자선이나 기부의 창구를 일원화하여 법이 보장하는 제도적인 틀 안에서 민간자원을 동원할 수 있는 방법으로 인정받고 보다 효율적이고 효과적으로 민간자원을 동원하고 배분할 수 있게 한다. 모금에 참여하는 지역사회 주민의 입장에서는 어떤 복지기관에 기부할 것인지 고민하지 않게 함으로써 의사결정 과정의 효율성을 꾀할 수 있고 모금을 하는 기관의 입장에서도 비용과 노력을 절감할 수 있다(김범수・신원우, 2006).

둘째, 공동모금은 지역주민들의 공동체 의식과 함께 자원봉사 정신을 함양시키고 지역사회복지 운동과 시민운동 활성화에 기여한다. 즉, 공동모금은 지역주민들이 지역사회 내에서 공동체 의식과 함께 나누는 삶을 증진시키고, 자신들의 지역사회 문제에 보다 많은 관심을 갖게 하고, 지역사회 내 문제를 주민 스스로 해결하는 데 크게 기여할 수 있다.

셋째, 공동모금은 사회복지사업에 대한 국민의 인식을 개선하는 데 기여한다. 모금사업을 통한 홍보 및 모금활동을 통하여 공동모금회가 수행하는 사업들과 소외된 계층에 대한 많은 관심을 가질 수 있게 된다(사회복지공동모금회, 2005).

넷째, 공동모금은 경쟁을 통하여 선별적으로 재원이 배분되므로 사회복지기관이나 시설들이 창의적이고 양질의 사회복지 프로그램을 개발할 수 있게 하여 서비스의 질적 향상과 전문성 제고에 기여한다(표갑수, 2003).

제3절 사회복지공동모금회의 조직과 모금 그리고 배분

1. 사회복지공동모금회의 조직구조

사회복지공동모금회는 사회복지공동모금회법 제4조에 따라 사회복지법인이 되어야 하며 보건복지부장관의 설립인가를 받아야 한다. 전체 조직체계는 중앙모금회와 광역자치단체모금회로 이루어진다. 중앙모금회의 임원은 회장, 3명의 부회장, 15~20명의 이사, 2명의 감사로 구성된다. 그 밖에 업무를 총괄하는 사무총장과 분과실행위원회를 둘 수 있다. 이사회는 모금회의 주요 사항을 심의·의결한다. 그리고 분과실행위원회는 모금회의 기획, 홍보, 모금, 배분업무에 관한 사항을 심의하기 위해 해당 분야의 전문가와 시민대표로 구성한다. 분과실행위원회에는 기획분과, 홍보분과, 모금분과, 배분분과와 실행위원회가 있다. 공동모금의 조직체계는 |그림 18-2|와 같이 피라미드형 중앙집권적 형태를 보인다.

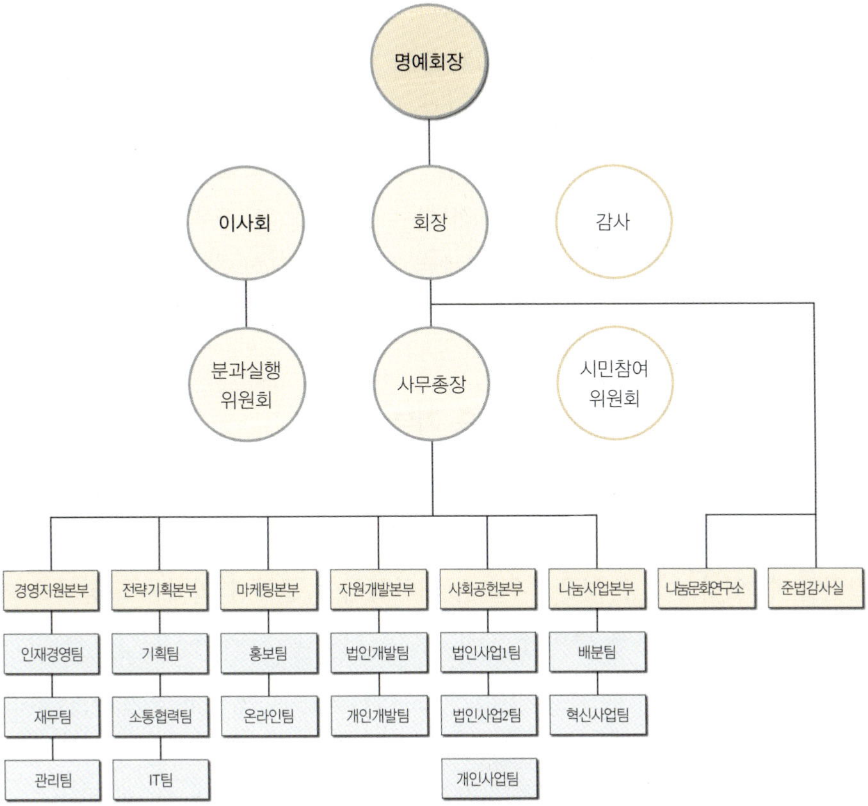

|그림 18-2| 사회복지공동모금회 조직체계

출처 : 사회복지공동모금회 홈페이지. http://www.chest.or.kr

2. 사회복지공동모금과 배분

1) 모금의 방법

(1) 방송모금과 ARS 모금

TV와 라디오 프로그램을 통해 나눔의 실천과 의미를 공유하는 방송모금은 더 많은 사람에게 나눔참여의 기회를 확산시키는 기부참여 방법이다. 연말연시 집중모금 기간 동안 범국민적인 관심과 모금을 이끌어 내기 위해 지상파

TV와 연말모금 생방송을 특별 편성한다. 방송모금 참여방법에는 각 방송사별 ARS 모금과 각 프로그램별 계좌이체(CMS) 모금방법이 있다. 나눔 프로그램이 방송될 때 ARS 모금에 참여하면 기부금이 방송을 통해 소개된 사례들에 지원되고, 나눔 프로그램이 방송되지 않을 때 ARS 모금에 참여하면 기부자의 성금이 지원이 필요한 여러 계층에 전달된다. 라디오의 경우 방송에서 소개된 도움이 필요한 사연을 듣고 계좌이체로 성금을 기부함으로써 나눔을 실천할 수 있다.

(2) 모금함 기부와 일회용 교통카드 기부

모금함 기부와 일회용 교통카드 기부는 지하철역, 은행, 관공서, 프랜차이즈(커피숍, 의류매장 등) 등에 설치되어 있는 사랑의 열매 모금함을 통해 나눔을 실천할 수 있다. 이 중 서울·수도권 지하철역에 설치된 일회용 교통카드 기부함을 통해 연중 운영 중이다.

(3) 온라인 기부

온라인 기부는 인터넷과 모바일을 활용해 장소와 시간에 구애받지 않고 쉽고 간편하게 언제나 나눔을 실천할 수 있는 기부참여 방법이다. 대표사례로는 포털사이트 네이버와 다음을 통해 사연을 읽고 기부할 수 있는 '해피빈'과 '희망해', 행복주식거래소, 광고만 봐도 기부할 수 있는 다양한 애플리케이션(사랑의 열매 애플리케이션 다운), 사랑의 열매 페이스북, 트위터, 블로그, 카카오톡 참여 등이 있다.

(4) 포인트 기부

포인트 기부는 각종 신용카드 및 보너스카드를 활용한 기부참여 방법이다. 무심코 지나치기 쉬운 포인트 및 마일리지로 손쉽게 나눔을 실천할 수 있다. 현재 시중 은행이나 주유소 등에서 나눔을 진행 중이다.

(5) 공익연계 마케팅(CRM : Cause Related Marketing)

공익연계 마케팅은 기업이 지정상품의 판매액에 다른 일정액 또는 매출액의 일정액을 기부하는 방식으로 기업 사회공헌 활동의 하나로 전개되고 있다. 기업은 매출을 통해 공익에 기여할 수 있고, 소비자는 생활 속에서 물건도 사고 기부할 수 있는 일석이조의 기부참여 방법이다. 경제적 성과와 사회적 가치의 결합을 위한 기업들의 적극적인 참여가 이어지고 있다.

2) 주요 배분사업

사회복지공동모금회는 여러 가지 중요한 기능을 수행하지만 배분기능은 중요하다고 할 수 있다. 특히 배분은 노력하여 조성한 기금을 얼마나 효과적으로 사용하느냐를 결정하는 중요한 기능으로 공동모금회가 성취하고자 하는 목표와 가치는 이러한 배분을 통해서 실현된다고 할 수 있을 것이다. 따라서 배분사업의 핵심은 배분원칙의 공정성과 배분기준의 합리성, 배분의 효과성을 달성할 수 있는 제도적인 틀을 정착시키고 발전시키는 것이다.

(1) 신청사업

신청사업은 사회복지 증진을 위하여 자유주제 공모형태로 복지사업을 신청받아 배분하는 사업으로 프로그램 사업과 기능보강 사업이 있다. 프로그램 사업은 지역사회 변화와 지역주민의 삶의 질 향상을 중심으로 사회복지기관 등에서 계획하여 진행 예정인 사업으로 최초지원을 포함하여 총 3회(3차년도)까지 연속지원 가능하며, 배분신청 금액 중 사업비는 신청예산의 50% 이상을 책정하여야 한다. 그리고 기능보강 사업은 장비 및 이동수단 구입, 시설 개・보수 등의 사업으로 총 사업비의 20% 이상을 자부담하여야 하며, 연속지원은 불가하다. 신청자격은 사회복지사업, 기타 사회복지활동을 행하는 법인・기관・단체 및 시설(개인 신고시설 포함)이다.

(2) 제안기획사업

제안기획사업은 전국사업과 지역사업으로 나누어져 있다. 전국사업은 사회복지 증진을 위하여 전국단위(3개 이상의 특별시 · 광역시 · 도)의 시범적이고 전문적인 복지사업을 제안받아 배분하는 사업이다. 사업내용은 지역복지 증진 및 삶의 질 개선을 위한 시범적이고 전문적인 사업이다. 사업내용으로는 사회문제 해결을 위해 필요하며 사업 시행 후 정부 및 지방자치단체의 제도적인 지원과 확대 등을 통한 사업의 지속 및 확대 강화를 위한 프로그램이다. 사업내용에 따라 3차년도까지 지원 가능하며, 배분신청 금액 중 사업비는 신청예산의 50% 이상을 책정하여야 한다. 신청자격은 전국 규모의 사업수행 기반을 지닌 기관 및 단체(협회 및 협의회 등)이다. 지역사업은 사회복지 증진을 위하여 지역단위의 시범적이고 전문적인 복지사업을 제안받아 배분하는 사업이다. 사업내용으로는 지역사회 문제해결을 위해 필요하며, 사업시행 후 지방자치단체 등 제도적인 지원과 확대를 유도할 수 있는 프로그램이다. 사업내용에 따라 3차년도까지 지원 가능하며, 배분신청 금액 중 사업비는 신청예산의 50% 이상을 책정하여야 한다. 신청자격은 사회복지사업, 기타 사회복지활동을 행하는 법인 · 기관 · 단체 및 시설이다.

(3) 테마기획사업

테마기획사업은 국내 · 외 사회복지 증진을 위하여 모금회가 그 주제를 정하여 배분하는 사업이다. 사업내용은 별도 공고(사업주제, 신청자격, 지원대상 등)를 하고 있다. 심사는 예비심사, 서류심사, 면접심사, 현장심사 등을 하고 있다.

(4) 지정기탁사업

지정기탁사업은 사회복지 증진을 위하여 기부자가 기부금품의 배분지역 · 배분대상자 또는 사용용도를 지정한 경우 그 지정취지에 따라 배분하는 사업이다. 사업내용은 사회복지 관련 사업이며 신청은 수시로 받고 있다.

(5) 긴급지원사업

긴급지원사업은 재난구호 및 긴급구호, 저소득층 응급지원 등 긴급히 지원해야 할 필요가 있는 경우에 배분하는 사업이다. 사업내용으로는 재난구호와 개인긴급지원사업이 있다. 재난구호는 재난으로 인해 피해를 입은 개인 및 단체에 대한 의식주, 의료 지원 등 긴급구호 및 사회복지 서비스 지원사업이며, 개인긴급지원은 긴급한 의료 및 생활 지원 등 사회복지서비스가 필요한 개인 지원사업이다. 신청 및 지원은 수시로 하고 있다.

제4절 사회복지공동모금회의 문제점 및 개선방안

모금의 문제점은 모금시기가 연말연시에 집중되어 있고 특별한 사회적 이슈로 거론될 때만 일시적으로 모금활동을 하게 되어 걸치레적인 모금활동이 될 수 있다는 것이다. 사회복지공동모금회를 비롯한 각 기관들마다 다양한 모금행사가 성행되어 각자 자기들의 긴박성과 필요성을 강조하여 기부자들이 혼선을 겪는다. 또한 지역사회 내의 사회복지 프로그램이 중복되어 있는 경우가 많아 재원동원을 위해 각 기관들이 개별적으로 모금활동을 벌여 모금활동을 위한 비용이 중복되어 들어가게 되는 문제가 발생하기도 한다. 따라서 각 단체나 기관들이 연합하여 모금활동을 실시함으로써 서로의 사업을 조정하여 효율성을 높이고 모금의 계획과 실시 그리고 배분에 따르는 인력을 효과적으로 배치함으로써 경비를 줄이고 홍보를 조직적으로 실시하는 것이 바람직하다. 그리고 모금활동의 다변화와 일상화는 필수적으로 달성해야 할 과제이다. 이를 위해서는 현재 연말연시 집중 모금기간에 지나치게 의존하고 있는 우리나라 공동모금회의 모금전략이 대폭 개선되어야 한다. 그리고 모금활동에 있어서 자원봉사자의 활용이 적다. 자원봉사자들의 교육을 통한 전문적인 다양한 활용이 필요하다. 하지만 우리나라는 아직 기부문화가 정착되지 않아서 자원봉사자의 수요도 미미한 편이다. 공동모금회의 원활한 활동을 위해서는 자원봉사자들의 확보와 이들에 대한 교육이 필수적이며, 자원봉사자들의 활동에 대해서도 인정과 보상이 따르도록 배려해야 한다. 특히 자원봉사자로 하여금 기획, 홍보조사, 연구교육 또는 평가에 골고루 참여하게 하고, 지속적으로 자원봉사자 스스로 활동하게 하여야 한다. 또한 모금캠페인 및 마케팅의 전문화가 필요하다. 모금 프로그램의 개발이 미흡하며 모금활동에 대한 국민의 의식이 부족하다. 사회이슈에 따른 감상적인 이타심으로 인한 모금은 자신의 일정한 수입을 사회에 환원하는 국민들로 하여금 기부동기를 이끌어 내기에 부족하다. 따라서 현재 모금형태에서 벗어나 진일보한 모금 프로그램이 활성화되어야 한다. 또한 재원의 원천이 지역사회 주민이므로 주민에 대한 홍보가 절대적으로 필요하다. 또한 민간사회복지기관은 시설장이나 운영자의 사유재산이 아니라 주민의 욕구를 충족할 수 있는 공익기관으로 이해되고 활용되어야 한다(오정수, 2000).

Key Point

- 공동모금제도는 민간주도로 민간의 기부금품을 자율적으로 모집한 후, 이를 각 사회복지 단체나 시설에 배분하는 제도이다.
- 공동모금제도의 특징은 민간성, 지역성, 효율성, 투명성, 협력성이다.
- 사회복지공동모금회는 사랑의 열매를 상징으로 하는 법정 모금·배분기관으로 공동모금을 통하여 사회복지에 대한 국민의 이해와 참여를 제고함과 아울러 국민의 자발적 성금으로 조성된 재원을 효율적이고 공정하게 관리·운영함을 목적으로 한다.
- 사회복지공동모금회의 모금방법은 방송모금과 ARS 모금, 모금함 기부와 일회용 교통카드 기부, 온라인 기부, 포인트 기부, 공익연계 마케팅 등이 있으며, 주요 배분사업으로는 신청사업, 제안기획사업, 테마기획사업, 지정기탁사업, 긴급지원사업이 있다.

Chapter 19

사회복지협의회

제1절 사회복지협의회 개념과 발달과정

1. 사회복지협의회의 개념

사회복지협의회는 사회복지사업법 제33조에 의거하여 설립된 비영리 공익법인으로, 민간사회복지 증진을 위한 대표적인 민간사회복지협의 조정체이다. 사회복지협의회는 민간복지중심의 사회복지 기관과 단체의 협의체로서 지역사회의 특성과 지역사회 주민의 욕구에 맞는 지역사회의 복지를 연구하고 개발함으로써 지역사회가 안고 있는 복지욕구를 해결하려는 목적으로 설립된 지역사회복지 조직의 가장 대표적인 기관이며, 전문 혹은 비전문 개인 회원과 사회복지기관의 단체 회원으로 구성된다. 사회복지협의회는 포괄적인 의미의 사회복지 증진에 관심을 가지고 사회복지기관들의 프로그램을 기획하고 조정하는 노력과 함께 사회행동에도 참여한다.

사회복지협의회의 개념에 대한 학자들의 견해로 사회복지협의회는 사회복지기관들이 효과적인 서비스를 지원할 수 있도록 연락과 협의, 조정 및 자원을 개발하고, 주민참여를 유도하여 지역사회 개발에 대한 계획을 수립하고, 이를 실천하는 데 따른 지식과 기술을 제공하고 지도한다고 정의하였고, 지역사회의 협의조정 기능을 강조하는 견해(김형모, 1997)와 지역사회의 여러 기관, 단체, 시설들이 함께 모여 지역사회의 사회복지 문제를 함께 협의하고 조정(김범

수, 2010)하는 기구로 정의하고 있다. 그리고 지역사회복지계획을 세우는 중추적인 역할을 수행하고 지역의 사회복지 문제를 해결하는 중심적인 존재로 보고 있다(송정부, 2003).

2. 사회복지협의회의 유형

사회복지협의회의 유형은 사회복지기관협의회, 지역사회복지협의회, 전문분야협의회로 나누어 볼 수 있다(최일섭 · 류진석, 2006). 사회복지기관협의회는 사회복지기관들이나 사회복지를 전담하는 위원회나 부서를 가진 여타의 단체들로 전통적으로 대도시에 존재한 복지협의회의 대부분이 이러한 형태로 구성되어 있다. 지역사회복지협의회는 사회복지협의회회원과 사회복지기관을 대표하는 단체회원들로 구성되어 포괄적인 의미의 사회복지에 관심을 가지고, 사회복지기관들을 조정하고, 보건과 복지 프로그램을 향상시키기 위한 노력과 함께 사회행동 등에도 참여한다. 전문분야협의회는 가정 및 아동복지협의회, 레크리에이션집단지도협의회, 보건관계, 정신위생, 재활, 청소년비행 예방, 청소년서비스 등 분야의 기관협의회를 들 수 있다. 예를 들면, 한국사회복지관연합회, 재활협회, 한국사회교육협회, 청소년연맹 등이다.

3. 사회복지협의회의 기능과 역할

사회복지협의회가 수행하여야 할 기능은 지역사회복지활동 기능, 연락 · 조정 · 협의 기능, 보완 · 유지 기능으로 요약될 수 있다(박태영, 2008). 첫째, 지역사회복지활동 기능은 지역주민의 생활실태와 복지욕구를 파악하고 해결방안을 찾고 계획을 수립하여 실행함으로써 지역사회복지를 증진시키는 데 있다. 따라서 지역주민의 욕구와 문제점들을 파악하고 주민의 자발적인 참여를 유도하여야 한다. 둘째, 연락 · 조정 · 협의 기능은 지역사회복지조직이나 단체들 간에 상호 연계하고 협력하여 민간복지 역량을 강화하고 중복적으로 수행되는 사업들을 조정하여 자원의 효율적 활용을 도모하고 관련 기관 및 단체와 협력체계를 구축하는 것이다. 따라서 사회복지협의회를 대표성이 있는 민간기관으로 인정하고 상호 연락하고 조정하며 협의하는 모임에 적극적인 활동이 필요하다. 셋째, 보완·유지 기능은 지역사회복지활동과 연락하고 조정하며 협의할 수 있도록 도와 연구, 정책개발 및 제안, 홍보, 자원조성 등을 보완해 주어야 한다.

이상과 같은 기능을 수행하기 위해서는 다음과 같은 역할을 하여야 한다(강철희·정무성, 2006).

첫째, 사회복지협의회와 정부와의 관계 면에서 정부는 사회복지 정책과 제도를 확립하고 추진할 수 있도록 전문적인 자문을 제공하고, 사회복지정책을 시행해 나가는 데 적극적인 역할을 수행하여야 한다. 둘째, 사회복지협의회는 회원과 관련 단체와의 관계 면에서 사회복지서비스를 효과적으로 제공할 수 있도록 업무 간에 협의조정의 역할과 필요한 서비스를 개발하고 육성하고 지도하는 역할을 수행하여야 한다. 셋째, 사회복지협의회는 지역사회와 관계 면에서 지역사회복지 증진을 위해 시민의 참여를 촉진시키고, 협동정신을 기르며, 지역사회에서 지도자를 양성하고 훈련하여 지역사회 개발계획을 수립하여 이를 실현할 수 있도록 지도하는 역할을 하여야 한다. 넷째, 사회복지협의회는 국제사회복지협의회 및 협회, 국제사회복지사연맹 등의 회원기관으로서 사회복지 분야에 대한 국가 간의 정보를 교류하는 역할을 하여야 한다.

제2절 사회복지협의회의 발달과정과 조직, 기구 그리고 주요 업무

1. 사회복지협의회의 발달과정

한국사회복지협의회는 1952년 2월 당시 주로 구호활동을 하고 있던 민간사회사업 기관들의 모임인 한국사회사업연합회로 시작되었다. 이어 1954년 2월 사단법인으로 허가되고, 한국사회복지연합회는 1954년 12월 사단법인 한국사회복지연합회로, 사회로부터 사허특(社許特) 70호로 법인허가를 받았다. 군사정권하인 1961년 6월에 16개 사회복지단체를 병합하여 한국사회복지사업연합회로 그 명칭이 바뀌었고, 1961년 6월 법률 제621호에 의거 16개 사회복지단체를 병합하여 사단법인 한국사회복지협의회로 명칭을 변경하였다. 1965년 8월 재단법인 조선사회사업연합회의 잔여재산인 서대문구 대현동에 소재한 부동산 토지 1만 1,405평을 연합회가 기증받도록 보건사회부장관의 허가를 받았으며, 1970년 5월에는 지금 사용하고 있는 사회복지법인 한국사회복지협의회의 명칭으로 바꾼 것이 오늘에 이르고 있다.

추가적으로 살펴보면 1983년 5월에 개정된 사회복지사업법은 협의회를 법정 단체화함으로써 사회복지 분야에서 협의회의 위치와 성격에 있어 괄목할 만한 변화를 가져왔다. 1984년에는 지방사회복지 협의회(12개소)가 조직되었다. 1988년 7월 16일 사회복지사업법 시행령 개정으로 회원조직이 확대 개편되었으며, 1998년 12월에는 시 · 도 사회복지협의회 독립법인이 설립되어 오늘에 이르고 있다. 사회복지협의회는 사회복지사업법 제33조에 의거하여 사회복지에 관한 조사 · 연구와 각종 복지사업을 조성하기 위하여 전국단위의 한국사회복지협의회와 시 · 도 단위의 시 · 도사회복지협의회를 둔다고 규정되어 있다. 과거 시 · 도협의회는 중앙협의회의 지부이었는데, 1998년 사회복지사업법의 개정 이후 독립된 사회복지법인으로 발전되었다. 현재 16개 시 · 도 단위로 사회복지협의회가 운영되고 있다. 그리고 2003년에는 사회복지사업법 개정으로 시·군·구의회도 법적 단체가 되었다.

2. 사회복지협의회의 조직구조

중앙협의회인 한국사회복지협의회의 조직도는 다음의 |그림 19-1|과 같다.

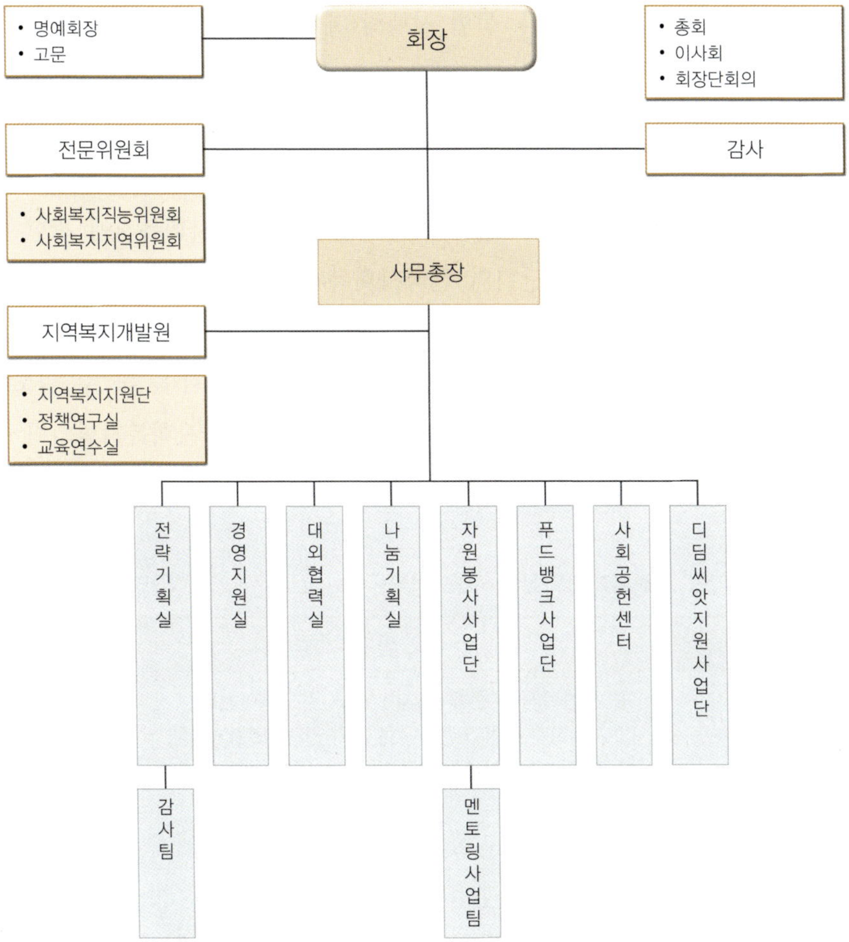

|그림 19-1| 한국사회복지협의회 조직도

출처 : 복지넷 홈페이지(bokji.net).

3. 사회복지협의회의 기구 및 주요 업무

사회복지사업법 시행령 제13조에는 중앙협의회의 회원, 시・도협의회의 회원, 시・군・구협의회의 회원의 자격을 규정하고 있으며, 동법 시행령 제14조에는 중앙협의회, 시・도협의회 및 시・군・구협의회는 임원으로 대표이사 1인을 포함한 15인 이상 30인 이하(시・군・구협의회의 경우에는 10인 이상 30인 이하)의 이사와 감사 2인을 두도록 하고 있으며, 이사와 감사의 임기는 3년으로 하되, 각각 연임할 수 있다. 동법 시행령 제15조에는 각 협의회에 이사로 구성되는 이사회를 두며, 이사회는 정관이 정하는 바에 따라 각 협의회의 업무에 관한 중요 사항을 심의・의결하도록 규정하고 있다.

사회복지협의회는 사회복지사업법 제33조 제1항에서 사회복지에 관한 업무를 수행하기 위하여 전국단위의 한국사회복지협의회(중앙협의회)와 시・도 단위의 시・도 사회복지협의회(시・도 협의회)를 두며, 필요한 경우에는 시・군・구 단위의 시・군・구 사회복지협의회(시・군・구협의회)를 둘 수 있도록 하고 있다. 그리고 사회복지사업법 시행령 제12조는 한국사회복지협의회 등의 업무에 대하여 규정하고 있다(표 19-1).

〈표 19-1〉 단위별 사회복지협의회의 주요 업무

구 분	주요 업무	관련 법
한국사회복지협의회 (중앙협의회)	① 사회복지에 관한 조사・연구 및 정책 건의 ② 사회복지 관련 기관・단체 간의 연계・협력・조정 ③ 사회복지 소외계층 발굴 및 민간사회복지자원과의 연계・협력 ④ 대통령령으로 정하는 사회복지사업의 조성 등	사회복지사업법 제33조 제1항
	① 사회복지에 관한 교육훈련 ② 사회복지에 관한 자료수집 및 간행물 발간 ③ 사회복지에 관한 계몽 및 홍보 ④ 자원봉사활동의 진흥	사회복지사업법 시행령 제12조

	⑤ 사회복지사업에 관한 기부문화의 조성 ⑥ 사회복지사업에 종사하는 사람의 교육훈련과 복지 증진 ⑦ 사회복지에 관한 학술 도입과 국제사회복지단체와의 교류 ⑧ 보건복지부장관이 위탁하는 사회복지에 관한 업무 ⑨ 그 밖에 중앙협의회의 목적 달성에 필요하여 각각의 정관에서 정하는 사항
시 · 도 협의회	① 시 · 도지사 및 중앙협의회가 위탁하는 사회복지에 관한 업무[법 제33조 제1항에 따른 시 · 도협의회] ② 그 밖에 시 · 도 협의회의 목적 달성에 필요하여 각각의 정관에서 정하는 사항
시 · 군 · 구 협의회	① 시 · 도지사, 시장 · 군수 · 구청장, 중앙협의회 및 시 · 도협의회가 위탁하는 사회복지에 관한 업무 ② 그 밖에 시 · 군 · 구협의회의 목적 달성에 필요하여 각각의 정관에서 정하는 사항

제3절 사회복지협의회의 향후 과제

지역사회복지의 발전을 위해 사회복지협의회는 다음과 같은 향후 발전과제가 요구된다(조재명, 2005; 강철희 · 정무성, 2006; 김형모 외, 2009). 첫째, 사회복지협의회의 효율적인 네트워크 구축을 위하여 사회복지협의회의 활성화가 선행되어야 한다. 이를 위해 현재 사회복지사업법 시행령 제13조의 회원구성원 이외에 주민의 복지욕구 충족에 관심이 있는 일반 주민을 발굴하고 참여를 유도하는 것이 필요하다. 둘째, 사회복지협의회는 지역주민의 자원봉사자를 적극적으로 이끌어 낼 수 있도록 사회복지협의회의 주도적인 역할이 필요하다. 이는 사회복지 전달체계의 최일선에서 지역주민들과 직접 접촉하여 지역사회복지를 수행할 수 있는 토대가 될 것이다. 셋째, 사회복지협의회는 민간재원을 독립적으로 확보할 수 있도록 방안을 모색하여야 한다. 사회복지협의회는 그동안 정부의 재정적인 의존으로 인해 여러 측면에서의 통제를 받아 온 것이 사실이다. 따라서 민간과 지역사회, 국제기구와의 관계에서 협력과 조정을 효율적이고 자발적으로 수행하기 위해 정부보조금의 비중을 줄이고 후원자 모집, 공동모금, 출판수입, 바자회, 수익사업의 확대 등을 통하여 수입원을 다양화하여야 한다. 넷째, 사회복지협의회가 지역사회에서 인정을 받기 위해서는 독창적이고 특화된 사업을 개발하고 실시할 수 있어야 한다. 이를 통해 주민주체 · 주민참여의 복지센터로서의 역할을 수행하여야 할 것이다. 마지막으로 민관을 종합적으로 연계하여 지역복지를 구현하고자 하는 공동의 목표를 지닌 지역사회복지협의체와의 협력관계 형성과 적절한 역할분담이 요구된다.

Key point

- 사회복지협의회는 사회복지사업법 제33조에 의거하여 설립된 비영리 공익법인으로, 민간사회복지 증진을 위한 대표적인 민간사회복지협의 조정체이다.

- 사회복지협의회는 사회복지사업법 제33조 제1항에서 사회복지에 관한 업무를 수행하기 위하여 전국단위의 한국사회복지협의회(중앙협의회)와 시 · 도 단위의 시 · 도 사회복지협의회(시 · 도 협의회)를 두며, 필요한 경우에는 시 · 군 · 구 단위의 시 · 군 · 구 사회복지협의회(시 · 군 · 구협의회)를 둘 수 있도록 하고 있다.

참 / 고 / 문 / 헌

강준렬(1997). 지역사회복지와 사회복지관. 서울 : 동인.

강철희 · 정무성(2006). 지역사회복지실천론. 경기 : 나남출판.

강혜규(1998). 시범보건복지사무소와 공공복지전달체계의 개편. 한국사회복지의 현황과 쟁점. 인간과 복지. 한국사회과학연구소.

경제정의실천연합(2005). 희망한국 21의 사회안전망체계를 점검한다. 사회복지전달체계 실효성 제고를 위한 공청회 자료집.

경제정의실천연합관계부처 합동(2009). 사회복지전달체계 개선 종합 대책.

관계부처 합동(2013). 국민중심의 맞춤형 복지전달체계 구축방안 : 지자체 복지행정 체계 개편 및 민관협력 활성화.

교육부 · 고용노동부 · 보건복지부 · 여성가족부(2016). 2016년 국민행복 분야 업무계획.

국가직무능력표준(2016. 6. 3) https://www.ncs.go.kr

국민기초생활 보장법 시행규칙 제27~30조

국민기초생활 보장법 시행령 제3조; 제7조; 제8조; 제22조

국민기초생활 보장법 제9조 제5항; 제16조.

권육상 · 김남식 · 박상하 · 신상수 · 전태숙(2009). 지역사회복지론. 서울 : 유풍출판사.

근로능력이 있는 수급자와 근로능력이 없는 수급자의 평가기준과 진단서 비용은?(2016. 5. 29). http://happyyard.tistory.com/190

김경호 · 소순창(2010). 지방자치단체에서 사회복지전담공무원의 업무수행에 관한 질적 연구. 한국지방자치학회보, 22(2), 125-147.

김동배 · 권중돈(1998). 인간행동이론과 사회복지실천. 서울 : 학지사.

김미곤 · 여유진 · 정해식 · 변재관 · 김성아 · 조안나(2017). 포용적 복지국가 비전과 정책방향. 한국보건사회연구원 정책보고서. 보건복지부.

김범수(1999). 공동모금의 도입과 모금 확대방안. 평택대학교 논문집.

_______(2010). 지역사회복지론. 경기 : 학현사.

김범수 · 신원우(2006). 지역사회복지론. 경기 : 공동체.

김성근 · 허용창(2015). 사회복지전담공무원의 업무부담 합리화 방안 연구. 한국행정연구원. KPA 연구보고서 2015-12.

김승권 · 신희선 · 강성곤 · 오혜인(2014). 민관협력의 모형 개발과 매뉴얼 : 우수사례 분석을 기초로. 한국보건사회연구원.

김윤영(2017). 문재인정부 복지정책 평가와 과제 발제자료.

김용현(2010). 지역사회네트워크 개념을 통해서 본 프랑스 재가노인복지서비스의 조정 연계에 관한 연구. 사회복지정책, 37.

김융일 · 조흥식 · 김연옥(2001). 사회복지실천론. 서울 : 나남출판.

김이배(2014). 공공사회복지 전달체계 개편의 특징과 한계. 비판사회정책, 42, 44-91.

김정기 · 백종만 · 김찬우(2009). 지역사회복지론. 서울 : 나남.

김종일(2003). 지역사회복지론. 서울 : 현학사.

김필두 · 주재복 · 박해육 · 윤준희(2015). 읍면동 복지기능강화 시범사업 평가 및 전달체계개편 모형 개발. 보건복지부 · 한국지방행정연구원.

김현훈 외 공역(2000). 永田幹夫 저. 지역복지론. 서울 : 동인.

김형모(2007). 지역복지 전달체계 네트워킹을 위한 지역사회복지협의회의 역할과 과제. 한국사회복지협의회.

김형모 · 유정원 · 이귀애(2009). 지역복지 전달체계 네트워크를 위한 지역사회복지협의체와 지역사회복지협의회의 역할과 과제. 임상사회사업연구, 6(1).

김형배(1988). 지방자치론. 서울 : 계명사.

대구광역시 시민소통과(2015). 대구광역시 갈등관리 매뉴얼.

대한민국정부(2017). 100대 국정과제.

박태영(2008). 지역사회복지론. 경기 : 학현사.

박태영 · 채현탁(2014). 지역사회복지론. 경기 : 정민사.

백종만 · 김영종 · 박경숙 · 이봉주 · 이재완 · 황선영 · 박경하 · 오성우(2006). 사회복지사무소 시범사업 2차연도 평가 및 사회복지 전달체계 개선방안 연구. 보건복지부 · 한국보건사회연구원.

변재관 · 강혜규(1999). 지역복지 전달체계의 현황 및 개선방안 : 시범보건복지사무소 평가 및 읍면동 기능전환을 중심으로. 한국사회복지행정학회, 95-120.

보건복지부(2004). 사회복지사무소 시범사업 기본계획.

________(2009). 2009년도 사회복지관 운영 관련 업무처리 요령안내.

________(2012). 희망복지지원단 업무안내.

________(2014). 2014 희망복지지원단 업무안내. 세종 : 보건복지부 사회서비스자원과.

________(2014). 2014년 읍 · 면 · 동 사회복지업무안내. 세종 : 보건복지부.

________(2016). 2016 사회복지관 운영관련 업무처리 안내. 세종 : 보건복지부.

________(2016). 2016 지역아동센터 지원 사업안내. 세종 : 보건복지부 아동권리과.

________(2016). 2016년 업무보고.

_________(2016). 2016년 자활사업 안내(Ⅰ). 서울 : 보건복지부 자립지원과.

_________(2016. 1. 20). 맞춤형 통합서비스 읍면동 주민 복지센터에서 먼저 찾아갑니다.

보건복지부 통계포털(2016. 4. 17). http://stat.mohw.go.kr/front/staData/majorIdctList.jsp?menuId=17

사회보장기본법 제3조 제4항.

사회복지공동모금회(2005). 나눔을 위해 일하는 세계의 공동모금회 : 14개국 세계공동모금회 활동 자료집.

사회복지공동모금회(2016. 6. 1). http://www.chest.or.kr

사회복지공동모금회법 제2조 제2항; 제4조.

사회복지교육연구센터(2015). **지역사회복지론**. 서울 : 나눔의 집.

사회복지사업법 시행규칙 별표 3.

사회복지사업법 시행규칙 제23조 제2항.

사회복지사업법 시행규칙 제23조; 제23조의2.

사회복지사업법 시행령 제12조; 제13조; 제14조.

사회복지사업법 제2조 제1항; 제14조 제1항; 제15조; 제33조; 제33조 제1항; 제34조의5; 제41조의2; 제41조의3; 제41조의4.

사회복지교육연구센터(2014). **지역사회복지론 1급 사회복지사 기본서**. 서울 : 나눔의 집.

사회적기업 육성법 제2조 제3항.

서원석·임성근·권경득·강혜규(2014). 복지담당공무원의 중장기 인력수급 방안에 관한 연구. 서울 : 한국행정연구원.

서인혜(2002). 욕구조사의 이론 및 실제. 한림대학교 워크숍자료집.

송정부(2003). 한국 지역사회복지협의회의 발전전략 연구. **한국지역사회복지학**, 13, 59-79.

아동복지법 제50~52조; 제52조 제1항 제8호; 제54~75조.

안혜영(2011). 위기가구 사례관리 업무매뉴얼. 한국보건복지인력개발원.

안혜영·김영종(2009). 시·군·구 지역사회복지계획수립 업무매뉴얼. 보건복지부·한국보건복지인력개발원.

오정수(2000). 지역단위 사회복지공동모금의 효과적인 모금과 배분방안에 관한 연구. **한국사회복지학**, 43, 222-245.

오정수·류진석(2009). **지역사회복지론**. 서울 : 학지사.

온라인행정학사전(2016). http://www.kapa21.or.kr/epadic/epadic_view.php?num=

우수명·강병로(2001). 지역사회복지 욕구조사 모델 개발 연구. HS Center.

원석조(2008). **사회복지발달사**. 경기 : 공동체.

윤광석·김한창·지규원(2010). 특이민원 응대 매뉴얼 개발 연구 보고서. 국민인권위원회 · 한국행정연구원.

이강희 · 양희선 · 노희선(2006). **사회복지발달사**. 서울 : 양서원.

이재완(1998). 보건복지사무소에 대한 비판적 고찰 -복지기능을 중심으로-. **한국보건복지학회**, 19-38.

이준영(2007). 지역사회복지네트워크의 이론과 실제. 한국사회복지행정학회 2007년 춘계학술대회 자료집.

이철주 · 한승주(2014). 관료제 구조와 사회복지업무 속성의 충돌, 그리고 재량행위의 왜곡. **정부학연구**, 20(1), 75-118.

이태수 · 김기태 · 김진석 · 김형용 · 남기철 · 이선영(2018). 포용적 복지국가에 부응한 한국의 사회서비스전달체계 재편의 방향과 실현과제. 보건복지부, 꽃동네산학협력단 연구보고서.

이현송(1997). 보건복지사무소 시범사업의 실시 및 추진배경. 제22회 보건학종합학술대회, 15-21.

이현주(2007). 한국보건사회연구원「사회복지 전달체계 관련 조직 및 인력개선」정책현안자료.

이현주 · 유진영(2015). 공공 사회복지 전달체계의 변화와 정책적 함의. 연구보고서 2015-11, 한국보건사회연구원.

자원봉사활동 기본법 시행령 제14조 제1항 각 호.

자원봉사활동 기본법 제19조의1; 제19조의3.

전연진 · 오현경 · 정혜윤 · 조혜원(2014). 희망복지지원단 수퍼비전 체계 운영 가이드. 희망복지지원단중앙지원센터.

정무성(2000). 비영리 조직의 재정 확보를 위한 바람직한 기부문화 활성화 방안. 바람직한 기부문화 조성을 위한 정부와 민간의 역할 발표문.

정부혁신지방분권위원회(2003). 참여정부 지방분권추진 로드맵.

조재명(2005). 지역사회복지협의회와 지역사회복지협의체 간 네트워크 구축방안에 관한 연구. 경성대학교 대학원 석사학위논문.

주택법 제2조 제9호; 주택건설기준 등에 관한 규정 제5조; 제6조.

중앙자활센터홈페이지(2016. 6. 6). http://www.cssf.or.kr

지은구(2003). **지역사회복지론**. 서울 : 청목출판사.

______(2013). 지방선거 대비 사회복지전달체계 개선방안 간담회. 민주정책연구원.

지은구 · 조성숙(2012). **지역사회복지론**. 서울 : 학지사.

최병호(2014). 우리나라 복지정책이 변천과 과제. **예산정책연구**, 3(1), 89-129.

최일섭 · 류진석(2006). 지역사회복지론. 서울 : 서울대학교출반부.

최일섭 · 이현주(2007). 지역사회복지론. 서울 : 서울대학교출판부.

최현수 · 김태완 · 김문길 · 양시현 · 김효진 · 방효정 · 송해욱 · 유희진 · 김아름 · 오정(2007). 국민기초생활보장제도 자산조사체계 효율화 방안 연구. 한국보건사회연구원 · 기초보장 · 자활정책평가센터.

표갑수(2003). 지역사회복지론. 경기 : 나남출판.

한국보건사회연구원 · 보건복지부(2003). 사회복지사무소 시범사업 운영방안. 공청회자료(2003-16).

한국사회복지사협회(2014). 공공복지 직무능력표준(NCS).

한국사회복지협의회(2016. 6. 4). http://kncsw.bokji.net

한국지역정보개발원(2016. 6. 3). http://www.klid.or.kr

행정자치부(2016). 자원봉사 활성화를 위한 자원봉사센터 운영지침.

호진원 · 이혜승(2013). 사회복지통합관리망(행복e음)의 IT 통제 진단 및 분석 : 복지급여 관리를 중심으로. 감사원 감사연구원 연구보고서(11-1040350-000066-01).

황성철(2000). 사회복지관의 지역사회 자원동원 능력 결정요인 분석. 한국사회복지행정학, 2, 173-191.

황운성(2007). 주민생활서비스 개편과 민관협력. 월간 복지동향, 108, 21-24.

Alinsky, S.(1971). *Rules for radicals*. New York : Vintage.

Arnstein, S. R.(1969). A ladder of citizen participation. *Journal of the American Institute of planners, 35*(4), 216-224.

Arnt, A.(1979). *Prinzipien der Lehre im Fach Landeskunde für ausländische Germanistikstudenten*, In : Deutsch als Fremdsprache 16/6, S. 364-369.

Auerswald, E. H.(1968). Interdisciplinary versus ecological approach. *Family Process,* 7(2), 202-215.

Beierle, T. C.(1998). Public Participation in Environmental Decisions : An Evaluation Framework Using Social Goals. Discussion paper 99-06, Resources for the Future.

Benington, J.(2013). 10 Partnerships as networked governance?. *Local Partnership and Social Exclusion in the European Union : New Forms of Local Social Governance?*, p. 198.

Bertalanffy, L.(1967). *Robots, men, and minds : Psychology in the modern world*. G. Braziller.

Blau, P. M.(1964). *Exchange and power in social life*. Transaction Publishers.

Blodgett, L.(1992). Factors in the Instability of International Joint Ventures : An Event History

Analysis. *Strategic Management Journal, 13*, 475-481.

Bradshaw, J.(1972). The concept of social need. *New Society, 30*(3), 72.

Brager, G., Specht, H., & Torczyner, J. L.(1987). *Community organizing*. Columbia University Press.

Bronfenbrenner, U.(1979). *The ecology of human development*. Experiments by design and nature.

Cook, K. S., Cheshire, C., Rice, E. R., & Nakagawa, S.(2013). *Social exchange theory*(pp. 61-88). Springer Netherlands.

Cook, K., Emerson, R., Gilmore, M., & Yamagishi, T.(1983). The Distribution of Power in Exchange. Networks : Theory and Experimental Evidence. *American Journal of Sociological Review, 43*, 21-739.

Doxiadis, C. A.(1967). Developments toward ecumenopolis-the Great Lakes megalopolis. *Ekistics, 22*(128), 14-31.

Dunham, A.(1970). *The new community organization*. New York : Crowell.

Edwards, R. L., Benetield, E. A. S., Edwards, J. A., & Yankey, J. A.(1997). *Building a strong foundation : Fundraising for nonprofits*. Washington, DC : NASW Press.

Ekeh, P. P.(1974). *Social exchange theory : The two traditions*. London : Heinemann.

Emerson, R. M.(1972). Exchange Theory. In J. Berger, M.(Ed.), Part I : A Psychological Basis for Social Exchange.

____________(1972). Exchange theory. Part II : Exchange relations and networks. *Sociological theories in progress, 2*, 58-87.

Fellin, P.(1995). Understanding American Communities. In Jack Rothman et al.(Eds.), *Strategies of Community Intervention*. Illinois : F. E. Peacock Publishers, Inc.

Field, J. E., & Baker, S.(2004). Defining and examining school counselor advocacy. *Professional School Counseling*, 56-63.

Germain, C. B.(1979). *Social work practice : People and environments, an ecological perspective*. Columbia University Press.

Germain, C. B., & Gitterman, A.(1980). *The life model of social work practice*(pp. 299-300). New York : Columbia University Press.

_________________________(1987). Life model versus conflict model. *Social Work, 32*(6), 552-553.

Gilbert, N., & Terrell, P.(2012). *Dimensions of Social Welfare Policy*(8th ed.). Boston, MA : Pearson.

Glasby, J.(2005). The future of adult social care : lessons from previous reforms. *Research Policy and Planning, 23*(2), 61-70.

Grawe, C.(1987). *Die kulturanthropologische Dimension der Landeskunde : Zu Verständnis und Kritik des Landeskundebegriffs*, In : Wierlacher, A.(Hrsg.), Perspektiven und Verfahren interkultureller Germanistik, München, S. 459-474.

Gutierrez, L. M.(1990). Working with women of color : An empowerment perspective. *Social Work, 35*(2), 149-153.

Hardcastle, D. A., Wenocur, S., & Powers, P. R.(1997). *Community Practice : Theories and skills for social workers*. Oxford : Oxford University Press.

____________________(2004). *Community Practice : Theories and skills for social workers*(2nd ed.). Oxford : Oxford University Press.

Hardina, D.(2013). *Analytical skills for community organization practice*. Columbia University Press.

Heitkamp, T., Kraft, S., & Jacobsen, M.(1998). Working with communities. In H. Johnson(Ed.), *The Social Services : An Introduction*. Wadsworth Publishing.

Hepworth, D. H., & Larsen, J.(1993). *Direct Social Work Practice*. Pacific Grove, CA : Brooks.

Hodgkinson, V. A., & Weitzman, M. S.(1992). *Giving and volunteering in the United States : Findings from a national survey*. Washington, DC : Independent Sector.

Holder, H. D., & Treno, A. J.(1997). Media advocacy in community prevention : news as a means to advance policy change. *Addiction, 92*(s2), S189-S199.

Johns, R. E., & David, F. Demarche(1951). *Community Organization and Agency Responsibility*. New York : Association Press.

Kahn, S.(1991). *Organizing, a guide for grassroots leaders*. Natl Assn of Social Workers Pr.

Kaminski, L., & Walmsley, C.(1995). The advocacy brief : A guide for social workers. *The Social Worker, 63*(2), 53-58.

Kaplan, A. E.(1995). *Giving USA 1995*. The Annual Report on Philanthropy for the Year 1994. New York : AAFRC Trust for Philanthropy.

Kaufman, R. A.(1972). Educational system planning.

Kemp, S. P.(1995). Practice with communities. In Meyer, Carol H. et Mattaini, Mark A.(sous la direction), *The Foundations of Social Work Practice*. Washington, DC : NASW Press (National Association of Social Workers), 176-204.

Kingsley, G. T., McNeely, J. B., & Gibson, J. O.(1997). *Community building : Coming of age*.

Baltimore : Development Training Institute.

Kirst-Ashman, K., & Hull Jr, G.(2014). *Brooks/ Cole Empowerment Series : Generalist Practice with Organizations and Communities*. Cengage Learning.

Knuttila, M.(1989). *State Theories*. From Liberalism to the Challenge of Feminism.

Leroux, K., & Goerdel, H. T.(2009). Political advocacy by nonprofit organizations : A strategic management explanation. *Public Performance & Management Review, 32*(4), 514-536.

Mattessich, P. W., Monsey, B. R., & Roy, C.(1997). *Community building : What makes it work : a review of factors influencing successful community building*. Fieldstone Alliance.

McDonell, J., Strom-Gottfried, K. J., Burton, D. L., & Yaffe, J.(2006). Behaviorism, social learning, and exchange theory. In S. P. Robbins, P. Chatterjee, & E. R. Canda(Ed.), *Contemporary human behavior theory : a critical perspective for social work*. Pearson, 349-385.

McNeil, C. F.(1954). Community Organization for Social Welfare. *Social Work Year Book*, 122.

Mickelson, J. S.(1995). Advocacy. *Encyclopedia of Social Work, 1*, 95-100.

Morgan, R., & Hunt, S.(1994). The Commitment-trust Theory of Relationship Marketing. *Journal of Marketing, 58*, 20-38.

Morrison, K.(2006). *Marx, Durkheim, Weber : Formations of modern social thought*. Sage.

N. Gillbert & H. Specht(1974). *Dimensions of Social Welfare Policy*. New Jersey : Prentice-Hall, Inc.

Netting, F. E., Kettner, P. M., & McMurtry, S. L.(2004). *Social work macro practice*. Boston, MA : Allyn and Bacon.

Netting, F. E., McMurtry, S. L., Thomas, M. L., & Kettner, P. M.(2011). *Social work macro practice*. Pearson Higher Ed.

Parsons, T.(1971). *The system of modern societies*. Englewood Cliffs, NJ : Prentice-Hall.

Popple, K.(1995). *Analysing community work*. McGraw-Hill Education(UK).

________(1996). Community work : British models. *Journal of Community Practice, 3*(3-4), 147-180.

Pruitt, D. G.(2013). *Negotiation behavior*. Academic Press.

Ramin, A.(1989). Landeskunde im Rahmen interkultureller Germanistik. *Info DaF, 2*, 228-243.

Riedel, J. A.(1972). Citizen participation : myths and realities. *Public Administration Review, 32*(3), 211-220.

Roloff, M. E.(1981). *Interpersonal communication : The social exchange approach*(Vol. 6). Beverly Hills, CA : Sage.

Rubin, H. J., & Rubin, I.(1986). *Community Organizing and Development*. Columbus, Ohio, CO : A Bell & Howell Company.

Schmitz, M.(1989). *"Landeskunde" aus politikwissenschaftlicher Sicht*, In: Info DaF 16/2, S. 199-211.

Siporin, M.(1980). Ecological systems theory in social work. J. Soc. & Soc. *Welfare,* 7, 507.

Smith, R., & Norlin, J. M.(2005). *Human behavior and the social environment : Social systems theory*. Allyn & Bacon.

Spradley, B. W., & Allender, J. A.(1996). *Community health nursing : Concepts and practice*. Lippincott Williams & Wilkins.

Taylor, S. H., & R. W. Roberts(1995). *Theory and Practice of Community Social Work*. New York : Columbia University Press.

Thorelli, H.(1986). Networks : Between Markets and Hierarchies. *Strategic Management Journal,* 7, 37-51.

Twelvetrees, A.(2002). *Community work*. Palgrave, Moundmills, UK.

Von Bertalanffy, L.(1968). *General systems theory : Foundations, development, applications*. New York : Braziller.

Warren, R. L.(1978). *The community in America*. Rand McNally College Pub. Co.

Weil, M. O., & Gamble, D. N.(1995). Community practice models. *Encyclopedia of social work, 1*, 483-494.

Wolfensberger, W. P., Nirje, B., Olshansky, S., Perske, R., & Roos, P.(1972). *The principle of normalization in human services*. Toronto : National Institute on Mental Retardation.

https://ko.wikipedia.org

http://m.blog.daum.net/saigonyoon/9051

www.educationalsynthesis.org

찾 / 아 / 보 / 기

인명

내용

저/자/약/력

■ **이원주**

사회복지학박사

현 대구공업대학교 사회복지경영계열 교수

• 주요 저서

사회복지조직과 논문집필자를 위한 사회복지모형구조연구(공저, 2019, 공동체)

사회복지관 성과관리 척도집(공저, 2019, 학지사)

사회복지관 자기주도성 성과관리모형(공저, 2018, 학지사)

사회복지현장실습(공저, 2018, 공동체)

최신사회문제론(공저, 2015, 학지사)

노인요양시설과 성과측정(공저, 2015, 학지사)

• 주요 논문 외

노인의 여가활동 유형과 생활만족도와의 관계(2010)

한국형 고령친화도시 점검척도 개발연구(2013)

지역사회복지관 서비스 품질관리척도 개발연구(2013)

달서구 노인친화도시조성계획(2013)

돌봄 여성노동자의 감정노동수행 정도와 직무지속의사와의 관계에서 있어 대인관계의 매개효과(2013)

노인요양시설 성과측정모형 개발 연구(2014)

지역사회복지관 성과관리측정척도 타당도 연구(2014)

노인요양시설 서비스품질 향상을 위한 자가점검관리척도 개발연구(2015)

노인요양시설 서비스품질이 이용자 만족과 선택의도에 미치는 영향(2015)

노인장기요양서비스 질 관리 개혁동향 및 정책 비교연구-일본, 독일, 영국을 중심으로-(2015)

노인요양시설 돌봄의 질 패러다임 경로분석(구조-과정-결과 인과사슬)(2015)

노인요양시설 서비스품질 우수성 관리방안 연구 : EFQM모형 접근(2015)

한국문화유산탐방을 통한 세대통합과 심리적 치유효과 연구(2015)

노인복지관 표준성과관리 매뉴얼 개발(2015)

수화통역센터 성과평가지표개발 연구(2016)

고령군 지역사회보장계획수립. 고령군청 연구보고서(2018)

【제2판】

최신 지역사회복지론

|저자| 이원주

|1판 1쇄| 발행 2016년 8월 20일
|2판 1쇄| 발행 2020년 1월 20일
|2판 2쇄| 발행 2021년 2월 5일

|발행인| 김동훈
|발행처| 공동체

|주소| 경기도 고양시 일산동구 호수로 358-39, 동문타워 I 905호(백석동)
|전화| 031) 920-8305(대표)
|팩스| 031) 920-8308
|e-mail| compub@naver.com
|출판등록| 2005년 10월 6일
|등록번호| 제396-2005-36호

|ISBN| 979-11-6105-551-0
정가 20,000원

memo.

memo.